Hans Meiser
Schlüssel zur Geschichte

Hans Meiser

Schlüssel zur Geschichte

ECON Verlag
Düsseldorf · Wien · New York

CIP-Titelaufnahme der Deutschen Bibliothek

Meiser, Hans:
Schlüssel zur Geschichte / Hans Meiser. - Düsseldorf; Wien;
New York: ECON Verl., 1989
ISBN 3-430-16465-6
NE: HST

Gesetzt aus der Times, Berthold
Satz: Dörlemann-Satz, Lemförde
Papier: Papierfabrik Schleipen GmbH, Bad Dürkheim
Druck und Bindearbeiten: Pustet, Regensburg
Printed in Germany
ISBN 3-430-16465-6

Inhalt

EINFÜHRUNG 9

1. VON DER MAGIE ZUM MYTHOS
Vom Ende der Vorzeit bis zur Zeit der Hochkulturen 13
Magisches Zeitalter 14
Geistige Entfaltung seit dem Ende der Vorzeit 14
Höhlenmalerei: Das magische Weltbild der Eiszeitmenschen 15
Mythisches Zeitalter (Archaisches Altertum) 21
Entwicklung der Schrift: »Sprung in die Geschichte« 21
Religion und Recht als Fundamente politischer und sozialer Ordnung 24
Wesenszüge mythischen Denkens bzw. des mythischen Zeitalters 25
Altägyptischer Staatskollektivismus – Erwachen des Individualismus 27
Untergang der archaischen Hochkulturen 29

2. VOM MYTHOS ZUM LOGOS
Griechisch-Römisches Altertum 35
Wesenszüge des Logos-Denkens 36
»Achsenzeit«: Entfaltung der menschlichen Persönlichkeit 37
Griechische Philosophie 40
Naturphilosophie, ethischer Relativismus und sokratischer Rationalismus 40
Platon: Ontologischer Idealismus 44
Aristoteles: Wissenschaftlicher Realismus 51
Platonisches Dreieck – ein Resümee: Drei prinzipielle Denk- und Erkenntnisweisen 54
Griechische und römische Philosophie nach Aristoteles 56
Das Judentum: Glaube an den einzigen Gott 60
Imperium Romanum: Erster abendländischer Universalstaat 64
Entstehung Roms: Etruskisch-römische Monarchie 64
Römische Republik: Verfassung 66

Von der Republik zur Cäsarenherrschaft: Zusammenhänge zwischen Innen- und Außenpolitik 68
Autoritäre Kaiserherrschaft (31 v. Chr.–284 n. Chr.): Prinzipat . . 71
Theokratische Kaiserherrschaft (284–395): Dominat 72
Römisches Recht: Fundament des Abendlandes 73

3. ZEITALTER DES GLAUBENS
Christliches Mittelalter 77
Wesenszüge des abendländischen Mittelalters 78
Die Ordo Dei des heiligen Augustinus (Zwei-Reiche-Lehre) . 79
Mittelalterlicher Universalismus 81
Ora et labora – Mönchstum im Mittelalter 82
Das Rittertum 85
Mittelalterliche Feudalordnung und der Feudalstaat 86
Magie und Mystik im Mittelalter 90
Magie im Mittelalter 90
Kabbala: Mystizismus der Juden im Mittelalter 92
Christlicher Mystizismus im 13./14. Jahrhundert 93
Dualismus zwischen Kaisertum und Papsttum 95
Theologische Schulen und der Universalienstreit 96
Kreuzzüge (1096–1291): Beginn der europäischen Expansion 98

4. AUFKLÄRUNG UND SÄKULARISIERUNG
Neuzeit bis 1789 103
Humanismus und Renaissance: Das neue Menschen- und Weltbild 104
Expansion Europas und das neue Wirtschaftssystem 107
Philosophische Systeme: Empirismus und Rationalismus . . . 108
Francis Bacon: Englischer Empirismus 108
René Descartes: Französischer Rationalismus 109
Schattenseiten der Neuzeit: Aberglaube und Hexenwahn . . . 111
Staatsphilosophen der Neuzeit 112
Thomas Morus: Utopischer Sozialismus 113
Niccolo Machiavelli: Säkularstaat als Selbstzweck 115
Martin Luther: Reformatorischer Absolutismus 117
Jean Bodin: Souveränitätsbegriff 119
Thomas Hobbes: Gesellschaftsvertrag 120
Jacques Bossuet: Theokratischer Absolutismus (Gottesgnadentum) 121
James Harrington: Geheime Volkswahl – Prinzip der Rotation . . 123
John Locke: Grundrechte und Gewaltenteilung 123
Charles de Montesquieu: Check and balance 125

Jean Jacques Rousseau: Volkssouveränität und radikale (identitäre) Demokratie 126
Optimismus der Aufklärung: Der Mensch ist vernünftig und gut! 127

5. ZEITALTER DER REVOLUTIONEN 1789 bis 1914 129
Französische Revolution 130
Subjektive und objektive Rahmenbedingungen (»Ursachen«) ... 130
Phasen der Französischen Revolution 132
Das neue Frankreich der Revolution 138
Philosophische Grundlagen des 19. Jahrhunderts 140
Immanuel Kant: Kritischer Idealismus – Überwindung des Empirismus und des Rationalismus 140
Georg Friedrich Wilhelm Hegel: Absoluter Idealismus 143
Auguste Comte: Positivismus 146
Konservativismus 148
Edmund Burke: Organische Staatstheorie 148
Phasen und Formen des Konservativismus 149
Nationalstaatsgedanke, Nationalismus, nationaler Imperialismus 156
Ausbreitung des Nationalismus durch Napoleon 156
Johann Gottlieb Fichte: Demokratischer Nationalstaatsgedanke 157
Kampf der Deutschen um einen Nationalstaat 160
Nationalismus der Paulskirche (1848) 164
Nationaler Machtstaatsgedanke und nationaler Imperialismus 166
Liberalismus 168
Wurzeln des Liberalismus 168
Grundprinzipien des Liberalismus 169
Phasen des Liberalismus 171
Liberale Theoretiker 172
Anarchismus 176
Grundgedanken des Anarchismus 176
Max Stirner: Individualistischer Anarchismus 177
Michail Bakunin: Kollektiver (gewalttätiger) Anarchismus 179
Sozialismus 182
Grundprinzipien des Sozialismus 182
Karl Marx: »Wissenschaftlicher Sozialismus« 182
Sozialismus in Rußland 197

6. HERRSCHAFT DER IDEOLOGIEN
20. Jahrhundert 207
Grundlegende Theorien des 20. Jahrhunderts 208
Friedrich Nietzsche: Der erste modern denkende Mensch 209
Vilfredo Pareto: Zyklische Theorie – Kreislauf der Eliten 213
Georges Sorel: Mythos und Gewalt 216
Max Weber: Traditionalismus, Bürokratie und Charisma 218
Russische Februarrevolution 221
»Große Oktoberrevolution«: Machtergreifung
der Bolschewiki 226
Vom Marxismus-Leninismus zum Stalinismus 230
Josef Stalin: Totalitäre Monokratie 231
Marxismus-Leninismus als offizielle Parteidoktrin 234
Aktuelle Bedeutung des Marxismus-Leninismus:
»Aufgeklärter« Totalitarismus? 240
Italienischer Faschismus 244
Subjektive und objektive Rahmenbedingungen 244
Entstehung und Ausbreitung des Faschismus 246
Faschismus an der Macht: Entwicklungsphasen 248
Faschistische Ideologie 252
Deutscher Nationalsozialismus 254
Völkische und nationalistische Strömungen 255
Antisemitismus im Deutschen Reich und in Österreich 256
Nationalsozialistische Ideologie 264
Krisenbewußtsein in der Weimarer Republik 269
Antidemokratische Ideen und Gruppen in
der Weimarer Republik 276
Scheitern der Weimarer Republik und Hitlers Machtergreifung . . 277
Totalitäre Herrschaft: Vernichtung der Person 285
Von der orientalischen Despotie zur totalitären Diktatur 285
Merkmale totalitärer Herrschaft 289
»Liquidierung« des Individuums: Moderne »Hexenverfolgung« . 297

SCHLUSSBETRACHTUNG 305

ANHANG 309
Literaturhinweise 310
Personen- und Sachregister 311

Einführung

Wer nichts weiß, muß alles glauben.

Marie von Ebner-Eschenbach

Über Jahrhunderttausende haben Menschen in der Vorstellung gelebt, ihre Lebenswelt wäre im wesentlichen unveränderlich und von großer Dauer. Heraklits (* um 540 v.Chr.) Erkenntnis, daß »alles fließt« und »nichts besteht«, konnte das in langer Tradition eingeengte Denken nur wenig beeinflussen. Das änderte sich erst in den vergangenen beiden Jahrhunderten mit ihren großen politischen, wirtschaftlichen und gesellschaftlichen Revolutionen und mit den wissenschaftlich-technischen Veränderungen. Jeder Versuch, sowohl der Konservativen als auch der Revolutionäre, auf der Basis des Erreichten neue Dauer zu schaffen, ist bisher gescheitert. Seither wächst das Bewußtsein des Bruches mit der Vergangenheit und von der unheimlichen Macht der alles wandelnden Zeit. Gegenwart besteht nicht mehr überwiegend aus Tradition, sie ist vielmehr Ergebnis historischer Änderungen und Brüche. Aus diesem Grund ist sie ohne Kenntnis der Geschichte nicht mehr zu verstehen. Darauf aufmerksam geworden, versucht der interessierte Laie bzw. Schüler, sich in Geschichtsbüchern, Museen oder Ausstellungskatalogen zu informieren und Zusammenhänge zu erfassen. Dabei bekommt er meistens Bücher in die Hand, die von Einzelfakten überquellen. In der Masse des Wissenswerten, die in Sammelwerken angehäuft sind, sucht er oft vergeblich nach einem alles übergreifenden Leitfaden, an Hand dessen er Daten und Fakten zu einem Gesamtbild verknüpfen kann.

Diesem Mangel soll das vorliegende Buch abhelfen. Es geht hierbei nicht um einen kurzen Abriß der Geschichte, wie er vielfach zum Gebrauch für Schüler vorliegt und auf den nicht verzichtet werden kann. Aus der Erkenntnis heraus, daß der Mensch als geistiges Wesen an seiner Geschichte mitschreibt, soll versucht werden, die Rolle des Denkens und der Ideen am Geschichtsverlauf als roten Faden zu benutzen, als einen *»Schlüssel zur Geschichte«*, der bis in die Gegenwart führt. Dabei handelt es sich keineswegs um jene Art von Ideengeschichte, wie sie als Grundlage der Geschichtswissenschaft im 19. Jahrhundert u.a. von den Historikern Friedrich Meinecke (1862–1954), Ernst Troeltsch (1865–1923) und Oswald Spengler (1880–1936) vertreten wurde. Sie sahen die Antriebskräfte historischer Ereignisse primär in hinter den Ereignissen wirkenden selbsttätigen Ideen. In diesem Sinne verwiesen sie u.a. auf die Wirkmächtigkeit der Ideal-Begriffe »Nation«, »Gerechtigkeit«, »Gleichheit«, »Freiheit« etc. Dieser idealistischen Geschichtsauffassung steht u.a. die ökonomisch-materialistische von Karl Marx gegenüber, der glaubte, damit den Schlüssel für alle Ereignisse der Vergangenheit, Gegenwart und vor allem der Zukunft gefunden zu haben. Er erklärte die ökonomischen Verhältnisse zur primären und alleinigen Antriebskraft aller Geschichtsprozesse und betrachtete Ideen nur als Folgeerscheinungen, als Epiphänomene (Randerscheinungen) des »ideologischen Überbaues«. Um 1900 entfachte der Historiker Karl Lamprecht (1856–1915) einen heftigen Streit unter seinen Fachkollegen, indem er in dem Buch *»Die kulturhistorische*

Methode« nicht die ökonomischen Kräfte, sondern die »Kollektivseele« der Gesellschaft als treibende Kraft der Geschichte erklärte. Diese ist danach das Ergebnis einer gesetzmäßigen Entwicklung sozialpsychischer Kräfte.

Absolut gesetzt, ist keine dieser Betrachtungsweisen dem Gegenstand angemessen. Gerade die Ideen des Marxismus gehören ja zu den wirkungsmächtigsten der Geschichte, vergleichbar mit denen des Christentums. Am deutlichsten wird das an der Gründung der Sowjetunion durch Lenin. Hier wird sichtbar, wie Ideen verändernd auf die Praxis einwirken und wie andererseits die Praxis Theorien verändert, relativiert oder gar falsifiziert. Daraus ergibt sich: Politik-, Sozial-, Kultur- oder Wirtschaftsgeschichte sind Einzelaspekte einer niemals ganz zu erfassenden Universalgeschichte im Spannungsfeld zwischen harter Wirklichkeit und machtvollen Ideen. Bereits Leopold von Ranke hebt in dem Aufsatz *»Die großen Mächte«* unter den Faktoren, die die Weltgeschichte bestimmen, die Ideen hervor: »Auch bei uns schien es wohl, als sei nur noch der Umfang der Besitzungen, die Macht der Truppen ... von Wert. Wenn es je Ereignisse gegeben hat, geeignet, einen solchen Irrtum zu zertrümmern, so sind es die Ereignisse unserer Zeit ... Es sind Kräfte, und zwar geistige, Leben hervorbringende, schöpferische Kräfte, es sind moralische Energien, die wir in ihrer Entwicklung erblicken. Zu definieren, unter Abstraktionen zu bringen sind sie nicht, aber anschauen, wahrnehmen kann man sie.« Man kann hinzufügen, daß wegen der nicht mehr berechenbaren Zahl an Wechselwirkungen zwischen Ideen und Fakten der einzelnen Geschichtsstränge auch die Zukunft prinzipiell nicht kalkulierbar ist.

In den einzelnen Kapiteln dieses Buches wird versucht, typisch menschliche Orientierungs- bzw. Ideensysteme zusammenhängend vorzustellen, die in der Geschichte bis auf den heutigen Tag Denken und Handeln beherrschen und damit den Geschichtsverlauf entscheidend beeinflussen. An erster Stelle stehen dabei die schon sehr alten Vorstellungswelten der Magie, des Mythos, der Religion und der Philosophie. Ganze Zeitalter werden durch diese in charakteristischer Weise geprägt. In den letzten beiden Jahrhunderten kommt neben den gesellschaftspolitischen Ideologien auch noch die Wissenschaft als entscheidender Faktor hinzu. In diesem Zusammenhang gilt es, den Prozeß komplexer Wechselwirkungen zu verdeutlichen: Mit welchen Ideen und auf welche Weise antwortet der Mensch in bestimmten historischen Situationen auf die Bedrohung seiner Existenz, und wie wirkt sich die dadurch geschaffene neue Lage wiederum auf seine geistigen Orientierungssysteme aus?

Unter solchen Perspektiven ergibt ein Längsschnitt durch die Geschichte die den Anthropologen keineswegs überraschende Tatsache von immer wiederkehrenden typischen Denk- und Handlungsweisen, die sich in gesellschaftlichen bzw. politischen Ereignissen niederschlagen. Die Kenntnis solcher Muster, die in vielerlei Variationen auftreten, kann angesichts der verwirrenden Fülle historischer und aktueller Ereignisse einen wesentlichen Beitrag zum Verständnis der Zusammenhänge und Hintergründe leisten. Dem gleichen Zweck dienen auch alle jene Abschnitte, in denen in lexikalischer Kurzform wichtige Begriffe, Strukturen oder Denksysteme aufgelistet und erklärt werden.

Es bleibt noch die Frage der Objektivität der Geschichtsschreibung im allgemeinen und in diesem besonderen Fall. Angesichts ihres immer nur fragmentarischen Charakters kann »Objektivität« nur bedeuten, daß vorliegende Quellen nach bestem Wissen und Gewissen ausgewertet, daß nur nachprüfbare Daten und Fakten verwendet wurden. Das hindert nicht daran, einen festen Standpunkt zu beziehen, von dessen Perspektive aus interpretiert und nachkontrollierbare Urteile gefällt werden. Der von uns hier gewählte Standort ist eindeutig: Wo eine Stellungnahme erforderlich ist, erfolgt sie auf dem Boden liberal-demokratischer Prinzipien der Aufklärung, bei denen Grund- und Menschenrechte an erster Stelle stehen.

Hans Meiser

Für begleitende Diskussionen und technische Hilfsarbeiten danke ich meiner Ehefrau Maria und meinen beiden Söhnen Gerald und Hans-Jörg.

1. Von der Magie zum Mythos

Vom Ende der Vorzeit bis zur Zeit der Hochkulturen

> Die Welt und der Himmel bauen sich
> auf unseren Denkfehlern auf.
>
> Gerhard Hauptmann

Magisches Zeitalter

Geistige Entfaltung seit dem Ende der Vorzeit

Die Entwicklungsgeschichte der menschlichen Gattung ist mit unvorstellbar langen Zeiträumen verbunden. Über Millionen Jahre hinaus lassen sich die Spuren menschlichen bzw. menschenartigen Lebens verfolgen. Sie reichen zurück bis in die Kreidezeit des Mesozoikums (Erdmittelalters), in der sich die ersten Primaten zu entwickeln beginnen, eine Gruppe, der auch der Mensch angehört. Im gegebenen Zusammenhang geht es hier nur um die Familie der Hominiden, der auch der moderne Mensch, der Homo sapiens sapiens, zuzurechnen ist. Nach einer langen Phase biologischer Entwicklung setzt vor etwa zwei Millionen Jahren auch eine kulturelle ein. Beide Prozesse stehen in enger Wechselbeziehung. Gezwungenermaßen versucht der Mensch, körperliche Mängel durch den Gebrauch von Werkzeugen auszugleichen. Seine geistigen Fähigkeiten überschreiten damit die Grenze zwischen tierischer Intelligenz und menschlichem Intellekt. Für die früheste Zeit geben aber nur Feuerstellen und primitive Werkzeuge Hinweise auf die Fähigkeit des Denkens und Organisierens. Im Laufe der Jahrtausende wird diese aber sichtbar besser und differenzierter. Am Anfang, in der älteren Steinzeit, stehen noch die typischen Faustkeilwerkzeuge. Vor etwa 350000 Jahren erscheint an verschiedenen Stellen der Erde der vernunftbegabte Mensch, der Homo sapiens. Seine Geräte und Waffen, die Faustkeile, Steinmesser und -schaber, die Holzkeulen und Lanzen lassen durch ihre geometrischen Formen bereits auf einen ästhetischen Sinn schließen. Besonders deutlich wird die geistige Entwicklung bei den Neandertalern, die erstmals vor 150000 Jahren in Europa auftreten. Ihre Lebenswelt ist mit jener der heutigen Eskimos zu vergleichen. Der harte Kampf um das Überleben gehört zum Alltag und fordert ihre Intelligenz heraus. An dieser scheint es nicht zu fehlen; zumindest sind die biologischen Voraussetzungen dafür gegeben. Die Größe ihres Gehirns entspricht mit 1350 bis 1725 Kubikzentimetern ungefähr der des heutigen Menschen. Im Gegensatz zu Affen besitzt dieser Mensch bereits eine Schädelform, die die volle Ausbildung eines Kehlkopfes und damit das Sprechen ermöglicht. Als weiteres Indiz muß die Tatsache gewertet werden, daß die Neandertaler ihre Toten bestatten und ihnen Nahrung, Werkzeuge und Waffen mit ins Grab legen. Ein solches Handeln setzt abstraktes Denken und die Beherrschung der Sprache voraus.

Am Ende der Altsteinzeit, vor etwa 40000 bis 10000 Jahren, kommt es zu einem relativ stürmischen kulturellen Entwicklungssprung. Der Neandertaler stirbt aus, möglicherweise verdrängt durch das zur gleichen Zeit aus dem Osten einwandernde Jägervolk der 1,70 bis 1,80 Meter großen, athletisch gebauten Cromagnon-Menschen (so benannt nach einem

Fundort in Frankreich). Mit ihnen beginnt die Geschichte des modernen Homo sapiens. In einer relativ kurzen Zeitspanne weiß er sich alle diejenigen Formen und Kenntnisse anzueigenen, die zur Grundlage der Hochkulturen werden. Ebenso wie der Neandertaler lebt auch er in der rauhen Welt einer eiszeitlich bestimmten Natur.

Höhlenmalerei: Das magische Weltbild der Eiszeitmenschen

Seit etwa einer Million Jahre wechseln sich Jahrtausende währende Eiszeiten mit kurzen Warmzeiten ab (Glazialzyklen). In jeder Kaltphase wandern bis zu 2000 Meter hohe Eisberge aus Skandinavien in den Süden und bedecken zeitweise ganz Norddeutschland bis zu den Mittelgebirgen. Selbst hier weisen die Gletscher noch Höhen von 200 bis 400 Meter auf.

In der letzten (Würm)-Eiszeit rücken die Gletscher nur noch bis an die Elbe vor. Der überwiegende Teil Mitteleuropas liegt dadurch im Bereich des lebensfeindlichen Tundrenklimas mit Dauerfrostböden, die in kurzen Sommerwochen lediglich an der Oberfläche auftauen. Diese rauhe Welt mit ihrer äußerst spärlichen, baumlosen Vegetation bietet naturgemäß nur wenigen Jagdtieren ausreichend Nahrung. Infolgedessen können hier auch nur sehr kleine Jagdhorden existieren - und auch nur dann, wenn ihnen ein weiträumiges Revier zur Verfügung steht.

In Frankreich verläuft die Tundrengrenze etwa zwischen den heutigen Städten Bordeaux und Genf. Weiter im Süden finden die eiszeitlichen Jäger günstige Lebensbedingungen und viele Naturhöhlen vor. Hier ist das Klima erträglicher, die Vegetation üppiger, und große Wildbestände garantieren ausreichend Nahrung. Als aber am Ende der Eiszeit, vor etwa 10000 Jahren, das Ren und andere Tiere dem kühleren Klima in den Norden folgen und die restlichen Arten durch Überjagung stark bedroht sind, sehen sich die Menschen zu einschneidenden Veränderungen in ihren Lebensgewohnheiten gezwungen. Zunächst versuchen sie, durch magische Praktiken und Kulte (Jagdzauber) die Käfte der Natur für sich zu gewinnen. Mittels ritueller Handlungen und Tänze, durch Beschwörungen und zeichnerisch vorweggenommene Tiertötungen *(Analogie-Handlungen)* sollen vermeintlich wirkkräftige Symbole gesetzt und dadurch das Jagdglück gesichert werden.

Auf dem Höhepunkt dieser Kultentwicklung entstehen großartige Höhlenmalereien, Gravuren und Plastiken. Sie erzählen von einer längst vergangenen Zeit, in der mit einfachsten Mitteln um das Überleben gekämpft werden mußte. Sie gewähren einen tiefen Einblick in das Denken und die magische Vorstellungswelt dieser Zeit. Hinter dieser »Kunst« stehen Menschen, die bereits um Grundfragen des Lebens wissen und nach Antworten suchen, die den Geheimnissen des Lebens, Geburt und Tod, auf den Grund zu gehen trachten. Viele Einzelheiten der Malereien, Gravuren und archaischen Figuren lassen Wesenszüge des magischen

Denkens erkennen. Die eiszeitlichen Menschen leben noch in ungebrochener Einheit mit der Natur. Ihre Alltagswelt erfassen sie rein gegenständlich; ein Jenseits im Sinne späterer Hochreligionen ist ihnen völlig unbekannt. Auch kennen sie weder Geister noch Dämonen, selbst »Gottheiten« sehen sie nicht als etwas Abstraktes an. Der »Gott« des Blitzes und des Donners erscheint ihnen höchst real in der Natur. Sie wissen offenbar nichts von einem »Gott« der Angst und der Rache, aber auch nichts von einem »Gott« der Gnade oder der Liebe.

In ihren Alltagshandlungen sind diese Menschen der Frühzeit ebenso praktisch eingestellt wie die der folgenden Kulturzeitalter. Natürlich berücksichtigen sie das *Gesetz der Kausalität.* Wie sollten sie auch sonst überleben! In seiner *»Vorgeschichte der Menschheit«* (1962) schreibt dazu der Autor Herbert Kühn: »Die Formung der Steinwerkzeuge, der Nähnadeln, der Harpunen, der Jagdfallen, das Suchen der Feuerplätze, der Wasserstellen, das ist praktisch, sinnvoll, zweckvoll erlebt. Das magische Denken gehört in einen anderen Umkreis, es liegt in dem Bereich der Welterkenntnis, der Weltschau, der geistigen Beherrschung der Zukunft, des Glückes, des Unglückes, des Ungesicherten, des Kommenden. Die Magie ist eine Form des geistigen, des kultischen Erlebens der Welt. Sie bedeutet den tiefsten Blick in das Unbekannte und Ungeklärte, in das Göttliche. Das magische Denken durchdringt das Geistige dieser Welt. Die praktische Welt aber steht, damals wie heute, im Raume des überlegten Denkens und Schaffens.«

Nur in Bereichen des magisch-kultischen Handelns und Erlebens wird diese *Kausalität* zugunsten einer Anschauung der *Koinzidenz* aufgehoben, die zugleich auch Weltanschauung ist: Das reale Tier und das Bild, das ein geschickter Maler auf den Felswänden einer Höhle anbringt, fallen im Denken zusammen und werden als Einheit erlebt. Die mit Kulthandlungen verbundene »Bezauberung« der Felsbilder, die magische Beschwörung also, gilt hier als identisch mit der Bezauberung und der Tötung eines »realen« Tieres. Da letzteres aber an einem anderen Ort und zu einer anderen Zeit geschieht, werden durch das Koinzidenz-Denken zwei normalerweise im begrifflichen Denken nicht gekoppelte Inhalte miteinander verbunden. Es gibt noch keine Trennung zwischen dem Realen und Ideellen, zwischen Dasein und Bedeutung, zwischen Leib und Seele, zwischen Leben und Tod (= Koinzidenz der Objekte). Auch die Begriffe »Raum« und »Zeit« existieren im magischen Denken noch nicht. Das Punktuelle, Einmalige der Zeit wird noch nicht erlebt. Viele Höhlenzeichnungen geben anschauliche Hinweise auf diese Denkweise. So zum Beispiel die altsteinzeitliche Darstellung zweier tanzender Zauberer in der Höhle Trois Fréres (Ariége, Frankreich). Der Zauberer der Abb. 1 ist als der Herr aller Tiere gestaltet: Er trägt ein Rentiergeweih, einen Bisonbart und den Schweif eines Wildpferdes. Dazu kommen Eulenaugen und Bärentatzen. In dieser Figur sind die Gestalt eines

Abb. 1: *Zauberer als Bison (letzte Eiszeit)*

Menschen und die einer Gottheit vereint. Sie ist aus Formen und Symbolen solcher Tiere zusammengesetzt, von denen sich der Mensch ernährt und die ihm somit das Leben erhalten. Der hohe Rang dieser »Gottheit« ist auch an ihrer Stellung ablesbar: Sie thront in einer Höhe von vier Metern über Hunderten von verschiedenen anderen Figuren. Dieses Zauberer-Bild ist kein Einzelfall. Es gibt davon etwa hundert. Zusammen mit Tausenden von typischen Einzelheiten bei Abbildungen und Fundobjekten vervollständigen sie unsere Kenntnis von magischen Vorstellungen und Praktiken. So zeigt eines der vielen Bilder aus Lascaux (Frankreich) einen Zauberer mit einem der Zauberstäbe, von denen bereits über dreihundert gefunden wurden.

Die Abb. 2 zeigt einen Zauberer, der beim kultischen Tanz die Flöte bläst. So wie hier werden auf vielen Wandbildern, im Zusammenhang mit Jagdvorgängen, beschwörende Kulthandlungen dargestellt. Tänze, Worte, Musik und Gesänge stehen im Mittelpunkt magischer Praktiken, durch die das Jagdglück beschworen und die Tötung des Tieres vorweg-

Abb. 2: *Zauberer, Flöte blasend (letzte Eiszeit)*

genommen werden soll. So primitiv das zunächst erscheinen mag: Hier liegen die Anfänge der bis heute fortwirkenden Kulturtradition der bildenden Künste, der Musik und der Kult-Sprache. Natürlich ist es heute nicht mehr möglich, die Qualität der Musik und der gesprochenen Worte zu rekonstruieren; die eiszeitlichen Malereien geben uns aber Zeugnis von höchstem künstlerischen Niveau. Kein moderner Maler könnte sie qualitativ überbieten. Die Treffsicherheit der Strichführung, die Raffinessen räumlicher Gestaltung und die ausdrucksstarke Gesamtwirkung beweisen, daß die eiszeitlichen Höhlenmaler einen sicheren Blick für das Wesentliche in der Natur und die Fähigkeit sowohl zur naturalistischen als auch zur expressionistischen bzw. impressionistischen Wiedergabe besitzen.

Die nacheiszeitlichen Bilder aus der Valtorta-Schlucht bei Albocacer in Ostspanien (Abb. 3) unterscheiden sich deutlich von den Bildern der Eiszeit. Hier wird eine neue Entwicklung greifbar. An die Stelle vieler einzelner Tierbilder treten solche von Tiergruppen, was bisher die Ausnahme gewesen ist. Die Abbildungen, hauptsächlich Gravuren, befinden sich jetzt nicht mehr in Höhlen, sondern an freien Felswänden, vorzugsweise unter Überhängen und in Felsnischen, vor denen auch die Kultplätze angelegt werden. Ein weiterer Unterschied ist noch wichtiger: Bei diesen jüngeren Bildern treten der Mensch und sein Schicksal in den Vordergrund. Die Körper sind stilisiert und dynamisch dargestellt. Alles scheint in eiliger Bewegung zu sein. Vielfach handelt es sich um eine Art aktueller Bildberichterstattung. Neben Jagdszenen gibt es jetzt auch Bilder von Gerichtsverhandlungen. Alltagsszenen lassen an vielen Einzelheiten erkennen, daß die Menschen nicht mehr nur von der Jagd leben, sondern auch von Handel und Viehzucht. Nicht zuletzt beweisen diese Bilder auch ein gewachsenes Abstraktionsvermögen und die Fähigkeit,

Abb. 3: *Nacheiszeitliche Jagdszene*

thematische Gesamtkompositionen zu schaffen, die über eine Wirklichkeitswiedergabe weit hinausgehen.

Wenn es Daseinsprobleme zu bewältigen gilt, beschränken sich die eiszeitlichen Jäger der Übergangszeit nicht auf magische Praktiken. In wachsendem Maße nutzen sie die einzige Möglichkeit, die die Natur ihnen als Not-Lösung anbietet: das Zähmen und Züchten gefangener Wildtiere und die Einführung des Ackerbaues in klimatisch bevorzugten Gebieten. Dieser Entwicklungsprozeß nimmt allerdings einige Jahrtausende in Anspruch. Doch bedeuten diese nicht viel gegenüber der langen

Ur- und Vorzeit. Erst in der Jungsteinzeit (ab 10000 v. Chr.) setzt sich, in Verbindung mit dem Seßhaftwerden, die neue Lebensweise allgemein durch, selbst in Teilen Europas und Chinas. Dabei zeigen sich der ungemein praktische Sinn der Steinzeitmenschen und ihre geistige Flexibilität. Nach und nach lernen sie, die technischen Probleme einer komplizierten Bewässerungslandwirtschaft zu meistern und praktische Bauwerke zu errichten. Der Übergang in die Metallzeit ist nur konsequent, und am vorläufigen Ende dieser frühen Entwicklung steht dann der Übergang zu den Hochkulturen. Diesen Prozeß des Überganges von einer rein aneignenden Wirtschaftsform zu einer produzierenden bezeichnet man als *neolithische Revolution*. Sie hat früher stattgefunden, als man zuerst angenommen hatte. Bei Ausgrabungen in Vorderasien und Nordthailand, so etwa bei Jericho im Jordan-Gebiet, entdeckte man Spuren von Weizen und Gerste aus dem 7. Jahrtausend v. Chr., dazu Grab- und Pflanzstöcke aus Holz. Aus der Zeit um 4000 v. Chr. wurden Holzspaten gefunden. Ein überlieferter Text aus der gleichen Zeit zeigt zum erstenmal einen Hakenpflug als Schriftzeichen. Mit großer Wahrscheinlichkeit ist er aber noch viel älter. Zur Feldbestellung werden jetzt auch tierische Zugkräfte eingesetzt. Haustiere gab es schon zu Beginn des Ackerbaues: Es konnte nachgewiesen werden, daß der Hund schon vor über 10000 Jahren mit dem Menschen zusammenlebte, möglicherweise als Jagdbegleiter.

Eine erste Blütezeit erlebt die Ackerbaukultur in den bewässerbaren Stromebenen des Zweistromlandes (Euphrat und Tigris) und im Niltal. Die Metapher vom »Fruchtbaren Halbmond« deutet darauf hin, daß man sich der Ausdehnung dieses Landes bewußt ist. Hier fließen, nach Worten der Heiligen Schrift, »Milch und Honig«. Spätestens seit dem 5. Jahrtausend v. Chr. breitet sich der Ackerbau auch entlang der Mittelmeerküste aus. Über die Balkanländer gelangt er in die mitteleuropäischen Lößgebiete. Damit verbunden sind Dauersiedlungen, die teilweise mit Befestigungsanlagen gesichert werden. Deren Notwendigkeit läßt existenzbedrohende Auseinandersetzungen mit fremden Stämmen oder räuberischen Horden vermuten. Siedlungen, die an Schnittpunkten von Handelswegen liegen, entwickeln sich in der Folgezeit zu größeren Orten oder gar zu Städten, in denen auch Handel und Handwerk blühen und die Kunst nach den eiszeitlichen Malereien einen zweiten Höhepunkt erreicht.

Mit der neolithischen Revolution zeigt sich der Mensch, dank der in seinem anthropologischen Organisationsplan angelegten Möglichkeiten, äußeren Herausforderungen gewachsen. Seine geistigen und körperlichen Fähigkeiten entwickeln sich im Kampf mit der Natur, die ihrerseits in dem Maße genutzt und verändert wird, wie der sich anpassende Mensch sie zu durchschauen lernt und ihre Gesetze in den Griff bekommt. Daraus läßt sich schließen, daß an der Geistesentfaltung die ökonomischen Verhältnisse (z. B. die einer Jagdgesellschaft) in hohem

Maße beteiligt sind. Andererseits sind Rück- und Wechselwirkungen zu erkennen, durch die das Marxsche Schema von »Basis« und »Überbau« (s. S. 190) praktisch umkehrbar wird. Wenn aber der sogenannte »Überbau« (der Geist) die »Basis« (die ökonomischen Verhältnisse) verändern kann, verliert letztere ihren Charakter als das stets Primäre, als Alleinursache, und damit auch ihre Bedeutung für eine *monokausale Erklärung* der Menschheitsgeschichte. Geschichte besteht also aus dem Wechselspiel zwischen naturgegebenen Bedingungen und Antworten des menschlichen Geistes. Der englische Kulturhistoriker Arnold Toynbee (1889–1975) spricht hier treffend von »Challenge and response«, von »Herausforderung und Antwort«.

Mit jeder dieser Antworten ändert sich zwangsläufig auch das Weltbild des Menschen, das dadurch niemals zum Abschluß kommt. In jedem Stadium der Geschichte kann es nur in dem Maße der Realität angenähert sein, wie der Mensch über objektiv gesichertes Wissen verfügt. Kommt es von Zeit zu Zeit zu neuen Wissenserkenntnissen, die das Weltbild qualitativ verändern, ist bei vielen Menschen eine geradezu typische Reaktion festzustellen: Sie weigern sich strikt, die historische Entwicklung und die Konsequenzen anzuerkennen: Die »Wahrheit« von gestern wird gegen die von heute uneinsichtig verteidigt. Auf diese Weise können *Ideologien* entstehen: Überholte Inhalte und Formen von gestern oder gar vorgestern werden für die einzige und ganze Wahrheit gehalten. Es ist offensichtlich, daß hier eine Art Denkblockade vorliegt. Allerdings kann eine Ideologie in Diktaturen bewußt einer rational kalkulierten Strategie der Machterhaltung dienen.

Mythisches Zeitalter (Archaisches Altertum)

Entwicklung der Schrift: »Sprung in die Geschichte«

Die Veränderung der natürlichen Lebensbedingungen am Ende der Eiszeit bedrohen zwar die Menschen in ihrer Existenz, zwingen sie aber auch zum geistigen Erwachen. In den Stromtälern der Subtropen trocknen die Überschwemmungsgebiete aus und werden bewohnbar; sie eignen sich vorzüglich für den Ackerbau. Auf der anderen Seite leiden jetzt weite Gebiete Nordafrikas unter permanenter Trockenheit. Wälder verdorren und weichen Steppen und Wüsten, in denen nur noch Nomaden eine Existenzgrundlage finden. In Nordeuropa hingegen gibt das Eis große Landgebiete frei. In den ehemaligen Tundren wachsen nun zwischen Sümpfen und Reliktseen riesige, von vielen großen und kleinen Flüssen durchzogene Wälder. Hier bieten sich den Menschen zahlreiche neue Lebensmöglichkeiten. Um sie nutzen zu können, bedarf es aber besserer und auch neuer Werkzeuge: Der dichte Urwald kann nur mit größeren, wirksameren Äxten gerodet werden. Zum Fischfang braucht und baut man Boote, Paddel, Angelhaken usw., und für den Ackerbau erfindet man nach und nach praktische Geräte und Methoden. In den warmen und trockenen (subtropischen) Stromländern (Nil, Euphrat und Tigris, Pandschab, Indus, Jangtsekiang) werden Bewässerungssysteme und -methoden entwickelt. Das wiederum erfordert genaue geometrische Berechnungsmethoden. Für den Handel mit Agrarerzeugnissen und für die Berechnung der Steuern werden auch algebraische Grundkenntnisse immer wichtiger. Das Fingerzählen und die alte Kerbmethode allein genügen nicht mehr. Die Mathematik wird geboren, und mit ihr – das damals erfundene 60er-System ist heute noch teilweise in Gebrauch – kann auch die Astronomie begründet werden. Durch diese sind genaue Zeitbestimmungen und -einteilungen möglich, was zu einem neuen Zeitbewußtsein führt. Das punktuelle und zeitlose magische Denken wird durch das große Zeiträume überschauende, mythische Denken verdrängt, wenn auch nicht ganz ersetzt. Magische Denkweisen bleiben weiter wirksam und leben noch heute in Tiefenschichten und Gefühlen des Menschen.

Im gleichen Zusammenhang entwickelt sich auch die Schrift, denn ohne diese ist eine Verwaltung von Großgemeinden, wie sie jetzt erstmals entstehen, nicht denkbar. Keine andere Erfindung hat die Bewußtseinslage der Menschen und den Lauf der Geschichte so stark beeinflußt wie die der Schrift. Von nun an besitzt die Menschheit einen Spiegel, in dem sie sich in der Gegenwart in bezug auf ihre Vergangenheit betrachten kann. Damit wird sich der Mensch der Zeit und ihrer Einmaligkeit bewußt. Der »Sprung in die Geschichte«, wie der Philosoph Karl Jaspers (1883–1963) das Ereignis der Schrifterfindung nennt, ist vollzogen.

Am Anfang der Schriftentwicklung steht die sogenannte Gegenstandsschrift. Dazu zählen Kerbzeichen, Zahlen und die Knotenschrift. Später werden die dabei verwendeten Zeichen zum Ausdrucksmittel für sprachliche Zeichen. Je nachdem, ob ein Zeichen ganze Wörter, einzelne Silben oder Einzellaute ausdrückt, unterscheidet man zwischen Wort-, Silben- oder Lautschrift. Bei der Wortschrift wird jedem Einzelwort ein Zeichen zugeordnet, in der Regel ein bestimmtes Bildzeichen. Vorwiegend konkrete Gegenstände dienen dabei in stilisierter Form als Vorlage, was zu einer Mehrfachdeutung führen kann. So bedeutet das Zeichen »Sonne« zunächst einmal die Sonne selbst; darüber hinaus aber auch »Helligkeit« oder »Tag«. Das Zeichen des Auges meint in diesem Sinne das Auge selbst, dann aber auch »sehen« oder »Aufsicht«. Die verwandten Begriffe »Pflug« und »Pflüger« werden durch dasselbe Zeichen ausgedrückt. Dadurch wird der Zeichenbestand, der bei den Sumerern um 3000 v. Chr. bei etwa zweitausend liegt, auf ein Drittel verringert. Später wird das Zeichen vom Ursinn unabhängig: Die Phonetisierung der Schrift beginnt. Bestimmten Wortteilen werden eindeutige Zeichen zugeordnet. So entstehen zunächst Silben- und dann Lautzeichen, also die Buchstaben. Allerdings sind reine Silbenschriften sehr selten; in den meisten Fällen kommt es zur Ausbildung von Mischformen. Beispiele dafür sind die altmesopotamische Keilschrift und auch die ägyptische Schrift. Bei letzterer steht am Anfang die sogenannte »Hieroglyphenschrift« – eine Zusammensetzung aus klaren Einzelbildern. Beim Schreiben mit einem Pinsel auf Holz oder Papyrus entsteht die »kursive Buchschrift«. Die ursprünglichen Bilder sind immer noch zu erkennen. Allmählich wird die Schrift immer flüchtiger, kursiver (hieratische Schrift). Die weitere Verflüssigung führt dann in die »demotische Schrift«, die »Volksschrift«.

Die sumerische »Keilschrift« arbeitet mit Kombinationen von keilartigen Dreiecken: Die kombinierten Zeichen »Kopf« und »Brot« beispielsweise bedeuten »essen« oder »das Essen«. Im Gegensatz zur ägyptischen Schrift wandeln sich hier die Bildzeichen durch die Verwendung senkrechter, waagerechter und schräger Striche immer mehr zu geometrischen Mustern. Das hängt damit zusammen, daß die Sumerer mit einem keilförmigen Rohrgriffel Zeichen in eine weiche Tontafel drücken, die dann anschließend getrocknet und gebrannt wird. Der letzte Schritt zur reinen Lautschrift gelingt um 900 v. Chr. den Griechen. Sie reduzieren die Silben der phönizischen Schrift zu Lautzeichen des ersten Alphabetes: »a« (alpha), »b« (beta) etc. Die modernen europäischen Schriften beruhen auf diesem »Mutteralphabet«.

Die grundlegende Bedeutung der Schrift führt bereits in früher Zeit zur Einrichtung von Schulen (»Tafelhäusern«), in denen jungen Schülern u. a. Lesen und Schreiben beigebracht wird. Ein sumerischer Tontafeltext aus der Zeit um 2000 v. Chr. belegt das in einer derart realistischen Weise, daß wir die Situation bis heute noch genau nachempfinden können: »Nun Schüler, wohin gingst du all die Zeit? Ins Tafelhaus! Was hast du da getan? Die Tafel schrieb ich voll bis an den Rand! Als Schulschluß war, bin ich nach Haus gegangen und sprach dem Vater das Gelernte vor, las auch die Tafel ihm; er war zufrieden. Morgens mußte ich wieder früh heraus, ich schaute nach der Mutter, sprach zu ihr: ›Gib mir das Frühstück, denn ich muß zur Schule!‹ Zwei Brote holte die Mutter mir vom Ofen, saß auch dabei, derweil ich durstig trank. Das Schulbrot noch! Zur Schule lief ich schon. Der Aufsichtführende fuhr mich an im Schulhaus: ›Warum kommst du denn zu spät?‹ Da ward mir angst, mein Herz fing an zu klopfen, ich ging zum Lehrer. ›Marsch auf deinen Platz!‹ Gleich sah mein Lehrer meine Tafel an, geriet in Zorn, und dann bekam ich Prügel ...« Nach bestandener Abschlußprüfung heißt es dann: »Der Sohn des Tafelhauses nahm den Lehrer an seine Hand, er ging mit ihm zum Vater und zeigte diesem eifrig vor, was alles in der Schule er gelernt. Da sprach der Vater froh zum Lehrer: ›Du halfest meinem Sohn voran, du führtest ihn in die Wissenschaften ein und zeigtest ihm die Künste der Tafelschreiberei, man lehrte Rechnen ihn und Bücherführen, und alle schweren Fragen sind ihm klar‹ ... Wie Wasser fast, so goß er gutes Öl in seinen Ölbehälter, reichte ihm ein Kleid als Gabe, auch ein Geldgeschenk, und steckte ihm einen Ring an seinen Finger« (nach H. Schmökel, *»Das Land Sumer«*).

Religion und Recht als Fundamente politischer und sozialer Ordnung

Das archaische Altertum, das Zeitalter der Hochkulturen, nimmt im 4. Jahrtausend v. Chr. in den Stromlandschaften des »Fruchtbaren Halbmondes« seinen Anfang. Die reiche Erträge abwerfende Bewässerungslandwirtschaft bildet dabei eine wesentliche Grundlage. Der damit verbundene neue Reichtum fördert Handel und Gewerbe und begünstigt die Bildung von Städten. Diese und die Gemeinschaftsprojekte, etwa Dammbauten und Bewässerungsanlagen, erfordern zwangsläufig eine zentrale Leitung und Verwaltung. Auf die Dauer entstehen so herrschaftliche Strukturen hierarchischer Art. Im Zusammenhang mit einem auf der mythischen Denkweise beruhenden religiösen Fundament entwickelt sich allmählich eine religiös verklärte, absolute Herrschaft. Der aus der Masse der Normalmenschen abgehobene Gottkönig gilt als Stellvertreter der Gottheit auf Erden, und deshalb verfügt er über eine fast unbegrenzte Macht über sein Reich und die Untertanen. Alles hat sich nach seinem Willen zu richten. Nur zu leicht artet eine solche Regierung zur Willkürherrschaft aus, zur *Despotie*. Als sogenannte *orientalische Despotie* bildet sie in der Reihe absoluter Herrschaftsformen einen eigenen Typ.

Bereits die Magalithbauten (Bauten aus gewaltigen Steinblöcken) der ausgehenden Steinzeit zeugen durch ihre Anzahl, Größe und ihren Zweck von einer hohen geistigen, im Religiösen wurzelnden Kraft und von der Frage nach Leben und Tod. In den Hochkulturen ist diese Kraft das Fundament, auf dem Tempel und Grabbauten errichtet werden. Durch eine fortschreitende Differenzierung menschlicher Lebensweisen entsteht allmählich ein *Polytheismus*, ein Glaube an mehrere Götter, die nebeneinander bestehen. Der Ackerbauer zum Beispiel versucht, das Werden und Vergehen, wie es im Jahreszyklus der Natur zu beobachten ist, religiös zu deuten. Alles Geschehen ordnet er bestimmten Erdgottheiten zu. Die Viehzüchter dagegen personifizieren und vergöttlichen die Furchtbarkeit im Tierreich. Im Zusammenhang damit ist auch die Entstehung von Mythen und Ahnenkulten zu sehen, in deren Mittelpunkt die Taten sagenhafter Städtegründer oder Herrscher stehen. Mit zeitlicher Entfernung wachsen sie zu Göttern oder gottähnlichen Gestalten heran. So entsteht eine breite Skala religiöser Vorstellungen und Kulte, in deren Mittelpunkt elitäre Personen stehen, wodurch wiederum die Herrschaft der Eliten bestätigt und abgesichert wird. Dabei kennt dieses mythische Denken noch keine Trennung zwischen religiösem und profanem Leben. Die Tempeltürme des Zweistromlandes dienen u. a. auch als Vorratsspeicher für das Getreide und als Verwaltungsgebäude. Die archaischen Hochkulturen bilden jedoch keine religiöse Einheitskultur aus, auch wenn es zeitweise zur politischen Zentralisierung kommt. Überall gibt es eine große Zahl von Natur- und kosmischen Gottheiten, von Familien-, Stadt- und Landesgöttern, denn die lokalen Priesterkasten widersetzen sich erfolgreich allen Vereinheitlichungsbestrebungen. In Mesopotamien bleiben sogar unter König Hammurabi (1728–1686), also in einer Zeit stärkster politischer Zentralisierung, die lokalen Kulte bestehen. In der Einleitung zum sogenannten »Kodex Hammurabi«, der wichtigsten Rechtssammlung des Alten Orients, bezeichnet sich der König als der Beauftragte und zugleich Beschützer aller Stadtkulte. Der absolutistisch regierende König, der als Stellvertreter Gottes oder als dessen Inkarnation angesehen wird, sieht seine Aufgabe darin, »Gerechtigkeit im Lande sichtbar zu machen«. Seine Rechtssammlung zeugt von dem ersten größeren Versuch, sogenannte »natürliche« und »positive« (von Herrschern erlassene, »gesetzte«) Rechtsgrundsätze verbindlich zu kodifizieren. Von hier aus führt eine lange Linie zu Drakons Gesetzgebung in Griechenland (um 624 v. Chr.) und zu den Aufzeichnungen des Rechts durch Solon (594 v. Chr.), zum »Zwölftafelgesetz« in Rom (450 v. Chr.) bis zum Kodex »Corpus Juris Civilis« in der Spätantike und im Mittelalter. In der Neuzeit folgen u. a. das »Allgemeine Landrecht« für Preußen (1794), Napoleons »Code civil« (1804) und schließlich das »Bürgerliche Gesetzbuch« (1871) im Deutschen Reich.

Wesenszüge mythischen Denkens bzw. des mythischen Zeitalters

Unter Mythen versteht man allgemein Erzählungen, in denen Tatsächliches bzw. historische Ereignisse und Situationen mit Welt- oder Sinndeutungsversuchen in einen scheinlogischen Zusammenhang gebracht werden. Mit Religionen haben Mythen gemeinsam, daß sie die forschenden Fragen des Menschen nach dem »Wie« und »Warum« des Weltalls, nach der Stellung des Menschen in diesem und in der Gesellschaft, nach dem Wesen der Natur und der Naturereignisse in allgemeinverständlicher Weise zu beantworten versuchen. Im Gegensatz zu den großen Religionen geben Mythen aber keine verbindlichen Handlungsanweisungen für die Lebensführung. In unserer Gegenwart können viele früher offene Fragen nach dem »Warum« und »Wie« als von der Wissenschaft geklärt gelten. Niemand vermutet noch hinter den Phänomenen Blitz und Donner eine zornige Gottheit. Aber die Wissenschaft wird niemals auf alle Fragen eine Antwort finden können. Wichtige Grundtatsachen des Lebens, wie Geburt und Tod oder die prinzipiell unwägbaren Schicksalsschläge, werfen immer aufs neue die alten Fragen auf. Im Zeitalter der Hochkulturen, in dem sich erstmals logische Denkmethoden ausbreiten, wenn auch nur langsam und gegen viele Widerstände, müssen die meisten Fragen nach Ursachen und Zusammenhängen der Welt und des Lebens offen bleiben. Einfacher und naheliegender ist es deshalb, mit Hilfe von Analogieschlüssen zu Erklärungen zu kommen. So werden im Mythos das Feuer mit der Sonne und deren Farbe mit dem Gold in Zusammenhang gebracht. Die licht- und wärmespendende Sonne symbolisiert dabei das Leben, das Gold die Unsterblichkeit, weil es nicht rostet. Für das mythische Denken, das hinter allen Dingen und Geschehnissen etwas Geheimnisvolles sieht, ist die sichtbare Welt nicht die einzige Wirklichkeit. Der biologische Prozeß einer Geburt zum Beispiel wird klarsichtig wahrgenommen. Das hindert aber nicht, sie als ein übernatürliches Ereignis zu betrachten, bei dem es sich um eine Wiedergeburt, um eine *Reinkarnation* handelt. Verstorbene Pharaonen werden nach der gleichen Denkweise zu Göttern erhoben, die irgendwo auf hohen Bergen machtvoll thronen. In Anbetracht der vielen existentiellen Nöte, von denen der Mensch sich ständig bedroht sieht, ist es verständlich, daß der Mythos so viele Bereiche des Lebens in seine Erklärung einbezieht. Bei allen Völkern erzählt man sich Ursprungs- und Schöpfungsmythen, Fruchtbarkeits- und Heldenmythen, Mythen des Schuldigwerdens, aber auch der Auferstehung und der Unsterblichkeit. Teilweise sind sie in Frühlings-, Sommer-, Herbst- und Wintermythen eingebunden oder mit diesen identisch. Bei aller inhaltlichen Betrachtungsweise darf aber die funktionale keinesfalls übersehen werden: Mythen sind das Ergebnis einer kreativen Veranlagung des Menschen, die in einer differenzierter gewordenen Lebenswelt spontan zum Durchbruch kommt. Umgekehrt aber haben Mythen in einer kaum zu überschätzenden Weise die Kreativität des Menschen zu immer höheren Leistungen angeregt, etwa zur Vergegenständlichung mythischer Inhalte in der Form großartiger religiöser Bild- und Bauwerke.

Ein generelles Kennzeichen der Hochkulturen liegt in einer rationaleren, zielgerichteten Denkweise, vor allem bei der Existenzbewältigung. Der Versuch, von der Natur immer unabhängiger zu werden, führt bald zur produzierenden Wirtschaftsform des Ackerbaues und der Viehhaltung, die dann dank rationeller Bewirtschaftungsmethoden und günstiger Naturfaktoren (Klima, Boden, Bewässerungsmöglichkeiten etc.) einen Überschuß an Grundnahrungsmitteln zur Folge hat. Dieser und das neugewonnene Grundlagenwissen ermöglichen eine allmähliche Freisetzung von Mitteln und Arbeitskräften für Gewerbe, Handel und Verkehr. Nach und nach entstehen Gemeinschaftsanlagen (Dammbauten), große Städte und Residenzen. Hand in Hand damit geht die Organisation von Verwaltung und Justiz. Alle diese Gründungstaten bleiben im Bewußtsein der nachfolgenden Generationen sehr lebendig. Es entsteht dadurch eine legendäre Überlieferung, die allmählich in Dynastien zu rechnen beginnt. Dadurch, und durch die für die Verwaltung notwendig gewordenen Kalendarien, entwickelt sich allmählich ein Zeitbewußtsein.

Dieses ist heute eine der wichtigsten Grundlagen und zugleich ein Hauptkriterium moderner Lebensweise.

Altägyptischer Staatskollektivismus - Erwachen des Individualismus

Im Altägyptischen Reich (2850–2052) durchdringt die staatliche Organisation das ganze Leben. Das hat natürliche Gründe. Durch den stetigen Jahresablauf mit der ewigen Wiederkehr von Nilüberschwemmungen, Wachstums- und Trockenperioden haben die Ägypter ein Gefühl der Sicherheit und Ordnung gewonnen. Die besonders günstige geographische Lage schützt das Land weitgehend vor feindlichen Überfällen. Der Pharao gilt im Sinne des Mythos als Garant aller irdischen Ordnung, die ihrerseits in einer göttlichen begründet ist. Somit ist der König selbst Staat; er ist damit beauftragt, Gottes Willen zu erfüllen. Grundprinzip allen Herrschens ist dabei die Gerechtigkeit. Dieser hat sich jeder unterzuordnen. Die höchste Pflicht besteht in der Einfügung in die Ordnung des Staates; ein Abweichen von der »Gerechtigkeit« gilt als Verbrechen. Insgesamt ist das Altägyptische Reich ein wohlorganisiertes Staatswesen mit einem absoluten Königtum. Hier liegt eine frühe Stufe der Überwindung von Magie und Mythos vor. Neben diesen entwickelt sich zaghaft auch ein *frühlogisches Bewußtsein und Denken*, das mit festen Begriffen arbeitet. Es stützt sich auf die tiefe Überzeugung von der kosmischen Ordnung aller Dinge und zeigt sich besonders in der Kunst dieser Zeit. In außerordentlich lebensnahen Bildnissen werden immer wieder Alltagsszenen dargestellt: die kornmahlende Frau, der Schreiber, der Feldarbeiter etc.

Diese in sich festgefügte Welt wird in ihren Grundlagen erschüttert, als das innenpolitische Versagen der Pharaonen der 6. bis 8. Dynastie (seit 2350 v. Chr.) auch den wirtschaftlichen Niedergang bringt. Noch in der 5. Dynastie hatte ein Text die göttliche Weltordnung gerühmt, die sich im König offenbare und durch welche die staatssozialistische Wirtschaftsform für alle Zeiten gefestigt wäre. Jetzt aber verliert der Pharao seine Macht zugunsten feudaler Fürsten. In der Folgezeit versagt die Zentralverwaltung, und die Gesamtwirtschaft bricht zusammen. Ein Papyrus aus dem Leidener Kodex berichtet aus dieser Zeit der Anarchie:

»Sehet, das Land hat sich zusammengerottet in Banden. Der Elende raubt die Habe des Edlen.

Sehet, die Edelfrauen schlafen auf Wasserschläuchen und die Edlen in Zwangsarbeitshäusern. Wer früher nicht einmal in der Vorhalle schlafen durfte, besitzt heute ein Prunkbett.

Sehet, die rechtmäßigen Besitzer kostbarer Kleider gehen in Lumpen. Wer aber früher nicht einmal für sich selber weben konnte, besitzt jetzt feinstes Leinen.

Sehet, die Armen des Landes sind zu Reichen geworden, die Besitzenden aber zu Mittellosen.

Sehet, die Magd, die keinen Kleiderkasten ihr eigen nannte, besitzt jetzt eine ganze Möbelausstattung. Die, die ihr Gesicht im Wasser besah, besitzt jetzt einen Bronzespiegel.

Sehet, die Grundherren fliehen. Sie besitzen nicht einmal mehr das Nötigste.

Sehet, die Besitzer von Betten liegen auf dem Boden.

Sehet, wer kein Gespann hatte, besitzt jetzt eine eigene Viehzucht. Wer keinen Pflugochsen auftreiben konnte, besitzt jetzt eigene Herden.

Sehet, wer nicht einmal Saatkorn hatte, besitzt jetzt ganze Scheunen. Es geht dem Abgrund entgegen ... Wenn die Güter nicht in der jetzigen Staatsverwaltung verschwendet würden, so würde kein Mangel herrschen wie in der gegenwärtigen Lage« (nach Erman, *»Die Literatur der Ägypter«*).

Dieser Vorgang ist hochinteressant, handelt es sich doch um die erste bekannte soziale Revolution der Weltgeschichte. Die bisher Benachteiligten reißen allen Besitz an sich, während die Reichen verarmen. Damit brechen aber für die unteren Stände keineswegs paradiesische Zustände aus. Der Zusammenbruch der Verwaltung, Steuerausfall und Mißwirtschaft schaden schließlich allen. Nahezu zwei Jahrhunderte herrschen nun anarchische Verhältnisse. Bedeutender aber ist die tiefgehende Reaktion beim Einzelmenschen: Er verliert den Glauben an die ewige Weltordnung: Die Welt ist unvollkommen, böse und schlecht! Wie kann Gott eine solche Welt geschaffen haben, wenn er selbst gut ist? Zum erstenmal in der Geschichte erscheint hier der Gedanke der *Theodizee*, die Frage nach der Rechtfertigung Gottes. In diesem Vorläufer des Buches Hiob zeigt sich bereits der *individuelle Mensch*, der in seiner Seelenqual ewig gültige Fragen an die Welt stellt. Ein Papyrus, das von einem Streitgespräch eines Lebensmüden mit seiner Seele berichtet, zeigt die Abgründe, vor denen sich der Mensch jetzt sieht. Angesichts der Anarchie am Ende des Alten Reiches entschließt sich ein Traditionalist, aus dem Leben zu scheiden. Mit Argumenten einer vergangenen Epoche streitet er mit seiner fortschrittlich argumentierenden Seele, die sich ketzerhaft für einen irdischen Lebensgenuß einsetzt, da eine Hoffnung auf ein Jenseits vergeblich sei:

»Wenn du von Begräbnis sprichst, bedeutet das nur Kummer, es bedeutet nur Tränen und Traurigkeit, bedeutet, daß der Mensch aus seinem Haus geholt und auf den Wüstenhügel geworfen wird. Es bedeutet, daß du nie wieder an die Oberwelt kommen und nie wieder die Sonne sehen wirst. Die Opfertische sind leer, denn sie haben keine Hinterbliebenen mehr ... Darum höre auf mich, es ist gut, wenn die Menschen hören. Folge dem frohen Tag und vergiß die Sorge.«

»Carpe diem« nennen die Römer später eine solche Haltung. Der Lebensmüde aber überzeugt seine Seele mit vier Hinweisen auf die trostlosen Zustände der Zeit und auf die Schönheit des Todes:

»Der Tod steht mir heute vor Augen, wie wenn ein Kranker gesund wird, wie wenn man ins Freie geht nach einem Unfall.

Der Tod steht mir heute vor Augen wie Myrrhenduft, wie wenn man unter einem Sonnensegel sitzt am windigen Tage.

Der Tod steht mir heute vor Augen wie das Aufhören des Regens, wie wenn ein Mann vom Feldzug zurückkehrt.

Der Tod steht mir heute vor Augen, wie wenn ein Mann sich danach sehnt, (sein) Zuhause wiederzusehen, nachdem er viele Jahre in der Gefangenschaft verbracht hat.«

Untergang der archaischen Hochkulturen

Gesellschaftliche und kulturelle Erstarrung

Das 3. Jahrtausend v. Chr. entwickelt auf der Grundlage des Mythos das frühlogische, das folgerichtige Denken, das für die praktische Bewältigung der Existenzprobleme und für die gesellschaftlichen und kulturellen Institutionen von entscheidender Bedeutung ist. Die materielle und geistige Kreativität dieser städtischen Welt strahlt weit über Vorderasien und die Mittelmeerinsel Kreta bis nach Europa und im Fernen Osten bis nach China aus. Das 2. Jahrtausend v. Chr. zeigt dann die Früchte dieser Entwicklung. In China blüht um 1500 v. Chr. das Reich Chang, in Anatolien das Hethiterreich und in Griechenland das mykenische Reich.

In den Zentren einiger Hochkulturländer zeigen sich mehrmals Bemühungen, das Denken im Mythos zugunsten des Logosdenkens zu überwinden. Doch kritisches Denken, Voraussetzung für die Entwicklung der Persönlichkeit und der Freiheit, wird am Ende dieses Jahrtausends sowohl in Ägypten als auch in Mesopotamien durch orthodoxe Kräfte zurückgedrängt. Sie stellen die alte Ordnung wieder her und festigen die zentrale Macht auf der Grundlage der uralten, aber immer noch wirksamen theokratischen Ideen. Die Folge ist die Entwicklung einer überaus starken Tradition bei gleichzeitigem, allmählichem Nachlassen der Kreativität, was schließlich zur Erstarrung aller Lebens- und Herrschaftsformen führt – zunächst in Ägypten, später auch in Mesopotamien, das durch einige kraftvolle Herrscher, besonders durch Nabopolassar (626–605) und Kyros II. (559–529), noch ein letztes Mal aufblüht. Eine Hauptursache für den Niedergang dieser Hochkulturen ist in der Tatsache zu sehen, daß im Machtbereich orthodoxer Despotien das Individuum keine Chance erhält, sich zur Persönlichkeit zu entfalten. Die Zeit ist aber dafür reif geworden. Der menschliche Geist hat über Jahrtausende sein Denken so geschult, daß die Fähigkeit zur Kritik auf die Dauer nicht mehr unterdrückt werden kann. Damit wird das erste Jahrtausend das Zeitalter der Selbstentfaltung des Menschen, allerdings nicht mehr in den alten Reichen. Es sind die jungen, herandrängenden Randvölker aus dem Norden, welche, geistig unverbraucht und noch flexibel, das orientalische Erbe aufgreifen. Einigen gelingt der entscheidende Schritt, der die Voraussetzung dafür ist, daß aus Untertanen selbstdenkende und verantwortliche Individuen werden können, der Schritt vom *Mythos zum Logos*.

Handel und Kulturaustausch als Faktoren des Wandels

Das Aufkommen fernwirtschaftlicher Beziehungen muß als ein wesentlicher Faktor des geistig-kulturellen Wandels, wie er in den beiden letzten Jahrtausenden stattgefunden hat, angesehen werden. Weiträumige Handelswege lassen sich zwar bis in die Steinzeit zurückverfolgen, solange aber die primitive Hauswirtschaft der alleinige Typus war, blieb der Fernhandel ohne große Bedeutung. Erst der höhere Typus der Königs- bzw. Tempelwirtschaft, die sich zur Stadtwirtschaft ausweitet, kann mit Hilfe gezielter Kapital- und Arbeitsinvestitionen die Produktion bedeutend über den eigenen Bedarf hinaus steigern. Der Fernhandel mit der Überschußproduktion ermöglicht seinerseits die Einfuhr nichtheimischer Rohstoffe (Kupfer, Zinn etc.). So entsteht ein Fernhandelsnetz, das von Nordafrika bis Indien reicht und sogar weite Gebiete Europas und Asiens (China) beeinflußt. Dabei spielt auch der beliebte Austausch von Geschenken zwischen staatlichen Zentralen eine bedeutende Rolle. Mit wachsenden Handelskontakten sind kulturelle unvermeidbar verbunden. Reisende und Gesandte berichten immer wieder von der Lebensart und dem Glauben anderer Völker. Kritische Fragen in bezug auf die Tatsache, daß überall andere Götter als zuständige Zentralinstanz der Welt angesehen werden, können nicht ausbleiben. Dieser Herausforderung begegnen die traditionalistischen Führungsschichten des Orients, die ihre Herrschaftsgrundlage gefährdet sehen, durch starres Festhalten an der alten Ordnung und durch Wiederbelebungsversuche an überholten Glaubensinhalten.

Ein gutes Beispiel für diese orthodoxe Haltung bietet das Schicksal des »Ketzerkönigs« Amenophis IV. (1364–1347). Er ist der erste »moderne« Herrscher und Reformator auf dem Pharaonenthron. Den bisherigen Glauben an die Götter, die unter der Führung des Gottes Amon stehen sollen, verwirft er zugunsten eines vergeistigten *Monotheismus*, des Glaubens an nur einen Gott, an Aton (identisch mit der Sonnenscheibe), der das Weltall beherrsche. Die Sonne gilt nun als Symbol für die Herrschermacht Atons. Seinen bisherigen Namen Amenophis, der auf den ihm verhaßten Reichsgott Amon hinweist, legt er ab und nennt sich von nun an Echnaton, das heißt »der dem Aton Wohlgefällige«. Unabhängig von der bisherigen Priesterkaste gründet er die neue Residenz Achetaton bei El Amarna, wo er einen lebendigen, freien (naturalistischen) Kunststil fördert und sich der Dichtung widmet. Seine Themen sind das Leben, die Liebe und die Wahrheit. Sofort nach seinem Tode zeigt sich jedoch die große Macht der alten Kaste. Unter seinem Nachfolger Tut-ench-Amun (1347–1339), der noch sehr jung und schwach ist, kommt es zur Restauration. Die Residenz wird wieder nach Theben verlegt und Echnaton als Ketzer verdammt. Die fanatische Priesterkaste versucht sogar, seinen Namen und sein Andenken auszulöschen. Noch heute kann man an vielen Bauwerken seiner Zeit die zerschlagenen Sonnensymbole und die zermeißelten Namensinschriften sehen.

Völkerbewegungen des Altertums

Der Begriff »Völkerbewegungen« ist nicht zu verwechseln mit dem Unterbegriff »Völkerwanderungen«. Letztere bezeichnen nur jene Bewegungen, die in der spätrömischen Epoche stattfinden und die zum Untergang des Weströmischen Reiches führen. Die Völkerbewegungen des archaischen Altertums sind sowohl für die Entstehung als auch für die mehrmalige Erneuerung der Hochkulturen von größter Bedeutung – letzthin aber auch für deren Untergang. Für Völkerbewegungen gibt es eine Reihe von Gründen. An erster Stelle muß dabei der relative Begriff der Übervölkerung genannt werden. Sie kann durch eine absolute Zunahme der Bevölkerung, aber auch durch eine Abnahme der Lebensmittelproduktion hervorgerufen werden. Die Ursachen dafür wiederum können in einer Klimaänderung, im abnehmenden Wildbestand oder auch in einer Erschöpfung der Böden liegen. Umgekehrt kann durch eine technische Innovation (Pflug, Düngemittel) die Produktionskapazität so verbessert werden, daß bei gleicher Bevölkerungsdichte von einer Übervölkerung nicht mehr die Rede sein kann. Die Sogwirkung klimatisch bevorzugter Gebiete, die oft auch ein hohes kulturelles Niveau aufweisen, muß als weiterer wichtiger Grund genannt werden. Die Geschichte kennt dafür zahlreiche Beispiele. Die Stoßkraft wandernder Völker zwingt Nachbarvölker, ihre Gebiete zu verlassen und ihrerseits die Nächstschwächeren zu vertreiben. Der spätere Alexanderzug ist ein gutes Beispiel dafür, daß nicht Landnot Ursache einer Völkerbewegung sein muß. Bei diesem handelt es sich zu einem großen Teil einfach um eine Eroberungslust eines Herrschers.

Eine politische Ursache, die bis heute noch nicht an Bedeutung verloren hat, muß noch genannt werden: die Vertreibung eines gegnerischen, aber unterlegenen Volkes aus seinem angestammten Gebiet und die Ansiedlung von Verbündeten, die man für die eigene Herrschaftssicherung braucht oder abhängig machen will. Insgesamt ergibt sich daraus, daß die

Herausforderungen, denen sich Menschen gegenübersehen, keineswegs allein in der Natur gründen. In wachsendem Maße werden sie mit den Folgen ihrer politisch-ökonomischen Handlungen konfrontiert. Das aber ist eine Angelegenheit der Anthrophologie, die u.a. die Frage nach dem Wesen des Menschen stellt. Es ist sicherlich kein Zufall, daß im 3. vorchristlichen Jahrtausend eine der ersten Hochkulturen von einem im Zweistromland eingewanderten Volk, den Sumerern, errichtet wird. Wandervölker, die nicht untergehen wollen, müssen flexibel sein. Über Jahre hinaus müssen sie die Organisation und Probleme einer Wanderung bewältigen. Dazu gehören die Nahrungsmittelversorgung, die friedlichen oder kriegerischen Auseinandersetzungen mit fremden Völkern und die Anpassung an ein anderes Klima oder an fremde Gegebenheiten. Auf diese Weise gewinnen sie auf die Dauer einen sicheren Blick für neue Möglichkeiten der Lebensorganisation.

Um 2350 v.Chr. gelingt es semitischen Akkadern aus der Arabischen Halbinsel, das Zweistromland in ihre Hand zu bekommen und das erste Großreich der Geschichte zu errichten. Sie bleiben nicht das letzte Eroberervolk, das von Randgebieten her in das Zweistromland eindringt. Immer dann, wenn die Kraft einer Dynastie nachläßt, dringt ein weiteres Volk in das alte Kulturzentrum ein, und der *Prozeß der Akkulturation*, die Aneignung höherer Kulturformen, beginnt von neuem. Die Übernahme und Tradierung alter Werte gilt auch für den Mythos, die Grundlage der alten Hochkulturen. Mit diesem ist aber auch das Weiterbestehen der alten hierarchischen, despotischen Ordnung verbunden, wodurch die Entwicklung der individuellen Persönlichkeit stark eingeschränkt oder sogar unmöglich wird. Eine allmähliche Erstarrung der Kultur ist die unvermeidliche Folge. Der Wandel kann also nicht aus den Hochkulturen selbst kommen - das wird u.a. auch durch das Verhalten Alexanders des Großen bestätigt: Nachdem er den gesamten Orient erobert und das bisher größte Weltreich geschaffen hat, wandelt sich im Banne der altorientalischen Kultur sein Verhalten grundlegend - aus einem Eroberer wird ein selbstherrlicher Despot. Es sind vielmehr die jungen Völker aus dem indoeuropäischen Raum, die den Wandel bringen. Bezeichnenderweise ziehen sie nicht in die alten Zentren, sondern in deren Randgebiete, wobei sie Länder mit Meeresküsten bevorzugen. Mit Beginn des 2. Jahrtausends dringen diese indoeuropäischen Stämme u.a. in Griechenland ein. Auf der Grundlage einer vorgefundenen, orientalisch beeinflußten Frühkultur entwickeln sie in kreativer Aneignung eine eigenständige Kultur, in der der Mensch schließlich »das Maß aller Dinge« wird. Die Gründe dafür liegen in einer vordemokratischen Grundverfassung der Wandervölker, die sich bereits in der Organisation während der Wanderzeit bewährt: Einem gewählten Heerkönig (Herzog) steht eine Versammlung von Wehrfähigen als letzte Instanz gegenüber. Nach der Landnahme und der Verlosung von Parzellen bildet sich zwar in Jahrhunderten eine anfangs nicht vorhandene Hierarchie heraus, dennoch vergessen die frühen Griechen nie ihren freien Ursprung. Es ist somit kein Zufall, daß sie später das Königtum abschaffen und als erstes Volk der Erde sich eine funktionierende Frühform der Demokratie schaffen.

2. Vom Mythos zum Logos

Griechisch-Römisches Altertum

Alles Wissen der Welt ist begrenzt,
dagegen ist Unwissenheit grenzenlos.

Frei nach Sokrates

Wesenszüge des Logos-Denkens

Die starke Tradition führt in den vom Mythos getragenen archaischen Hochkulturen zu einer Erstarrung der Lebens- und Herrschaftsformen. In diesen despotischen Untertanenstaaten gibt es deshalb für den Einzelmenschen keine Chance, sich zu einer Persönlichkeit zu entfalten. Erst der Einbruch indoeuropäischer Völker aus dem Norden bringt den Wandel, wenn auch zunächst nur in Randgebieten. An erster Stelle müssen hierbei die Griechen genannt werden, die seit dem 2. Jahrtausend in mehreren Wellen den Mittelmeerraum erreichen und nun rings um die Ägäis »wie Frösche um einen Teich« sitzen. Aus ihrer Wanderzeit haben sie sich einen Sinn für Gleichberechtigung, freies Denken und menschliche Würde bewahrt. Dazu entwickeln sie eine hohe geistige Flexibilität, die schon in der Frühzeit zu kritischen Tönen führt, insbesonders gegenüber religiösen Vorstellungen und dem Mythos. Die Abwendung vom Mythos und die Hinwendung zum Logos ist unverkennbar. Das griechische Wort »Logos« bedeutet ursprünglich »Wort«, »Sprache« oder auch »Rede«, im übertragenen Sinne »Begriff«, »Vernunft« oder »Sinn«. Während der Mythos den ganzen Menschen in seinen Tiefenschichten erfaßt, spricht der Logos nur den menschlichen Intellekt an, die Fähigkeit zu logischem Denken. Somit sind mit den Begriffen »Mythos« und »Logos« zwei verschiedene Arten des Weltverstehens gegeben, bei denen die eine sowenig ohne die andere denkbar ist wie der Nordpol ohne den Südpol. Gleichermaßen folgt auch in Griechenland auf das mythische Zeitalter nicht einfach eine neue Zeit unter der Herrschaft des Logos, vielmehr bestehen beide Denkweisen nebeneinander. Das Logos-Denken breitet sich nun in drei Phasen aus:

- *Der Logos wirkt im Mythos*: Der Logos, das heißt das rationale, logische Denken, drängt alles nur Fabulöse, Phantastische und Metaphysische zurück, indem er die Wahrheitsfrage stellt und verständliche Motivierungen fordert. Reine Legenden, Märchen oder phantastische Geschichten werden als solche gekennzeichnet.
- *Der Mythos wirkt im Logos weiter*: Alle Philosophen bedienen sich weiterhin des Mythos, wie etwa Platon bei dem berühmten Höhlengleichnis. Noch wichtiger ist aber, daß Anschauungsformen des Mythos im Bereich logischen Denkens zu finden sind, selbst bei absoluten Abstraktionen. Solche Begriffe wie »das Sein« oder »die Idee« sind mythische Formulierungen, da sie eine höhere Wirklichkeit fordern.
- *Der Logos wirkt gegen den Mythos*: Mit den Griechen und ihrem rational ausgerichteten Denken tritt eine geistige Bewegung in die Welt, die seither immer wieder unter dem Namen *Aufklärung* gegen alles Mythische und Mystische kämpft. Die Mythenkritik der Griechen trägt alle jene rationalen Argumente zusammen, deren man sich bis heute gern bedient.

Aber schon in der Antike zeigt sich eine erstaunliche Inkonsequenz, wenn es darum geht, die eigene Weltanschauung zu verteidigen. So preist Thukydides (460–400), der erste Historiker der Geschichte, seine Stadt Athen mit mythischen Ausdrücken. In ähnlicher Weise verlassen heutzutage Politiker bzw. Ideologen den Boden der Rationalität, wenn sie in typisch mythischer Weise von der »großen Nation« oder von irgendwelchen »-ismen« sprechen und weltliche Paradiese verkünden. Daß sie dabei immer wieder Gläubige finden, beweist, daß der Mensch kein rein rationales Wesen ist. Seinen emotionalen Bedürfnissen kommt das in Bildern denkende Mythische sehr entgegen. Das aber wissen wiederum die Demagogen besonders gut, und sie nutzen es auch.

»Achsenzeit«: Entfaltung der menschlichen Persönlichkeit

Die bisher aufgezeigte Entwicklung des mythischen Denkens bleibt keineswegs auf den kleinen Raum des Vorderen Orients beschränkt. Fast gleichzeitig bricht von Griechenland bis China die alte auf der Wirkmächtigkeit des Mythos beruhende Ordnung zusammen. In diesen Ländern sehen sich nämlich die Menschen neuen Problemen gegenüber, die weder vom Mythos noch durch magische Praktiken gelöst werden können. Man kann versuchen, die Entwicklung vom Wirtschaftlichen her zu erklären, was in gewisser Weise begründet ist, aber nicht alles erklärt. Es gibt aber genügend abgesicherte Beweise dafür, daß die Menschheit jetzt zu komplexeren Lebensformen findet, weil sie auch auf einer höheren geistigen Stufe angelangt ist. So kommt es, seit etwa 700 v. Chr., gleichzeitig in China, Persien, Indien und im Nahen Orient zu einem Prozeß der *Individuation*: Der Einzelmensch rückt in den Mittelpunkt des Denkens. Erstmals in der Geschichte treten Personen, die selbst keine Herrscher sind, namentlich und mit individuellen Eigenschaften auf. Ihnen geht es nicht mehr um die Macht; sie wollen nur Mahner und Lehrer sein. Zu ihnen gehören die großen Propheten in Palästina, Buddha in Indien, Laotse und Konfutse in China. Dieses Phänomen der gleichzeitigen Hinwendung zum Menschen und Menschlichen nennt Herbert Kühn die »Entfaltung der Menschheit«, und Karl Jaspers spricht von der »Achsenzeit der Weltgeschichte«. Es ist eine Zeit der Erschütterungen und der Zerstörungen, aber auch eine Zeit des Neuanfanges: Seither gibt es Menschen, die sich ihrem Gewissen und Gott verantwortlich wissen.

Die zu dem Begriff »Achsenzeit« gewählte graphische Form (Abb. 4) bedient sich der dynamischen Spirale, wobei die Länge des Spiralarmes umgekehrt proportional zu der tatsächlich abgelaufenen Zeit steht: Die Millionen Jahre der kaum faßbaren Vorzeit der Menschheit sind nur kurz dargestellt. Gemessen an den sehr langen Vorzeiten, können die Entwick-

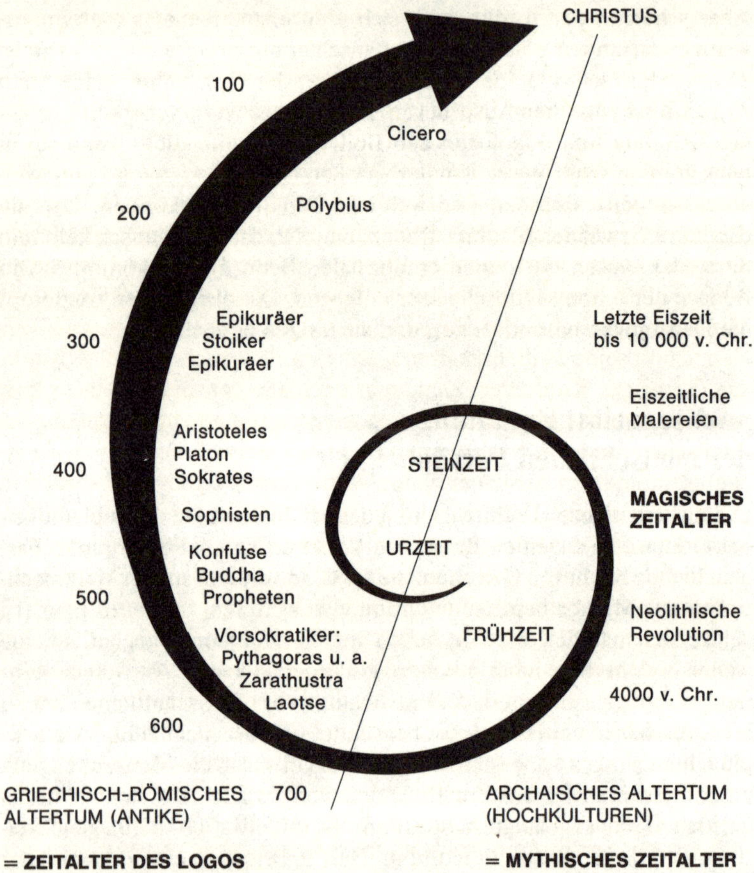

Abb. 4: *Wege des Geistes I: Achsenzeit (7. bis 1. Jh. v. Chr.)*

lungen der letzten Jahrtausende als relativ kurzzeitige, revolutionäre Explosionen angesehen werden. Noch auffälliger ist die nur wenige Jahrhunderte umfassende Zeit der Entfaltung der menschlichen Persönlichkeit, die historische Individuation, die im 7. Jahrhundert v. Chr. ihren Anfang nimmt und nach Jaspers bis zu den griechischen Philosophen reicht. Andere Autoren vertreten die Meinung, daß Christus miteinbezogen werden müsse. Denn erst durch das Christentum hätten die geistigen Kräfte und ethischen Erkenntnisse der »Achsenzeit« ihre dynamische und progressive Entwicklung nehmen können, und erst durch das christliche Mittelalter mit seinen einzigartigen dualistischen, zuletzt sogar pluralistischen Kräften sei in Mitteleuropa der Durchbruch zur Neuzeit gelungen. Eine kurze Übersicht soll veranschaulichen, daß Jaspers die

»Achsenzeit« sowohl zeitlich (ca. siebenhundert Jahre) als auch geographisch verstanden wissen will:

○ In China begründen Laotse (640–550, nach neueren Datierungen erst im 4./3. Jahrhundert), und Konfutse (551–479) mit Hilfe ihrer Schüler eine geistige Welt, in welcher der Mensch mit seiner Gewissensentscheidung im Mittelpunkt steht. Damit gewinnt die ethische Haltung ein stärkeres Gewicht gegenüber dem bisher dominierenden metaphysischen Denken. Laotse lehrt den Begriff »tao« als die Kraft des Ursprunges, welche alles, Mensch und Natur, in Bewegung setze, so daß eine Bewegungsbahn entstehe. Der Mensch müsse sich dieses »tao« bewußt werden, damit seine Leidenschaften nicht zum Ausbruch kommen. Konfutse (Kung-tse, Konfuzius) gebraucht ebenfalls den Begriff »tao«, doch wird bei ihm das Menschliche noch mehr verinnerlicht: Er spricht von Menschen- und von Nächstenliebe, von Selbsterziehung, von Pflichtbewußtsein und von Ausdauer. Seine Worte finden Gehör und werden im Alltag verwirklicht. Dadurch wird in China die Stellung des Individuums gestärkt, wobei das Ethische im Vordergrund bleibt. Gleichzeitig wird die staatliche Ordnung als eine notwendige Grundlage menschlichen Zusammenlebens betrachtet und deshalb nicht in Frage gestellt.

○ In Indien stellt die Lehre Buddhas (551–479) die Menschen auf sich selbst, indem er sie lehrt, mit ihren Nöten, Begierden und Unzulänglichkeiten fertig zu werden und die Schwierigkeiten des Daseins zu bewältigen. Auch hier steht der Mensch jetzt im Mittelpunkt, aber im Gegensatz zu China wird er als völlig von Staat und Gesellschaft gelöst betrachtet.

○ In Persien verkündet Zarathustra (um 600 v. Chr.) die Lehre von den beiden Grundprinzipien »Gut« und »Böse«, die seiner Meinung nach den Lauf der Welt bestimmen. Nach erbitterten Kämpfen zwischen beiden werde zuletzt der Mensch im Bündnis mit dem guten Prinzip über das Böse triumphieren. Diese dualistische Weltanschauung wird später, und bis auf den heutigen Tag, im religiösen wie auch im politischen Bereich eine wichtige Rolle spielen.

○ In Palästina verteidigen die großen Propheten die Eingott-Lehre gegen den Glauben an die Magie und gegen die Vielgötterei mit ihren Götzenkulten. Mit Predigten und Zornesworten bekämpfen sie das »Goldene Kalb« und fordern soziale Gerechtigkeit. Sie gelten als die »Rufer in der Wüste«. Zu ihren Themen gehören u. a. die Menschlichkeit, die Bedeutung des menschlichen Geistes und der Verfall der Sitten. Die wichtigsten Propheten sind Elia (um 850 v. Chr.), sein Schüler Elisa (um 795 v. Chr.), Amos, Hosea und Jesaia (alle um 700 v. Chr.), Jeremia (um 590 v. Chr.), Hesekiel (um 570 v. Chr.) und Jesaia II. (um 535 v. Chr.).

○ In Griechenland schließlich legen (Natur-)Philosophen, zusammen mit vielen Künstlern, insbesonders den Dramatikern, die geistigen Grundlagen des Abendlandes. An hervorragender Stelle stehen dabei die Philosophen Sokrates (470–399), Platon (427–347) und Aristoteles (384–322). Ihre Lehren und Leistungen werden deshalb im folgenden besonders gewürdigt.

○ Die Spirale endet mit einem Hinweis auf die Folgezeit: Das Fortwirken des *Platonismus* zeigt sich in den Werken Plotins (204–270), der den *platonischen Idealismus* mit *orientalischem Mystizismus* verbindet. Dieser sogenannte *Neuplatonismus* wird seinerseits das Denken des jungen Augustinus (354–430) beeinflussen. Als Kirchenvater verbindet dieser den Platonismus mit der christlichen Lehre zur sogenannten *Patristik*, die bis zum Hochmittelalter die geistige Grundlage der Kirche und des allgemeinen Bewußtseins bleibt.

Griechische Philosophie

Naturphilosophie, ethischer Relativismus und sokratischer Rationalismus

Die erste bedeutende Dichterpersönlichkeit des alten Hellas, Homer, beschreibt in der *»Ilias«* die Eroberung Troias durch die Griechen. Es ist hier unwesentlich, ob er als Autor oder nur als Herausgeber älterer Dichtungen genannt wird; darüber streiten sich noch die Fachgelehrten. Von größerer Bedeutung ist das Weltbild, das diese Dichtung für immer aufbewahrt hat. In bilderreicher Sprache schildert Homer die bereits zu seiner Zeit vergangene Heldenepoche der frühen Griechen, in der wir noch die unreflektierte Unterordnung der Menschen unter die geglaubten Gebote der Götter finden. Deren Wille allein ist maßgebend; der Mensch kann in letzter Instanz noch nicht über sich selbst entscheiden.

Inzwischen hat sich Griechenland entscheidend verändert: Durch den Seehandel und ein blühendes Handwerk kehrt ein gewisser Wohlstand ein. Das Weltbild, die Denkgewohnheiten und das Lebensgefühl verändern sich von Grund auf. Gleichzeitig wächst die Bevölkerung des kleinen Landes stark an, und viele junge Leute drängt es hinaus in die Welt. In der Zeit von 750 bis 550 v. Chr. gründen sie, unter dem Patronat der jeweiligen Mutterstadt, zahlreiche Handels- und Siedlungskolonien in der gesamten Mittelmeerwelt und rund um das Schwarze Meer. Damit setzen sich die Griechen an die Spitze der weltgeschichtlichen Entwicklung. Von Gibraltar bis zum Schwarzen Meer fahren ihre Schiffe, im ständigen Kontakt mit fremden Völkern und Kulturen. Die Auseinandersetzung mit diesen übt auf das geistige Leben einen befreienden und fördernden Einfluß aus. So werden die See- und Kaufleute (Thales von Milet beispielsweise war Kaufmann) zu den ersten Zweiflern an den überlieferten religiösen Vorstellungen, Denkweisen und Lebensformen. Die Handelsstädte, in denen sich Vertreter verschiedener Glaubensvorstellungen treffen, werden zu Zentren wissenschaftlicher und philosophischer Überlegungen. Dazu kommt der glückliche Umstand, daß eine reiche geistige und künstlerische Begabung mit einem kräftigen Realitätssinn zusammentrifft, der mit Offenheit für das Besondere, Individuelle und mit einem ausgesprochenen Sinn für Ordnung und Maß verbunden ist.

Es ist keineswegs beabsichtigt, hier die Entwicklung der gesamten griechischen Philosophie nachzuzeichnen. Vielmehr geht es darum, die neuen Fragestellungen und Antworten aufzuzeigen, die aus der realen Praxis hervorgehen und wieder auf sie zurückwirken. Darüber hinaus soll verdeutlicht werden, daß eine vom Mythos sich befreiende Philosophie erst möglich wird, wenn politische Freiheit und Freiheit des Denkens gegeben sind. Dazu gehört natürlich auch das Recht, das Gedachte aussprechen zu können. Das aber ist erstmalig im klassischen Griechenland der Fall.

Die ersten griechischen Denker sind bezeichnenderweise Naturphilosophen. Sie halten nichts mehr von Entstehungsmythen, wollen es jetzt genau wissen: Wie ist die Welt entstanden? Aus welchen Grundstoffen besteht sie, und welchen Gesetzen folgt die Materie? Auf solche Fragen antworten als erste:

- Thales von Milet (* ca. 640 v. Chr.). Er hält das *Wasser* für den Urstoff, aus dem alles übrige hervorgegangen wäre. Für
- Anaximander (611–549) ist ein *Unbestimmtes, Grenzenloses* (Apeiron) das Urprinzip der Welt und die Ursache allen Seins.
- Anaximenes (585–525), der erstmals auf naturwissenschaftliche Art der Frage nach der Entstehung alles Seienden nachgeht, verdächtigt die *Luft*, der entscheidende Urstoff zu sein. Schließlich spricht
- Heraklit (544–483) von einem *Urfeuer*, aus dem nach ewigem Gesetz die Welt mit ihren Gegensätzen hervortrete und in das sie wieder zurückfalle. Von ihm stammt auch der berühmte, alles relativierende Spruch: »Alles fließt, nichts besteht!«.
- Empedokles (483–424) versucht es mit einem Kompromiß, indem er *Erde, Luft, Wasser und Feuer* als Grundstoffe gleichberechtigt nebeneinander stellt. Diese Auffassung führt später im Volksbewußtsein zu der Vorstellung von den »vier Elementen«. Mit
- Xenophanes (570–480) wagt die Philosophie schließlich den Angriff auf die Religion. Durch Hinweise auf logische Widersprüche beweist er die Haltlosigkeit der Vielgötterei. Als der erste konsequente Logiker lehnt er Irrationales, wie Wunder, Seelenwanderungsglauben usw., völlig ab. Dagegen sieht er den wahren Gott als den Allgegenwärtigen, Unsterblichen an, der in keiner Weise mit den Menschen vergleichbar sei. Dieser höchste Gott ist für Xenophanes identisch mit dem Weltganzen, weshalb man hier von einer pantheistischen Lehre sprechen kann. Dem zu seiner Zeit bedeutendsten Naturphilosophen,

- Leukipp (um 450 v.Chr.), gelingt die erste klare Formulierung des *Kausalgesetzes*: »Kein Ding entsteht planlos, sondern alles aus Sinn und unter Notwendigkeit«. Höchst bedeutsam ist auch seine Atomlehre, die von seinem Schüler
- Demokrit (470–360) überliefert wird. In der Neuzeit wird sie von dem Naturphilosophen Pierre Gassendi (1592–1655) aufgegriffen und weitergebildet. Was daraus geworden ist, ist nur zu bekannt. Eine besondere Stellung nimmt unter den Vorsokratikern der Mitbegründer der wissenschaftlichen Mathematik ein,
- Pythagoras (580–500). Er ist vielen Schülern durch seinen Quadrat-Lehrsatz bekannt. Als erster erkennt er die mathematische Grundlage der Musik im Verhältnis von Saitenlänge und Tonhöhe. Seinem rationalen Denken erschließt sich das Weltall als eine harmonische, mathematisch faßbare Einheit, die er *Kosmos* nennt. Pythagoras sucht also als erster das Geheimnis der Welt nicht mehr in einem *Urstoff*, sondern in einem *Urgesetz*, in unveränderlichen, zahlenmäßigen Beziehungen zwischen den Bestandteilen der Welt. Betrachtet man heute das *periodische System der Elemente*, so kommt man nicht umhin, die geistige Leistung des Pythagoras anzuerkennen. Um so erstaunlicher ist es, daß dieser rationale Geist sich dann doch noch in mystische Zahlenspielereien und Vorstellungen verliert. Mit seiner Zahlenlehre verbindet er nämlich mystische Ideen, die höchstwahrscheinlich orientalischen Ursprungs sind. Das bedeutet letztlich eine Rückkehr zum alten Mythos, bei dem das Mystische, das unfaßbar Geheimnisvolle, wieder zur Geltung kommt. Die Zahlenverhältnisse sind für Pythagoras nur Gleichnisse, die allein noch nichts Konkretes beschrieben. Dagegen sei die Innewerdung vom Wesen einer Sache, von Wesenzusammenhängen, nur durch eine unmittelbare, innere Erleuchtung möglich: durch *Intuition* bzw. *Inspiration*. Diese Auffassung, die eine prinzipielle Denkweise darstellt, wird als *Mystizismus* bezeichnet.

In der Blütezeit der attischen Demokratie, um 450 v.Chr., gelangen in Athen die *Sophisten* (Weisheitslehrer) zu hohem Ansehen. Sie sind keine Philosophen im eigentlichen Sinne, vielmehr sehen sie sich selbst als Praktiker, die die Redekunst (Rhetorik) gegen gute Bezahlung lehren. Sie sind jetzt sehr gefragt, denn nach dem siegreichen Krieg gegen die Perser (500–448) ist in Griechenland mit dem Wohlstand auch das Bedürfnis nach höherer Bildung gewachsen. Dazu erfordert die neue demokratische Verfassung mit ihren Volksversammlungen und öffentlichen Debatten die Kunst der freien Rede. Hatte früher nur der Besitz gezählt, wenn jemand öffentlich mitreden oder Karriere machen wollte, so ist jetzt die Kenntnis rhetorischer Mittel vonnöten. Natürlich kann es nicht ausbleiben, daß die Redekunst auch zur Demagogie mißbraucht wird. Dadurch aber erhält das an sich neutrale Wort »Demagoge«, Volksführer, schon in dieser frühen Demokratie einen üblen Beiklang und wird nur noch im Sinne von »Volksverführer« gebraucht. Zu ihrem bis heute schlechten Ruf tragen die Sophisten selbst bei, indem sie sich überwiegend mit einer theoretischen Skepsis identifizieren und alle ethischen Maßstäbe der Wahrheitsfindung ablehnen. Gibt es aber letztere nicht, um zu entscheiden, wer in einem bestimmten Falle recht hat, so kommt es nur noch darauf an, wer recht behält. Die Rhetorik entartet zu einem beliebten Mittel der Überredung; argumentative Überzeugung ist nicht mehr gefragt. Die Denkweise der Sophisten wird am besten durch die bekannte Sentenz des berühmtesten Sophisten, Protagoras (480–410), gekennzeichnet: »Der Mensch ist das Maß aller Dinge!« Sie wird meist positiv ausgelegt: Der Mensch habe im Mittelpunkt aller Überlegungen zu stehen, etwa in der Politik - Aristoteles hat sich mit Erfolg an dieser Auslegung versucht. Die Sophisten meinen damit aber etwas anderes: Weil jeder Mensch jede Sache anders, also nur subjektiv sehe und deute, könne die objektive Wahrheit nicht erkannt werden, womit jede Erkenntnis relativ sei. Es handelt sich hier um die erste »Relativitätslehre« in bezug auf die Fähigkeit zur Wahrheitserkenntnis. Einige negative Konsequenzen dieser Lehre wurden bereits dargelegt. Trotzdem bleiben den Sophisten drei Verdienste:

- Erstens stellen sie den Menschen an die Stelle der Natur in den Mittelpunkt ihrer Überlegungen,
- zweitens erheben sie das Denken selbst zum Gegenstand des Denkens und
- drittens die Ethik zum Gegenstand der Philosophie.

Mit Sokrates erreicht die Philosophie ihren ersten und einzigartigen Höhepunkt. Als Rationalist hält Sokrates den Verstand für den eigentlichen Führer des Menschen. Seine Philosophie beruht folglich auf der Grundüberzeugung, daß das Sittliche erkennbar und lehrbar sei und daß aus dem Wissen um Sittlichkeit stets das entsprechende Handeln folgen müsse. Zwar findet er keine rationale Grundlage für ethische Werte, dafür glaubt er aber, eine innere Stimme, das daimonium, zu vernehmen, die ihm den rechten Weg vorschreibe. Dieses »Wissen« um die Grenzen des Verstandes bringt ihn andererseits zu der Erkenntnis, daß menschliches Wissen mit großer Skepsis betrachtet werden müsse. Nur ein Gott könne ein wirkliches Wissen besitzen, der Mensch aber könne nur »wissen, daß er nichts wisse«. (Wissen ist begrenzt, das Nichtwissen grenzenlos.) Daraus zieht er den Schluß, daß nicht »sophia«, das Wissen selbst, das Ziel der Menschen sein dürfe, sondern nur die »philo-sophia«, die Liebe zur Weisheit. Als Sokrates schließlich wegen aufklärerischer Lehren und eines angeblich verderblichen Einflusses auf jugendliche Anhänger vor einem Athener Gericht angeklagt und zum Tode verurteilt wird, handelt er gemäß seiner sittlichen Grundüberzeugung: Aus Achtung vor den Gesetzen seiner Vaterstadt verzichtet er darauf, eine Fluchtmöglichkeit zu nutzen, die ihm seine Freunde verschafft haben. Durch seinen Tod will er allen Menschen zeigen, daß man Gesetzen unbedingt gehorchen müsse, auch wenn sie ungerecht angewendet werden. Dieser Märtyrertod - Sokrates stirbt für seine Überzeugung - setzt ein für allemal ethische Maßstäbe sowohl im Hinblick auf Gewissensentscheidungen als auch in der Frage der Achtung vor den Gesetzen des Staates. Dabei ist zu beachten, daß Sokrates sich demokratischen Gesetzen unterwirft, nicht aber irgendwelchen Terrorgesetzen eines Despoten.

Die ungerechte Verurteilung des Sokrates durch eine demokratische Institution und die turbulenten politischen Ereignisse veranlassen seinen Schüler Platon, sich nicht nur um Probleme der Welterkenntnis zu bemühen, sondern auch um gesellschaftliche und politische. Aus dem Verlust der griechischen Autonomie durch die Hegemonialpolitik der Mazedonier zieht Aristoteles den gleichen Schluß. Beide Philosophen gehen dabei aber von zwei völlig verschiedenen Grundannahmen (Axiomen) aus. Das führt zu gegensätzlichen Lösungen und Denkmodellen, die noch heute von grundsätzlicher Bedeutung für Theorie und Praxis sind. Ganze Epochen sind dadurch gekennzeichnet, daß sie sich letztlich, besonders im theologischen und gesellschaftspolitischen Bereich, entweder auf die Lehren Platons oder auf die des Aristoteles stützen. So wird zum Beispiel der platonische Idealismus im Mittelalter in der vom heiligen Augustinus gelehrten christlichen Form verwirklicht. Das beweist einmal mehr, daß nicht nur die harte Realität den Menschen in seinem Tun und Lassen bestimmt, sondern daß auch umgekehrt geistige Vorstellungen neue Realitäten zu schaffen imstande sind. Um diese Zusammenhänge noch besser verstehen zu können, ist es aber unbedingt erforderlich, sich mit Grundzügen des platonischen und aristotelischen Denkens kurz zu befassen.

Platon: Ontologischer Idealismus

Grundzüge der platonischen Ideenlehre

Während die Sophisten sich als Pragmatiker bewußt nur auf die Erscheinungswelt konzentrieren, kritisiert Platon diese unkritische Haltung und versucht, zu einer sicheren Grundlage des Denkens vorzudringen. Um das Problem zu verdeutlichen, um das es geht, erzählt er in dem Buch *»Der Staat«* das berühmte Höhlengleichnis. Danach lebt der nichtreflektierende, unkritische Mensch nur im Bereich des Scheins, weil seine Sinnesorgane nichts anderes wahrnehmen könnten. Das Wesen der materiellen Scheinwelt könne aber nicht mit den Sinnen erfaßt werden, sondern nur mit den »Augen des Geistes«. Für Platon gibt es neben den sinnlich faßbaren Schein-Dingen noch ein Drittes, das nur von der Geist-Seele des Menschen wahrgenommen werden könne: die *Ideen*, die ewigen *Urbilder*, von denen alles Irdische nur ein matter Abglanz sei. Ein einzelnes Haus könne etwa so oder so gebaut werden. Es entstehe, bestehe eine Zeitlang und vergehe auch wieder. Die Idee »Haus« dagegen bestehe schon, unabhängig vom Werden und Vergehen, seit Ewigkeiten. Ob ein reales Haus gut oder schlecht sei, schön oder nicht schön, das entscheide sich nur daran, inwieweit es dem ewigen Idealbild gleiche. In dieser Weise seien alle Naturdinge mehr oder wenige gute Abbilder ewiger Ideen. Eine Erkenntnis der Wahrheit bzw. des wahren Wesens der Dinge sei nur möglich, wenn die Geist-Seele des Menschen, die mit den Ideen eng verwandt sei, in den Dingen die ewige Idee sehe. Mit dieser Seins-Lehre *(Ontologie)* setzt Platon der relativistischen Ansicht, der Mensch sei das Maß aller Dinge, das *ewige Ideal* als einzig gültigen und absoluten Maßstab für alles Irdische gegenüber. Das aber muß sich grundlegend auf die Beurteilung aller menschlichen Handlungen und Institutionen auswirken. Diese müssen jetzt von einem idealen Vorbild abgeleitet bzw. daran gemessen werden. Somit führt Platons Ideenlehre auch zu einem idealen Staats- und Gesellschaftsmodell.

Platons Staat - Idee und geschichtliche Wirklichkeit

Die innenpolitischen Ereignisse und der Verlauf des Peloponnesischen Krieges lassen um 400 v.Chr. die Frage nach der richtigen bzw. besten Staatsform akut werden. Zwei Parteien stehen sich unversöhnlich gegenüber: die Vertreter der aristokratisch-hierarchischen Staatsform und die Anhänger der Demokratie. In diesen Streit greift Platon ein. Grundlage seiner Stellungnahme ist einerseits seine Ideenlehre, andererseits die bisherige Geschichte der griechischen Staatsverfassungen. Ein kleiner Exkurs soll deshalb vorab der historischen Entwicklung nachgehen. Eine Karte der antiken griechischen Stadtstaaten läßt erkennen, daß die damals bedeutenden Orte vorwiegend am Meer liegen. Das Ägäische Meer mit seinen Tausenden von kleinen und großen Inseln bildet das griechische Kerngebiet, das von einem Kranz von Festlandstädten umgeben ist. Damit hängt es zusammen, daß es keine Staaten im heutigen Sinne gibt, sondern nur kleine Stadtstaaten mit Landbezirken, die politisch nichts gelten. Ein Wort für »Bürger« existiert nicht, es gibt nur den »Städter« (Polites). Die geringe Größe der Polis erlaubt es sehr vielen Mitbürgern, sich öffentlichen Belangen zu widmen und in der Verwaltung mitzubestimmen. Die Entwicklung zu demokratischen Verhältnissen wird dadurch außerordentlich begünstigt.

Im Laufe der Geschichte durchläuft der Stadtstaat Athen nacheinander verschiedene Staats- bzw. Herrschaftsformen. Auf die Königsherrschaft *(Monarchie)* in der Frühzeit folgt eine Adelsherrschaft *(Aristokratie)*. Am

Ende des 7. Jahrhunderts aber kommt es zwischen reich gewordenen adligen Großgrundbesitzern und verschuldeten und verarmten Bauern zu starken sozialen Spannungen. Vor einem drohenden Bürgerkrieg wird Solon (640–570) zum Archonten gewählt (und bekleidet somit das höchste Staatsamt). Als Schiedsrichter gelingt ihm im Jahre 594/93 eine vermittelnde, von beiden Parteien akzeptierte soziale und politische Reform. Den in Not geratenen Bauern werden die Schulden erlassen. Die bisherige Vormacht des Adels wird durch die Errichtung einer Art Halbdemokratie stark eingeschränkt. Alle politischen Rechte werden auf vier Vermögensklassen aufgeteilt, wobei den größeren Rechten auch größere Pflichten gegenüber der Allgemeinheit (Polis) entsprechen. Solons Bemühungen gelten vor allem dem Versuch, die Interessen der Reichen und der Armen miteinander in Einklang zu bringen, um den sozialen Frieden zu retten. Durch das neu eingeführte Vierklassenrecht werden allerdings die Interessen der Besitzenden in besonderer Weise berücksichtigt. Aus der bisherigen Aristokratie wird dadurch eine *Timokratie*, eine Herrschaft der Besitzenden. Diese darf nicht mit einer *Plutokratie* verwechselt werden, der alleinigen Herrschaft weniger Reicher. In der solonischen Timokratie wird letztere durch die *Seisachtheia* verhindert, durch die »Abschüttelung der Lasten«, wie die kühnste Reform Solons genannt wird, die den wahrscheinlich ersten sozialen Lastenausgleich in der Geschichte bewirkt. Dieser wird von der Bestimmung begleitet, daß zur Wahrung der Interessen der Armen alle Bürger an der Volksversammlung teilnehmen und dort abstimmen dürfen.

Während der Königsherrschaft werden in einigen griechischen Stadtstaaten bestimmte Herrschaftsfunktionen an (zuletzt) neun Adlige übertragen, die Archonten genannt werden. Ihnen obliegt seit der Ablösung der Monarchie die Staatsführung. Ihre Amtszeit, anfangs lebenslänglich, wird im 8. Jahrhundert auf zehn, später auf ein Jahr festgesetzt. Ehemalige Archonten werden Mitglieder des ältesten Gerichtshofes in Athen, des Areopag. Er kontrolliert ursprünglich alle Behörden, doch mit der Einführung der Demokratie verliert er diese Befugnis. Solon gibt sich nicht mit dem Sozialausgleich zufrieden; er will auch künftige Konflikte vermeiden. Aus diesem Grund entwirft er die erste wirkliche Verfassung Athens, die einen ersten Schritt auf dem Weg zur Demokratie darstellt. Statt der bisherigen Standeseinteilung ist jetzt der Besitz maßgebend, weshalb alle freien Bürger auf der Grundlage der Erntemenge in vier Klassen eingeteilt werden.

Der solonischen Konstruktion ist keine lange Dauer beschieden. Bereits im Jahre 539 gelingt es dem Adligen Peisistratos (600–527), eine langjährige Tyrannis zu errichten, wobei die solonische Verfassung offiziell bestehen bleibt. Um die Mehrheit des Volkes für sich zu gewinnen, zerschlägt er den Großgrundbesitz und hilft den Kleinbauern mit Subventionen (populistische Monokratie). Erst nach seinem Tode ist die

Rückkehr zur Demokratie möglich. Die von der Tyrannis geschwächten Adligen leisten keinen ernsthaften Widerstand, als der Athener Kleisthenes 508/07 die demokratische Staatsform erneuert und weiterentwickelt. Die bisherigen Vermögensprivilegien entfallen zugunsten der sogenannten *Isonomie*, die gleiches Recht für alle Staatsbürger bedeutet (Sklaven gehören auch jetzt nicht dazu). Der Einfluß des Adels auf die Volksversammlung wird endgültig gebrochen. An die Stelle der vier Klassen treten zehn, nach regionalen Aspekten gegliederte Phylen (Unterabteilungen) mit je einem Drittel gleichberechtigter Mitglieder aus der Stadt, vom Land und von der Küste. Jede Phyle stellt im Krieg ein Regiment, das von einem gewählten Strategen angeführt wird, und entsendet fünfzig Mitglieder für ein Jahr in den »Rat der Fünfhundert«. Aus dessen Reihen werden nun die obersten Beamten für die Verwaltung (Prytanie) gewählt. Der Vorsitzende dagegen wird täglich ausgelost.

Während der ersten Perserkriege (500–479) hatte sich die Fähigkeit einer entschlossenen Demokratie gezeigt, einen an Zahl weit überlegenen Gegner schlagen zu können. Das hat die Demokraten im Volk gegenüber den Aristokraten so sehr gestärkt, daß sie nun die Demokratie durch Reformen zu einer gewissen Vollendung führen können. Auf Antrag des Perikles (500–429) werden die politischen Entscheidungsbefugnisse und Rechte an den Rat, an die Ausschüsse der Geschworenengerichte und an die Volksversammlung *(Ekklesia)* übertragen. Dadurch wird der Areopag völlig entmachtet; ihm bleibt nur noch die Blutgerichtsbarkeit. Im Jahre 461 wird auch die Zahlung von Tagegeldern an Mitglieder der Geschworenengerichte und des Rates durchgesetzt, damit auch Unbemittelte diese Ämter übernehmen können. Nur drei Jahre später werden auch die Mitglieder des dritten Standes (Zeugiten) zum Archontat zugelassen, das bis dahin nur den beiden oberen Klassen vorbehalten gewesen war.

Im Peloponnesischen Krieg (431–404) gelingt es Demagogen, die Mehrheit des Volkes zu abenteuerlichen Unternehmungen zu überreden, die dann zur Niederlage gegenüber Sparta und zur Beseitigung der Demokratie führen. Die Sieger errichten eine ihnen gefügige *Oligarchie* (Herrschaft der Wenigen). Unter der Kontrolle der spartanischen Besatzungsmacht üben dreißig Adlige eine verhaßte Willkürherrschaft aus. Aber schon ein Jahr danach kann die Demokratie erneut durchgesetzt werden. Von nun an erhalten alle Besucher der Volksversammlungen Diäten, die früher nur bestimmten Amtsinhabern vorbehalten gewesen waren. Es ist dann diese, von Demagogen beherrschte *plebiszitäre Demokratie*, die im Jahre 399 Sokrates zum Tode verurteilt.

In der gezeichneten Abfolge der Herrschaftsformen sieht Platon einen sich ständig wiederholenden Zyklus: Nichts ist beständig. Gleichzeitig kann er durch unmittelbares Erleben die Schwächen einer jeden Form erkennen. Seinen am Ideenkosmos orientierten absoluten Maßstäben kann somit keine genügen. Auf der Suche nach dem idealen Staat findet er das Grundschema in der Ordnung des Kosmos, in dem er alles über- und untergeordnet sieht. Darauf aufbauend, entwirft er in seinem Buch *»Der Staat«* ein Herrschaftsmodell mit einer hierarchisch gegliederten Dreiklassengesellschaft (Abb. 5), an deren Spitze eine allein entscheidende Elite aus Philosophen steht. Der Mittelklasse ordnet er die »Wächter« zu, Beamte und Soldaten. Das gemeine Volk schließlich bildet die politisch rechtlose Unterschicht.

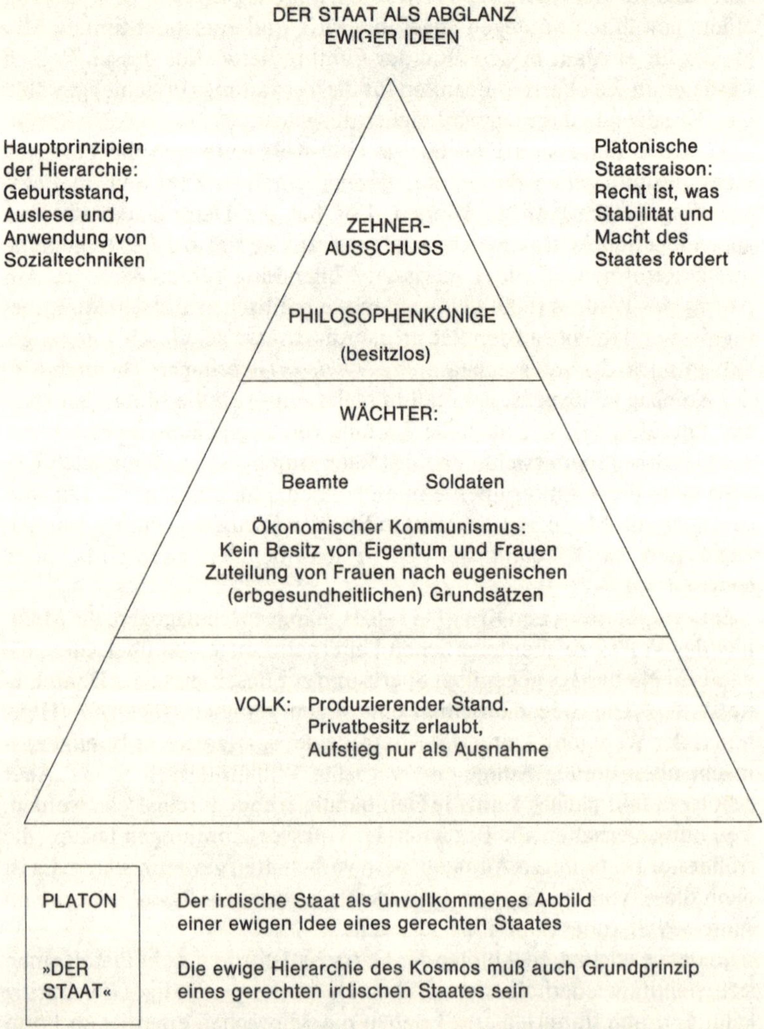

Abb. 5: *Platon: Staatsmodell*

Ein solcher »Dreiständestaat« stellt im Grunde nichts Neues dar. Neu ist vielmehr der Geist eines aufgeklärten Absolutismus. Die Philosophen an der Spitze der Pyramide sollen keine Despoten sein, sondern gute Landesväter, die für ihre Landeskinder nur das Beste wollen. Um die Uneigennützigkeit der Herrschenden zu betonen, läßt Platon sie auf jegliches Eigentum verzichten, überläßt ihnen aber das Bildungsmonopol. Der Mittelklasse stehe nur eine rein ausführende Funktion zu. Auch sie habe auf Eigentum zu verzichten, damit es zwischen ihr und den unteren Schichten nicht zu einem Klassenkampf um Besitz komme. Das Volk dagegen habe nur zu gehorchen, dürfe aber zum Ausgleich über Besitz verfügen. Wissen sei für diese Klasse überflüssig; nur besonders Begabte dürften in einen höheren Stand aufsteigen.

Was die Berufsausübung angeht, so hält Platon Frauen für ebenso fähig bzw. begabt wie Männer. Deshalb sollten sie zusammen mit diesen erzogen und unterrichtet werden. Die Berufsausübung habe gemeinsam zu geschehen. Zwar soll auf die schwächere Konstitution der Frauen Rücksicht genommen werden, darüber hinaus müßten diese sich aber genauso verhalten wie die Männer, zum Beispiel wie diese beim Sport unbekleidet bleiben.

Eine wichtige Rolle nimmt in Platons Staat die Erziehung des Nachwuchses ein. Sie soll den Blick schärfen für das Schattenhafte, Vergängliche der Erscheinungswelt und für das Wesen der Dinge. Geistesbildung und körperliche Ertüchtigung sollen sich harmonisch ergänzen. Im Alter von zwanzig Jahren werden die weniger Fähigen ausgesondert und, falls sie tapfer sind, zu Soldaten ernannt. Die Begabteren studieren weitere zehn Jahre in allen Wissenszweigen. Danach erfolgt eine weitere Auslese: Die Besten der Besten befassen sich noch weitere fünf Jahre mit Philosophie und übernehmen dann bis zum fünfzigsten Lebensjahr öffentliche Ämter. Erst jetzt werden sie der Reihe nach mit höchsten Staatsämtern betraut. Freie Zwischenzeiten sollen mit Studien gefüllt werden.

Bei seinen Überlegungen, wie der bestmögliche Staat beschaffen sein müsse, hegt Platon keineswegs die Absicht, ein totalitäres System zu entwerfen. Sein Leitmotiv ist vielmehr die *Gerechtigkeit*, die jedem das ihm Zukommende gewährleisten soll, nicht mehr und nicht weniger. Es zeigt sich aber, daß die so gerecht erscheinende Konstruktion in verschiedener Weise auslegbar ist. Das liegt u.a. daran, daß zumindest zwei Voraussetzungen ungeklärt bleiben: Erstens: Was ist »gerecht«? Zweitens: Wie ist es um die angeblich »naturgegebene Veranlagung« des Menschen bestellt? Platon jedenfalls ist der Ansicht, daß eine gerechte Staats- und Gesellschaftsordnung nur dann gewährleistet sei, wenn die Hierarchie ein Abbild der kosmischen Idealordnung sei. Wie im Kosmos, gebe es in Staat und Gesellschaft eine natürliche und somit gerechte Über- und Unterordnung. Durch die Geburt teile die Natur jedem seinen

»natürlichen« Stand zu, den er nur in Ausnahmefällen wechseln könne. Wie die Natur müsse auch die Gesellschaft eine »Auslese der Besten« vornehmen und Lebensuntüchtige sofort nach der Geburt »beseitigen«. So ganz scheint aber auch Platon der Natur nicht zu trauen, da er die Anwendung von Sozialtechniken fordert, etwa die Zuteilung von Frauen nach eugenischen (erbpflegerischen) Prinzipien. Hier zeichnen sich ganz klar die Konsequenzen ab, die Platons kosmische Idealordnung hat: Der Mensch ist zweitrangig geworden. Der Staat und sein Funktionieren, das heißt die *Staatsraison*, wie es später die Franzosen (auf Machiavelli zurückgreifend) nennen, stehen an erster Stelle. Für Platon ist Recht nur das, was Stabilität und Macht des Staates fördert. Hitler behauptet später: »Recht ist, was dem Volke nützt!«

Tatsächlich sind aber sowohl bei Platon als auch bei Hitler und Stalin die Interessen des Staates zugleich die der Herrschenden. Um deren Macht zu sichern, fordert Platon strenge Überwachung aller Mitglieder und Kollektivierung aller ihrer Interessen. Geradezu totalitäre Züge werden sichtbar, wenn in Platons Modell die rücksichtslose Unterdrückung religiöser Ketzerei und die Unterwerfung von Dichtung, Bildung und Kunst unter eine strenge Zensur vorgesehen ist: »Die Gründer [des Staates] müssen sich über die Grundsätze im klaren sein, nach denen die Dichter zu verfahren haben und von denen keine Abweichung gestattet ist.«

Die Werke Homers, Aischylos' und Hesiods lehnt Platon ab. Von der Dichtung des letzteren heißt es: »Ja, es sind arge Geschichten! Und sie sind in unserem Staat verboten!« Verboten sind auch die Ketzerei und die nichtautorisierte Religionsausübung. An die Praxis der großen totalitären Diktaturen erinnert in Platons »Staat« auch der Hinweis, daß innerhalb der herrschenden Klasse noch ein Ausschuß von zehn Mann zu bilden sei (eine Art Politbüro), der die letzte Entscheidung zu treffen habe. In welcher Weise, zeigt eine andere Stelle: »Ich glaube, daß die Regierenden viel Gebrauch von Lügen und Täuschungen machen müssen zum Besten der Regierten.« Den wirklichen Sinn der Politik könne das gemeine Volk ohnehin nicht verstehen. Noch schwerwiegender ist Platons Forderung, die Familie nur noch für den unteren Stand zuzulassen. Die Führungselite müsse ehelos bleiben, während im Mittelstand die Wächterinnen »allen Wächtern gemeinsam gehören; keine darf mit einem Manne allein zusammenleben. Auch die Kinder sollen gemeinsam sein, und kein Vater soll sein Kind noch das Kind den Vater kennen.«

Ist Platons Idealstaat also ein »idealer« Staat? Dem Philosophen selbst müssen in seinem langen Leben erhebliche Zweifel gekommen sein, ob ein solcher Staat überhaupt zu realisieren sei. In seinem Alterswerk *»Die Gesetze«* gelangt er auf mehr empirischem Wege zu einer wirklichkeitsnäheren Auffassung über den bestmöglichen Staat. Als Optimum empfiehlt er jetzt eine gemischte Verfassung mit aristokratischen und demokratischen Elementen. Die Tyrannis und die reine Monarchie lehnt er aber nach wie vor ab. Das Wesentliche in diesem Werk ist eine Art Gewaltenteilung mit Volksversammlung, Legislative und einer Exekutive, die unter dem Gesetz steht. Allerdings stellt dieses nicht die oberste Leitinstanz dar. Offensichtlich hält Platon sein neues Modell nun für zu demokratisch, und so fügt er noch einen »Nächtlichen Rat« hinzu, eine in keiner Weise eingeschränkte Oberaufsicht aus den zehn ältesten »Hütern«. Platon denkt dabei an Minister oder Priester, die sich als besonders »tugendhaft« - heute heißt das »linientreu« - erwiesen haben.

Aristoteles: Wissenschaftlicher Realismus

Grundzüge des aristotelischen Realismus

Aristoteles, der Begründer der wissenschaftlichen Philosophie und der Einzelwissenschaft, geht, im Gegensatz zu seinem Lehrer Platon, nicht mehr von einer Idee aus, von der dann alles abzuleiten, zu deduzieren ist. Statt dieser *deduktiven Methode* wählt er die entgegengesetzte, die *induktive* (aufbauende). Grundlage sind nachprüfbare Gegebenheiten der materiellen Welt, die durch eine ungeheure Vielfalt gekennzeichnet ist. Das zwingt zunächst dazu, das Vielfältige zu ordnen und eine Methode zu entwickeln, durch die Zusammengehöriges miteinander verknüpft werden kann. Dieses gelingt Aristoteles durch die Kategorien- und die Logiklehre; letztere bezeichnet er selbst als *Analytik*. Zu den *Kategorien* (sinngemäß: Art, Sorte) zählt er solche Begriffe, denen keine Oberbegriffe mehr zugeordnet werden können. Dazu gehören laut Aristoteles u. a. die Substanz, der Raum, die Zeit, die Qualität u.a.m. Die *Logik* umfaßt die Lehre von den logischen Grundgesetzen, von »Begriff«, »Urteil«, »Schluß«, von »Definition« und »Beweis«, ferner die Methode der Thesenstellung und der Antithese. In der Praxis untersucht Aristoteles mit Hilfe der Kategorien »Qualität« und »Quantität« zum Beispiel die Pflanzen in der Natur. Dabei werden Gemeinsamkeiten und Unterschiede zwischen den einzelnen Pflanzen festgestellt. So gibt es niedrigwachsende Pflanzen, mittelhohe und hohe. Die letzteren wiederum, die Bäume, weisen gemeinsame Merkmale auf: Wurzel, Stamm und Äste. Wesentliche Unterschiede zwischen den Bäumen erlauben dann die Untergruppierungen in Laubbäume, Nadelbäume etc. In der modernen Systematik der Pflanzen und Tiere geht man in diesem Sinne von der Art aus. Eine Gruppe verwandter Arten bildet eine Gattung, Gruppen verwandter Gattungen ergeben eine Familie.

Die Ergebnisse einer solch empirischen Arbeitsmethode können niemals absoluter Art sein. Durch Vergleich der Artgewichte von Metallen war man auf induktivem Wege zu der Schlußfolgerung gelangt, daß alle Metalle schwerer sind als Wasser. Das aber mußte revidiert werden, als schließlich ein leichteres Metall, das Kalium, gefunden wurde. Man spricht hier von der »Falsifizierung« einer These; das Gegenteil, die Bestätigung einer These, bezeichnet man als »Verifizierung«. Während für Platon alle Dinge unserer Welt nur ein unwirklicher Abglanz »wirklicher« Ideen sind, die man mit organischen Sinnen nicht erkennen könne, ist Aristoteles der Ansicht, unsere Sinne täuschten uns nicht. Jeglicher Irrtum ergebe sich nur aus der falschen Unterordnung und der nichtlogischen Verknüpfung der durch die Sinne gelieferten Daten im Denken. Aus dieser Annahme erklärt sich, weshalb für Aristoteles die Denkschulung durch die Logik so wichtig ist.

Aristotelisches Staatsmodell

Wie bei Platon ergibt sich auch bei Aristoteles das politische Denken aus seiner philosophischen Grundansicht. Zusammen mit seinen Schülern untersucht er das vorliegende Tatsachenmaterial: die Gewohnheiten und das Verhalten der Menschen, die Tradition, die Gewohnheitsrechte und die Institutionen Familie, Gerichte und Staat. Sie vergleichen dabei 158 Verfassungen griechischer Stadtstaaten, um dadurch zu einer Vorstellung von einem bestmöglichen Staat zu kommen, der auch in der Wirklichkeit bestehen kann. Aristoteles ist somit der Vater der politischen Wissenschaft, die vom Studium der Tatsachen ausgeht. Die wichtigste Tatsache ist für Aristoteles der Mensch als vernunftbegabtes Individuum. Gleichzeitig sieht er aber in ihm ein »Zoon politicon«, ein geselliges Wesen, das zur Erhaltung und Vervollkommnung des Lebens unbedingt der Gemeinschaft anderer bedürfe. Diese wiederum könne nur auf der Grundlage der von der Vernunft gebotenen hohen sittlich-moralischen Grundhaltung gedeihen, zu der u. a. die Selbstbeherrschung gehöre, das heißt die Herrschaft über die sinnlichen Triebe (Abb. 6).

In diesem Sinne deutet Aristoteles »Politik als die Anwendung der Ethik in der Praxis«. Die Aufgabe des Staates liege nur darin, für die Rahmenbedingungen zu sorgen, die es dem Individuum innerhalb der hochbewerteten Institutionen Ehe, Familie und Gemeinde gestatten, als Mensch zu leben. Für sich allein sei kein Mensch lebensfähig, er müsse in einer Familie eingebunden sein. Jede Familie ist für Aristoteles ein kleiner Staat mit einem Vorstand, der die Funktion eines Monarchen besitzt. Mehrere Familien wiederum seien zu einer neuen Gemeinschaft zusammengeschlossen, zur Sippe, zum Dorf oder gar zur Stadt, aus denen dann schließlich der Staat hervorgehe. Im Gegensatz zu Platon lehnt Aristoteles es aber ab, den Staat als eine »große Familie« zu bezeichnen. Er unterscheidet als erster deutlich zwischen *Staat und Gesellschaft*, wobei dem Staat eine eigene Stellung auf höherer, aber begrenzter Ebene zukomme. Auch sei es abwegig, die Funktion der Regierung mit der eines Vaters zu vergleichen und die Stellung des Volkes mit der der

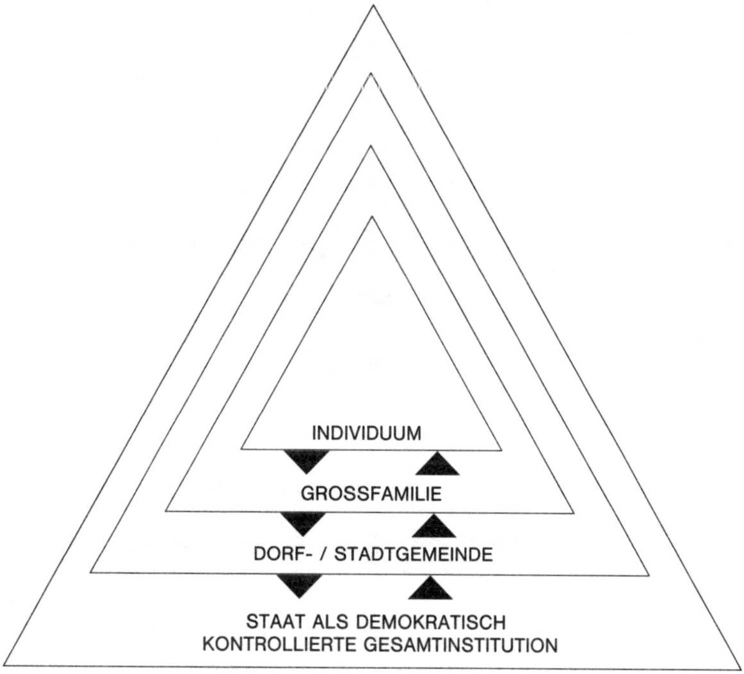

Der Mensch als Individuum und Gemeinschaftswesen, als »Zoon politicon«

Abb. 6: *Aristoteles: Individuum und Gesellschaft*

Kinder. Letztere seien unmündig, das Volk aber nicht. Der Mensch wird also nicht, wie bei Platon, als unwichtiger bzw. unmündiger Bestandteil eines Staates gesehen, der Staat habe vielmehr dem Menschen zu dienen. In dem Buch *»Politik«* heißt es: »Zweck des Staates ist also das edle Leben« - »edel« im Sinne von »gut« oder »vollkommen« (Abb. 7).

Dadurch aber, daß Aristoteles nicht einem reinen Individualismus das Wort redet, sondern den Einzelmenschen in seiner Gebundenheit an die Familie etc. sieht, vermeidet er es, in das gegenteilige Extrem zu fallen. Überhaupt ist er der Ansicht, daß jedes Extrem verwerflich sei. In einer modernen Formulierung lautet die Konsequenz: *Politik ist die Kunst des Möglichen!* Am besten, meint er, sei die Verfassung, die so eingerichtet sein müsse, daß ein jeder sich wohl fühle und glücklich sei. Das sei möglich in den drei guten Staatsformen, in denen die Herrschaft nur dem allgemeinen Wohl diene: in einer echten Monarchie bzw. Aristokratie, in der die Aristokraten wirklich die »Besten« sind, und in einer gemäßigten Demokratie. Diesen stellt er die drei »Entartungen« gegenüber: die *des-*

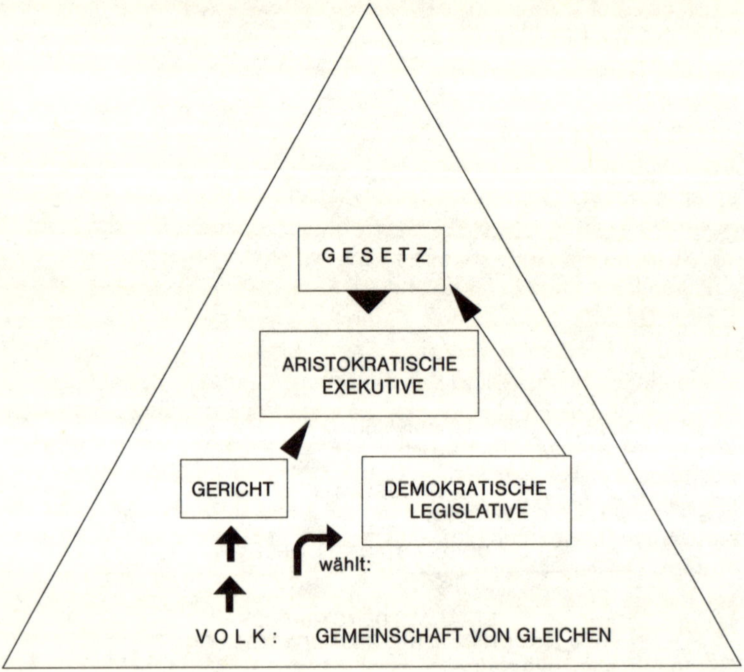

Aristoteles hält die »gemischte Verfassung« für das Optimum

Abb. 7: *Aristoteles: Staatsmodell*

potische Tyrannis, die nur den Interessen weniger dienende *Oligarchie* und die *radikale Demokratie* bzw. *Ochlokratie* (Pöbelherrschaft). Wie Platon überlegt auch Aristoteles, welcher Stand die Herrschaft ausüben soll. Dabei sind beide der Meinung, daß eine leitende Funktion nur dem jeweils Besten zustehe. Allerdings, schränkt Aristoteles ein, müsse dieser durch die Menge der Staatsbürger auf Zeit gewählt und kontrolliert werden, wobei alle an geltende Gesetze als oberste Norm gebunden seien.

Platonisches Dreieck – ein Resümee: Drei prinzipielle Denk- und Erkenntnisweisen

Die großartigen Bauten Griechenlands, die zu Ehren der verschiedensten Götter errichtet werden, beweisen die tiefe Verwurzelung der Griechen in ihrer Mythologie und im mythischen Denken. Darum ist es nicht verwunderlich, daß die ersten Philosophen, die sich der Naturwissenschaft bzw. der Mathematik zuwenden, die Pythagoräer, noch dem irrationalen Denken verhaftet sind. In den Zahlenverhältnissen sehen sie Abbilder der Harmonie der Welt, einer Harmonie, die der Mensch nicht rational erfassen könne. Ihrer Meinung nach kann nur das *subjektive Ich* mittels *Intuition* (unmittelbare, ganzheitliche Sinneswahrnehmung), *Inspiration* (göttliche Eingebung) und *Affektion* (gefühlsmäßige Wahrnehmung) zu einer Erkenntnis gelangen, die rational oder empirisch nicht zu gewinnen ist. Eine solche Auffassung bezeichnet man als *pythagoräischen Mystizismus* (Abb. 8).

Platon lehnt diese Erkenntnismethode ebenso strikt ab wie den Relativismus Heraklits und anderer Naturphilosophen. Sein Ziel ist es, zwischen dem Phänomen Welt und ihrem Ursprung einen rationalen Zusammenhang herzustellen, der das Wesen der Welt, das Werden und Vergehen und damit auch das Leben erklärt. Dazu bedarf es aber einer *irrationalen Grundannahme*, nämlich des Glaubens an eine tatsächlich existierende ewige Idee als des Ursprunges alles irdischen Seins, wobei die wahrnehmbare Realität nur als ein mehr oder weniger guter oder schlechter Abglanz der Ideen angesehen wird (Methexis). Mit anderen Worten: Der Geist war vor der Materie vorhanden und hat letztere erst geschaffen. Eine solche Auffassung bezeichnet man als *ontologischen Idealismus* (vom lateinischen »ons«: »das Sein«). Der *platonische Idealismus* benutzt also die *deduktive Methode*, die Deduktion (Ableitung) von der Idee zum Konkreten. Der in der konkreten Wirklichkeit lebende Mensch habe in seiner Seele, die sich dunkel ihrer Herkunft aus dem Ideenhimmel bewußt sei (Wiedererinnerungs-Mythos: Anamnese), noch eine Ahnung von dem, was er dort gesehen habe.

Im Gegensatz zu *Idealisten* halten *Materialisten* die Materie für das Primäre, aus dem sich erst sekundär der Geist entwickelt habe. In diesem Sinne geht Aristoteles vom *real Seienden* aus. Durch nachvollziehbare, empirisch-rationale Verfahren, also durch Zählen, Messen und Kategorisieren (begriffliche Einteilungen), gelangt er schließlich zu Oberbegriffen und zu *Allgesetzen* bzw. *Universalien.* Dieser *Aristotelische Realismus* benutzt also die aufbauende, die *induktive Methode*, um zu Platons Ausgangspunkt zu gelangen.

Dieser drei Denkansätze bedienen sich alle Denker, nicht nur die Philosophen. Durch verschiedenartige Kombinationen ergeben sich unzählige Variationen, entstehen schillernde und faszinierende Denkgebäude. Um sie beurteilen zu können, ist darauf zu achten, an welcher Ecke des platonischen Dreiecks der Schwerpunkt liegt. Dabei kommt dem Anteil an der irrationalen Komponente eine besondere Bedeutung zu. In diesem Sinne müssen alle »-ismen« des 19. und 20. Jahrhunderts, zum Beispiel Nationalismus, Marxismus, Leninismus, Nationalsozialismus, Faschismus etc., kritisch untersucht werden.

PLATONISCHER IDEALISMUS

Ausgangspunkt / Ansatz:
Das Absolute, Abstrakte, Ideale bzw. die Idee als irrationale Grundannahme
Deduktive Methode: Vom Abstrakten zum Konkreten.

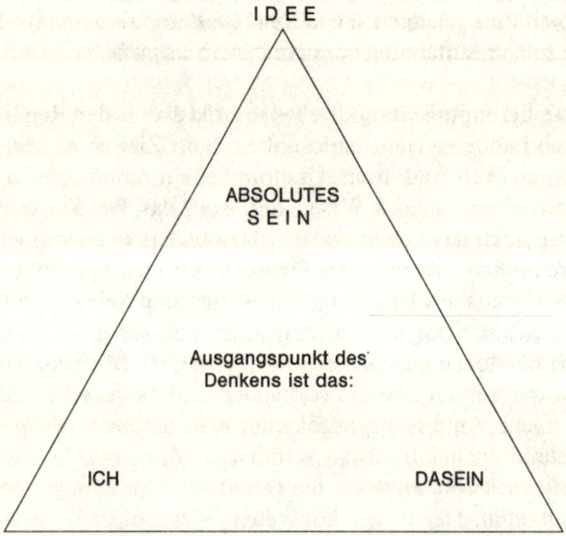

DAS MYSTISCHE

PYTHAGORÄISCHER MYSTIZISMUS/ ICH-PHILOSOPHIE

Ausgangspunkt / Ansatz:

Das subjektive ICH –
Intuitive Methode:
Auf der Grundlage von Intuition, Emotion oder Affektion.
Erkenntnis als das rational-empirisch nicht Erfahrbare

REALES SEIN

ARISTOTELISCHER REALISMUS/ SEINSPHILOSOPHIE

Ausgangspunkt:

Das reale SEIN –
Induktive Methode:
Vom empirisch Erfaßbaren wird durch die begriffliche Ordnung der Begriff bzw. das Allgesetz gewonnen.

Abb. 8: *Platonisches Dreieck*

Griechische und römische Philosophie nach Aristoteles

Neben den Schulen von Platon und Aristoteles müssen noch zwei weitere genannt werden, die für die politische Geschichte von größter Bedeutung sind. Beide stehen im Zusammenhang mit politischen Ereignissen ihrer

Entstehungszeit. Nach dem verlorenen Peloponnesischen Krieg (431-404) kann sich Athen zwar wieder erholen, die frühere politische Bedeutung und militärische Stärke aber nicht wiedererlangen. Im Kampf gegen den Kriegerstaat Makedonien verlieren die griechischen Stadtstaaten durch ihre Niederlage in der Schlacht von Chaeroneia (338) die politische Selbständigkeit für immer. Zunächst übernimmt Makedonien die Vorherrschaft, später (ab 146 v. Chr.) treten die Römer an deren Stelle. Damit ist den Griechen die Chance genommen, praktische Politik zu betreiben - ihnen bleibt nur noch der Rückzug auf kulturelle bzw. private Angelegenheiten. Dabei kommt ihnen allerdings zugute, daß die griechische Kultur durch die Kriegszüge des Makedonier-Königs Alexander der Große (356-323) weit verbreitet und in Ost und West als führend anerkannt wird. Sie verliert dabei ihren Stadtstaatscharakter und entwickelt sich zur ersten übernationalen, kosmopolitischen Menschheitskultur, zum *Hellenismus,* in dem Orient und Okzident sich treffen und der den Boden für das »katholische« (»weltweite«) Christentum bereitet.

Kyniker und Stoiker: Entdeckung der Menschenrechte

Um 300 v. Chr. begründet Zenon von Kition (340-260) die »Ältere Stoa«. Erkenntnistheoretisch folgt sie den Lehren des Aristoteles. Wie dieser versucht sie, die Wirklichkeit empirisch nur aus Einzelobjekten zu erschließen. Desgleichen sieht auch sie den Menschen seiner Natur nach als Vernunftwesen an. Weil nur das Natürliche gut sei und Glückseligkeit bringen könne, gebe es nur eine einzige Tugend: *das naturgemäße Leben.* Ehe, Familie und Staat gelten den Stoikern als »natürliche« Institutionen. Alles andere ist für sie von Übel oder gleichgültig: Leben, Gesundheit und Besitz einerseits, Tod, Unglück und Armut andererseits. Aus diesem Grunde streben sie Leidenschaftslosigkeit (Apathie) an und setzen auf moralische Werte, auf Pflichtgefühl und Willenskraft. Die »stoische Ruhe« hat für sie nur Sinn im Getriebe der Welt, nicht aber in Einsiedeleien. Unter dem Einfluß der Römer stellen sie zwei grundlegende soziale Forderungen: *Gerechtigkeit und Menschenliebe* gegenüber allen Menschen - auch gegenüber Sklaven. Das ist geradezu revolutionär. Zwar hatte bereits Aristoteles allgemeine Menschenrechte gefordert, allerdings nur für Vollbürger; Sklaven galten ihm nur als »lebendes Werkzeug«. Aber erst die Stoa dehnt das neue Prinzip auf alle Menschen aus. Sie unterscheidet nicht mehr zwischen Griechen und Römern, Freien oder Sklaven. Damit sind die Stoiker die ersten der Weltgeschichte, die einen *absoluten Humanitätsgedanken* und einen ebenso *absoluten Kosmopolitismus* vertreten.

Die stoische Lehre von der hohen *Würde der Persönlichkeit* bildet heute den unverzichtbaren Teil einer jeden freiheitlichen Verfassung. Mit der Übernahme der Stoa durch die Römer kann sich das aktive Element dieser Lehre entfalten. Reflektionen über den Staat erhalten wieder einen Sinn. Nach dem Vorbild Platons schreibt der Politiker und Philosoph Cicero (106–43), einer der bedeutendsten Schriftsteller und Rhetor Roms, auf der Grundlage des Naturrechtsgedankens zwei Werke: *»Der Staat«* und *»Die Gesetze«*. Es kümmert ihn dabei nicht, daß die »Natur« nur eine metaphysische Abstraktion darstellt, denn in der Natur ist nirgendwo ein Recht festgelegt. Es handelt sich also um eine ethische Fiktion, die dennoch von großer Bedeutung ist. In der Politik stellt sie einen mächtigen Faktor dar, solange ihr der Rang einer Realität zugebilligt wird. Ist das der Fall, ergeben sich aus dem Naturrecht weitreichende Folgerungen. Weil es über jedem »positiven« (von Menschen »gesetzten«) Recht steht, ist es dem Zugriff der Machthaber entzogen. Deren Gesetze werden als ungültig angesehen, wenn sie dem Naturrecht widersprechen. Cicero fordert, daß die Staatsautorität vom Recht abgeleitet wird und nicht umgekehrt. Dem Unrechtsstaat fehle die naturrechtliche Legitimation, und somit brauche ihm niemand zu gehorchen. Ciceros Maxime, daß nur der Rechtsstaat legitim sei, gelangt über das römische Recht auch in die Rechtstheorien der Neuzeit.

In diesem Zusammenhang greift Cicero auch den Gedanken der Gleichheit aller Menschen auf. Die bestehende Ungleichheit führt er auf unterschiedliche Bildung zurück und verspricht sich von der Erziehung eine Änderung, da bei gleicher Bildung alle Menschen gleich klug seien. Mit diesen zum demokratischen Gleichheitsprinzip und zu modernen Erziehungstheorien hinführenden Gedanken legt Cicero die Grundlage des modernen politischen Denkens. Dazu gehört auch seine Auffassung vom Volk, das für ihn »nicht irgendeine Gruppe [ist], die irgendwie verbunden ist, sondern [es] besteht in dem Zusammentritt einer ansehnlichen Zahl von Menschen, die verbunden sind durch allgemeine Übereinstimmung hinsichtlich des Gesetzes und der Rechte und die an gegenseitigen Vorteilen teilzuhaben wünschen« (Abb. 9).

Epikuräer: Utilitarismus und Vertragstheorie

Zur Akademie Platons, zum Aristotelischen Lyceum und zur Stoa kommt noch die von Epikur (341–270) um 306 gegründete vierte große Philosophenschule, die noch stärker als die Stoa die politische Resignation der Griechen widerspiegelt. In ihr treten Materialismus und Skepsis gegenüber idealen Werten noch stärker in den Vordergrund als bei der Stoa. So lehrt Epikur, daß der kluge Mann sich von der Politik fernhalten und die individuelle Selbstgenügsamkeit (Autarkie) suchen soll. Ärger, Furcht und Sorge müsse man möglichst vermeiden und die Unberührtheit des Gemütes bei Schicksalsschlägen anstreben (Ataraxie). Um so mehr seien die kleinen Freuden des Lebens maßvoll zu genießen, denn nach Epikur ist »die Lust ... Anfang und Ende des glückseligen Lebens ... unser

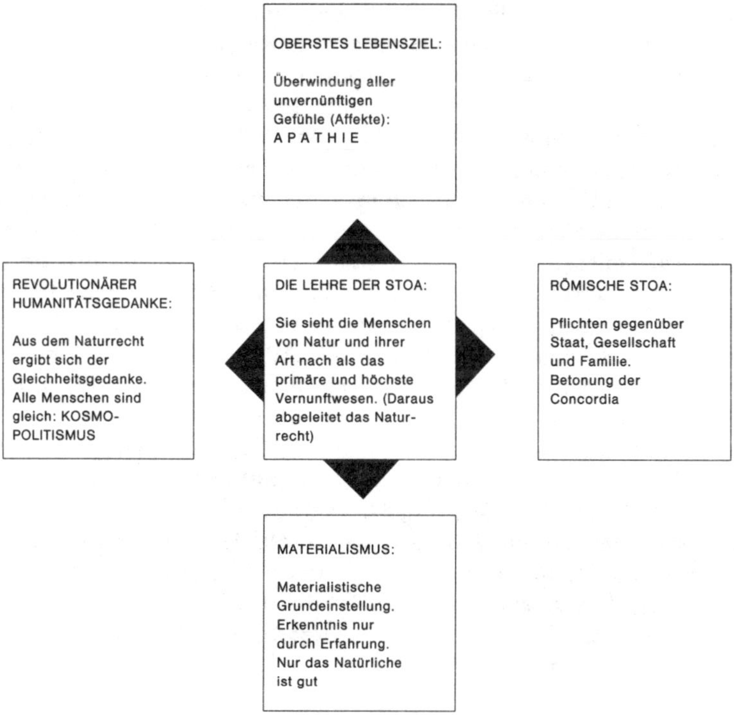

Abb. 9: *Prinzipien der Stoa*

erstes, angeborenes Gut, sie ist Ausgangspunkt für alles Wählen und Meiden, und auf sie gehen wir zurück, indem diese Seelenregung uns zur Richtschnur dient für die Beurteilung jeglichen Gutes«.

Diese Haltung, an der sich später besonders christliche Kirchenlehrer stoßen, wird von vielen als *Hedonismus* (vom griechischen »hedone«: »Lust«) mißverstanden. Was Epikur wirklich meint, zeigt seine Einschränkung, die oft übersehen wird: »Wenn wir also die Lust als Endziel hinstellen, so meinen wir damit nicht die Lüste der Schlemmer und solche, die in nichts als dem Genuß selbst bestehen ... sondern das Freisein von körperlichem Schmerz und von Störungen der Seelenruhe.« Zu dieser Ataraxie führe vor allen Dingen die Philosophie, denn sie sei eine »Tätigkeit in Gedanken und Reden, die ein glückliches Leben schafft!«

Neben Materialismus und Skepsis bildet das Nützlichkeitsdenken, der *Utilitarismus,* einen weiteren wichtigen Grundzug des *Epikuräismus.* Sitte, Moral und Tugenden erkennt Epikur nur insoweit an, als diese sich für den Menschen als nützlich erweisen. Denn dessen einzige Motivation des Handelns sei nur die Selbstsucht, der Egoismus. Zur Förderung des eigenen Wohlergehens habe man sich in der Gesellschaft auf Verhaltensregeln geeinigt, die dann als »Recht« bezeichnet würden und nur so lange gälten, wie sie nützlich seien. Absolute, ewige Werte gebe es bei diesen Konventionen nicht. Folgerichtig geht Epikur bei der Betrachtung des Individuums noch einen Schritt weiter als Aristoteles. Während dieser das Individuum immer nur im Zusammenhang mit der Gemeinschaft denkt, sieht Epikur nur noch den egoistischen, aggressiven Einzelmenschen mit seinem Hang zu zerstörerischen Konflikten. Um diese zu vermeiden, sei es früher einmal erforderlich geworden, einen Kanon praktischer Verhaltensregeln aufzustellen und einen Vertrag auf Gegenseitigkeit abzuschließen. Auf diese Weise sei der Staat entstanden, dessen Rechtssatzungen die Sicherheit des einzelnen garantieren sollen. Am besten könne man dieses Ziel in einem starken Staat erreichen.

Wie alle drei anderen Schulen übt auch die des Epikurs großen Einfluß auf die nachfolgenden politischen Denkschulen aus. In der Neuzeit greifen Hobbes und Locke auf Epikurs Vertragstheorie zurück und erweitern sie; Bentham und J. St. Mill entwickeln den sozialen Aspekt des Utilitarismus; Comte baut Epikurs materialistischen Positivismus aus; und Karl Marx glaubt, bei Epikur bereits die Vorstellung von einem »materiellen Unterbau« und dem dazugehörigen »ideologischen Überbau« gefunden zu haben (Abb. 10).

Das Judentum: Glaube an den einzigen Gott

Neben den fundamentalen Leistungen der Griechen stehen gleichberechtigt die des jüdischen Volkes, das durch seine Religion bestimmend auf die geistige Entwicklung der Menschheit eingewirkt hat. Durch Juden und Christen wird der Eingottglaube des Alten Testamentes auf der ganzen Erde verbreitet. Dazu kommt eine dreitausendjährige jüdische Tradition, die bis in unsere Zeit reicht. Leider zählt die jüdische Gemeinde in Deutschland als Folge der NS-Verbrechen nur noch wenige tausend Mitglieder, womit auch die jüdische Kultur, der gerade Deutschland soviel verdankt, aus dem Alltagsbild verschwunden ist. Geblieben ist bei den meisten Deutschen nur eine oberflächliche Kenntnis dessen, was Christen mit Juden verbindet.

Jeden Morgen und jeden Abend spricht der fromme Jude einen Glaubenssatz, durch den ein neuer Gottesbegriff in die Welt gekommen ist:

> »Schema yisrael adonai elohenu adonai echod!« –
> »Höre, Israel, der Herr, unser Gott, ist einzig!«

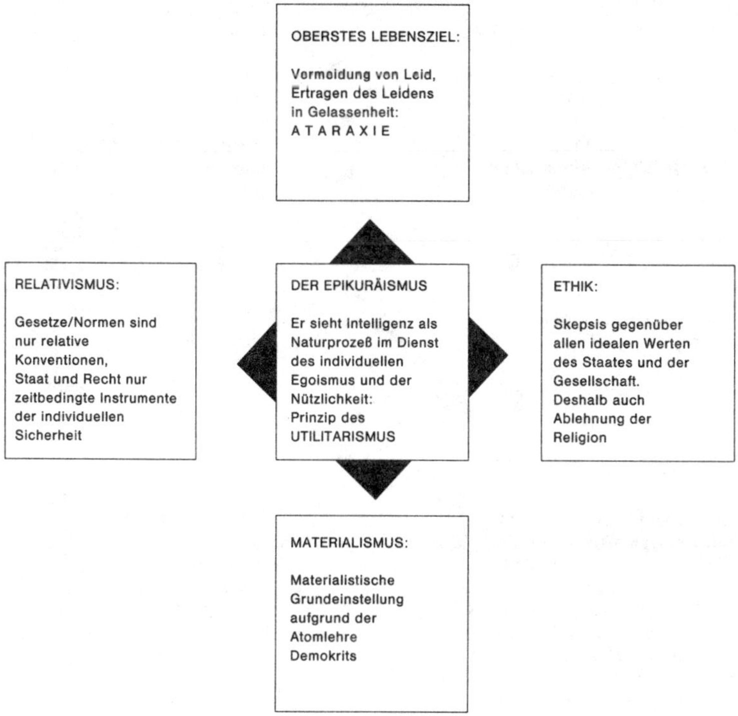

Abb. 10: *Prinzipien des Epikuräismus*

Dieser *absolute Monotheismus* trennt die Juden des Altertums von allen asiatischen Religionen ebenso wie von religiösen Vorstellungen der Griechen. Der jüdische Gott ist gütig und selbst im Zorn gerecht; er bleibt stets ein Gott der Verheißung und der Hoffnung auf das Reich Gottes. Das irdische Leben ist keine Last, sondern ein Geschenk Gottes, welches gut genutzt sein will. Deshalb bereitet die jüdische Religion weniger auf ein zukünftiges Leben nach dem Tode vor, vielmehr soll der Gläubige im irdischen Leben geleitet werden. An erster Stelle steht dabei die Erfüllung sittlicher Pflichten, nicht nur Gott gegenüber, sondern auch gegenüber Mitmenschen, Nachbarvölkern und Feinden. Damit kommt eine einzigartige Sozialordnung und zukunftweisende Menschenrechtsordnung in die Welt. Ihre Verwirklichung im Alltag ist nicht leicht. Der fromme Jude ist verpflichtet, täglich und in allem den Willen Gottes zu erforschen und zu befolgen.

Die jüdische Religion gehört zu den großen Buch-Religionen, als deren wichtigste Grundlage die Heiligen Schriften (Abb. 11) anzusehen sind. Die in der christlichen Terminologie »Altes Testament« genannte Schrif-

Abb. 11: *Jüdisches Schrifttum*

tensammlung besteht aus drei Hauptteilen, aus »Thora« (Gesetz), »Nebi'im« (Propheten) und »Ketubim« (Weisheitsschriften). Im gegebenen Zusammenhang soll nur die Thora kurz erläutert werden. Zu ihr gehören die fünf Bücher Mose *(»Pentateuch«)*, in denen die Urgeschichte der Menschheit und die Frühgeschichte der Israeliten erzählt werden. Der Tradition nach hat Moses diese Bücher um 1225 v. Chr. verfaßt. Heutige Gelehrte vertreten allerdings teilweise die Ansicht, daß sie erst zwischen 800 und 600 v. Chr. entstanden seien, indem Quellenmaterial aus fünf Jahrhunderten zusammengetragen wurde. Der Thora kommt schon deshalb größte Bedeutung zu, weil sie alle Rechtssatzungen des Judentums enthält. Nach einer rabbinischen Zählung gehören dazu, unter Einschluß der Zehn Gebote, insgesamt 613 Vorschriften mit 365 Verboten und 248 Geboten. Sie regeln das gesamte Leben aller gläubigen Juden, vom täglichen Gebet bis hin zur Essenszubereitung, Körperreinigung, Totenbestattung, Almosengebung oder Wiedergutmachung von Schäden.

Der Gottesbegriff der Thora hebt die zunächst rein äußerlichen Leistungen auf ein sehr hohes Niveau. Er stellt eine der großartigsten Abstraktionen dar, wobei die Thora den Versuch unternimmt, dem Geheimnis dieser Abstraktion näherzukommen. Unter Verzicht auf Wissenschaft gelingt dabei eine Synthese zwischen Mythos und Logos, die den ganzen Menschen anspricht und die zum Fundament späterer Weltreligionen wird. Aus diesem Grunde gehört das lebenslange Studium der Thora zur Hauptaufgabe jüdischer Gelehrter. Ihr Bemühen, den Sinn der Heiligen Schriften zu verstehen und jedes Wort richtig auszulegen, verschafft ihnen hohes Ansehen im Volke.

Der heilige Ernst jüdischen Forschens nach der einzigen Wahrheit, die mit Gott gleichgesetzt wird, erweist sich für die europäische Geistesentwicklung als ebenso wichtig wie die Erkenntnisse griechischer Philosophen. Das hebräische Wort »Emet« (Wahrheit) bedeutet »Festigkeit«, »Verläßlichkeit«, »Erkenntnis« und »Treue«. Es dokumentiert eine Denkweise, die der griechischen entgegengesetzt ist. Während das von der griechischen Philosophie bestimmte neuzeitliche Denken die Wahrheit eines Urteils in der genauen Übereinstimmung zwischen Wort und Sache sieht, versteht sich die biblische »Wahrheit« nicht in der genau kontrollierten Übereinstimmung des Wortes mit dem Vorgang, sondern in der Zuverlässigkeit und Treue des Redners.

Mit dem Suchen nach der biblischen Wahrheit entwickelt sich allmählich eine rationale Bibelkritik, die zur Wissenschaft der Exegese bzw. Semantik führt und, zusammen mit Methoden griechischer Philosophie und Wissenschaft, den Weg in die Neuzeit bahnt. Andererseits birgt die jüdische Methode, die Wahrheit *nur* in der Heiligen Schrift zu suchen, die Gefahr einer dogmatischen Erstarrung in sich.

Auf der Basis der Thora entsteht seit ca. 400 v. Chr. eine weitere Schrift, die »Mischna« (Wiederholung). Ihre Aufgabe ist es, die fließende, verschiedene Deutungen zulassende Überlieferung normativ zu fixieren. Um 200 n. Chr. findet sie ihre endgültige Form in sechs Kategorien mit 63 Traktaten: Landbau, Feste, Eherecht, Zivil- und Strafrecht, Opfer und rituelle Unreinheit. Dazu kommen noch 59 außerkanonische Traktate und ferner Einzelaussagen von Schriftgelehrten. Diese formalistische Auslegung der Thora, die bereits von Christus bekämpft wird, trägt in besonderer Weise zur Erstarrung des jüdischen Glaubens bei.

Aus der Mischna und allen dazugehörigen Kommentaren (Gemara) geht der »Talmud« (Lehre) hervor. Von diesem gibt es zwei Versionen: der palästinensische (jerusalemitische) Talmud (um 400 v. Chr.) und der babylonische (um 500 v. Chr.). Letzterer ist mit 5900 Folioseiten und 2 500 000 Wörtern dreimal so umfangreich wie jener. Rechtlich gilt er als der allein autoritative. Etwa 2500 Autoren nehmen darin Stellung zu Recht und Religonsgesetz, zur Theologie und Schriftauslegung, zur Philosophie und Ethik. Bis in die heutige Zeit dient der Talmud frommen Juden als Enzyklopädie allen Wissens. Die Schriften des Alten Testaments, der Talmud und das jüdische Gebetbuch (Siddur) bilden zusammen eine einzigartige geistige Grundlage, auf die das Judentum trotz widriger Umstände gebaut und durch die es überlebt hat.

Imperium Romanum: Erster abendländischer Universalstaat

Mit den Römern tritt ein Volk in die Geschichte ein, das unter dem Einfluß der Etrusker den Mythos schon sehr früh überwindet. Da echter Mythos aber immer auch geist-reich ist, fehlt es den Römern aufgrund ihrer nüchternen Denkweise an der Fähigkeit geistigen Schauens und Einfühlens in tiefere Zusammenhänge. Diesen Mangel suchen sie ins Positive zu wenden, indem sie die Realität mit weitgehender Rationalität zu beherrschen suchen: die gesellschaftliche und staatliche Organisation, das Rechtswesen, die Wissenschaft und Kultur anderer Länder. Ihrer Staatsklugheit gelingt der Aufbau eines großen Imperiums, des ersten abendländischen *Universalstaates.*

Entstehung Roms: Etruskisch-römische Monarchie

Rom, die Zentrale des mächtigsten antiken Weltreiches, gilt nach seiner Gründung durch Latiner und Sabiner (um 750) nur als eine von vielen Stadtgemeinden unter der Oberherrschaft der Etrusker, die Norditalien beherrschen. Die Geschichte der Stadt beginnt nach der Äneas-Sage mit der Landung von Siedlern aus der Nordägäis. Der Name Romulus, die Insignien und die Tracht des Königs während der Königszeit weisen auf eine etruskische Herkunft der Kolonisten hin. Pomp und Prunk ihres Königs, den auch die Insignien erkennen lassen, bezeugen u. a. die Machtfülle des Königtums: das symbolische Beil im Rutenbündel (Fasces), die Toga purpurea und die roten Schuhe des Königs, dessen goldener Lorbeerkranz und das Zepter aus Elfenbein. Auch durch die sakrale Funktion steht der König hoch über den Untertanen, wie verschiedene Bräuche beweisen. Der Titel »Rex sacrorum« (Opferkönig) wird vom obersten Priester sogar noch in der Republikzeit getragen. Von Anfang an amtiert neben dem König ein unabhängiger Adel, der wahrscheinlich aus der Reiterei des Königs hervorgegangen ist. Durch ihn wird die absolute Machtfülle des Königs in Grenzen gehalten. Seine Tracht, zu der Goldring, Reitermantel mit Purpurrand, rote Schuhe und roter Rand an Tunika und Toga gehören, wird zum Abzeichen der Patrizier.

Das gesamte römische Volk wird nach drei Gesichtspunkten unterteilt. Nach dem *Stand* unterscheidet man zwei Gruppen: *Plebejer* und *Adel* mit Klienten. Die *Volksversammlung,* als zweites Einteilungsprinzip, setzt sich aus der gesamten männlichen Bürgerschaft zusammen. Dem Senat und der Priesterschaft kommen in der Königszeit nur eine beratende Funktion zu.

Um 600 v. Chr. übernehmen die etruskischen Tarquinier die Macht in Rom. Erst 510 v. Chr. gelingt es den Römern, die etruskische Fremdherrschaft abzuschütteln. Das bedeutet u. a., daß die Römer für ihre militärische Sicherheit von nun an selbst verantwortlich sind. Die zentrale geographische Lage ihrer Stadt bringt es mit sich, daß sie sich ununterbrochen mit Nachbarstädten und -stämmen politisch oder kriegerisch auseinandersetzen müssen. Dazu kommt noch die Bedrohung durch Eroberer aus ferner gelegenen Gebieten, etwa durch die Kelten, die sich in der Po-Ebene niederlassen und 386 v. Chr. sogar Rom für kurze Zeit in ihre Hand bekommen. Im Süden Italiens kommt es zu Zusammenstößen mit den dort ansässigen Griechen und mit den Karthagern (Phönizier bzw. Punier).

Die Ausdehnung der römischen Herrschaft ist also nicht das Ergebnis einer langfristig geplanten Politik, sondern u. a. Folge einer anfangs stets gefährdeten geostrategischen Mittellage, die ständige Verteidigungsbereitschaft und Sicherung der Grenzen erfordert. Im Gegensatz zu den Griechen kennen die Römer deshalb auch keine Stadtstaats-, sondern eine Heeresverfassung. Die ständig hohe Kampfbereitschaft und die darauf abgestimmte Bündnispolitik führen fast zwangsläufig dazu, daß Rom über Jahrhunderte hinweg ständig Krieg führt. Nach dem *»Tatenbericht 13«* des Kaisers Augustus (63 v. Chr.–14 n. Chr.) soll vor seiner Zeit der Tempel des Kriegsgottes Janus, der lediglich in Kriegszeiten offen steht, insgesamt nur zweimal geschlossen worden sein. Anfangs sind Verteidigungs- und Bündnisfälle noch die Regel, später treten Eroberungs- oder Wirtschaftskriege immer mehr in den Vordergrund, bis schließlich die Hegemonie über das gesamte Mittelmeergebiet und die wirtschaftliche Ausbeutung besiegter Länder das erklärte Ziel römischer Politik ist.

Bei all diesen Konflikten, die Rom nach Möglichkeit möglichst durch eine kluge Vertrags- und Bündnispolitik zu lösen sucht, bewährt sich die auf der Grundlage eines schlagkräftigen Volksheeres aufgebaute aristokratische Republik. An ihrer Spitze stehen, und das ist ein Grund ihres stetigen Erfolges, über Jahrhunderte meistens nur Männer mit langjährigen Erfahrungen. Voraussetzung selbst für die untersten Eingangsämter des Staates ist eine stets zehnjährige Dienstzeit beim Heer. Am Ende dieser Entwicklung kann sich der römische Staat als alleiniger Herr des gesamten Mittelmeerraumes betrachten. Das Mittelmeer wird seither von den Römern »Mare nostro« genannt.

Römische Republik: Verfassung

Die Einführung der Republik (510–48) läßt auf schlimme Erfahrungen der Römer mit der Machtkonzentration schließen. Im Gegensatz zu den Griechen bauen sie ihren Staat aber nicht von unten auf. Vielmehr versuchen sie, durch ausgewogene Mitbestimmungs- und Kontrollrechte und durch Ämterteilung auf allen Ebenen, den Mißbrauch der Macht zu verhindern.

Aus der Königszeit übernimmt die Republik die Bürgerschaftsversammlung. Das Heer wird neu gegliedert und die *Zenturiatskomitien,* eine Heeresversammlung, eingeführt. In ihnen sind die fünf Vermögensklassen der Patrizier und Plebejer in 193 Hundertschaften zusammengefaßt *(Timokratie).* Die Zenturiatskomitien haben über Krieg und Frieden und über die Wahl der obersten Beamten zu entscheiden. Zu ihren Aufgaben gehören auch die Beschlußfassung über Gesetze und die Strafjustiz über die Bürger der Stadt. Die Abstimmungen erfolgen in der Reihenfolge der Klassen. Mit 98 von 193 Hundertschaften verfügen Reiterzenturien und Hopliten über die absolute Mehrheit. Im Jahre 494 können die Plebejer eine eigene Vertretung durchsetzen: die Volkstribunen mit ihren Gehilfen, den plebejischen Ädilen. Mit Hilfe ihres Einspruchrechtes sollen sie die Plebejer vor der Willkür des Senats oder vor ungerechter Bestrafung schützen.

Der *Senat* (300 Mitglieder) setzt sich aus Oberhäuptern der alten Adelsgeschlechter und ehemaligen Konsularbeamten zusammen. Später kommen noch Plebejer hinzu. Anfangs obliegt ihm die Beratung der Magistrate, doch mit der Zeit werden seine Ratschläge bindende Befehle. Wird das Konsulat vakant, kann er für fünf Tage einen »Zwischenkönig« ernennen. Zum *Magistrat* gehören die auf ein Jahr gewählten Doppelbeamten (Prinzip der *Annuität* und der *Kollegialität* zur Absicherung gegen die Macht eines einzelnen): Den

- *Konsuln* obliegen Kriegführung, Finanzwesen und Gerichtsbarkeit. In Notzeiten kann ein Konsul einen »Diktator« beauftragen, für höchstens sechs Monate alle notwendigen Regierungsmaßnahmen zu treffen.
- *Prätoren* sind für die Rechtsprechung zuständig: der Praetor urbanus für Rechtsstreitigkeiten zwischen römischen Bürgern, der Praetor peregrinus zwischen Bürgern und Fremden bzw. nur zwischen Fremden.
- *Kurulische Ädilen* üben seit 366 v. Chr. Polizeigewalt und Marktaufsicht aus.
- *Quästoren* verwalten seit 447 v. Chr. die Staatskasse.

Alle Amtsbefugnisse werden durch die Unterordnung unter das Gesetz und durch das Widerspruchsrecht *(Interzessionsrecht)* des zweiten Amtsinhabers erheblich eingeschränkt. Damit und mit den Prinzipien der Annuität und Kollegialität verfügen die Römer über ein Gewaltenausgleichssystem, das der Gewaltenteilung in modernen Demokratien den Weg bereitet (Abb. 12).

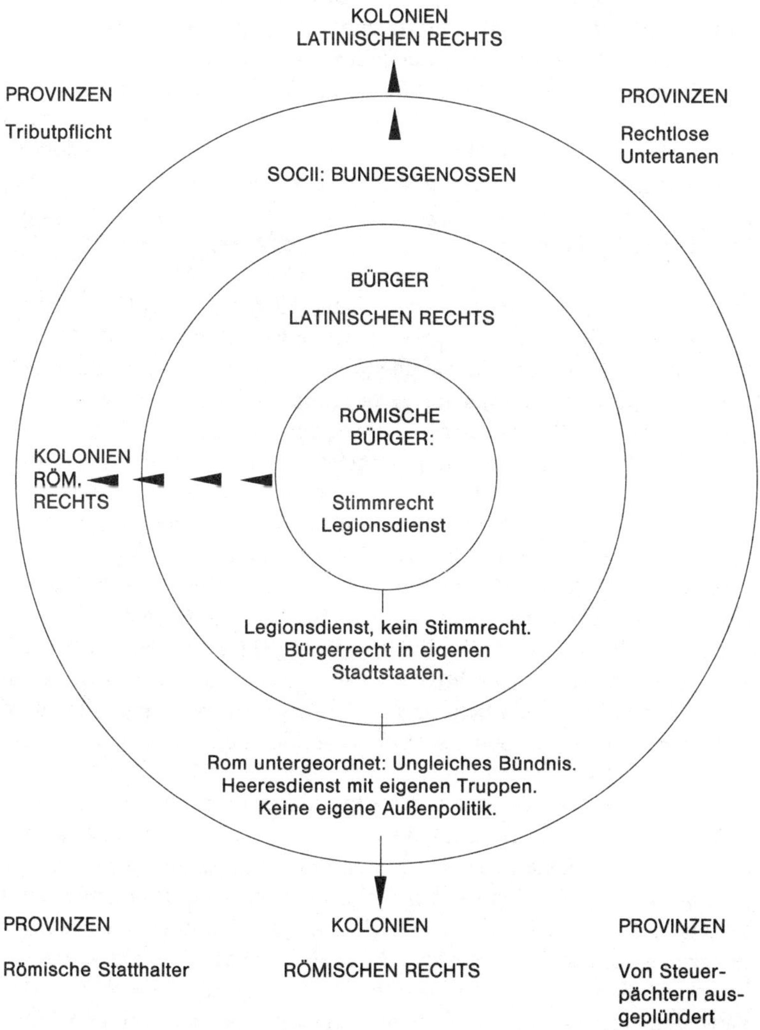

Abb. 12: *Aufbau des Römischen Reiches*

Von der Republik zur Cäsarenherrschaft: Zusammenhänge zwischen Innen- und Außenpolitik

Die Geschichte des Imperium Romanum hat eine solche Fülle typischer Konstellationen und Prozesse vorzuweisen, daß sie geradezu als exemplarisch gelten kann. Sie bietet Einsicht in Zusammenhänge, wie sie in der Geschichte aller Völker immer wieder beobachtet werden können. So sind zum Beispiel seit den frühen Hochkulturen Gegensätze zwischen Stadt und Land oder zwischen Arm und Reich zu beobachten. Die Hauptursache für dieses Phänomen scheint dabei in anthropologischen Grundtatsachen zu liegen, also in typisch menschlichen Verhaltensweisen wie Neid, Besitzgier, Haß, Egoismus, Egozentrik etc. *(Grundmotive).* Ihre Konstanz hat zur Folge, daß im Laufe der Geschichte immer wieder die gleichen Grundkonflikte entstehen. Der Ständekampf in Rom muß zu letzteren gerechnet werden. Bis auf den heutigen Tag konnten derartige Klassenkämpfe nicht aus der Welt geschafft werden.

Ständekampf in Rom

Der römische Geschichtsschreiber Livius (59 v. Chr.–17 n. Chr.) vertritt die These, daß Romulus bei der Gründung Roms hundert Sippenoberhäupter seines Stammes als Helfer und Berater ausgewählt habe. Als Auswahlkriterium habe der Besitz der größten und besten Ländereien gegolten. Diese Männer seien später »Patres« (»Väter«) und ihre Nachkommen »Patricii« genannt worden. Im Besitz der wirtschaftlichen Macht, sei ihnen auch die politische zugefallen. Wie dem auch sei, in der Praxis Roms kommt diesen Patriziern eine überragende Rolle zu. Fast fünfhundert Jahre stellen sie die Konsuln und Feldherrn, geben sie die Gesetze. Nicht zuletzt dieser Kontinuität verdankt Rom seine Stärke. Zu den Patriziern kommt noch die Gruppe der politisch machtloseren, aber ebenso reichen Kaufleute (Equites). Einigen gelingt es, neben den Patriziern in den Senat »eingeschrieben« zu werden. In bezug auf die Senatsmitglieder heißt es nämlich: »patres [et] conscripti« – »Patrizier [und] Miteingeschriebene«. Beide werden unter der Bezeichnung »Ordines« zusammengefaßt. Man nennt sie auch »Boni« (die Edlen). Der Name »Populus«, das Volk, umfaßt anfangs nur diese beiden Stände, das heißt, sie repräsentieren die Gesamtheit des Volkes – das aus Anfangsbuchstaben zusammengesetzte SPQR (Senatus populusque Romanus) ist in diesem Sinne gemeint. Erst mit den politischen Erfolgen im Ständekampf setzen die Plebejer es durch, daß der Begriff »Populus« auch auf sie bezogen wird. Die Plebejer nennen sich selbst »Terrae filii«, »Söhne der Erde« (was soviel wie »vaterlos« bedeutet). Sie fühlen sich von den Patriziern hintergangen, seit sie sich bei jenen in wachsendem Maße verschulden müssen.

494 v. Chr. ist die Geduld der Plebejer schließlich aufgezehrt. Um aber blutige Auseinandersetzungen zu vermeiden, greifen die Plebejer zum Mittel des politischen Generalstreiks, dem ersten in der Geschichte des Klassenkampfes. Sie verlassen die Stadt und bilden auf dem Aventin eine Schwurgemeinschaft. Erst nach bedeutenden Zugeständnissen der Patrizier kehren sie zurück. Von nun an besitzen sie das Recht auf regelmäßige Volksversammlungen und auf die Wahl eines (später zehn) *Volkstribunen.* Zu dessen Hauptaufgaben zählen der Schutz aller Plebejer vor Willkürakten des Magistrats (Ius auxilii), und die Wahrnehmung des Einspruchrechtes bei Verhaftung oder Bestrafung eines Bürgers (Ius intercedenti). Der fortdauernde Widerstand der Patrizer gegen diese Demokratisierung spitzt den Konflikt erneut zu. Mit der Veröffentlichung aller geltenden und für alle verbindlichen Gesetze aufgrund des »Zwölftafelgesetzes« von 450 v. Chr. kann der innere Frieden bewahrt werden. Die Staatsidee, die auf allgemeinverbindlichen Gesetzen beruht, siegt damit endgültig über das reine Standesdenken. In den folgenden Jahrzehnten setzt sich der Demokratisierungsprozeß weiter fort, geht aber niemals so weit wie in Griechenland. Die Aristokratie verfügt letztlich immer noch über die größere Macht. Nach und nach gelingt es aber den Plebejern, Zugang zu allen Ämtern zu bekommen, auch zu dem des Konsuls. Im Jahre 300 v. Chr. werden sie schließlich auch bei den Priesterämtern zugelassen. Damit ist das Ende des Ständekampfes gekommen. Patrizier und die oberen (!) plebejischen Schichten bilden zusammen einen neuen Adel, den Amtsadel (Optimates, Nobiles). Für immerhin fast hundertfünfzig Jahre wird dadurch der innere Friede gesichert.

Agrarrevolte und Bürgerkrieg: Eine historische »Kettenreaktion«

In dem eben genannten Zeitraum erlebt Rom aber eine gewaltige Veränderung, den Wandel vom reinen Agrarstaat zum mächtigen *Imperium,* was zwangsläufig zu neuen Krisen und gesellschaftlichen Umwälzungen führt. Eine typische Kettenreaktion ist die Folge:

Imperiale Kriege ruinieren den Bauernstand: Nach der Unterwerfung Italiens wird Rom immer wieder von Nachbarvölkern in kriegerische Auseinandersetzungen verwickelt, insbesonders von den Karthagern (Puniern). Die Siege nutzt Rom zu einer imperialen Politik, an deren Ende das *Imperium Romanum* steht (Abb. 12). Die Hauptlast dieser Kriege haben die Bauern zu tragen, die im römischen Volksheer die meisten Soldaten stellen müssen. Weil die Kriege hauptsächlich in den Sommermonaten stattfinden, sind sie gezwungen, ihre Höfe immer öfter und länger und gerade während der Bestell- oder Erntezeit zurückzulassen. Um die dadurch bedingten Ernteausfälle auszugleichen, werden besiegte Völker gezwungen, Tribute in Form von Getreidelieferungen zu leisten. Dazu kommt noch das Getreide aus den neu errichteten Sklavenlatifundien Siziliens, Sardiniens, Spaniens und Nordafrikas auf den Markt. Italien wird dadurch mit billigem Getreide derart überschwemmt, daß die römischen Bauern ihre Absatzmärkte verlieren und vollends zugrunde gerichtet werden. Sie sehen sich gezwungen, ihren Landbesitz aufzugeben. Großgrundbesitzer nutzen diese Lage aus: Nach und nach kaufen sie fast das gesamte Agrarland zu Spottpreisen auf. An die Stelle der Bauern und freien Landarbeiter treten billige Sklaven. Die verarmten Bauern ziehen in die Stadt Rom und versinken dort im *Proletariat.* Aber auch hier finden sie gegen die billige Konkurrenz der Sklaven keine Existenzgrundlage. So entsteht ein Lumpenproletariat, das gegen Geld politisch für alles mißbraucht werden kann.

Reformversuche scheitern – Beginn der Klassenkämpfe: Die Reformbestrebungen der Gebrüder Tiberius und Sempronius Gracchus (133 bzw. 123 v. Chr.) bleiben erfolglos und führen schließlich zu einer Agrarrevolte. Bei dem teils legalen, teils illegalen Versuch, durch neue Ackergesetze das Land sozial zu befrieden, scheitern die Reformer aber weniger an der Macht der Großgrundbesitzer als vielmehr an der Macht veränderter Verhältnisse: Die Zeiten, in denen Rom ein reiner Agrarstaat sein konnte, sind vorüber; die Rolle einer imperialen Großmacht verlangt völlig neue Sozialstrukturen. Ohne Rücksicht darauf versuchen die beiden Gracchen, ihr Ziel mit einer *Restaurationspolitik* zu erreichen (Wiederherstellung früherer Zustände). Das muß scheitern, und als sie schließlich illegale Mittel anwenden, um den Widerstand zu brechen, nutzen ihre Gegner diesen Fehler, die Reformer auf legale Weise umzubringen. Damit ist das Problem natürlich nicht gelöst. Von nun an stehen sich deshalb zwei Parteien (klassen-)feindlich gegenüber: die *Optimaten* als Vertreter der besitzenden Klasse und die *Populares* als Vertreter des Volkes.

Das Berufsheer wird Staat im Staate: Kriegerische Bedrohungen von außen und die Rolle einer Weltmacht verlangen stets ein schlagkräftiges Heer. Aus dem Bauernvolk können aber keine Soldaten mehr rekrutiert werden. Notgedrungen führt der Konsul Marius 104 v. Chr. eine Heeresreform durch, indem er aus den Proletariermassen geeignete Männer auswählt und mit ihnen ein Berufsheer bildet. Damit wird zwar auch das Proletarierproblem teilweise gelöst, andererseits entsteht durch die vorgeschriebene 16jährige Dienstzeit mit Versorgungsanspruch eine starke persönliche Bindung der Soldaten an ihren Feldherrn, dem sie sich mehr verpflichtet fühlen als dem Staat. Dadurch besteht von nun an immer die Gefahr, daß ein Heerführer mit seinen Soldaten einen Staat im Staate bildet und sich zum Diktator aufschwingt.

Ideologische Machtkämpfe führen zur Diktatur Caesars: Im Verlauf des Mithridatischen Krieges (88–84) ist es dann soweit: Auf der einen Seite steht der Konsul und Heerführer Marius (156–86), der seine Macht mißbraucht und Anhänger der Optimatenpartei blutig verfolgt; auf der anderen Seite reißt der Heerführer Sulla (188–78) die Macht an sich und richtet seinerseits ein Blutbad unter den Führern der Volkspartei an. Erstmals in der Geschichte läßt er Ächtungslisten *(Proskriptionen)* veröffentlichen, aufgrund derer etwa 3000 Leute erschlagen werden. Moderne Bürgerkriege, in denen es gleichzeitig um die Durchsetzung einer Ideologie und um die Macht geht, haben hier ein frühes Vorbild terroristischer Methoden. Die Senatsherrschaft, formal wiederhergestellt, verliert zusehends an Bedeutung und wird zum Spielball der Machtpolitiker bzw. Heerführer. Am Ende steht die Diktatur des ehemaligen Heerführers Caesar (100–44). Damit ist die Republik endgültig zerstört, woran auch seine Ermordung nichts mehr ändert. Es kommt nur zu erneuten Machtkämpfen um den »Thron«.

Autoritäre Kaiserherrschaft (31 v. Chr.–284 n. Chr.): Prinzipat

Nach Caesars Tod versucht Octavian (63 v. Chr.–14 n. Chr.), an die Macht zu gelangen. Mit Geschick und Brutalität entledigt er sich zunächst aller seiner Gegner. Wie einst Sulla verfolgt er sie mit Hilfe von Proskriptionen, denen etwa dreihundert Senatoren und zweitausend Ritter zum Opfer fallen. Aus den Fehlern und dem Mißerfolg Caesars hat er allerdings seine Lehren gezogen. Ihm ist bewußt, daß er den Bogen nicht überspannen darf. Im Besitz der ganzen Macht, stellt er zunächst die öffentliche Ordnung wieder her und sorgt für Sicherheit auf den Straßen. Das Land atmet auf. Nach einigen Jahren sind seine Macht und Autorität so groß, daß er es wagen kann, die Gewalt formal an den Senat zurückzugeben und die republikanische Verfassung zu erneuern (27 v. Chr.). Zum Dank überträgt ihm der Senat wichtige Provinzen auf zunächst zehn Jahre und verleiht ihm den Ehrentitel »Augustus«, »Friedensbringer«. Octavian gelingt es auch, zwischen Republikanern und denen zu vermitteln, die einen »starken« Mann an der Staatsspitze sehen wollen. Der Kompromiß heißt *Prinzipat,* eine Mischform zwischen Republik und Monarchie. Im Gemeindestaat Rom bleibt die republikanische Senatsherrschaft erhalten: Octavian erhält seine Machtbefugnisse formal vom Senat und vom Volk, in deren Auftrag er über das Reich herrscht, das Heer befehligt und die Außenpolitik leitet. Tatsächlich aber laufen alle Machtfäden nur durch seine Hände.

Die *Verfassung des Prinzipats* zeigt in ihrer Zweiteilung, daß die Macht des Senates und des Magistrates auf den Gemeindestaat Rom und auf die senatorischen Provinzen beschränkt wird, während Augustus im Gesamtreich ein *monarchistisches Regiment* aufgrund dauernder Befugnisse ausübt. Von allen Komitien sind nur noch die Zenturiatskomitien geblieben, mit dem »Recht«, die Befugnisse des Kaisers zu bestätigen. Augustus kann, ohne Amtsinhaber zu sein, die *konsularische Befehls-* und die *tribunizische Amtsgewalt* ausüben. Das Heer, die Leibgarde, die Beamtenschaft des Reiches und der Fiskus unterstehen ohne Einschränkung der *prokonsularischen Befehlsgewalt* des Kaisers (ein Prokonsul übt konsularische Gewalt aus, ohne selbst Konsul zu sein). Im *Prinzipat* dient der Begriff »Prokonsul« auch als Titel für die Statthalter in Senatsprovinzen, die jetzt dem Kaiser unterstehen. Die eigentlichen kaiserlichen Provinzen werden von Legaten geleitet.

Seit der Wahl zum Pontifex maximus (12 v. Chr.) untersteht Augustus auch das Sakralwesen. Bei seinem Tode (14 n. Chr.) ist die monarchistische Herrschaft des Princeps über die Republik so gefestigt, daß sie dauernden Bestand erhält. Die weitere Entwicklung ist damit vorgezeichnet.

Theokratische Kaiserherrschaft (284–395): Dominat

Im Laufe der Kaiserzeit wird die Senatsherrschaft immer mehr zur Farce. Augustus hatte seine Macht noch aufgrund seiner Autorität ausgeübt; die späteren Kaiser besitzen Autorität zunehmend nur noch kraft ihrer Macht, über die sie persönlich verfügen. Ihr Bestreben geht deshalb darauf hinaus, die gesamte Macht an sich zu reißen, vorwiegend auf Kosten des Senats. Das Römische Imperium erreicht damit einen letzten Höhepunkt. Kaiser Aurelian (214–275 n. Chr.) ordnet nach Überwindung einer schweren Staatskrise zur Festigung des Imperiums Verwaltungs- und Wirtschaftsreformen an und setzt die Einführung eines Sonnenkultes als Staatskult durch. Kurz vor seinem Tode (274 n. Chr.) nimmt er den Titel »Dominus et Deus« (»Herr und Gott«) an. Das bedeutet die Rückkehr zur orientalischen Despotie. Diokletian (240–305) führt das Reformwerk Aurelians weiter fort und setzt die absolute Monarchie durch. Im Jahre 297 teilt er das Reich in zwölf Verwaltungsbezirke (Diözesen) und 101 Provinzen ein. Es wird zu einem Zwangsstaat, der nur noch Untertanen (Subjecti) kennt. Dieser *monarchische Absolutismus* mit einem Gottkaiser wird als *Dominat* bezeichnet. Konstantin der Große (280–337) bringt die Reformen zur Bildung eines absolutistischen Staates zum Abschluß. Der Kaiser gilt jetzt als »Totius orbis imperator«, als »Alleinbeherrscher der Welt«. Konstantinopel (bisher Byzanz) wird als »Zweites Rom« Reichshauptstadt. Ein strenges Hofzeremoniell betont die Gottähnlichkeit des Kaisers, der im Goldgewand und mit einem Diadem auftritt. Ihm unterstehen Heer und Zivilverwaltung. Das Reich wird nun in 4 *Präfekturen* mit 14 *Diözesen* und 117 *Provinzen* eingeteilt. Die fast völlig machtlosen Senate von Rom und Konstantinopel unterstehen jeweils einem Stadtpräfekten, der dem Kaiser gegenüber verantwortlich ist. Ein ebenso untergeordneter *Kronrat* setzt sich aus fünf Ministern zusammen: Kanzler, Palastvorsteher, Oberkämmerer, Finanz- und Schatzminister. Ihnen untersteht eine hierarchisch gestufte Beamtenschaft. Zivil- und Militärgewalt werden absolut voneinander getrennt. Auch damit ist eine entscheidende Abkehr von einer tausendjährigen Tradition verbunden.

Römisches Recht: Fundament des Abendlandes

Die Römer haben im Laufe ihrer langen Geschichte auf manchen Gebieten große Leistungen vollbracht. Zu ihren größten Verdiensten zählt aber ohne Zweifel die Entwicklung und rationale Durchorganisierung des gesamten Rechts und der Gerichtsbarkeit. Recht und Rechtspflege, aber auch Rechtsprinzipien hat es bis dahin auch bei anderen Völkern gegeben, wie aus deren Schriften zu ersehen ist. Hier müssen u.a. die Zehn Gebote genannt werrden, die Moses der Überlieferung nach um 1200 v.Chr. am Berge Sinai den Juden verkündet hat. Ihre Grundsätze werden im Laufe der Zeit zur Grundlage des Rechts in allen Teilen der Welt. Athen kennt schon sehr früh ein genau geordnetes Gerichtsverfahren. Zur wissenschaftlichen Durchbildung kommt es aber weder dort noch in anderen nichtrömischen Ländern. Im antiken Griechenland entwickelt sich niemals ein »Griechisches Recht« im Sinne einer einheitlichen und gemeinschaftlichen Rechtsordnung aller griechischen Stadtstaaten. Allerdings sind die Griechen die ersten, die versuchen, das Recht zu humanisieren. Sie fordern, daß Gesetze geändert werden müssen, wenn sie nicht mehr zeitgemäß sind. Im Zeitalter des Mythos waren noch alle Gesetze als etwas Gottgegebenes und somit Unveränderliches angesehen worden.

Dieser Gedanke der Fortschreibung der Gesetze wird von den Römern aufgegriffen und in ihrem Rechtssystem verankert. In Rom liegt die Rechtspflege, wie in allen anderen Ländern, ursprünglich in Händen der Priester. Im Verlauf der Ständekämpfe setzen die Plebejer (450 v.Chr.) durch, daß alle Gesetze kodifiziert und auf zwölf Tafeln öffentlich zugänglich gemacht werden. Da die Gesetzestexte bis dahin nur Priestern und Adligen bekannt sind, hat das »Zwölftafelgesetz« eine zweifache Revolution zur Folge: die Veröffentlichung und die Verweltlichung des Rechtswesens. Das bisherige priesterliche Recht *(Ius divinum)* wird außer Kraft gesezt, was eine Entscheidung gegen die Theokratie bedeutet.

In der Praxis bleibt den Priestern vorläufig noch die Mitwirkung an der Rechtsprechung, bis Kaiser Appius Claudius 304 n.Chr. einen Gerichtstage-Kalender und dazu das bisher nur Priestern zugängliche »Formelbuch« veröffentlicht. Dadurch wird die rechtmäßige Verfahrensweise allgemein bekannt und jedem zugänglich. Im Jahre 280 v.Chr. wird (durch Coruncanis) zum erstenmal römisches Recht öffentlich gelehrt. Von diesem Zeitpunkt an nimmt der Rechtsanwalt im öffentlichen Leben

Roms die Stellung ein, die früher der Priester besessen hatte. Etwa achthundert Jahre danach nennt Kaiser Iustinian (482–565), der später »der Große« genannt werden sollte, die Juristen die »Priester der Gerechtigkeit«.

Das Zwölftafelgesetz *(Ius civile)* bleibt dreihundert Jahre lang Grundlage für alle Gesetzesinterpretationen. In dem Maße, wie das Römische Reich wächst und die Verhältnisse sich ändern, versucht man, durch logische Ableitungen oder durch neue Rechtsformulierungen der neuen Situation gerecht zu werden (Rechtsfortschreibung). Um die Konsuln zu entlasten, wird 366 v. Chr. die Rechtsprechung zwischen römischen Bürgern dem Praetor urbanus übertragen. 242 v. Chr. kommt noch ein zweiter Praetor hinzu, der Praetor peregrinus. Ihm obliegt die Fremdengerichtsbarkeit. Bei dieser bahnt sich eine Entwicklung an, die ein vorzügliches Zeugnis für die Großzügigkeit und das humanitäre Denken der Römer bildet. Für Streitfälle mit oder unter Fremden gilt nämlich nicht das *Ius civile,* sondern ein besonderes Fremdenrecht, das wesentlich großzügigere *Ius gentium.* Man stelle sich vor, in einem modernen Staat wären Ausländer rechtlich besser gestellt als Einheimische ...

In dem Maße, wie das Imperium sich vergrößert, wächst auch der Verkehr mit Fremden ständig an. Im Laufe der Zeit und auf Drängen der Bundesgenossen werden beide Rechtssysteme immer mehr einander angeglichen. Als im Jahre 212 n. Chr. Kaiser Caracalla allen Mitgliedern des Römischen Imperiums das Bürgerrecht verleiht, verschwinden die letzten Unterschiede in der rechtlichen Behandlung der Fremden.

An dieser Entwicklung des Ius gentium hat die griechische Philosophie einen bedeutenden Anteil. Besonders durch Stoiker und Epikuräer werden in Rom kosmopolitische, humanitäre Vorstellungen wirksam. Sie sehen die aus der Natur hervorgehende Vernunft als die einzig wahre Quelle des Rechtes an. Menschen- und Naturrecht gelten ihnen deshalb als identisch. Viele römische Rechtswissenschaftler (iurisprudentis) sind Stoiker. Sie beginnen damit, das *Völkerrecht* am stoischen Naturrecht zu orientieren. Ihr Ziel ist die Objektivierung des Rechtes, ihr Ideal die natürliche Gerechtigkeit. Im Jahre 527 n. Chr. wird Justinian Kaiser des Oströmischen Reiches. Er läßt sofort das gesamte römische Recht kodifizieren. Was überholt ist, sondert man aus, und schließlich wird alles in einen übersichtlichen logischen Zusammenhang gebracht. Von den ursprünglich drei Millionen Zeilen der Digesten bleiben nur wesentliche Teile mit zusammen 150000 Zeilen. Nach sieben Jahren wird das große Werk veröffentlicht, das *»Corpus iuris civilis«.* Es setzt sich aus drei Teilen zusammen, zu denen später noch Zusätze (Novellae) kommen: Aus dem

- *Codex* mit den kaiserlichen Erlassen, aus den
- *Digesten,* den Juristenentscheidungen, und aus den
- *Institutionen,* einem Grundlehrbuch.

Im 12. Jahrhundert setzt dann in Mitteleuropa durch Humanisten eine intensive Übernahme des römischen Rechts ein. An italienischen Universitäten wird es zur Grundlage des Rechtsunterrichtes. Den Erfordernissen der Zeit gemäß umgeformt, verdrängt es allmählich einheimische Gewohnheitsrechte und wird so Mitgrundlage der entstehenden Nationalstaaten. Von Anfang an studieren auch Deutsche an italienischen Rechtsschulen, besonders in Bologna. An den ersten deutschen Universitäten (Köln, Heidelberg) werden im 14. Jahrhundert juristische Fakultäten nach italienischem Vorbild eingerichtet. Aber auch jetzt noch ziehen Jurastudenten nach Italien, das bis zum Dreißigjährigen Krieg in der Rechtswissenschaft führend bleibt. Im 18. Jahrhundert geht die deutsche Rechtswissenschaft mit einer neuen Systematik eigene Wege, die wiederum Italien beeinflussen. An der Weiterentwicklung der Rechtswissenschaft beteiligen sich bis heute Juristen aller europäischen Länder.

3. Zeitalter des Glaubens
Christliches Mittelalter

> Aller Glaube ist unwillkürliche
> Hingabe des Geistes an eine
> Vorstellung von Wahrheit.
>
> F. H. Jacobi

Wesenszüge des abendländischen Mittelalters

Das gesamte Mittelalter umfaßt einen Zeitraum von etwa tausend Jahren. Über die Abgrenzung zur Antike streiten sich die Historiker noch immer. Die einen sind der Auffassung, daß der Beginn des Mittelalters mit dem Sieg des Christentums im Römischen Kaiserreich zusammenfällt: das Toleranzedikt des Kaisers Konstantin der Große bringt im Jahre 312 n.Chr. erstmals die staatliche Duldung der christlichen Kirche. 391 wird das Christentum zur Staatsreligion erklärt. Von nun an ist der christliche Glaube die dominierende geistige Kraft, die alle Bereiche des Lebens universal beherrscht, teilweise noch weit bis in die Neuzeit. Andere Historiker vertreten die Ansicht, daß die Germanen-Einfälle und die reaktionäre Staatsverfassung des *Dominats* zum Untergang des Weströmischen Imperiums (476) und zum Beginn des neuen Zeitalters geführt haben. Eine dritte Gruppe schließlich läßt das Mittelalter mit Kaiser Karl dem Großen (776–814) beginnen. In jedem Fall aber muß man eine längere Übergangsperiode annehmen, in der Neues mit Altem einhergeht. So zerstören die siegreichen germanischen Eroberer keineswegs die römische Kultur, vielmehr passen sie sich ihr an *(Akkulturation),* verändern und bereichern sie schöpferisch durch neue Impulse. Es kommt zu einer fruchtbaren Verschmelzung der antiken Kultur mit der germanischen, zu einer Synthese aus orientalischen, jüdisch-christlichen, griechischen und römischen mit germanischen Elementen.

Das zusammengebrochene Römische Reich hinterläßt ein staatliches Vakuum, das den wirtschaftlichen Niedergang zur Folge hat: Der Mangel an Recht und Ordnung läßt die Handelsstraßen so unsicher werden, daß der Fernhandel und die Exportwirtschaft zusammenbrechen. Notwendigerweise bilden sich nun kleine Autarkie-Einheiten, die nicht nur die wirtschaftliche Existenz der Bewohner sichern, sondern auch das Ordnungsproblem lösen müssen. Damit bahnt sich eine Entwicklung an, die zur Lehnsherrschaft *(Feudalismus)* und schließlich zu einer übergreifenden Gesamtordnung führt: zu einem *Universalreich,* das vom Kaiser- und Papsttum zugleich getragen wird. Dieser *Dualismus* ist in der gesamten Weltgeschichte einzigartig und folgenreich. Die Auseinandersetzungen und Kämpfe zwischen beiden Machtpolen bewirken eine fortlaufende geistige und materielle Erneuerung, wodurch im Abendland eine dogmatische Erstarrung byzantinischer Art *(Orthodoxie)* und die Entwicklung einer orientalischen Despotie verhindert werden. Durch diesen Dualismus trägt aber das christliche Mittelalter den Keim der Auflösung bereits in sich: An seinem Ende steht der durch den Glauben verinnerlichte Mensch, der auf kirchlichen Schulen und weltlichen Universitäten gelernt hat, methodisch zu denken und logisch zu schließen und sich dadurch der Kontrolle der Kirche zu entziehen.

Die Ordo Dei des heiligen Augustinus (Zwei-Reiche-Lehre)

Augustinus (354–430) hat ein bewegtes Leben hinter sich, als er im Jahre 387 den christlichen Glauben annimmt und zum Begründer der *Patristik* wird, der ersten umfassenden christlichen Glaubenslehre. Sie wird das gesamte Frühmittelalter prägen; erst im Hochmittelalter wird sie von der *Scholastik* verdrängt. Die Mittlere Stoa hatte bereits gelehrt, daß der Mensch immer ein Bürger zweier Reiche sei: des nationalen Heimatstaates und des Weltstaates der Humanitas. Dieser Gedanke wird nun von Augustinus aufgegriffen und mit den Worten Christi in Verbindung gebracht: »Mein Reich ist nicht von dieser Welt!« Vor seiner Bekehrung war er einem *philosophischen Skeptizismus* erlegen, aus dem er sich aber mit Hilfe des Platonikers Plotin (204–270) befreien konnte. Dessen *Neuplatonismus* entspricht im wesentlichen einer Synthese aus der Ideenlehre Platons und pythagoräischem bzw. orientalischem Mystizismus. Unter dem Einfluß Plotins, der noch in späteren Gedanken des Augustinus zu spüren ist, sieht Augustinus keine Schwierigkeit darin, in den ewigen Ideen Platons den christlichen Gott zu erkennen, der als die höchste Idee für ihn das Geheimnisvolle, das Mysterium, darstellt *(christlicher Idealismus).* Dieses durchdringe alles, sei in allem, man könne ihm aber nur durch Intuition, Inspiration, Imagination oder Offenbarung nahekommen. Hier wird ein Grundproblem aller Schulen des Mittelalters deutlich: Die Frage nach dem Verhältnis zwischen *Glauben und Wissen* und nach der Existenz Gottes. In dem Buch *»Über die Ordnung Gottes« (Ordo Dei)* versucht Augustinus deshalb u. a. drei Fragen zu beantworten:

- *Die Wahrheitsfrage:* Der Skeptizismus, der alles bezweifelt, beweist nach Augustinus die Möglichkeit der Wahrheitserkenntnis. Denn daran, daß es ein Zweifeln gibt, kann man nicht zweifeln. In der mathematischen Wahrheit, beispielsweise in der Aussage $3 + 7 = 10$, liege der Prototyp des Wahrseins. Also weder in den Sinnen noch in der Vernunft, sondern nur im Geist sei die Wahrheit zu suchen!
- *Die Gottesfrage:* So wie Platon von einer realen Schönheit auf das bereits ewig vorhandene *Urschöne* schließt, an dem alles Schöne teilhabe, so schließt Augustinus von einem Wahren auf die eine, ewige Wahrheit (Gott), aus der alles Wahre komme.
- *Die Schöpfungsfrage:* Die Materie sei erschaffen, nur die Urbilder seien wahres Sein. Alles sei durch diese nach Maß, Zahl und Gewicht geordnet.

Mit diesen Thesen nimmt das mittelalterliche *Ordo-Denken* seinen Anfang. Dazu gehören auch die Vorstellungen über den *Gottesstaat,* den

Augustinus aber nicht mit dem Himmelreich oder der Kirche gleichsetzt. Ebensowenig dürfe der *Erdenstaat* mit einem irdischen Reich verwechselt werden. Er meint damit vielmehr zwei raum- und zeitlose Gemeinschaften: Wer sich im christlichen Sinne vervollkommnet habe, gehöre zum Gottesstaat. Wer aber in seinen Bemühungen noch nicht so weit gekommen sei oder nicht im christlichen Geiste lebe, gehöre noch zum Erdenstaat. Da es noch viele Menschen gebe, denen als formale Mitglieder die rechte christliche Gesinnung fehle, könne die Kirche nicht mit dem Gottesstaat gleichgesetzt werden.

Diese mystisch-theologische Konzeption hat einen gesellschaftlichen bzw. politischen Dualismus im Gefolge: Auf der einen Seite stehen die »Guten«, auf der anderen die Unvollkommenen, die Irrenden oder gar die »Bösen«. Wenngleich Augustinus diese Unterscheidung nur im übertragenen Sinne meint und den Unvollkommenen noch die Chance gibt, als reuige Sünder in den Schoß der Kirche zurückzukehren, so interpretiert die offizielle Kirche seine Lehre später anders. Sie nennt sich »Gemeinschaft der Heiligen« (Communio Sanctorum) und nimmt für sich in Anspruch, *Gottesstaat* zu sein. Viele Weltgerichtsdarstellungen an Portalen romanischer Kirchen zeigen drastisch, wie das zu verstehen ist: Die »Bösen« werden von der Hölle verschlungen, die Gotteskinder erwartet dagegen die ewige Seligkeit. Augustinus glaubt, daß der römische Staat immer mehr in ein christliches Reich übergehe, das als Träger einer heiligen Sendung angesehen werde. Aus dieser Vorstellung entwickelt sich später der Begriff des Heiligen Römischen Reiches.

Die Konsequenzen der Augustinischen Theorie stellen einen Musterfall für die Entstehung metaphysischer Weltanschauungen dar, wie man sie später auch bei Hegel, Marx u.a. beobachten kann. Eine axiomatische (also unbeweisbare) Grundannahme wird auf die geschichtliche Wirklichkeit übertragen, indem diese in solche Phasen eingeteilt wird, die der Grundannahme entsprechen. Bei Geschichtsmodellen dieser Art steht am Anfang immer eine goldene Urzeit oder ein idealer *Urkommunismus*. Ein Sündenfall (oder was man dafür hält) leitet das zweite Zeitalter ein, in dem das gute und böse Prinzip miteinander ringen, sei es Gott mit dem Satan oder der (böse) Kapitalismus mit dem (guten) Sozialismus. In der dritten Phase siegt dann immer das gute Prinzip.

Gegen solche Glaubensauffassungen wäre grundsätzlich nichts einzuwenden. Leider aber sprechen manche Metaphysiker einem solchen Mythos absolute Gültigkeit zu. Sie täuschen ihre »Gläubigen« über den Mythos-Charakter hinweg, indem sie den Mythos mit wissenschaftlichen Methoden verbinden. Auf der Grundlage unbeweisbarer Annahmen bauen sie ein in sich logisch geschlossenes System auf, zumindest versuchen sie es. Gelingt es fanatischen Anhängern einer solchen Mythos-Wissenschafts-Kombination *(Ideologie)*, an die Macht zu kommen, wird jeder kritische Gegner als *Inkarnation* (Verkörperung) des Bösen betrachtet, verfolgt, gefangengesetzt oder umgebracht. Bestenfalls wird er des Landes verwiesen. Wegen des endzeitlichen (eschatologischen) Charakters wird die *dualistische Auffassung* des heiligen Augustinus auch als *eschatologische* bezeichnet. In der Gegenwart spricht man auch von einer *augustinisch-leninistischen Politikauffassung,* denn auch der Leninist kennt nur die gute und gerechte eigene Seite und die böse kapitalistische Gegenseite, die letztendlich besiegt werde. Allerdings muß hierbei auf den Unterschied zwischen Augustinus und heutigen Ideologen hingewiesen werden. Augustinus ist ein Wahrheitssucher, dem das Heil seiner Mitmenschen sehr am Herzen liegt, besonders das derer, die nach christlicher Auffassung irren. Als er gegen seinen Willen ein Bischofsamt übernehmen muß, kommt es ihm nie in den Sinn, es zu mißbrauchen.

Die Bedeutung des heiligen Augustinus - und durch ihn auch die Platons - für das gesamte Mittelalter kann kaum groß genug herausgestellt werden. Sein *»Gottesstaat«* beeinflußt mehrere Jahrhunderte die abendländische Christenheit. Der religiöse Bereich, mit den beiden Polen *Gott* und *Seele,* wird in dieser Zeit so übermächtig, daß für die Naturwissenschaften kein Raum bleibt. Der fast vergessene Aristoteles harrt weiterhin seiner Neuentdeckung.

Zur Begriffsklärung muß noch herausgestellt werden, daß zwischen dem *extremen Idealismus* Platons und dem *gemäßigten Idealismus* des heiligen Augustinus ein wesentlicher Unterschied besteht. Für diesen sind die in Gott ruhenden *Urbilder* »Realitäten«, weshalb seine Lehre im Mittelalter als »Realismus« bezeichnet wird. Um Verwechslungen zu vermeiden, hat sich in diesem Falle der Begriff *Ultrarealismus* als sehr zweckmäßig erwiesen.

Mittelalterlicher Universalismus

Seit Augustinus gilt für Jahrhunderte: »Universalia sunt realia!« - »Nur Ideen sind wirklich!« Um das Mittelalter überhaupt verstehen zu können, muß man sich das mit diesem *Ultrarealismus* verbundene Weltbild vor Augen halten. Wenn die *Universalien,* die Begriffe und Ideen, das eigentlich Wirkliche sind, dann ist alles Irdische nur Schein, ein unwesentlicher, vergänglicher Abglanz der eigentlichen Wirklichkeit, die nur im Jenseits zu finden ist. Wer sich an das Irdische verliert, ist verloren. Rettung gibt es nur durch die Hinwendung zu der einen Kirche, zur

- *Universalkirche.* Allerdings behaupten hier gleich zwei Kirchen, die allein richtige zu sein: die »orthodoxe« (rechtgläubige) Ostkirche und die »katholische« (allumfassende) römische Kirche. In einer von ewigen göttlichen Ideen geprägten Welt kann es auch nur *einen*
- *Universalkönig bzw. -kaiser* geben, der seine Herrschaft auf *eine*

- *Universalwirtschaft* gründet. Alle Bewohner des Reiches sind an *eine*
- *Universalsitte* gebunden. Ein christlich geprägter
- *Universalkunststil* verbreitet sich in ganz Europa: im Frühmittelalter die Romanik, im Hochmittelalter dann die Gotik. Landschaftliche oder nationale Stileigenheiten bleiben allerdings davon unberührt. So ist die Romanik Burgunds deutlich von der der Provence zu unterscheiden. Die Theologie ist *die*
- *Universalwissenschaft.* Sie bedient sich *einer*
- *Universalsprache,* des Lateinischen. In dieser ist auch das römische
- *Universalrecht* niedergelegt. Die in der Bibel formulierten ethischen Regeln, vor allen die Zehn Gebote, bilden die Grundlage der christlichen
- *Universalethik.*

Die mittelalterliche Ordnung ist eine hierarchische Welt geglaubter und gelebter Ideen, in der alles von oben nach unten aufgebaut ist. Sie stellt eines der großartigsten Beispiele für die Macht der Ideen dar. Das erklärt die Machtfülle des Papsttums, aber auch die Tatsache, daß die Naturwissenschaft mit der Erforschung der »realen« Umwelt nicht gefragt ist. Da sie es aber ebenfalls mit Ideen und Begriffen zu tun hat, die höchste Abstraktionsgrade erreichen und »andere« Welten sichtbar machen können, kann es auf die Dauer nicht ausbleiben, daß auch diese Ideen sich durchsetzen werden (Abb. 13).

Ora et labora - Mönchstum im Mittelalter

Es gibt gute Gründe dafür, auch das Jahr 529 als die Grenze zwischen Antike und Mittelalter anzusehen. Der oströmische Kaiser Justinian der Große, der das 476 zusammengebrochene Weströmische Kaiserreich mitverwaltet (er behandelt die dortigen Kleinherrscher als seine Beauftragten), läßt 529 die athenischen Philosophenschulen schließen. Im selben Jahr gründet Benedikt von Nursia (480–550) in Italien das berühmte Kloster Monte Cassino. Bis dahin hatte es für Mönche noch keine feste Regeln gegeben. Benedikt verlangt nun, daß alle Bewerber nach einer angemessenen Probezeit (Noviziat) ein Gelübde ablegen. Sie müssen sich schriftlich auf Lebenszeit verpflichten, gemäß den Ordensregeln ihr Leben in demütigem Gehorsam zu verbringen. Ohne Einwilligung des Abtes dürfen sie das Kloster nicht mehr verlassen. Dieser wird von Mönchen gewählt und muß in allen wichtigen Angelegenheiten ihren Rat einholen; seine Entscheidung ist aber endgültig und muß von allen angenommen werden. Eigentum ist den Mönchen nicht gestattet. Ihr früherer Laienstand darf nicht beachtet werden; es gibt keinen Unterschied der Person. So muß jeder Mönch arbeiten: in der Landwirtschaft,

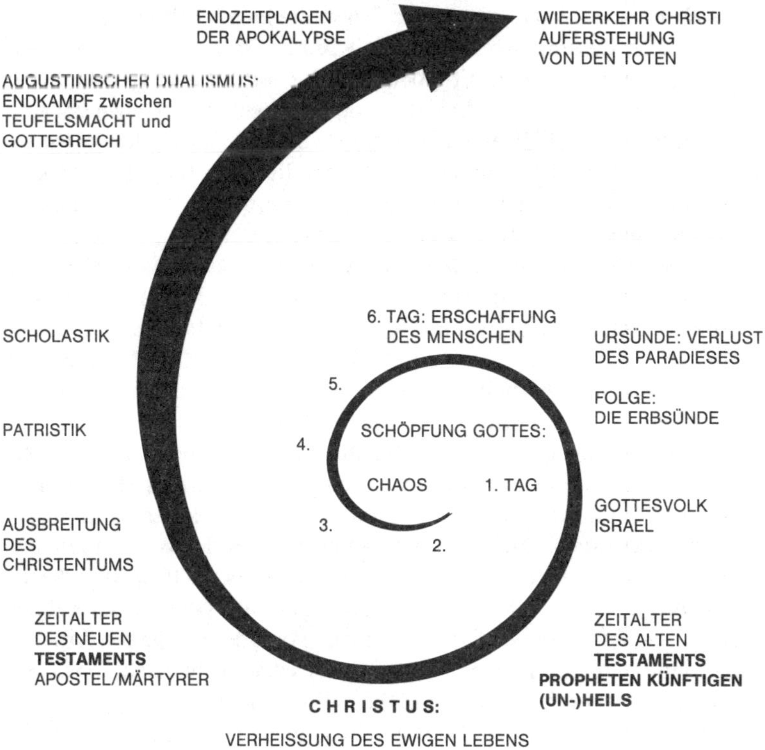

Abb. 13: *Wege des Geistes II: Weltgeschichte in christlicher Sicht*

in den Handwerksbetrieben oder in den Schreibstuben. Allerdings ist mit »labora« keineswegs nur Arbeit im heutigen Sinne gemeint. Es bedeutet auch, »sich mühen«, das heißt, sich um Erkenntnisse bemühen, etwa beim Studium der Bibel. Das ist um so eher möglich, als immer mehr Laienbrüder unter Leitung der Patres die eigentlichen Arbeiten übernehmen. Arbeit und Schlaf werden zwischen zwei Uhr nachts und dem Einbruch der folgenden Nacht siebenmal durch gemeinsame Gebete unterbrochen. Bis mittags, in der Fastenzeit sogar bis zum Sonnenuntergang, darf nichts gegessen werden. Von Mitte September bis zum Osterfest gibt es nur eine Mahlzeit am Tage, in den Sommermonaten mit den längeren Tagen wird täglich zweimal gegessen.

In den folgenden Jahrhunderten dienen Monte Cassino und andere Benediktinerklöster als Zufluchtsstätten für in Not geratene Menschen, aber auch für viele andere, die der Welt müde geworden sind und den inneren Frieden suchen. Die Klosterregeln des heiligen Benedikt erweisen sich als eine der dauerhaftesten Schöpfungen des Mittelalters. Dafür steht Monte Cassino symbolisch: Seit seiner Gründung wird es viele Male geplündert und dem Erdboden gleichgemacht; zuletzt 1944 durch die Bomben der Alliierten. Aber die Mönche bauen es immer wieder auf.

Zwischen 908 und 910 entsteht in Burgund die berühmte Benediktinerabtei Cluny. Sie wird zum Zentrum einer Reformbewegung, die sich nicht nur auf das Mönchstum auswirkt, sondern auch auf die gesamte abendländische Kirche und Gesellschaft. Diese Bewegung, die als »Cluniazensische Reform« in die Geschichte eingeht, bekämpft alle religiösen Verfallserscheinungen und strebt die Erneuerung der alten christlichen Traditionen an. Im folgenden Jahrhundert, als die Kraft Clunys nachläßt, kommt es durch Benediktiner zu Neugründungen, die die Führung der Reformbewegung übernehmen. Nach den Gründungsorten werden sie »Zisterzienser« und »Prämonstratenser« genannt. Mit Laienbrüdern, die jetzt ebenfalls aufgenommen werden, und mit leibeigenen Bauern leisten sie eine großartige Kulturarbeit: Sie erbauen Klöster, Kirchen und Kathedralen, wandeln Ödland, Sümpfe und Urwald in Ackerland um, betreiben alle bekannten Handwerkskünste und fördern die Wissenschaften. Um 1300 gibt es allein bei den Zisterziensern etwa 60000 Mönche in 639 Klöstern, die diese Arbeiten leisten, insbesonders bei der Besiedlung der deutschen Ostgebiete. Die neuzeitliche Form des geregelten Arbeitstages, ohne die eine moderne Industriegesellschaft nicht existieren könnte, ist die keineswegs selbstverständliche Frucht jahrhundertelanger klösterlicher Erziehungsarbeit. Dazu gehört auch die Einstellung zur Arbeit, die teils als Buße, teils als Gottesdienst angesehen wird und die demzufolge gewissenhaft bzw. zu Ehren Gottes auszuführen ist. Es kommt nicht von ungefähr, daß ein ehemaliger Mönch, nämlich Martin Luther, später die protestantische Arbeitsethik begründet.

Betrachtet man die Entstehung neuer Orden über einen längeren Zeitraum, so fällt auf, daß sich in kirchlichen und politischen Krisenzeiten immer wieder Zentren der Erneuerung bilden, die eine Besinnung auf das einfache Leben Christi in den Mittelpunkt stellen. Nach einer gewissen Zeit gewinnen solche Bewegungen großen Zulauf und hohes Ansehen. Durch fromme Schenkungen gelangen die Klöster mit der Zeit in den Besitz großer Reichtümer. Ihre wirtschaftliche Bedeutung und politische Macht wachsen, damit aber auch die Gefahr des Mißbrauchs und Abgleitens in ein Luxusleben. Es gibt allerdings keinen Beweis dafür, daß dies die Regel darstellt. Dazu schreibt der Historiker Thompson, der dem Christentum recht kritisch gegenübersteht, in *»Economic and Social History of the Middle Ages«:* »Der übliche Vorwurf, der gegen die mittelalterlichen Mönche erhoben wird, sie seien gefräßig, verschwenderisch und lasterhaft gewesen, wird durch Hunderte von erhaltenen Urkundensammlungen oder Inventaren widerlegt, welche eine sorgfältige, gescheite und ehrliche Verwaltungstätigkeit bekunden.«

Dennoch: Mit zunehmendem Reichtum sinken Eifer und Moral und wachsen die Verstrickungen mit weltlichen Dingen. Die bisherigen Reformzentren verlieren allmählich ihre Kraft. Das erstaunliche ist aber, daß es bis auf den heutigen Tag immer wieder zu neuen Reformansätzen kommt, die in der Regel mit Verinnerlichungen bzw. einem Anwachsen des mystischen Anteils im Denken verbunden sind. So entstehen im 13. Jahrhundert zur Abwehr der kirchlichen Verweltlichung die Bettelorden. 1210 gründet Franz von Assisi (1182–1226) den Orden der Minderbrüder (Minoriten), den Franziskanerorden. 1216 ruft der heilige Dominikus (1170–1221) den Dominikanerorden ins Leben. Diese Bettelorden, die ursprünglich gänzlich auf eigenen Besitz verzichten und ihn erst später begrenzt zulassen, unterscheiden sich grundsätzlich von bisherigen Klostergemeinschaften durch die Verbindung des klösterlichen Lebens mit der Seelsorge. Dazu gehört auch das Predigen, das bisher den Bischöfen vorbehalten war; die Weltgeistlichen folgen bald diesem Beispiel. Heutzutage sind nur noch Franziskaner und Kapuziner Bettelorden im strengen Sinne; im weiteren gehören auch die Dominikaner und Augustiner dazu.

Das Rittertum

Neben dem Mönchstum gibt es im Mittelalter noch eine zweite Institution, die einen bedeutenden Einfluß auf die geistige Entwicklung Europas ausübt: das Rittertum, das in der Karolingerzeit im Zusammenhang mit dem Lehnswesen entsteht. Größere und kleinere Herren umgeben sich mit einem schlagkräftigen Heer treuer Gefolgsleute, die gegen Überlassung von Lehensgütern Reiterdienste in schwerer Rüstung leisten. Das germanische Volksheer wird dadurch, zum Nachteil der unteren Schichten, allmählich verdrängt.

Die Bemühungen cluniazensischer Reformatoren gelten, im Zusammenhang mit der Erneuerung der Kirche, auch der Ausbildung christlicher Ideale bei der Ritterschaft. Ihr Ziel ist die Verchristlichung des Adels im Dienste des Gottesfriedens. Der Schutz der Kirche und der Schwachen gilt als besondere Pflicht aller Ritter. Daneben bilden sich weitere ritterliche Tugenden aus, in denen Gedanken der römischen und christlichen Ethik sowie germanische Vorstellungen ihren Ausdruck finden: die Selbstbescheidung (maze), die Beständigkeit (stäte), die auf Rache verzichtende Milde (milte) und die Selbstdisziplin (zuht), besonders im Zusammenhang mit dem höfischen Minnedienst (»minnen« bzw. »meinen« gleich »lieben«). Diese Ideale werden in der Praxis des Mittelalters natürlich ebensowenig voll verwirklicht wie die der Ordensregeln. Immer besitzen nur wenige die Fähigkeit und Kraft, ideale Höchstleistungen anzustreben. Aber sie setzen damit Maßstäbe, die ganze Zeitalter prägen und die noch über Jahrhunderte wirken. Das Rittertum drückt dem mittelalterlichen und sogar noch dem neuzeitlichen Europa seinen Stempel auf. Gesellschaftsform, Bildung, Gesittung und Wortschatz sind dem Rittertum verpflichtet. Noch heute verwenden wir Formulierungen wie »höflich« oder »ritterlich« und benutzen Bilder: »das Visier herunterlassen«, für jemanden »eine Lanze einlegen«, »einer Domina (Dame) den Hof machen«, jemanden »im Stich lassen« etc. Auch die Literatur hat dem Rittertum viel zu verdanken. Ritterliche Themen und Charakterhelden erfreuen sich jahrhundertelang großer Beliebtheit. Berühmt sind die phantastischen Artus-Erzählungen, die von einer Rittergesellschaft am sagenhaften Hof König Artus berichten. Erst zu Beginn der Neuzeit überwindet Cervantes (1547–1616) mit der Satire *»Don Quichote«* (1610) die inzwischen überlebten Rittervorstellungen.

Mit der Wiederentdeckung des Mittelalters im 18./19. Jahrhundert kommen in der Literatur die Ritter erneut zur Geltung. Es sei hier nur an Goethes *»Götz von Berlichingen«* (1773) erinnert, an den Ritter mit der eisernen Hand. Diese Entwicklung wird durch die deutsche Klassik kurz unterbrochen. Nach ihrer »Sturm- und Drangzeit« wenden sich Johann Wolfgang von Goethe (1749–1832) und Friedrich von Schiller (1759–1805) Themen der klassischen Antike zu (verspätete deutsche »Renaissance«). In der Romantik (19. Jh.) erlebt das mittelalterliche Rittertum mit seinen Burgen und Idealen eine stark verklärte Wiederkehr. Im deutschen Sprachgebiet, und nur dort, entsteht eine in Europa einmalige und eigenartige Mischung gefühlsbetonter Ideale und mystyzistischer Vorstellungen, die von nun an die deutsche Geschichte prägen. Das deutsche »Gemüt« entsteht, das sich in bildenden Künsten und deutscher Geistesart bleibend ausdrückt und auch die Politik erfaßt: Das romantische Nationalgefühl der Deutschen hebt sich vom Staatsnation-Denken der Franzosen stark ab. Während der Pseudorückkehr der Deutschen zu ihrer Vergangenheit schauen die Völker des Westens in die Zukunft: Auf einer liberaldemokratischen Grundlage entwickeln sie sich zu modernen Wirtschaftsnationen.

Trotz mancher Fehlleistungen (Raubrittertum) bleibt das Rittertum eine bedeutende Leistung des Mittelalters. Das aufkommende Bürgertum greift das Erbe auf und gestaltet es um, während die Ritterschaft selbst in reaktionärer Weise alten Traditionen nachlebt und dadurch untergeht.

Mittelalterliche Feudalordnung und der Feudalstaat

Mit dem Zusammenbruch des Römischen Reiches entstehen in den alten Provinzen weitgehend Zustände, die man als *funktionale Anarchie* (Herrschaftslosigkeit) bezeichnet: Der überregionale römische Verwaltungsapparat hört in dem Maße auf zu funktionieren, wie die staatliche Macht verschwindet. Es ist nun überaus interessant zu beobachten, was in einem solchen Falle geschieht. Kommt es zu einem Chaos, in dem die Menschen sich gegenseitig umbringen, oder entsteht eine neue Ordnung, weil der Überlebenswille sie erzwingt? Tatsächlich sind zwar die überregionalen, aber nicht alle regionalen bzw. lokalen Strukturen zerbrochen. Viele Städte regeln ihre Angelegenheiten in alter Weise, besonders in Italien. Auf dem Lande schließen sich dörfliche Gemeinden zusammen, um das Leben der Bewohner und deren Besitz zu schützen. Denn seit dem Zusammenbruch der römischen Ordnungsmacht ziehen ehemalige Legionäre plündernd und mordend durch die Lande, und raubgierige Herren haben es auf den Besitz schwächerer Nachbarn oder der Bauern abgesehen. In diesem Kampf aller gegen alle gelingt es den jeweils tüchtigsten bzw. brutalsten Anführern von Räuberbanden oder Dorfgemeinschaften, kleinstaatlich organisierte Herrschaftsbereiche aufzubauen, in denen sie für sich selbst besondere Privilegien und Besitzrechte in Anspruch nehmen. Dadurch etabliert sich mit der Zeit eine neue Herrenschicht mit erblichen Rechten. Untereinander schließen diese Herren Zweckbündnisse, wobei die jeweils Mächtigeren die anderen durch Unterlehen an sich binden. Diese Untervasallen wiederum belehnen ihre kleineren Herrn und die Ritter. Am unteren Ende der Rangskala stehen die Bauern, die sich notgedrungen einem »Schutzherren« unterwerfen und mit ihrer Arbeit für den Lebensunterhalt aller sorgen müssen. Im Laufe der Zeit verlieren sie immer mehr Rechte. Um der Kriegsdienstverpflichtung zu entgehen, übergeben viele von ihnen dem Feudalherren ihren Besitz, womit sie zu Leibeigenen degradiert werden. Allerdings gibt es bei diesem Prozeß, europaweit betrachtet, große Unterschiede. In manchen Gebieten können die Bauern ihre individuelle Freiheit bewahren und in relativem Wohlstand leben. Zwischen Frankreich im Westen und dem zaristischen Rußland im Osten entwikkelt sich so ein großes Gefälle, an dessem unteren Ende der sklavenähnlich gehaltene russische »Muschik« steht.

Die Bezeichnung »feudal« deutet auf die agrarwirtschaftliche Grundlage des neuen Herrschersystems hin: Aus dem mittellateinischen Wort »feudum« entsteht das althochdeutsche Wort »feh« (Vieh), das mit »od« (Wertgegenstand) zu einem Substantivkompositum wird: »feod« (ähnlich wie »kleinod«, eine kleine Kostbarkeit). Der völlige Mangel an Geld hat nämlich zur Folge, daß jeder Herr seine Leute nur durch Versorgung mit allem Lebensnotwendigen oder durch Belehnung mit einem Wirtschaftsgut an sich binden kann. Im Gegensatz zu heutigen Arbeitsverträgen handelt es sich dabei um Treueverhältnisse auf Gegenseitigkeit, die erst mit dem Tode endigen. Der *Feudalstaat* (Lehensstaat) gilt als Vorstufe des Ständestaates, der neben dem Feudaladel auch noch den fürstlichen und kirchlichen Dienstadel und den bürgerlichen Besitzadel kennt. In dem konsequent von oben nach unten durchorganisierten Lehensstaat, der jede gegen die hierarchische Spitze gerichtete Handlung verbietet und ahndet, kann sich in der Folgezeit eine zentralistische Monarchie mit aristokratisch-feudalem Unterbau entwickeln. Dafür bieten Spanien und Frankreich die besten Beispiele. Im mittelalterlichen Deutschland dagegen führt ein beträchtlich lehensfreier Besitz zu einer gewissen Unabhängigkeit gegenüber der Herrschermacht. Das hat den Verfall und Verlust der politischen Einheit zur Folge, aber auch eine reiche kulturelle Eigenentwicklung der einzelnen deutschen Landesteile (Abb. 14).

Im Frühmittelalter beherrscht die autarke Agrarwirtschaft, die *geschlossene Hauswirtschaft,* das Leben der Menschen, die in weit auseinander liegenden kleinen Siedlungen leben. Es fehlen städtische Zentren; Handel und Verkehr sind kaum nennenswert. Mönchsklöster und Herrensitze (Fronhöfe) bilden die geistigen und kulturellen Mittelpunkte. Romanische Kunst ist eine Kunst des Adels und der Mönche; beide Stände müssen aufgrund verwandtschaftlicher, politischer und wirtschaftlicher Verbundenheit als Einheit betrachtet werden. Allein diese geistige Elite verfügt über die erforderlichen Mittel, kulturelle Programme zu

Abb. 14: *Mittelalterlicher Feudalstaat*

verwirklichen, wobei ihr auf traditionalistischem Beharren ausgerichtetes Denken in der schwerfälligen Romanik seinen Niederschlag findet. Inhalt dieser Weltanschauung sind ausschließlich Glaubenslehren und Gebote der Kirche, die mit ihrer Autorität das geistige, kulturelle und gesellschaftliche Leben beherrscht. Als vor der Jahrtausendwende sich eine apokalyptische Untergangsstimmung ausbreitet und Weltflucht, Todessehnsucht und Gerüchte vom nahenden Weltende bzw. Weltgericht das Denken beherrschen, muß sich das auch in der Kunst auswirken. Berücksichtigt man noch, daß die Kirche fast die einzige Auftraggeberin im kulturellen Bereich ist, wird ersichtlich, warum die Romanik im wesentlichen eine sakrale Kunst ist. Weltliches und Geistliches sind noch nicht voneinander geschieden. Romanische Kunstwerke haben einzig dem Gottesdienst und kirchlicher Propaganda zu dienen, die Gläubigen zu belehren und sie in religiöse Stimmung zu versetzen. Sie sind somit Ausdruck einer tief religiös gesinnten Gesellschaft. Gleichzeitig aber wirken sie durch ihren Charakter so auf die Gläubigen zurück, daß die einmal erreichte gesellschaftliche und kosmische Ordnung als gottgewollt, unveränderlich und endgültig betrachtet wird. Auf diese Weise bleibt die soziale Ordnung tatsächlich lange Zeit ungewöhnlich stabil. Doch der Gang der Geschichte ist nicht aufzuhalten: Mit wachsendem Reichtum der Klöster und Kirchen und dem Beginn der Kreuzzüge (1096) kommt wieder Leben in die erstarrten Ordnungssysteme. Im 11. Jahrhundert wächst die Verkehrswirtschaft; es entstehen neue Städte und Märkte. Das Frühmittelalter neigt sich dem Ende zu. Auch die Kunst wird von Unruhe erfaßt. In dieser dynamischen Zeit des Überganges zum Hochmittelalter erlebt die romanische Kunst ihre Blütezeit. In der Ile-de-France (Pariser Becken) entfaltet sich gleichzeitig bereits die Frühgotik, besonders in Chartres, wo um 1145 das Westportal der Kathedrale mit den berühmten Portalfiguren entsteht.

Zu Beginn des Hochmittelalters (um 1100) wird die *geschlossene Hauswirtschaft* überwiegend von der *Stadtwirtschaft* abgelöst. Die Städte gelten jetzt als Schwerpunkte weltlichen, geistigen und geistlichen Lebens, während Klöster und Adelssitze an Bedeutung verlieren. Verbrauchs- und Investionsgüter werden größenteils nicht mehr für den Eigenbedarf hergestellt, sondern auf Bestellung der Konsumenten. In dieser Stadtwirtschaft gewinnen Kaufleute und Handwerker an Bedeutung und Einfluß. Der Zusammenschluß zu eigenen Berufsständen bringt den Künstlern unter den Handwerkern größere Freiheit und Unabhängigkeit, ohne daß sie dadurch innerhalb der Gesellschaft einen Sonderstatus einnehmen. Auch sie werden vom um sich greifenden Universalismus erfaßt. Sie ziehen von Bauhütte zu Bauhütte, so wie auch Händler, Lehrer, Studenten von Stadt zu Stadt wandern und die Ritter bis in den fernen Orient gelangen. Auch letztere bilden einen neuen Berufsstand, der erheblich zur Gestaltung der neuen Zeit beiträgt. Ihr Berufsethos gewinnt, wie weiter oben schon dargelegt, allmählich universale und überzeitliche Bedeutung. Das Rittertum ist es, das mit seinem Noblesse oblige (Adel verpflichtet) die höfischen Konventionen schafft, auf deren Grundlage auch das neue Liebesideal und die Liebeslyrik gedeihen. In der mittelalterlich-höfischen Kultur wird die Frau die Zentralfigur, die das geistige Leben mitträgt und mitbestimmt. Ihr Einfluß ist so groß, daß man von einer ausgesprochen weiblichen Kultur sprechen kann, in der erotischen Liebesbeziehungen große Bedeutung zukommt, wie die zeitgenössische Literatur belegt.

Neben Handwerkern, Kaufleuten und Rittern nimmt der geistliche Stand nach wie vor eine dominierende Stellung ein. Im Unterschied zum Frühmittelalter sind es aber nicht mehr Mönche, sondern Kirchenfürsten, denen alle Stände ihr Tribut zollen. Sie beziehen ihre Macht in erster Linie aus dem Reichtum der Städte, was den Bürgern einen wachsenden Einfluß verschafft. Die neue gotische Kunst erhält dadurch einen bürgerlich-städtischen Charakter, in dem aber auch noch das ritterliche Kulturelement seinen Platz findet.

Nach dem Übergang von der agrarwirtschaftlichen Natural- zur Geldwirtschaft gewinnt das neu entstehende Bürgertum allmählich die Vorherrschaft. Es entwickelt sich zu einer konservativen, saturierten Klasse, die aufgrund großer Vermögen gleichberechtigt neben dem geistlichen und weltlichen Adel steht. Dem Aufstieg der Bürger entspricht umgekehrt der Niedergang der Aristokratie und insbesonders des Rittertums. Das Hochmittelalter geht damit zu Ende – und das nun folgende Spätmittelalter ist ein rein bürgerliches Zeitalter.

Magie und Mystik im Mittelalter

Magie im Mittelalter

In zivilisierten Ländern der Gegenwart scheint die Magie nur noch eine amüsante Angelegenheit von Trickkünstlern zu sein. Die Wirklichkeit sieht jedoch anders aus. Millionen Menschen lesen allen Ernstes Horoskope, gehen zu mehr oder weniger prominenten »Wahrsagerinnen«, fürchten sich vor der Zahl 13 oder vor der schwarzen Katze. Sie glauben an Wunder und Wunderheilungen und flehen entsetzt: »Male den Teufel nicht an die Wand!« Sogenannte »Schwarze Messen« und andere Praktiken sind weltweit verbreitet. Wir »Aufgeklärten« des 20. Jahrhunderts haben deshalb keinen Grund, herablassend auf magiegläubige Menschen der Antike und des Mittelalters zu schauen, denen die wissenschaftlichen Erkenntnisse und Instrumentarien noch nicht zur Verfügung standen, mit denen die moderne Zeit die Natur weitgehend entzaubert hat. Magie, das ist also eine bis heute fortwirkende Verhaltensweise aus der Frühzeit des Menschen, es ist ein Gewebe aus Aberglauben, Dämonen- und Hexenglauben, aus okkultischen und astrologischen Vorstellungen, die allesamt mit religiösem Wunderglauben verbunden sind. Hinter allem Geschehen vermutet der magisch denkende Mensch geheimnisvolle, oft göttliche Kräfte, denen nur durch magische Praktiken zu entgehen bzw. beizukommen wäre.

Diese überkommene Denkweise konnte weder durch das mythische noch durch das rational-logische Denken verdrängt werden. Einzelheiten über »Zaubervorstellungen« der Antike vermitteln uns die in den ersten christlichen Jahrhunderten entstandenen »Zauber-Papyri« aus Ägypten, in denen die Zauberarten, Mittel und Ziele genau beschrieben sind. Unter den Zauberarten dominieren Wetter-, Schaden-, Binde- und Beschwörungszauber, ferner die den Dämonenglauben voraussetzenden Sympathie- und Fluchzauber. Als Zaubermittel werden Räucheropfer, Zauberworte und die Anrufung von Geheimnamen genannt. Die Gründe des Zauberverlangens liegen großenteils in existenziellen Nöten, in Ängsten und in allzu menschlichen Wünschen: im Liebes- und Machtverlangen, in der Gier nach Ruhm und Reichtum etc.

Erste kritische Stimmen werden bereits in der Antike laut. Platon lehnt Beschwörungen, Binde- und Sympathiezauber (Goeteia) schärfstens ab und spricht von Betrug. Die Mageia dagegen bezeichnet er als Gottesdienst. Damit unterscheidet er zwischen profaner und religiöser Magie. Die profane will danach übernatürliche Kräfte im Sinne der Zauberei nutzen, währen die religiöse Magie sich mit kultisch-rituellen Handlungen, in Demut vor dem Göttlichen, sich dessen Gunst zu vergewissern sucht, ohne daraus materiellen Nutzen ziehen zu wollen. Bei den rational denkenden Römern sind Zauberpraktiken in offiziellen Kulthandlungen nicht erlaubt. Schon das Zwölftafelgesetz spricht ein Zauberverbot aus. Weitere Gesetze stellen die Zauberei und ihren Mißbrauch unter strenge Strafen. Doch beweist gerade dies das Vorhandensein von Zauberpraktiken im Privatleben der Römer.

Mit der Ausbreitung des Christentums verschwindet die goetische Magie keineswegs. In zahlreichen noch erhaltenen Zauberbüchern werden alte Rezepte, Formeln und Praktiken erstaunlich zäh vererbt und angewendet. Wie schon Platon unterscheidet nun auch die christliche Kirche zwischen zweierlei Magie, zwischen der natürlichen Magie (Magia naturalis) und der über- bzw. unnatürlichen (Magia innaturalis). Die eine komme von Gott (Magia divina), die andere sei des Teufels (Magia diabolica). Teufel und Teufelspakt gehören somit im Mittelalter zu jeder Diskussion über Zauberei.

Von Augustinus' *Gottesstaat* ausgehend, greift Papst Gregor der Große (540–604) das Thema »Magia divina – Magia diabolica« erneut und außerordentlich wirksam auf. Mit ihm kommt im Jahre 590, in einer politisch chaotischen Zeit, eine Herrscherpersönlichkeit auf den Papstthron, die der Macht und dem Ansehen des Papsttums zu einer gewaltigen Steigerung verhilft. Nach Augustinus hat kaum ein anderer Kirchenfürst den Geist des Mittelalters so geprägt wie dieser gläubige und persönlich völlig integere Sohn eines römischen Senators. Für ihn ist die Bibel in jeder Hinsicht das Wort Gottes, ein Gefüge aus Weisheit und Schönheit. Niemand, so lehrt er, soll mit der Lektüre heidnischer Klassiker seine Zeit verschwenden. Die Kirche allein sei, als Hüterin der geheiligten Überlieferung, zur Inpretation der Heiligen Schrift befähigt. Nur auf sich gestellt, falle der Mensch der Verdammnis anheim. In eindrucksvollen Bildern malt Papst Gregor das Weltgericht und die Schrecken der Hölle aus. Diese sei keine leere Phrase, sondern ein finsterer Abrund, ein unauslöschlicher Feuersbrand, der Leib und Seele ewiglich versenge, ohne sie zu vernichten. Sie bedeute ewige Qualen, Schrecken und Hoffnungslosigkeit. Allerdings weiß Gregor alle reuigen Sünder mit dem Geschenk der göttlichen Gnade zu trösten, die ihnen durch die Vermittlung Christi, aller Heiligen und der kirchlichen Sakramente zukomme.

Gregor der Große ist der erste mittelalterlich denkende Mensch. Mit ganzer Hingabe widmet er sich seinem Amt. Schonungslos gegen sich selbst, verfolgt er hartnäckig seine Ziele, urteilt abgewogen, verbindet Strenge mit Weisheit und praktischem Denken. In dieser Hinsicht ist er noch ganz der pragmatische Römer mit dem ausgeprägten Sinn für Recht und Ordnung. Im Geistigen aber lebt er eine schreckensvolle Frömmigkeit, die mit der verderbten menschlichen Natur, allgegenwärtigen Teufeln und dem nahen Ende der Welt rechnet. Seine Höllenpredigten verdüstern auf Jahrhunderte die Seelen der Gläubigen. Diese Welt ist angefüllt mit Dämonen, Geistern, Hexen und Zauberern, denen er die magische Wirksamkeit der Reliquien, der Heiligenbilder oder der frommen Sprüche entgegensetzt. Es ist eine angsterfüllte Welt, wie sie der Dichter Dante Alighieri (1265–1321) am Ende des Mittelalters in der weltberühmten *»Göttlichen Komödie«* darstellt. Für Aristoteles oder die Wissenschaft gibt es hier noch keinen Platz.

Kabbala: Mystizismus der Juden im Mittelalter

Der Mystizismus des Judentums ist uralt. Im Laufe der Zeit kann er sich den Einflüssen von außen natürlich nicht entziehen. So hat er den *Dualismus* zwischen Licht und Finsternis, wie ihn Zarathustra (um 600 v. Chr.) lehrt, in sich aufgenommen, desgleichen die pythagoräische Zahlen- und die neuplatonische Ideenmystik. Letztere behauptet, daß zwischen ewigen Ideen und irdischem Abglanz eine Art Kreislauf bestehe. Das Geschöpf könne mittels Ekstase (Verzückung im Zustand des Außersichseins) mit der höchsten Idee verschmelzen, das heißt zur Gottheit zurückkehren. Auch die Mystiker Indiens und des Islam beeinflussen das jüdische Denken. Im wesentlichen aber ist der jüdische Mystizismus in der eigenen Geistesart, in der jüdischen Tradition zu suchen. Der umschreibende Name für Gott, JAWE, wird stets wie ein Mysterium behandelt. Von den vier Buchstaben dieses Wortes heißt es, sie hätten eine verborgene Bedeutung und wirkten Wunder. Dasselbe gelte auch für jedes Wort der Heiligen Schrift. Im Mittelalter wird der Alltag sowohl der Juden als auch der Christen von mystischen Ritualen bestimmt. Man glaubt an die Wunderkraft von Amuletten und Beschwörungen, betreibt Exorzismus (Teufelsaustreibung), glaubt an geheimnisvolle alte Bücher (Bibliomantik) und an Prophezeiungen durch Totenbeschwörung (Nekromantik). Die Astrologie wird sehr ernst genommen. In den Sternen sieht man Buchstaben, und nur Eingeweihte, so nimmt man an, könnten lesen, »was in den Sternen steht«.

Im ersten nachchristlichen Jahrhundert erscheint in Babylon ein mystisches Buch mit dem Titel *»Sefer Yezira« (»Buch der Schöpfung«)*, das angeblich von Abraham oder von Gott selbst verfaßt worden sein soll. Durch einen babylonischen Rabbiner kommt es um 840 nach Europa, wo es allgemein verbreitet und kommentiert wird. Im Jahre 1295 veröffentlicht Moses ben Schem Tob ein weiteres kabbalistisches Standardwerk, *»Sefer-ha-Zohar« (»Buch des Glanzes«)*, und behauptet, der Verfasser Simon sei von Engeln inspiriert worden. In diesem Buch kommt neben den oben bereits genannten Praktiken alles vor, was bis dahin von Mystikern erdacht worden war: Präexistenz und Wanderung der Seelen, die Geheimbedeutung von rituellen Zahlen und Handlungen, von Buchstaben und sonstigen Zeichen, das Rückwärtslesen von Worten und Sätzen etc. Diese und andere mystische Schriften werden unter dem Namen »Kabbala« zusammengefaßt. Im wesentlichen lehrt diese die Entstehung der Welt aus dem *Ureinen.* Aus ihm gehen die zehn Sephirot (Zahlen, Formen, Licht) hervor, aus denen das Urbild der Erde und des Menschen (Adam) gebildet ist. Am Ende seiner Entwicklung soll der Mensch dieses Idealbild wieder erreichen. Unter den Juden Europas ist der Glaube an die Echtheit des Buches und an die göttliche Inspiration weitverbreitet. Jüdische Mystiker halten das Studium der Kabbala für nutzbringender als das des Talmud. Auch auf christliche Mystiker bleibt die Kabbala nachweislich nicht ohne Einfluß. Sie benutzen deren sinnliche Sprache der Liebe und Ehe, um die Beziehungen zwischen Gott und der Seele zu versinnbildlichen.

Christlicher Mystizismus im 13./14. Jahrhundert

Seit Jahrtausenden treten Mystiker in allen Ländern und jeder Religion auf, besonders häufig aber in unsicheren oder gar chaotischen Zeiten. So ist es kein Zufall, daß die Zeit des ausgehenden Mittelalters, in dem die alten Ordnungen zusammenbrechen, eine Blütezeit der jüdischen, islamischen und christlichen Mystik ist. In der christlichen Kirche des Westens ist der heilige Augustinus eine wichtige Quelle des Mystizismus. In seinen *»Confessiones«* beschreibt er die *Rückkehr der Seele aus der Schöpfung zu Gott.* Viele gläubige Christen des Mittelalters folgen ihm auf diesem Gedankenweg. Der menschliche Geist scheint ihnen geheimnisvoll unirdisch, übernatürlich zu sein, ein Abbild des Gottesgeistes. Das berechtigt zu der Hoffnung, daß der menschliche Geist mit seinem Haupt den Fuß des Göttlichen erreichen kann. Der Mystiker hofft demütig, daß seine von Askese und Gebeten emporgehobene Seele durch die Gnade Gottes mit diesem wiedervereinigt werde. Dieses Ziel, so glaubt er, sei niemals durch Vernunft, Sinnesempfindungen, Wissenschaft oder Philosophie zu erreichen. Vielmehr müsse man die Seele, das Organ der geistigen Wahrnehmung, von aller irdischen Befleckung und Selbstsucht befreien, ehe sie das Kosmische, das ewig Göttliche zu schauen vermöge.

Die gesellschaftliche und politische Wirkung des Mystizismus in Europa ist beachtlich. In Italien behauptet der Mystiker Joachim von Fiore (um 1200), daß ihn nach einer langen Fastenzeit eine strahlende Helligkeit so mit göttlichem Licht erfüllt habe, daß er sofort die Heilige Schrift verstanden habe und sowohl in die Vergangenheit als auch in die Zukunft sehen könne. In seinen Schriften teilt er die Geschichte der Menschheit auf der Grundlage der augustinischen Theologie in drei Phasen ein: in die Gottvaters, des Sohnes und des Heiligen Geistes. Dazu prophezeit er, die zweite Phase werde im Jahre 1260 zu Ende gehen. Die Zeit davor bringe den Niedergang mit einer großen Not in Staat, Gesellschaft und Kirche. Tausende von Christen, auch hohe Würdenträger, erwarten voller Hoffnung das Jahr 1260. In Perugia bricht 1259 ein religiöser Wahn aus, der sich über Deutschland bis nach Böhmen ausbreitet. In Scharen ziehen die sich geißelnden Gläubigen in Bußgewändern übers Land. In Flandern bilden sich halbkommunistische Gemeinschaften, die ihren Lebensunterhalt mit Wollarbeiten verdienen. Nach ihrem Gründungspriester Le Beque (der Stotterer) nennen sich die Männer Begharden, die Frauen Beghinen. Diese und andere Sekten behaupten, unter Berufung auf mystische Inspirationen, sie unterstünden weder der kirchlichen noch der staatlichen Kontrolle und auch die Sittengesetze gälten nicht für sie. Von Kirche und Staat verfolgt, tauchen sie unter, kommen aber während der Reformationszeit wieder an die Öffentlichkeit. Von ihnen führt eine direkte Linie zu den radikalen Wiedertäufern und auch zu heutigen sozialrevolutionären Bewegungen, in denen ähnliche Denk- und Verhaltensweisen beobachtet werden können.

Der beste Nährboden für den Mystizismus ist und bleibt Deutschland. Zum Höhepunkt kommt es hier mit Meister Eckart (1260–1327), dem größten Mystiker des Mittelalters. Zu den Grunderfahrungen seiner Mystik gehören Gewalt, Größe und Tiefe Gottes, die alles menschliche Fassungsvermögen überstiegen und zerschlügen. Nur die Menschenseele gleiche ihm an innerer Unendlichkeit. Sie fasse Gott, weil sie Gottes Ebenbild sei und die Kraft Gottes erfühlen könne. Eckarts Schüler Seuse und Tauler tradieren diesen *mystischen Pantheismus.* Diese, von der offiziellen Kirche teilweise abgelehnte Frömmigkeit ist später eine der Quellen der Reformation.

Dualismus zwischen Kaisertum und Papsttum

Es ist hier nicht der Ort, die interessante Geschichte sowohl des Papsttums als auch des Kaisertums ausführlich darzustellen, obwohl hier sehr wichtige Schlüssel zur Erkenntnis des Mittelalters liegen. Wir beschränken uns notgedrungen auf einen wesentlichen Punkt: auf das in der Gesamtgeschichte einmalige Verhältnis zwischen Kaiser- und Papsttum. Während nämlich sonst überall in der Weltgeschichte die Herrscher großer Reiche weltliche und religiöse Funktionen gleichzeitig innehaben, stehen im Mittelalter Kaiser und Päpste am Ende als gleichrangige und gleichbedeutende Vertreter weltlicher und geistlicher Macht einander gegenüber. Bei dieser Konkurrenz können Machtkämpfe nicht ausbleiben.

Die Auseinandersetzungen beginnen bereits um 800 mit der Konstituierung eines deutschen Kaisertums durch König Karl den Großen, der die Nachfolge im Weströmischen Kaiserreich beansprucht. Aus Gründen der Legitimation läßt er sich am 25. Dezember des Jahres 800 in Rom von Papst Leo III. zum Kaiser krönen, wobei ihm der der Titel »Imperator Augustus« zugesprochen wird. Durch die Kaiserwürde werden zwar die materiellen Rechte des Königs *(Potestas)* in keiner Weise vergrößert, wohl aber gewinnt er als Kaiser einen Vorrang an Würde und Hoheit *(Auctoritas).* Er wird zum Schirmherr der Christenheit und des katholischen Glaubens. Dabei bleibt das besondere Verhältnis des Kaisers zu Rom ein offenes Problem: Steht der Kaiser über dem Papst oder dieser über dem Kaiser?

Die wachsende Macht sowohl des Kaisers als auch des Papstes andererseits bringt viele Konflikte mit sich. Bis in das 11. Jahrhundert vermögen die Kaiser eine von ihnen beherrschte Reichskirche durchzusetzen. Sie allein setzen Bischöfe und Päpste in ihre Ämter ein. Mit dem *Investiturstreit* (ab 1074) bahnt sich eine Machtverschiebung zugunsten des Papsttums an. Es geht dabei um das Recht, Bischöfe und Äbte in ihre Ämter einzusetzen, das bis dahin dem König zustand. Heinrich IV. (1050–1106) sieht sich zu dem berühmten Bußgang nach Canossa gezwungen (1077). Mit dem »Wormser Konkordat« (1122) einigen sich beide Seiten nach langem Streit durch einen Kompomiß: Der König verzichtet zugunsten des Paptes auf die Investitur mit Ring und Stab, belehnt aber den Erwählten mit dem Kirchenbesitz. Mit dieser Lösung steht das außerordentlich gestärkte Papsttum dem Kaisertum nun gleichrangig gegenüber. In der sogenannten »Zwei-Schwerter-Theorie« wird diese Lage in Gesetzesbüchern dieser Zeit *(»Sachsenspiegel«)* dokumentiert. Um 1300 erlangt das Papsttum das Übergewicht und strebt sogar die alleinige Weltherrschaft an *(Unam sanctam)*. Der Papst erklärt, er könne den Deutschen das Reich entziehen. Damit stößt er auf den erbitterten Widerstand aller Kaisertreuen. Der Kampf beider Universalmächte miteinander zerstört schließlich ihre gemeinsame Machtbasis, die Auctoritas. Das Ende des Mittelalters wird damit eingeleitet. Als Erben stehen viele weltliche und geistliche Herren kleiner und großer (nationaler) Territorien bereit. An die Stelle des *Dualismus* zwischen weltlicher und geistlicher Macht tritt der weltliche *Pluralismus* der Neuzeit.

Theologische Schulen und der Universalienstreit

Die Verschmelzung christlicher Glaubenslehren mit Erkenntnissen der antiken Philosophie ist das Hauptthema mittelalterlicher Philosophie. Dieser Prozeß vollzieht sich in zwei deutlich voneinander geschiedenen Hauptphasen:

○ *Patristik* (bis etwa 800): Nach vielen Auseinandersetzungen mit griechischer Philosophie und mit einander widersprechenden Interpretationen der Heiligen Schrift kann man sich 325 auf dem Konzil von Nicaea auf die Festlegung christlicher Glaubensgrundsätze (Grunddogmen) einigen. Kernprobleme dieser *älteren Patristik* sind das Verhältnis zwischen Glaube und Wissen und die Fragen nach Existenz und Wesen Gottes. Sie kommt zu dem Ergebnis, daß Glaube und Wissen sich nicht gegenseitig ausschlössen: Beide wiesen den Weg zu Gott. Dieser sei reiner Geist, unermeßlich, ewig, absolut und allmächtig. Die Schöpfung aus dem Nichts sei einzig sein Werk. Auch die Materie sei so erschaffen. Allerdings, so glaubt Augustinus, besäßen nur die ewigen Urbilder wahres Sein. Durch sie sei alles »nach Maß, Zahl und Gewicht geordnet«. Sein Buch *»De ordine«,* das diesem Thema nachgeht, wird zur Grundlage des mittelalterlichen Ordo-Denkens. Damit beginnt der zweite Abschnitt, die *jüngere Patristik,* die bis etwa 800 währt. In dieser Zeit verschmelzen die Glaubensdogmen zu einem Einheitssystem von Theologie und Philosophie, wobei letztere als »Dienstmagd der Theologie« angesehen wird.

○ *Scholastik:* Mit der *Frühscholastik* (9.–12. Jh.) beginnt der Kampf um die Geltung von Platon und Aristoteles, um deren Aneignung sich unterschiedliche Schulen und Autoren bemühen. Dabei entsteht ein grundsätzlicher Streit um die Geltung von Universalien. In diesem *Universalienstreit* einigen sich die Frühscholastiker im Sinne Platons dahingehend, daß Allgemeinbegriffe Realitäten darstellen: »Universalia sunt realia!« Auf dieser Glaubensgrundlage entwickelt Petrus Abaelard (1079–1142) die dialektische Methode (»Sic et non« - »Ja und nein«, im Sinne von »pro und contra«), um die traditionalistische Theologie logisch zu durchdenken. Dabei stellt er Listen zusammen, auf denen die Argumente für oder gegen eine bestimmte Glaubensauffassung einander gegenübergestellt werden.

Am Ende des Mittelalters können sich die *Nominalisten* immer mehr mit ihrer Ansicht durchsetzen, die Wirklichkeit bestehe nur aus Einzeldingen. Allgemeinbegriffe halten sie für Bezeichnungen oder Namen (Nomen), die von Menschen erdacht sind. In diesem Streit versucht Abaelard mit seiner Dialektik zu vermitteln, indem er die Behauptung beider Seiten durch jeweils eine Prämisse ergänzt und daraus die Synthese gewinnt. Bei der Frage, ob die Universalien reine Begriffe oder Realitäten darstellen, antwortet er zum Beispiel mit »sowohl als auch«: Für Gott seien Unviersalien »ante res«, also vor den Dingen (These), für die Menschen aber »post res«, also erst nach den Dingen (Antithese). Seine Synthese lautet dann: »Universalia sunt in rebus«, die Universalien sind in den Dingen.

Während der Kreuzzüge erhält das Abendland durch jüdische und arabische Gelehrte genauere Kenntnis von Aristoteles, durch dessen Werke die Natur (Realität) einen neuen Stellenwert erhält. Albertus Magnus (1193–1280) und Thomas von Aquin (1224–1274) versuchen eine Synthese zwischen christlicher Lehre und aristotelischem Realismus. Damit leiten sie die *Hochscholastik* (13. Jh.) ein, in welcher der Glaube an die Universalien verlorengeht. Je mehr sich der Mensch der Natur direkt zuwendet, desto mehr setzt sich der Nominalismus durch. Das aber hat die Auflösung der mittelalterlichen Philosophie zur Folge. Mit Wilhelm von Occam (1290–1349) wird der Nominalismus vorherrschende Geistesrichtung. Die Bereiche Religion (Theologie), Philosophie und Wissen (Naturwissenschaft) gehen von nun an getrennte Wege.

Aus dem platonischen Dreieck ist zu ersehen, daß immer drei prinzipielle Denkrichtungen an Weltanschauungen beteiligt sind, wobei eine meist dominiert. Als im Spätmittelalter die (idealistischen) Universalien zugunsten des nominalistischen Realismus an Bedeutung verlieren, kommt es auch zu einer Blütezeit des mystischen Prinzips. In der christlichen Mystik melden sich Menschen zu Wort, die den Verlust der vom Glauben getragenen mittelalterlichen Welt schmerzlich empfinden. Sie sind nicht bereit, den Weg in den bodenlosen Materialismus mitzugehen. Suchend wenden sie sich deshalb dem irrationalen dritten Weg zu, der immer dann betreten wird, wenn Existenzkrisen herrschen. Nicht immer im Einklang mit der Kirche, aber weitgehend geduldet, üben Mystiker, wie etwa Meister Eckart, durch ihr intensives religiöses Leben und durch eine Sprachgewalt voller geistiger und religiöser Tiefe großen Einfluß aus.

Hauptthema der Mystik ist das Verhältnis zwischen Gott und der Seele. Dabei ist die Einheit Gottes und der Menschenseele ein Grundgedanke, aus dem die Mystiker die Selbstentäußerung und das Aufgehen in Gott als notwendig folgern. Bedingung dafür sei die Lossagung von aller Sünde, von allem Irdischen. Dadurch werde die Seele mit Gott eins, woraus folge, daß Gottes Substanz und dessen Natur identisch seien mit der Seele und mithin der Mensch Gottes Sohn sei.

Kreuzzüge (1096–1291): Beginn der europäischen Expansion

Die Gefährdung des Byzantinischen Kaiserreiches durch Seldschuken gibt im Jahre 1096 den Anlaß zum ersten Kreuzzug gegen die Moslems. Der erfolgreiche Volksstamm aus Turkestan hat bereits Palästina und Syrien erobert und bedroht nun auch Konstantinopel. Um Hilfe ersucht, ruft Papst Urban II. (1035–99) auf der Synode von Clermont (1095), zum erstenmal in der Geschichte des Papsttums, zu einem Heiligen Krieg auf. Den freiwilligen Teilnehmern erläßt er alle zeitlichen Sündenstrafen. Für viele Gläubige ist das ein ernster Grund, das Abenteuer zu wagen. Aus ganz Mitteleuropa strömen vier Kreuzritterheere bei Konstantinopel zusammen. Vereint gelingt es ihnen, die Seldschuken zu besiegen und Jerusalem zu erobern (1099).

Die Seldschuken geben sich jedoch keineswegs geschlagen. Immer wieder rennen sie gegen die Bastionen der Christen an und bringen sie in Gefahr. Im Laufe von zwei Jahrhunderten wechseln Städte und Landschaften mehrmals den Besitzer. Die Päpste sehen sich gezwungen, ständig neue Kreuzzüge, insgesamt sieben, zu organisieren. Solche Unternehmen sind unvermeidbar mit wirtschaftlichen und politischen Interessen verbunden. Besonders Venedig, das den östlichen Mittelmeerhandel beherrscht, versucht dabei, seine Macht zu vergrößern. Den vierten Kreuzzug (1202–04) benutzt der venezianische Doge zur Eroberung Konstantinopels und zur Ausschaltung dieses Rivalen im Levantehandel. Dadurch wird aber die christliche Bastion Ostrom so entscheidend geschwächt, daß sie später dem islamischen Heer unterliegt. Mit dem Fall Konstantinopels (1453) und Trapezunts (1461) geht das Byzantinische Kaiserreich endgültig zugrunde. Nach über eintausend Jahren verschwindet damit der letzte Zipfel des einst so mächtigen Imperium Romanum.

Die drei letzten Kreuzzüge können die Rückeroberung des Heiligen Landes durch die Muslime nicht mehr verhindern. Bereits 1244 gehen Jerusalem und 1291 die letzte Festung, Akkon im heutigen Syrien, verloren. Trotzdem fällt die Bilanz dieses ersten abendländischen Expansionsversuches für die Europäer positiv aus. Das Fenster zur Welt wird erstmals weit geöffnet. In Konstantinopel und Jerusalem begegnen die Kreuzfahrer einer Kultur, die der Europas weit voraus ist. Hier finden sie kostbare Waren aus aller Welt: Seide und Porzellan aus China, Gewürze aus Indien und herrliche Teppiche aus verschiedenen Ländern. Dazu kommt eine kultivierte Lebensart, die den rauhen Rittern aus Mitteleuropa kaum bekannt ist. Jetzt erst nimmt der Waren- und Kulturaustausch zwischen dem Orient und Europa beträchtliche Ausmaße an. Südfranzösische und oberitalienische Städte erfahren durch den Orienthandel einen starken Aufschwung. Die Geldwirtschaft weitet sich aus, und es entwickelt sich ein reiches Bürgertum, das stolz auf seine Erfolge blickt. Alle Mißerfolge und Katastrophen werden dagegen dem Papsttum zugeschrieben. Auch dadurch breiten sich weltliche und antiklerikale Strömungen weiter aus.

Nach dem Scheitern der Kreuzzüge beherrschen wieder Muslime den Handel mit dem gesamten Orient. Den italienischen Städten werden die alten Handelswege abgeschnitten, falls sie nicht die ungünstigen Bedingungen der muslimischen Kaufleute akzeptieren. Der südeuropäische Levante-Handel verfällt zusehends. Die durch die Rivalität zwischen Kaiser und Papst erstarkten territorialen Nationalkräfte suchen nach Wegen, die arabische Blockade des Ostasienhandels zu umgehen. Sie wenden sich dem Atlantik zu, um einen Seeweg nach Ostindien und China zu finden. Damit wird ein über vierhundert Jahre dauernder Prozeß in Gang gesetzt, der die gesamte Welt verändern und ihr ein europäisches Gepräge geben wird. Die führenden Kolonialmächte beherrschen von jetzt an die europäische Wirtschaftslandschaft, in der für den rückständig gewordenen, einst mächtigen Kaufmannsbund deutscher Städte (Hanse) kein Platz mehr ist. Die Niederlassungen im Ausland werden von der nationalen Konkurrenz unterdrückt – die Hanse verliert ihre Handelsprivilegien und muß ihre Häuser schließen: 1494 den Petershof in Nowgorod, 1598 den Stalhof in London. Die Zukunft gehört dem Atlantikhandel.

An dieser Stelle, am Übergang vom Mittelalter zur Neuzeit, lohnt es sich, einen Blick auf den von der Menschheit zurückgelegten Weg zu werfen. Die Abb. 15, »Wege des Geistes III«, führt noch einmal die exemplarische Reihe jener Philosophen, Denkschulen und Herrscher vor Augen, die die geistige oder politische Richtung des Weges in unverwechselbarer Weise gewiesen haben. Ergänzend zeigt die Abb. 16, »Wege des Geistes IV«, den roten Faden durch die verschlungenen Wege wesentlicher Denkrichtungen und Geistesschulen. Auch in der Neuzeit werden wir diesen immer wieder begegnen: den Idealisten, die einer Idee anhängen, den Materialisten (Realisten), für die alle Ideen Hirngespinste sind und die nur das für wahr halten, was sie messend erfassen können, und schließlich den Mystikern aller Richtungen, von den tiefreligiösen Ekstatikern bis hin zu fanatischen Frömmlern, Anhängern des Okkulten und romantischen Schwärmern. In den meisten Fällen aber handelt es sich um schillernde Mischungen grundlegender Denkrichtungen, wie man sie in gesellschaftlichen und politischen Theorien und Gruppierungen bis heute antreffen kann. Daraus ergibt sich die Notwendigkeit, die folgenden Jahrhunderte vorwiegend von dieser Seite her transparent werden zu lassen.

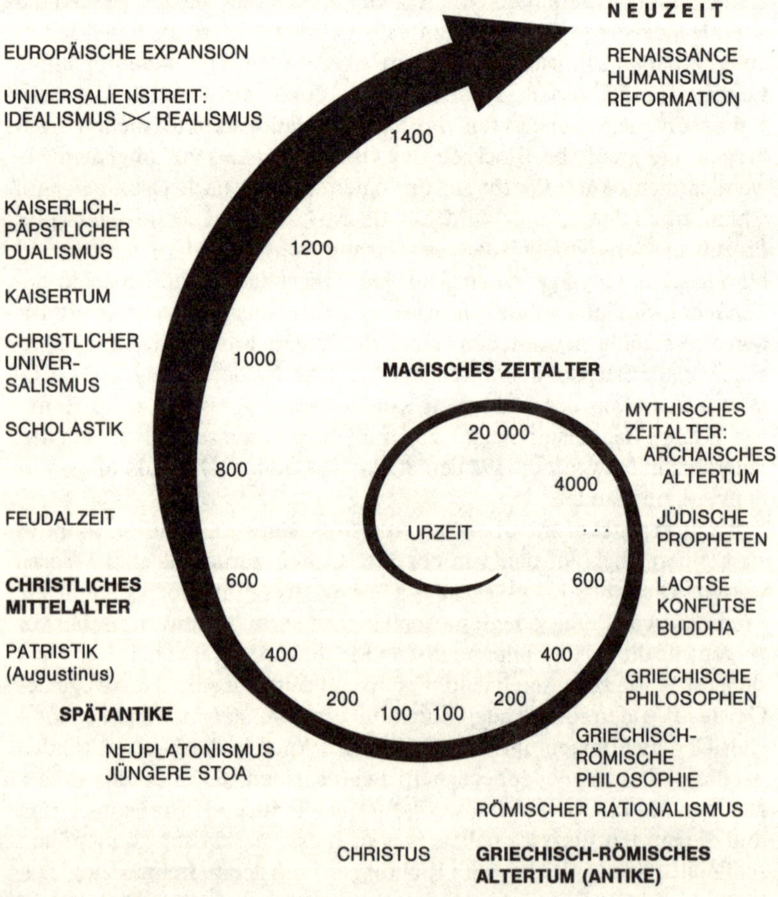

Abb. 15: *Wege des Geistes III: Vom Altertum bis zur Neuzeit*

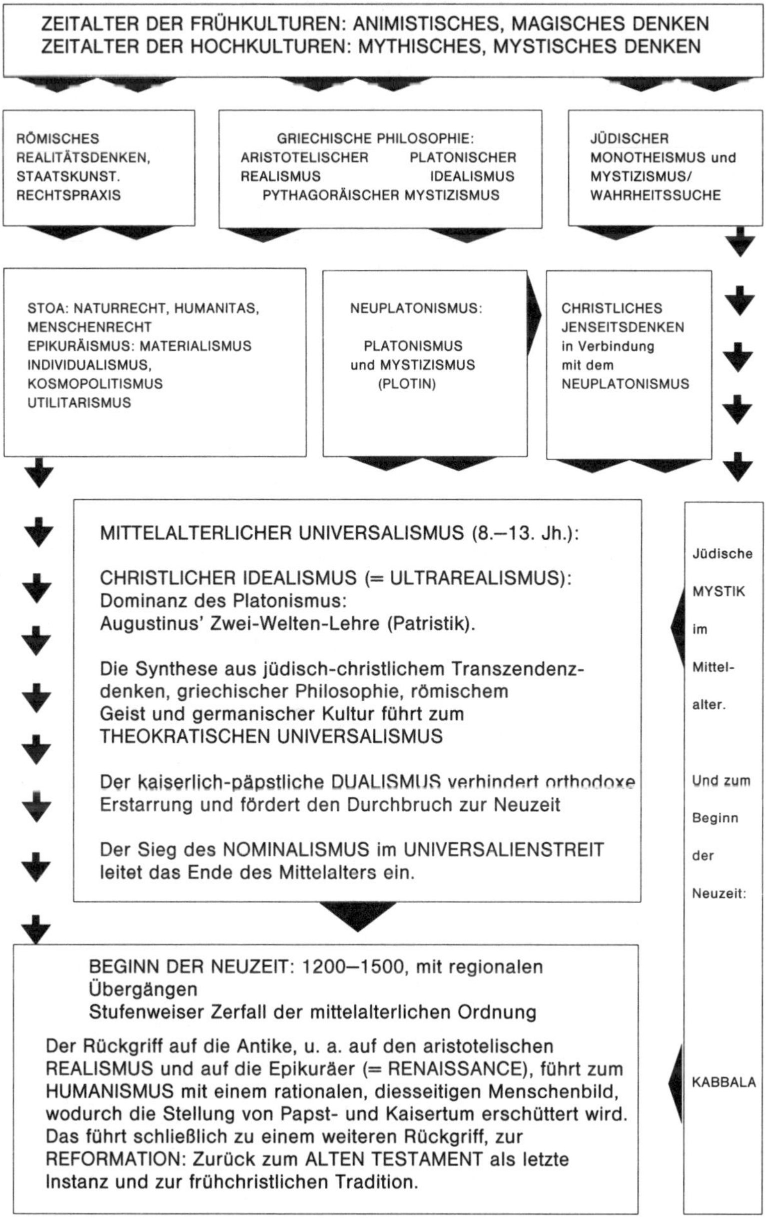

Abb. 16: *Wege des Geistes IV: Grundlagen der Neuzeit*

4. Aufklärung und Säkularisierung

Neuzeit bis 1789

Aufklärung ist der Ausgang
des Menschen aus seiner
selbstverschuldeten Unmündigkeit.

IMMANUEL KANT

Humanismus und Renaissance: Das neue Menschen- und Weltbild

Der Beginn der Neuzeit ist ebensowenig wie der des Mittelalters durch eine eindeutige Grenze markiert. Der Ablösungsprozeß verläuft zeitlich wie regional sehr unterschiedlich. Die Frage nach Bedingungen und kausalen Zusammenhängen führt tief in das Mittelalter und sogar in die Antike hinein. Der bereits erwähnte Dualismus zwischen Kaiser- und Papsttum lähmt beide Seiten und kostet sie die »Auctoritas«. Die kirchliche Einheit zerbricht durch *Häresie* (Irrlehren) und *Schisma* (Glaubensspaltung), Kaiser und Reich verlieren an Bedeutung. Der Universalgedanke geht allmählich verloren. Die Macht der Territorialfürsten wächst zu Lasten des Reiches bzw. des Kaisers. Im Kampf zwischen »kaiserlicher Majestät« und »fürstlicher Libertät« obsiegt die letztere: Es entstehen vom Kaiser unabhängige Territorien und die ersten *Nationalstaaten,* vor allen anderen Spanien, Frankreich und England.

Mit dem Sieg des *Nominalismus* wird der Weg frei zu den Anfängen einer modernen Naturwissenschaft, in der *Rationalisten* und *Empiriker* mit Hilfe deduktiver und induktiver Methoden zunächst die Grundlagen erarbeiten. Diese Entwicklung wird begünstigt durch die vielen Neugründungen nichtkirchlicher Schulen und Universitäten seitens des Reiches, der neuen Territorialherrscher und großer Städte Europas, etwa Bologna 1119 oder Prag 1348.

Die Hinwendung zur antiken Kunst (Renaissance) und zu den Idealen antiker Literatur bedeutet eine Hinwendung zu den Dingen *dieser* Welt, zu einem diesseitigen Menschenbild, also zum *Humanismus.* Die theologische Bildung verliert ihre bis dahin dominierende Stellung. Neben kirchlichen Themen, die zwar nach wie vor noch gefragt sind, beherrschen jedoch immer mehr rein profane die öffentliche Diskussion. Selbst an kirchlichen Bauten oder in Bildtafeln im Inneren der Kirchen, wo sonst nur Heiligenlegenden oder Darstellungen aus der Heiligen Schrift zu finden waren, häufen sich reine Naturmotive und Szenen mit weltlichen Darstellungen. Die neue, nichttheologische Bildung, die sich am Ideal der römischen Antike orientiert, geht in Italien von zwei berühmten Persönlichkeiten aus: von Petrarca (1304–1374) und von Boccaccio (1313–1375). Sie beginnen, die im Mittelalter verlorengegangenen bzw. zerstreuten klassischen Schriften zu sammeln und zu interpretieren. Petrarca, der als Dichter hohen Ruhm genießt und deshalb einen großen Einfluß auf das Denken seiner Zeit ausübt, schreibt bedeutende Werke in klassischem Latein. Seine Novellensammlung *»Decamerone«* gehört zur großen Weltliteratur und bereitet noch heute Lesevergnügen. Anders als Dantes *»Göttliche Komödie«*, die auf der augustinischen Vorstellung vom Erden- und Gottesstaat beruht, zeichnet Boccaccio eine

Welt irdischer Bestrebungen und Genüsse, in der die Vertreter der Kirche mit Spott und Hohn bedacht werden. (Abb. 17 und 18)

Durch die geographische Ausweitung des europäischen Horizontes kommt es in einer Art Kettenreaktion zu einer Vielzahl naturwissenschaftlicher Entdeckungen und technischer Erfindungen. Seit dem Sieg des Nominalismus wendet sich der Forschergeist empirisch faßbaren Objekten zu. Humanistische Studien und Naturbeobachtungen überwinden das traditionelle, mittelalterliche Weltbild. Um 1492 entwirft Martin Behaim den ersten Globus. Nikolaus Kopernikus (1473–1543) entdeckt das heliozentrische (Sonnen-)System, und der später als Ketzer verbrannte Giordano Bruno (1548–1600) erweitert das neue Weltbild noch durch die Vorstellung von einem unendlichen Universum ohne Mittelpunkt. Damit ist das moderne Gefühl von der Bodenlosigkeit allen Seins geboren. Von nun an richtet sich menschlicher Forschergeist von den klein-

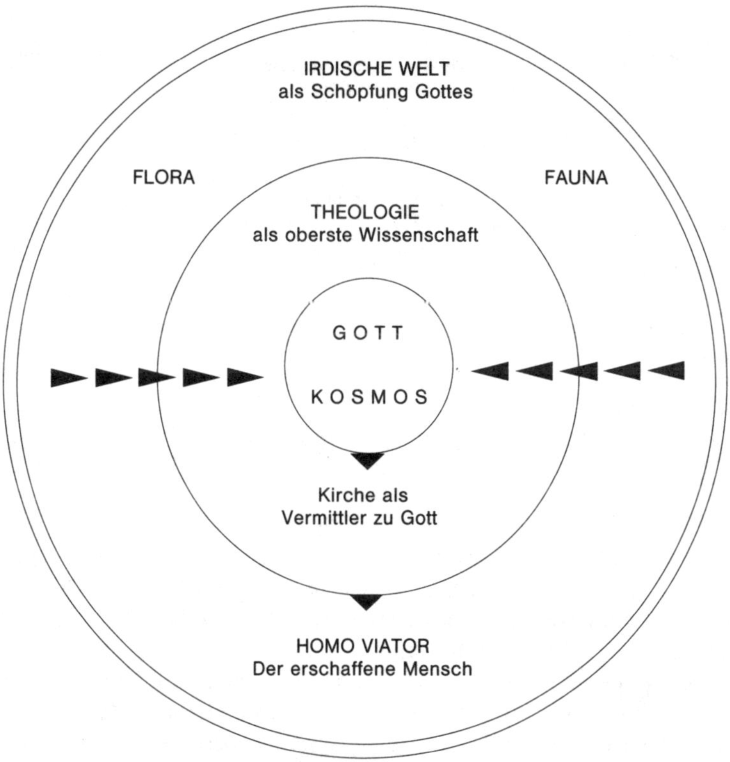

Alles Irdische ist auf das Jenseits ausgerichtet.
Das Heil des Menschen wird allein in Gott gesehen.

Abb. 17: *Geschlossenes, theozentrisches Weltbild des Mittelalters*

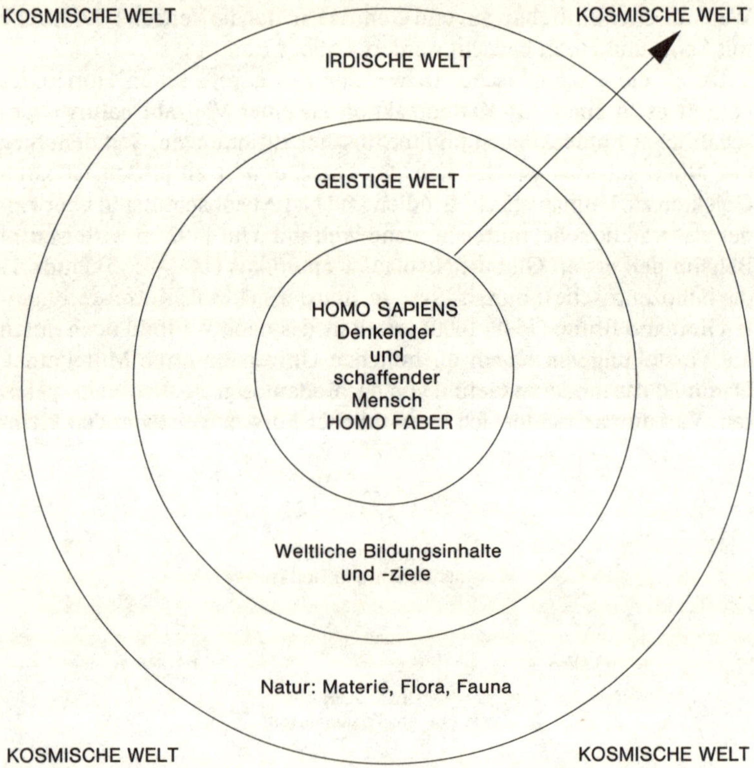

Der kreativ schaffende Mensch (Homo faber) steht im Mittelpunkt einer offenen, unendlichen kosmischen Welt. Nur eine rein diesseitige, analytische Wissenschaft ist möglich.

Abb. 18: *Offenes, anthropozentrisches Weltbild der Neuzeit*

sten Teilen der Natur bis zu den fernsten Galaxien im Kosmos, ohne daß je ein Ende der Bemühungen abzusehen ist. Gleichzeitig verliert der Mensch den festen Halt eines Universalglaubens, auf den er sich bisher stützen konnte. In dem Augenblick, als er seine Blicke von Gott und der Kirche abwendet und sich selbst in den Mittelpunkt stellt *(Humanismus),* als er sich in empirischer Weise der Natur zuwendet, muß er erkennen, daß er weder Mittelpunkt des Sonnensystems noch des Universums ist. Er ist nun sein eigener »Gott«, aber gleichzeitig auch ein Staubkorn der ewigen Raumzeit. Es geschieht, mit einem Bild aus der Schöpfungsgeschichte des Alten Testaments, eine Art zweiter Sündenfall: Der Gewinn einer bis dahin verbotenen Frucht der Erkenntnis muß mit dem Verlust eines geistigen Paradieses, in dem der Mensch sich geborgen wußte, bezahlt werden. An die Stelle des *Glaubens* treten *Materialismus, Nihilismus, Atheismus* und *atheistischer Existentialismus* – allerdings überwiegend nur bei gebildeten Schichten, während die meisten auch weiterhin, teilweise noch bis ins 20. Jahrhundert, ihren Frieden im Glauben finden.

Expansion Europas und das neue Wirtschaftssystem

Die mittelalterliche Expansion Europas hat noch im Zeichen der Kolonisation der Ostgebiete und der Abwehr des Islams gestanden. Im Zusammenhang mit Handelsinteressen und technischen Neuerungen nimmt diese Expansion weltweiten Charakter an. Dadurch kommt es zu tiefgreifenden Umwälzungen der ökonomischen und sozialen Verhältnisse. Das Rittertum und der damit verbundene Adel werden nun endgültig vom Bürgertum und den großen Kaufherren an den Rand gedrängt. Die Ritterheere werden durch Söldnerheere ersetzt, die mit Feuerwaffen ausgestattet sind. Die autarke Agrarwirtschaft wird überwunden, während die Klöster, die bisherigen kulturellen und geistigen Zentren, ihre Bedeutung verlieren. Die neue Zeit gehört der Stadtwirtschaft mit ihren Handwerkern, Kaufleuten und Gelehrten.

Auch technische Erfindungen helfen, die mittelalterliche Welt zu verändern. Schon das Hochmittelalter hatte mit seinem handwerklichen und künstlerischen Können viele bahnbrechende Neuerungen gebracht, wie sich an der Kathedralbaukunst ablesen läßt. Seit dem 13. Jahrhundert gibt es auf den Kirchtürmen Uhren mit komplizierten mechanischen Räderwerken. Um 1500 erfindet Peter Henlein die Taschenuhr. Die Zeiten werden rastloser: Neben den Stunden müssen nun auch die Minuten gemessen werden, und heute geht es bereits um kleinste Bruchteile von Sekunden. Als bedeutendste Erfindung, neben der des Kompasses und des Schießpulvers, erweist sich die des Buchdruckes mit beweglichen Lettern (1445) durch den Mainzer Johannes Gutenberg (zw. 1397 u. 1400–1468). Bereits um 1500 gibt es etwa elfhundert Druckereien. Das eröffnet Unterricht und Bildung, aber auch geistigen Auseinandersetzungen und der Propaganda bis dahin ungeahnte Möglichkeiten. Ohne die zahlreichen Flugschriften Luthers, zum Beispiel die drei Programmschriften, die seine Thesen in weite Kreise des Volkes tragen, hätte der reformatorische Gedanke kaum seine Breitenwirkung entfalten und sich durchsetzen können.

Die gewerbliche Produktion zeigt eine besonders expansive Tendenz. Der Bergbau und die Metallverarbeitung, die Bauwirtschaft und die Textilproduktion nehmen dabei eine hervorragende Stellung ein. Auf der Grundlage einer oligarchisch gestuften Bürgerschaft sorgt eine neue

Oberschicht im Rahmen der Zünfte für eine streng geregelte Arbeitsmarkt- und Produktionsordnung. Gegen ihren Widerstand kann sich daneben aber auch das *Verlagssystem* entwickeln, eine marktorientierte, vorindustrielle Produktionsform. Die Unternehmer sorgen dabei für Vorfinanzierung, Rohstofflieferung und Warenabsatz. Die Produktion selbst wird in Handwerksbetriebe und Häuser von Heimarbeitern »verlegt« (Verlags-System). Auf diesem Wege und durch den Fernhandel kommt es zur ersten *Kapitalakkumulation* in Händen solcher Unternehmer, die sich zu überregionalen Handelsgesellschaften zusammenschließen. Eine neue Wirtschaftsform wird geboren, der *Frühkapitalismus* Mit ihm entsteht eine neue Oberschicht, die *Geldaristokratie.* Nicht mehr Herkunft und Stand sind entscheidend für die Zugehörigkeit, sondern Talent und Können, besonders die Fähigkeit zu kalkulierendem Profitdenken.

Neben einzelnen Bankkaufleuten, die unermeßlichen Reichtum und damit auch politischen Einfluß gewinnen (wie etwa die deutschen Fugger und Welser), versuchen Städte und Staaten, den Handel zu ihren Gunsten zu nutzen, teils im Bündnis mit Kaufleuten, teils in Konkurrenz zu ihnen. Die im Spätmittelalter mächtige Hanse, ein Bund deutscher Kaufmanns-Städte, wird vom 16. Jahrhundert an von nationalen Handelskompagnien verdrängt, die gleichzeitig für die staatliche Kolonialpolitik ihrer Länder verantwortlich sind. Spanische und portugiesische Handelsgesellschaften plündern den südamerikanischen Kontinent. Besonders berüchtigt sind dabei die spanischen Silberflotten, die sich ihrerseits gegen die Kaperei der »Niederländischen Westindischen Kompagnie« (gegr. 1609) zu wehren haben. Träger der englischen Kolonialherrschaft ist die »Ostindische Kompagnie« (1600–1858) mit den Zentren Madras, Bombay und Kalkutta. Auch Frankreich tritt mit der »Kompagnie der amerikanischen Inseln« (1639), der »Westindischen Kompagnie« (1664) und der »Ostindischen Kompagnie« (1664) als ernst zu nehmender Konkurrent auf.

Philosophische Systeme: Empirismus und Rationalismus

Francis Bacon: Englischer Empirismus

Am Ende des Mittelalters hatte sich mit dem Nominalismus die Anschauung durchgesetzt, Erkenntnis könne nur durch experimentale Erfahrung gewonnen werden. Folglich sei es unmöglich, Gott begrifflich zu erkennen oder sein Dasein unwiderlegbar zu beweisen, man müsse einfach an Gott glauben. Mit der Verbreitung dieser Auffassung sind Glauben und Wissen endgültig voneinander getrennt. Von nun an gibt es zwei Wahrheiten: die des Glaubens und die der Wissenschaft.

Zwei Jahrhunderte später verkündet Francis Bacon (1561–1626) den »Fortschritt«, worunter er die Naturbeherrschung durch den Menschen versteht. Dazu fordert er als »richtige Methode« zwei Schritte: die Überwindung alter Vorurteile und überlieferter Irrtümer und die Anwendung von Denk- und Forschungsmethoden. Erfolg werde dabei nur durch das Zurückgehen auf Erfahrung verbürgt, das heißt auf die systematische Befragung der Natur. Aus diesem Grunde gehöre die *Arbeitshypothese* an den Anfang. Mittels zweckmäßiger Experimente müßten erst einschlägige Erfahrungen gesammelt werden, aus denen sich dann allgemeine Folgerungen und Formulierungen ergäben. Die Ergebnisse könnten dann durch neue Experimente nachgeprüft werden, wobei sie entweder verifiziert (bestätigt) oder falsifiziert werden, also sich als falsch erweisen.

Mit dieser *induktiven Methode* weist Bacon den Weg zu einer neuen Welt. Allerdings bleibt er auf halbem Wege stehen: Er übersieht die Bedeutung der Theorie, also der Deduktion, vor allem aber die der Mathematik. Immerhin prägt Bacon die typisch englische Weise, Philosophie zu betreiben: Die Spekulation wird abgelehnt, einzig die Erfahrung gilt als Grundlage alles Wissens. Diese Richtung, die alle Erkenntnis aus der Erfahrung herleitet und Wissenschaft nur auf dieser begründen will, bezeichnet man als *Empirismus.*

Bacons Nachfolger vollenden die Empirismus-Methode, indem sie die Mathematik miteinbeziehen. Thomas Hobbes (1588–1679) definiert Philosophie als Erkenntnis der Wirkungen aus den Ursachen und der Ursachen aus beobachteten Wirkungen. Damit erklärt er Philosophie als das Resultat physikalischen Denkens. Bei der Anwendung seiner mechanistischen Erklärungsweise kommt er zu radikalen materialistischen Folgerungen. Während Descartes behauptet, die Welt sei auf deduktivem Wege mathematisch exakt zu erkennen, fragt John Locke (1632–1704), ob das mit unserem Verstand überhaupt möglich sei. Er prüft zunächst die Mittel und Möglichkeiten des Denkens, und damit erweist er sich als der erste kritische Philosoph, als der eigentliche Vater der modernen Erkenntniskritik. Seine Arbeit wird in der Folgezeit von dem Iren Berkeley (1684–1753), dem Schotten David Hume (1711–1776) und schließlich von Immanuel Kant (1724–1804) weitergeführt.

René Descartes: Französischer Rationalismus

Mit René Descartes (1596–1650), der mit Platon und Aristoteles auf einer Stufe steht, nimmt die neuzeitliche Philosophie und Verstandeskultur ihren Anfang. Durch seinen *Rationalismus* wird die gesamte Wissenschaft auf eine moderne Ebene gestellt. Bereits Leonardo da Vinci (1452–1519) hatte den umwälzenden Grundsatz geprägt: »Keine menschliche Untersuchung kann wahre Wissenschaft genannt werden, wenn sie nicht durch die mathematischen Demonstrationen gegeben ist.« Descartes knüpft daran an und versucht, mit Hilfe der Mathematik, die er zur *Universalwissenschaft* erklärt, das gesamte Sein und Dasein in den Griff zu bekommen. Wie Augustinus überwindet Descartes den Zweifel, indem er beweist, daß dieser selber nicht bezweifelt werden kann, wenn Zweifeln selbst einen Sinn haben soll: Vom Ausgangssatz »de omnibus dubito«, vom Zweifeln an allem, gelangt er zum »dubito ergo sum«, »ich zweifle, also bin ich«. Weil alles Zweifeln gleichzeitig auch Denken ist, schließt er weiter zum »cogito ergo sum«, »ich denke, also bin ich«. Daraus ergibt sich schließlich das »sum cogitans«, »ich bin insofern, als ich denke«.

Der sich selbst denkende Mensch findet, nach Descartes, zur körperlichen, materiellen Welt nur Zugang durch eine streng rationale, also geistige Methode, durch die analytische, die den Gegenstand erst zerlegt und dann wieder zu einem Ganzen zusammensetzt. Um so vorgehen zu können, benötige man eine Universalwissenschaft, die Mathematik. Nur sie sei in der Lage, alles in letzte Bestandteile zu zerlegen und durch eine lückenlose Kette von Schlüssen und Beweisen zu letzten Erkenntnissen vorzudringen. Daher sei alles nur ein mathematisches Problem, genauer gesagt ein Problem der analytischen Geometrie. Letztere sei somit die Kunst, aus mathematischen Grundgesetzen die Gesetze und die Gestalt eines Objektes logisch zu folgern, ohne auf den Gegenstand hinzusehen. Zu den physikalischen Objekten zählt er auch die menschlichen Empfindungen, die nicht zu den seelischen gehörten. Leidenschaften bezeichnet Descartes als falsche, dunkle Vorstellungen, die durch klare Vernunft besiegt werden müßten.

Mit diesen Thesen erweist sich Descartes u.a. als Nachfolger der Stoiker, deren ethisches Ideal das gesamte 17. Jahrhundert beeinflußt: Alles, was aus elementaren Instinkten kommt, wird als unzivilisiert, also als barbarisch, unästhetisch und geschmacklos, angesehen und verachtet. Nur das, was der Raison des klaren Verstandes standhält, wird anerkannt. Descartes versucht also, die Philosophie zu einer Art *Universalmathematik* zu erheben, zu einer Wissenschaft, in der alles durch strengste Deduktion aus einfachen Grundbegriffen gewonnen werden kann. Mit dieser Methode betritt der erste prinzipiell deduktiv denkende u n d handelnde Mensch die Geschichte der Neuzeit. Überblickt man das gesamte cartesianische Werk, mit dem die Wandlung des abendländischen Denkens einsetzt, so kristallisieren sich drei Grundannahmen (Axiome) von bleibender Gültigkeit heraus:

- von der Unübertrefflichkeit eines fundierten Wissens mit dem Vorrang der Mathematik und der Möglichkeit, Wissenschaft zu mathematisieren;

- vom profanen Charakter der Wissenschaft, was deren Trennung von Glaube und Kirche zur Folge hat;
- vom dynamischen Charakter der Wissenschaft mit Trennung von Lehre und Forschung unter strengsten Anforderungen.

Trotz - oder besser gesagt: wegen seines höchst revolutionären Rationalismus erkennt Descartes die politisch-gesellschaftliche Machtrealität an. Aus ihm ergibt sich nämlich ein alles methodisch und einheitlich beherrschendes Zentrum. In diesem Sinne hat der dem König Ludwig XIV. (1638–1715) unterstellte Ausspruch »l'etat c'est moi«, »der Staat bin ich«, für die Zeitgenossen Descartes' nicht die zynische Bedeutung, die man ihm heute unterlegt. Wer damals den König nicht als den von Gott und der Vernunft eingesetzten Mittelpunkt des weltlichen Koordinatennetzes ansieht und sich nicht an diesem orientiert, wird als etwas Schlimmeres als ein Staatsverbrecher angesehen, nämlich als ein Mensch, der nicht methodisch zu denken vermag. Erst der König macht den Staat, er repräsentiert Gottes Wille und den des Volkes: Das ist die Überzeugung der meisten Zeitgenossen. Daraus ergibt sich, daß der Sonnenkönig kein größenwahnsinniger Despot ist, sondern ein Spiegelbild seiner Zeit, ein Hohlspiegel, in dem sich der Zeitgeist konzentriert.

Schattenseiten der Neuzeit: Aberglaube und Hexenwahn

Wenn heute die Rede auf Aberglauben und Hexenverbrennungen kommt, denken viele unwillkürlich an das »finstere« Mittelalter. Abgesehen davon, daß diese Zeit keineswegs finsterer war als viele andere Zeiten, ist festzuhalten, daß der Höhepunkt des Hexenwahns erst in der Neuzeit zu suchen ist. Der Humanismus läßt die Menschen keineswegs menschlicher werden, wie schon die Lehren von Machiavelli beweisen. Außerdem öffnet die Abwendung vom christlichen Glauben dem Aberglauben Tür und Tor. Die Spaltung der christlichen Kirche durch den Protestantismus fördert diese Entwicklung noch in erheblichem Maß. So geht aus zahllosen Äußerungen Luthers hervor, daß er die ganze Welt voller Teufel sieht. Auch glaubt er fest an Hexen, die er von der Kanzel herab als »Teufelshuren« verflucht. Damit erweist er sich als Sohn einer Zeit, in der selbst der Naturwissenschaftler Johannes Kepler (1571–1630) bekennt, an Hexen müsse man glauben.

Bereits für das Mittelalter sind gelegentliche Hexenverbrennungen bezeugt, aber erst Ende des 15. Jahrhunderts breitet sich der eigentliche Hexenwahn wie eine Epidemie aus. 1487 erscheint der berühmtberüchtigte *»Hexenhammer«*, in dem das Hexenwesen in »wissenschaftlicher« Manier so beschrieben wird, als ob Hexen tatsächlich existieren. Als Autoren treten die beiden Dominikaner Jakob Sprenger und Heinrich

Institoris auf. Der dritte Teil des Buches wird zum Strafkodex der Gerichtspraxis Mitteleuropas bis ins 17. Jahrhundert. Er fordert den absoluten Einsatz der Folter und schreibt die Zauberei vorwiegend den Frauen zu. Von den nördlichen Gebieten aus verbreitet sich die Furcht vor Hexerei in ganz Mitteleuropa. Auf den Märkten werden öffentlich »Teufelsbücher« verkauft, die erklären, wie man mit Dämonen in Kontakt treten oder sich gegen sie schützen kann. Die katholische Kirche verhält sich zu den Hexenverfolgungen, die immer mit fürchterlichen Folterungen verbunden sind, höchst ambivalent. Papst Gregor XV. (1554–1623) fordert beispielsweise 1623 die Todesstrafe für diejenigen, die überführt werden, den Tod von Menschen durch Hexerei verschuldet zu haben. Sein Nachfolger, Urban VIII. (1568–1644) dagegen verurteilt im Jahre 1637 Inquisitoren »wegen willkürlicher und ungerechter Verfolgung von Hexen«. Er wirft ihnen vor, von Angeklagten wertlose Geständnisse zu erpressen und sie ohne zwingenden Grund dem Arm der weltlichen Gerechtigkeit auszuliefern. Im Gegensatz zu einer weitverbreiteten Meinung sind die spanischen Inquisitoren noch die mildesten. Hinrichtungen sind bei ihnen sehr selten, und 1614 befiehlt das höchste Inquisitionsgericht seinen Beamten, Geständnisse von Hexen als neurotische Wahnvorstellungen zu betrachten und Milde walten zu lassen.

Besonders schlimm wütet die neue Pest in Deutschland, wo Katholiken und Protestanten darin wetteifern, Hexen zu verbrennen. Das Volk wird geradezu angestachelt, überall Teufel oder Hexen zu sehen, und gerät so in eine Massenpsychose. Der Papst wird von Luther als Antichrist, also als Teufel bezeichnet. Von Dr. Johannes Eck (1486–1534), seinem katholischen Widersacher, und von anderen Katholiken behauptet der wiederum, sie hätten mit dem Teufel einen Pakt geschlossen. Umgekehrt schreibt der Breslauer Domherr Cochläus in einer Biographie über Luther, dieser wäre bei einem Ehebruch seiner Mutter vom Teufel gezeugt worden. Als der Hexenwahn schließlich abklingt, vorwiegend durch die Politisierung des Dreißigjährigen Krieges, der als Glaubenskrieg begonnen hat, sind nach historischen Quellen mindestens 100 000 Opfer zu beklagen. Die meisten davon starben in Deutschland, was zu denken gibt, wenn man die Anfälligkeit der Deutschen gegenüber den Wahnvorstellungen Hitlers bedenkt.

Staatsphilosophen der Neuzeit

Der Humanismus bleibt im wesentlichen eine Angelegenheit der Gelehrten und Dichter. Dagegen umfaßt die aus ihm erwachsene Renaissance alle Lebensgebiete. Auch im politischen Bereich bleibt der neue, rationale Geist nicht ohne Folgen. Mit dem Verlust des Glaubens an eine göttliche Weltordnung müssen notgedrungen neue Begründungen für legitime Formen der Machtausübung und des gesellschaftlichen bzw. staatlichen Lebens gefunden werden. Deshalb versuchen in der Folgezeit Praktiker und Theoretiker, geeignete und allgemeingültige rationale Methoden politischen Handelns zu finden. Sie bewegen sich aber nicht in einem leeren Raum, den sie neu zu gestalten hätten. Vielmehr müssen sie sich sowohl an den politischen als auch an den neuen wirtschaftlichen Machtzentren orientieren. Dem Handel liegt sehr viel an einheitlichen Märkten. Sicherheit der Verkehrswege und Schutz gegen feudale Übergriffe kann aber nur von einer starken Zentralgewalt garantiert werden. Demokratische Freiheiten sind noch nicht gefragt. So kommt es zu einem Bündnis des erstarkten reichen Bürgertums mit den Königen. Der starke Staat ist identisch mit einem starken König, in dessen Händen alle Gewalten konzentriert sind. Dadurch entstehen mächtige absolutistische Nationalstaaten: Frankreich, Spanien und England. In Deutschland hingegen kann sich der schwache Kaiser nicht gegen die Territorialherrschaften durchsetzen. Die Geschichte Deutschlands wird deshalb im wesentlichen von den absolutistischen Kleinstaaten geprägt, wodurch sie einen anderen Verlauf nimmt als die der westlichen Staaten.

In den bestehenden Vertretungskörperschaften der Stände und der Räte dominieren nach wie vor noch die Adligen. Sie verteidigen ihre Rechte im Namen der Freiheit, während die Bürger nach dem starken König rufen, um die Macht jener einzuschränken. Als später der absolute Monarch durch keine Gegengewalt mehr in die Schranken gewiesen werden kann und zum Despoten wird, schlägt die Stimmung um. Liberale und demokratische Gedanken finden ihre Sprecher und Theoretiker: christlich bzw. (früh-)sozialistisch denkende Männer, darunter Theologen, Kirchenfürsten, Juristen, Politiker, Philosophen und Literaten. Einer von ihnen, der Literat und Philosoph Michel de Montaigne (1533–1592), gibt in zweien seiner Werke, in den *»Essays«* und im *»Reisetagebuch«*, einen tiefen Einblick in das skeptische, kritische und vorurteilsfreie Denken der Renaissance. So urteilt er etwa über Revolutionäre: »Diejenigen, die einen Staat aus den Fugen heben, sind gewöhnlich die ersten, denen er auf den Kopf stürzt.«

Thomas Morus: Utopischer Sozialismus

Der Jurist Thomas Morus (1478–1535) nimmt im England Heinrichs VIII. (1491–1547) eine hervorragende politische Stellung ein. 1518 wird er zum Mitglied des Geheimen Rates ernannt, 1523 zum Sprecher des Unterhauses gewählt und 1529 zum Lordkanzler berufen. Als enger Vertrauter des Königs hilft er diesem, den Protestantismus zu bekämpfen. Aufgrund seiner Treue gegenüber dem Papst gerät er jedoch in einen schweren Gewissenskonflikt, als der König die katholische Kirche in eine englische Staatskirche umwandelt. Morus widersetzt sich und legt unter

Protest 1532 seine Ämter nieder. Dennoch verlangt der König von ihm die Ablegung des *Suprematseides,* mit dem die päpstliche Oberhoheit über die englische Kirche abgelehnt und die königliche anerkannt werden soll. Als Morus sich standhaft weigert, den Eid zu leisten, kommt er in Haft und wird zum Tode verurteilt. Wegen dieser Glaubenstreue und Standhaftigkeit wird er 1935 von der katholischen Kirche heiliggesprochen.

Thomas Morus lehnt als Anhänger einer autoritativ begründeten Herrschaft alles Revolutionäre strikt ab. Dagegen hält er, mit Einschränkungen, soziale Reformen durchaus für wünschenswert. Er ist sich allerdings bewußt, daß seine Vorstellungen in der Gegenwart nicht zu verwirklichen sind. Deshalb legt er seine Gedanken in Form eines fiktionalen Gesellschaftsromanes nieder: *»Vom besten Zustand des Staates und der neuen Insel Utopia«.* »Utopia« bedeutet soviel wie »Nirgendwo«. Mit dieser Schrift entwirft Morus das ideale Bild eines christlich-sozialistischen Gemeinwesens, das er den realen Zuständen seiner Zeit entgegenstellt. In ihm gibt es keine Ausbeutung der unteren Arbeiterklasse. Alle nehmen an der Gemeinschaftsproduktion teil und verfügen über ein gemeinschaftliches Eigentum. Selbst eine Altersversorgung für alle ist vorgesehen. Der Zugang zu Bildung bzw. geistigen Gütern steht allen frei. Was die geistige Fortbildung angeht, so verrät der auf die Antike ausgerichtete Bildungskanon allerdings Bildungsoptimismus, Wissenschaftsgläubigkeit und Überschätzung des Rationalen.

Das ideale Bild läßt die Schattenseiten eines solch abgekapselten Inselstaates leicht übersehen. So kann in Utopia die tägliche Arbeitszeit, die Männer und Frauen zu leisten haben, nur deshalb auf sechs Stunden begrenzt werden, weil man Sklaven zur Verfügung hat. Die Freizeit hat überwiegend der körperlichen und geistigen Ertüchtigung zu dienen; Müßiggang und Reisen sind verpönt. Hier zeigt sich bereits der allen modernen totalitären Ideologien eigene Aktionismus. Sie treten als »Bewegungen« auf und versuchen, wie dieser Begriff ausdrückt, möglichst viele, am liebsten das gesamte Volk, in Aktionen einzuspannen bzw. »in Bewegung« zu setzen oder zu halten.

Auch das Zusammenwohnen ist bis in Einzelheiten geregelt. Jeweils etwa zwanzig Männer und Frauen leben als Großfamilie in strenger Disziplin in Gemeinschaftshäusern mit Kindergärten. Die Pflicht gebietet es, immer Uniform zu tragen und abwechselnd in der Stadt und auf dem Lande zu arbeiten. Das naturgemäße, vernunftgeleitete Leben ist hier das oberste Prinzip, aus dem sich auch eine strenge Geschlechts- und Ehemoral ergibt. Die Priester dieses Staates wachen als Sittenrichter über die Einhaltung der Gesetze. Als Lehrer haben sie auch für eine staatstreue Gesinnung der Kinder zu sorgen.

Es ist fraglich, ob der freigeistig denkende und handelnde Humanist Morus, der für seine Überzeugung und Gewissensfreiheit in den Tod geht, sich mit einer Realität abgefunden hätte, in dem eine totale Planung den Freiheitsraum des Menschen so stark einengt. Möglicherweise wollte er damit nur seinem eigenen Land einen Spiegel vorhalten, in dem es seine eigenen Schwächen und Unzulänglichkeiten erkennen soll.

Nach Platons Idealstaat der Philosophen und Augustinus' idealem Gottesstaat liegt mit der *»Utopia«* des Thomas Morus ein drittes Werk vor, das über die Philosophiegeschichte hinaus eine tiefgreifende politische Nachwirkung erzeugt.

Niccolo Machiavelli: Säkularstaat als Selbstzweck

Mit Niccolo Machiavellis (1469–1527) Buch *»Il Principe«* (*»Der Fürst«* 1513/14) wird die Verweltlichung der Staatsidee sichtbar. Es beruht einerseits auf seinen Studien der politischen Geschichte, andererseits auf seinen persönlichen Erfahrungen im politischen Alltag der Renaissancezeit. Er kommt zu der Schlußfolgerung: »Das ausschließliche Prinzip und Ziel allen politischen Handelns ist die Erringung von Macht, die Machterhaltung und die Machtsteigerung mit allen zur Verfügung stehenden Mitteln, ohne Rücksicht auf Moral, Sitte und Recht. Solche Mittel sind: Intrige, List, Verrat, Meineid, Bestechung, Vertragsbruch und Gewalttaten aller Art.«

Machiavellis pessimistisches Menschenbild ist keineswegs das Ergebnis einer Theorie vom Menschen. So beruft er sich nicht auf die Bibel, nach welcher der Mensch ein gefallenes, ein der Sünde bzw. dem Bösen verhaftetes Wesen sei. Vielmehr spricht er nur das offen aus, was er in seinen Studien der Geschichte Roms und in der Praxis des Alltags empirisch vorfindet. Damit reduziert Machiavelli die idealistische Zielsetzung Platons, der in seinem *Staat* utilitaristische Herrschaftsstrategien aus Gründen der Gerechtigkeit fordert, auf das rein materialistische bzw. pragmatische Zweckdenken der Epikuräer.

Mit der Ausbreitung machiavellistischen Machtstaatsdenkens kommt es allmählich zu einer Vorrangstellung des Herrschaftscharakters des Staates (Obrigkeitsstaat) gegenüber dem Gemeinschaftscharakter, was mit dem von Machiavelli geprägten Begriff von der *Staatsraison* am besten umschrieben wird.

Obwohl Machiavelli das Wort »Politik« nie benutzt, ist mit seinen Prinzipien herrschaftlichen Handelns eine ganz bestimmte Politik, die *Machtpolitik,* definiert. Weil sie alle bösartigen Mittel gelten läßt, spricht man hier von einer *dämonologischen Politikauffassung,* die im Gegensatz zum *anthropologischen Politikbegriff* des Aristoteles steht. Dieser hatte in seinem *»Staat«* gefordert, daß Staatsverfassung und politisches Handeln dem Wohle der ganzen Gesellschaft verpflichtet sein muß. Das schließt Ideologiefreiheit, Kompromißbereitschaft und Friedenswille ein. Der dritte Politikbegriff, der *eschatologische,* geht auf Augustinus zurück; er wird auch als der *leninistische* bezeichnet. Denn Augustinus und Lenin begreifen den Sinn der Politik nur vom Endziel der Geschichte her: Augustinus vom Weltgericht, dem alle christliche Politik verpflichtet sein müsse; Lenin hat das *deterministische Weltbild des Histomat* vor Augen, nach dem alles unabänderlich auf einen kommunistischen Endzustand hinstrebt.

Machiavelli hat seine eigenen Ratschläge selbst nie befolgt, wie an seiner politischen Laufbahn zu ersehen ist. Ein zweites Werk *(»Discorsi«),* das eine Theorie der gemäßigten Demokratie enthält, entspricht im wesentlichen seiner eigenen Auffassung von Politik und Herrschaft.

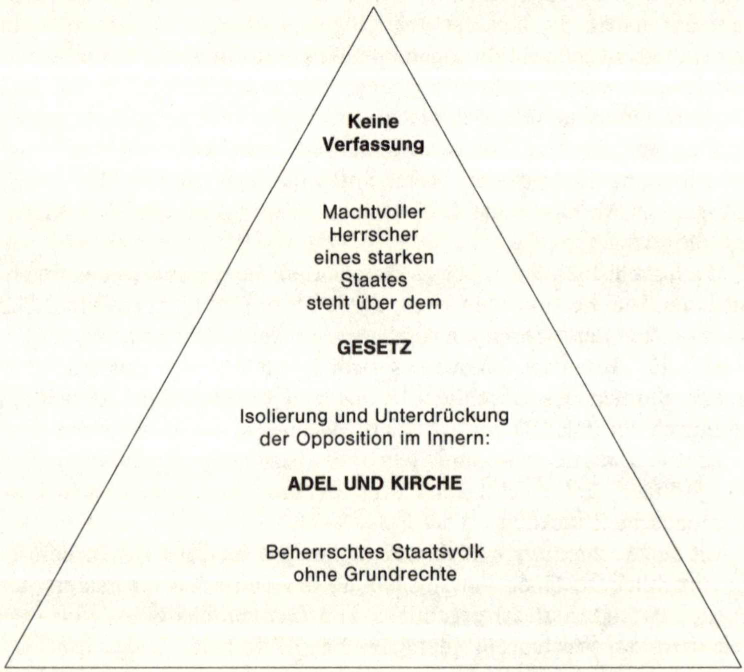

NICCOLO MACHIAVELLI

DER FÜRST

1513/14

KRITERIEN DES SÄKULARSTAATES

Machtprinzip: Machterhaltung und -steigerung
Politisches Prinzip: Richtig und gut ist, was dem Staat bzw. dem Herrscher nützt.
Politische Praxis: Anwendung aller Mittel und Methoden ohne Rücksicht auf die Moral.

Abb. 19: *Niccolo Machiavelli: Der Säkularstaat als Selbstzweck*

Martin Luther: Reformatorischer Absolutismus

Martin Luther (1483–1546) ist weder Philosoph noch Wissenschaftler, sondern ein aus tiefer Religiösität und nach Gefühlsimpulsen handelnder Mensch. Die Befreiungstat der Renaissance, die das Individuum auf sich selbst stellt, betrachtet er als Abkehr von Gott. Aber auch Luther kann sich den Konsequenzen des Humanismus-Gedankens nicht entziehen: Er wird sich seiner ganzen Ohnmacht gegenüber Gott bewußt, dem er als einzelner gegenübersteht. Hinter Augustinus zurückgehend, sieht er allein im Glauben an das Evangelium, an das von Gott geoffenbarte Wort, die Möglichkeit einer Erlösung. Neben der Heiligen Schrift läßt er nichts gelten; die Vernunft ist für ihn eine »Teufelshure«. Aus dieser schroffen Gegenüberstellung von Glauben und Vernunft ergibt sich, daß Luther den »blinden heidnischen Meister Aristoteles« ablehnt. Auf der Suche nach einem Schulphilosophen für sein neues theologisches Lehrgebäude kommt er aber durch den Einfluß des mit ihm befreundeten Humanisten und reformatorischen Theologen Philipp Melanchthon (1497–1560) dennoch wieder auf Aristoteles zurück. Aus der widernatürlichen Verbindung der tiefen Mystik des lutherischen Glaubens mit einem »gereinigten« bzw. verstellten aristotelischen Realismus entsteht eine protestantische Scholastik, eine starre Dogmatik von ähnlicher Unduldsamkeit wie die mittelalterliche.

Die Reformation wird von insgesamt fünf Faktoren bestimmt. Der

- erste Faktor ist religiöser Art, denn am Anfang steht eine rein religiöse Bewegung. Ihre Geschichte ist eng verbunden mit der Persönlichkeit Martin Luthers und seiner religiösen Gewissensentscheidung. Der äußere Anlaß sind objektiv vorhandene Mißstände in der katholischen Kirche, vor allem der geschäftige Ablaßhandel des Mainzer Erzbischofes Tetzel. Die Einnahmen sind für den Bau der Peterskirche in Rom bestimmt. Damit wird neben dem religiösen ein
- zweiter Faktor sichtbar, der der Reformation in Deutschland ihre Kraft verleiht: der nationale. Die Deutschen wollen nicht länger von Rom aus beherrscht werden. Deshalb soll in der Kirche deutsch gesprochen werden, ein Wunsch, dem Luther äußerst erfolgreich mit seiner Bibelübersetzung entgegenkommt. Aus dem nationalen Denken ergibt sich direkt ein
- dritter Faktor, der wirtschaftliche. Man will es nicht länger hinnehmen, daß ein Großteil der Kirchensteuern aus dem Reich nach Rom fließt. Der
- vierte Faktor ist im Humanismus zu suchen, der mit seiner gelehrten Kritik die geistigen Waffen liefert. Das Studium der Bibel, auf die man sich jetzt beruft, entzieht der tausendjährigen Tradition ihre Grundlagen: In der Bibel steht nichts von Kirchenfürsten oder gar von einem

römischen Oberhirten, nichts von Dogmen, Klöstern und Mönchen. Auch nichts von Zehnten oder Frondienst oder sonstigen feudalen Rechten. Darin aber liegt der nächste, der

- fünfte Faktor der Reformation begründet, der soziale Faktor.

Bereits im 15. Jahrhundert hatten sich die Humanisten gegen theologische Bevormundungsversuche und Profitgier der römischen Kurie gewendet. Seither sind sie das Sprachrohr einer allgemeinen Unzufriedenheit und Verbitterung über den Reichtum der Kirche und seinen Mißbrauch, über den in weltlichem Wohlstand schwelgenden hohen Klerus (Junker Gottes) und über die Verrechtlichung der Heilsmittel. Aus dem äußeren Anlaß entwickelt sich ein grundsätzlicher Streit. Als schließlich Luther den päpstlichen Primat, die kirchliche Tradition und die Unfehlbarkeit eines Konzils leugnet, kommt es zum Bruch mit Rom. Drei Programmschriften Luthers (1520) verhelfen jetzt der Reformation zum Durchbruch:

- die politische: *»An den christlichen Adel deutscher Nation«,*
- die ethische: *»Von der Freiheit des Christenmenschen«,*
- die dogmatische: *»Von der babylonischen Gefangenschaft der Kirche«.*

Die Folgen sind langfristig revolutionierend. Die Universalkirche zerbricht endgültig; zwischen dem protestantischen Nord- und dem katholischen Südeuropa liegt das religiös-dogmatisch, das heißt ideologisch gespaltene Heilige Römische Reich Deutscher Nation, das dann im Dreißigjährigen Krieg (1618–1648) aus religiösen und machtpolitischen Gründen von den anderen Großmächten zerrissen wird.

Es wäre zu erwarten gewesen, daß die im Wesen individualistische Reformation auch die politische bzw. bürgerliche Freiheit forderte. Aber das ist nur dort der Fall, wo Protestanten als Minderheit ihre religiöse Eigenständigkeit verteidigen müssen. In den Niederlanden verbindet sich deshalb der Calvinismus mit nationalen und bürgerlichen Freiheitsbewegungen. Überall sonst aber unterstellen sich Protestanten den absoluten Fürsten. Das kommt nicht von ungefähr. Im Gegensatz zu Thomas von Aquin vertritt der deutsche Protestantismus gegenüber der Regierungsgewalt den augustinischen Standpunkt des absoluten Gehorsams. Die Folge ist die Entstehung eines Staatskirchentums unter dem Vorsitz von Fürsten. Luthers Stellungnahme zugunsten der Fürsten und gegen die aufständischen Bauern – und damit gegen die soziale Komponente der Reformation – zeigt ihn als politischen Pragmatiker, der sich auf die Seite der Stärkeren schlägt. Die »Freiheit des Christenmenschen« ist keineswegs politisch gemeint.

Die Befreiung des Geistes, eine wesentliche Tat der Renaissance und des Humanismus, wird durch den Protestantismus eher unterbrochen als gefördert. Erst die Aufklärung bringt hier neuen Fortschritt. Luther geht es einzig und allein um die Freiheit in der Auslegung der Heiligen Schrift. Als Folge der Reformation wird aber auch die Alleinherrschaft der katholischen Kirche auf dem Bildungssektor gebrochen. Bildungsinstitute und Schulen werden säkularisiert und geraten bald danach unter staatliche Bevormundung. Der Freiheit des Gewissens, die Luther erkämpft, steht auf der anderen Seite ein Verlust an Form und Tradition gegenüber. Doch ohne die Gewissensfreiheit ist auch Kants Lehre von der autonomen sittlichen Persönlichkeit nicht denkbar.

Auf eine besonders wichtige Folge der Reformation muß noch hingewiesen werden. Indem Luther das gesamte profane Leben zu einer Art Gottesdienst erhebt, stärkt er das weltliche Element in der Religion. Luther fordert, daß man überall und jederzeit, das heißt auch im Amte oder bei der Arbeit, Gott wohlgefällig sein müsse. Das läuft auf eine Art Heiligsprechung der Arbeit hinaus. Dadurch kommt es zu einem Bedeutungswandel des Begriffes »Beruf«, der bisher nur im Sinne von »Berufung« verstanden worden ist. Nun nimmt er die noch heute geltende Bedeutung von handwerklicher Arbeit oder Fachtätigkeit an. Die Arbeit, die in der Bibel noch als Strafe für die Ursünde gilt, wird jetzt geadelt, ja sogar heiliggesprochen. Von dieser protestantischen Auffassung führt eine direkte Linie zum Kapitalismus und Marxismus.

Jean Bodin: Souveränitätsbegriff

Mit Bodin (1530–1596) wird die mittelalterliche Staatsidee endgültig überwunden. Der Staat wird aus seiner Gebundenheit in religiöse Ordnungsvorstellungen gelöst und als absolut autonomes Gebilde betrachtet. Er soll von keinem anderen Staat, von keiner anderen Gewalt in seinen Entscheidungen abhängig sein. Nur er soll das Monopol der *legitimen Gewaltanwendung* besitzen und in jedem Fall Zwecke, Ziele und Mittel bestimmen. Diesen Status staatlicher Ordnungsmacht bezeichnet Bodin als *Souveränität,* den Träger dieser Macht als *Souverän.* Nach Bodin ist eine dauerhafte Ordnung des Staates ohne Souveränität nicht denkbar. So betrachtet, bedeutet der Begriff »Souveränität« soviel wie »ungebundene Herrschaft durch einen Souverän«.

Mit dieser Lehre legt Bodin die geistige Grundlage für den Absolutismus, auf die sich dessen Vertreter immer berufen. Dabei übersehen sie geflissentlich die stillschweigende Voraussetzung der Souveränität, die für Bodin, der auf dem Boden des Rechts steht, selbstverständlich ist: das übergeordnete Recht, von ihm »Jus« genannt, ist für den Herrscher bzw. Staat verbindlich. Unter diesem »Jus« kann man das *Naturrecht* bzw. ein *allgemeines Sittenrecht* verstehen. Bodin lehnt nämlich Machiavellis Lehre als unmoralisch und unrechtmäßig ab. Er unterscheidet deutlich zwischen dem übergeordneten »Jus« und dem von ihm als »Lex« bezeichneten positiven Recht, das vom Souverän für alle verbindlich »gesetzt« wird. Der Herrscher ist an diese Gesetze selbst nicht gebunden. Bodin hält es dabei für selbstverständlich, daß der Souverän sich an das »Jus« gebunden fühlt. Deshalb verzichtet er darauf, es ausdrücklich zu sanktionieren. Er kann also keineswegs als Apologet (Verteidiger) des Absolutismus angesehen, viel eher muß er ein Mitbegründer des modernen Rechtsstaates genannt werden.

Zu seinen Lebzeiten, und auch noch danach, findet Bodins Lehre große Beachtung. Im Zeitalter Ludwigs XIV. setzt sich aber die Auffassung durch, daß der Staat selber die Quelle des Rechts ist, womit die Bindung an ein übergeordnetes Recht geleugnet wird. Der Unterschied zwischen Jus und Lex wird verwischt, und zuletzt werden beide gleichgesetzt. Insofern - und gegen seine Intentionen - muß auch Bodin als Wegbereiter des Absolutismus betrachtet werden. Von großer Bedeutung sind auch Bodins Ansichten über die Familie. Auf Aristoteles zurückgreifend, der vom Individuum und der Familie ausgeht, bezeichnet er letztere als die *Urzelle des Staates* und das Eigentum als ihre Voraussetzung. Deshalb erstreckt sich bei Bodin die Verfügungsgewalt des Souveräns nicht über die Familie und deren Eigentum. Das bedeutet ein klares Votum für die heute so bezeichneten Grundrechte, wenngleich der Katalog bei Bodin nicht sehr umfangreich ist.

Mit Hilfe der Lehre von der Souveränität kommt Bodin zu richtungweisenden Auffassungen über Staatsformen. So arbeitet er beispielsweise den Begriff der *Diktatur* heraus, die er allerdings nicht für eine besondere Staatsform hält, sondern für einen ungesetzlichen Zustand bzw. Machtmißbrauch.

Thomas Hobbes: Gesellschaftsvertrag

Der englische Staatsphilosoph Thomas Hobbes (1588–1679) greift als Vertreter einer *naturalistischen Staats- und Gesellschaftslehre* auf den Materialismus und Utilitarismus der Epikuräer und deren Vertragstheorie zurück. Als Atheist lehnt er theologische Aspekte und ethische Vorbehalte strikt ab. Damit stellt er sich auch in die unmittelbare Nachfolge Machiavellis, dessen Zielsetzung und Methoden er durch eine materialistische Geschichts- und Gesellschaftslehre wissenschaftlich fundieren und rechtfertigen will. Der Mensch besitze keine Willensfreiheit und sei ein Egoist, der ohne Rücksicht auf andere nach möglichst großem Besitz zur Erhaltung seiner Existenz und Vergrößerung seiner persönlichen Macht strebe. Das hätte in der Urzeit zum »Krieg aller gegen alle« und zum Chaos geführt: »Homo homini lupus« - »Der Mensch ist des Menschen Wolf«. Das wiederum hätte die Menschen schließlich gezwungen, staatskonstituierende Verträge zu schließen: den unkündbaren Einigungsvertrag (Pactum unionis) und den Unterwerfungsvertrag (Pactum subjektionis). Zum Schutz von Recht, Sicherheit, Friede, Eigentum und höherer Sittlichkeit müßten sich danach alle Menschen der Staatsmacht bzw. ihrem Träger bedingungslos unterordnen. Hobbes verleiht diesem absolute Souveränität nach innen und außen. Ein übergeordnetes Recht (Jus), etwa ein Naturrecht, erkennt Hobbes nicht an. Die Staatsgewalt ist bei ihm mit solch absoluter Machtvollkommenheit versehen, daß sein Werk zu Recht im Titel den Namen eines alttestamentlichen Ungeheuers trägt: Leviathan or the matter ... (1651). Der Staat wird in diesem Buch zum »sterblichen Gott«, der bestimme, was Recht sei. Ist schon bei Machiavelli das Recht dem Staatsnutzen untergeordnet, so geht Hobbes noch einen Schritt weiter: Ein »schlechtes Mittel«, das dem Staat nützt, hält er nicht nur für erlaubt, sondern sogar für »gut«; nur das sei »schlecht«, was dem Staat schadet. »Gut« und »richtig«, und damit auch öffentliches Recht, ist bei ihm alles, was dem Staat nützt. Das gilt für Hobbes auch im sittlichen Bereich: Was als Religion zu gelten habe, werde ebenfalls vom Staat festgelegt; alles andere sei nur Aberglaube.

Die pessimistische Ansicht, der Mensch sei ein Egoist, bestärkt Hobbes' Überzeugung, daß nur das von ihm entworfene Ordnungssystem eine chaotische Anarchie verhindere und menschliche Lebensbedingungen sichere. Auch geht er davon aus, daß die absolute Unabhängigkeit des Monarchen diesen zum unparteiischen Schiedsrichter über alle Parteien derart erhebe, daß er an weiterem Machtgewinn und noch größerem Reichtum gar kein Interesse haben könne. Sollte ein Monarch dennoch seine Grenzen überschreiten und damit dem Staatsganzen schaden, hält Hobbes Tyrannenmord für erlaubt.

Hobbes kann zu seiner Zeit natürlich nicht voraussehen, daß drei Jahrhunderte später seine Theorie zur Errichtung totalitärer Systeme sowie zur Unterdrückung und Vernichtung von Menschen mißbraucht werden wird. Seine Absicht, dem Individuum einen gesetzlich gesicherten Freiraum zu schaffen, in dem eine starke Regierung ein allgemeines Chaos verhindert, ist ersichtlich. Objektiv gesehen, zeigt die Geschichte aber, welche letzte Konsequenzen ein System hat, das die Rechte des Individuums zugunsten des Staatsinteresses übermäßig einschränkt.

Jacques Bossuet: Theokratischer Absolutismus (Gottesgnadentum)

Der *extreme Absolutismus* Ludwigs XIV. kann als eine logische Konsequenz *cartesianischer Philosophie* angesehen werden. Deren Raison-Denken fordert nämlich ein Zentrum, von dem aus alles einheitlich und methodisch beherrscht wird. Der Monarch steht deshalb in dem von der Vernunft eingesetzten Mittelpunkt des irdischen Koordinatennetzes, an dem sich jeder zu orientieren hat. Wer das nicht einzusehen vermag, gilt nicht nur als Abweichler. Er erscheint seinen Zeitgenossen wie jemand, der nicht klar denken kann, wie ein geistig Behinderter, vor dem man die Öffentlichkeit schützen müsse und der ins Gefängnis gehöre. Moderne totalitäre Staaten haben diese Methode in der Praxis erprobt und verfeinert: Sie stecken Abweichler in isolierende Lager oder in geschlossene Abteilungen psychiatrischer Kliniken.

Aus dem cartesianischen Denken ergeben sich also radikale Theorien und Staatsmodelle, in denen mittelalterliche Vorstellungen wieder aufleben. Als wichtigster Repräsentant dieser Denkrichtung muß hier Jacques Bossuet (1627–1704) genannt werden, der im Dienste Ludwigs XIV. stehende Erzieher des Thronfolgers. Für diesen schreibt er das Buch *»Discours sur l'histoire universelle«,* in dem er die Geschichte von der Erschaffung der Welt bis zu Karl des Großen auf der Grundlage christlicher Heilsgeschichte darstellt. Als führender Theologe seiner Zeit wird er 1681 zum Bischof von Meaux ernannt. Am Hofe des Sonnenkönigs besitzt er als glänzender Kanzelredner und Diplomat eine einflußreiche Stellung. Mit großem Erfolg versucht er, Kirche und Staat miteinander zu verbinden. In der Schrift *»Politique tiree des propres paroles de l'ecriture sainte« (»Politik nach den Worten der Heiligen Schrift«),* die 1679 erscheint, liefert er eine theoretische Begründung des *Absolutismus* und des *Gottesgnadentums.* Dazu zitiert er das Alte Testament: »Gott gab jedem Volk seinen König«. Aus dem Neuen Testament wählt er die Worte des heiligen Paulus aus: »Es ist keine Obrigkeit ohne von Gott.« Und: »Wer sich nun wider die Obrigkeit setzet, der widerstrebet Gottes Ordnung; die aber widerstreben, werden über sich ein Urteil empfangen.«

Bossuet folgert daraus, daß der König als Stellvertreter Gottes anzusehen ist, daß seine Person heilig, die königliche Gewalt göttlich und absolut ist und daß er allein Gott verantwortlich ist. Bossuet ist der festen Überzeugung, daß der schwache menschliche Geist einer Autorität bedürfe, die Moralgesetze aufstellt. Dagegen führe ein freigeistiges Denken, das die göttlichen Gebote nicht anerkenne, zum Zerfall aller moralischen Ordnung. Berühmt sind seine den Sachverhalt scharf umreißenden Worte, bei denen die Reihenfolge zu beachten ist: »Un roi, une foi, une loi!« – »Ein König, ein Glaube, ein Gesetz!«

So intolerant Bossuet sich in der Theorie gibt, so menschlich und milde zeigt er sich in der Praxis. Um Sachlichkeit bemüht, versucht er, seine Gegner in ausführlichen Gesprächen mit Argumenten zu überzeugen. Zwölf Jahre lang korrespondiert er mit dem Hugenottenführer Ferry. Als im Jahre 1685 das »Edikt von Nantes« aufgehoben wird, das seit 1598 freie Religionsausübung gewährt hatte, begrüßt er zwar dieses als »frommen Beschluß«, läßt aber in seinem Bischofsbereich keine Verfolgung der Hugenotten zu.

James Harrington: Geheime Volkswahl – Prinzip der Rotation

Zur selben Zeit, als Hobbes einer absolutistischen Monarchie das Wort redet, in der er ein Allheilmittel gegen die Wirren der Bürgerkriege seiner Zeit sieht, tritt James Harrington (1611–1677) mit der utopischen Schrift *»Oceana«* (1656) an die Öffentlichkeit. Als überzeugter Republikaner und Liebhaber des klassischen Altertums geht er von antiken Verfassungen aus, wobei er Israel, Sparta, Athen und Rom besonders berücksichtigt. Als Verehrer der italienischen Stadtstaaten greift er immer wieder auch auf Venedig zurück. Während Hobbes die Ansicht vertritt, jede Regierung müsse sich auf eine Militärmacht stützen, stellt Harrington, bereits 200 Jahre vor Marx, die These auf, die diesem zugeschrieben wird: »Die Macht des Staates ist eine Funktion der Macht der Wirtschaft.« Wer das Geld habe, die Armee zu bezahlen, besitze auch die Macht im Staat. Nur wenn diese und die Macht der Wirtschaft aufeinander abgestimmt seien, herrsche ein Gleichgewicht. Damit nun die Regierung nicht eine Großgrundbesitzer-Oligarchie werde, müsse der Staat den Grundbesitz einschränken und für eine breite Streuung sorgen. Alle Grundbesitzer könnten an der Volksversammlung teilnehmen oder in den Senat abgeordnet werden.

Entsprechend der Gewaltenteilung in antiken Republiken schlägt Harrington vor, der Senat solle das Recht der Gesetzesinitiative bekommen, während das »Haus der Entscheidung« die Gesetze zu beschließen habe. Dem Senat obliege es, für die Beamtenstellen bzw. Regierungsämter (Magistrate) Kandidatenlisten vorzulegen, über die die Bürger in geheimer Wahl zu befinden hätten. Jedes Jahr müsse ein Drittel der Abgeordneten, Senatoren und Magistraten in Neuwahlen durch neue Männer ersetzt werden. Durch diese *Rotation* würden alle Körperschaften, auch die Regierung, innerhalb von drei Jahren erneuert, ohne daß es einen die Kontinuität sprengenden Wechsel gebe.

Mit dieser Forderung nach geheimer Volkswahl und Rotation erweckt Harrington antike Prinzipien zu neuem Leben, die heute als Grundlage moderner Verfassungsstaaten gelten, die 1776 mit den Vereinigten Staaten in die Geschichte eintreten: Die geheime Wahl, eine geschriebene Verfassung und die Rotation im Senat gehören dort zum Fundament der Demokratie. Die Senatoren werden alle zwei Jahre zu einem Drittel neu gewählt. Allerdings nicht durch eine sogenannte »Basis«, deren Mitglieder und Legitimation kaum einer kennt, sondern, und das ist ein bedeutender Unterschied, nur durch die dazu legitimierten Wähler.

John Locke: Grundrechte und Gewaltenteilung

Der Philosoph John Locke (1632–1784) gilt als Begründer und einflußreicher Vertreter des Empirismus und der Erkenntniskritik der Aufklärung.

Erkenntnisse, so behauptet er, seien nur Ideen, die aus der äußeren Sinneswahrnehmung und/oder der inneren Reflexion bestünden. In diesem Sinne begreift er Politik nicht als Feld für ideale Entwürfe, sondern als eine höchst realistische Aufgabe, der nur mit praktischen Vorschlägen beizukommen sei. Unter dem Eindruck der »Glorreichen Revolution« von 1688 schreibt John Locke das Buch *»Two Treatises on Government«*, womit er den politischen Liberalismus begründet. Dessen Hauptverdienste sind in dem mühsamen Beginnen zu suchen, die *Menschen- bzw. Grundrechte* ins Bewußtsein aller Menschen und zur möglichst umfassenden Anerkennung zu bringen.

Die Pflege individueller Rechte bzw. deren Sicherung gegenüber der Krone ist seit der »Magna charta libertatis« von 1215 englische Tradition. Die Reformation hatte seitens der Theologen noch die Forderung nach absoluter Glaubens- und Gewissensfreiheit in die englische Geschichte gebracht. John Locke macht sich zum Wortführer der Toleranzidee und einer naturrechtlich begründeten Freiheitssphäre des Menschen. Er stellt den Gesellschaftsvertrag von Hobbes auf ein neues Fundament. Den Unterwerfungsvertrag (Pactum subjectionis) lehnt er ab, nur einen Einigungsvertrag (Pactum unionis) im genossenschaftlichen Sinne läßt er gelten: Der Staat wird durch einen kündbaren Vertrag auf Gegenseitigkeit konstituiert, mit dem Ziel, Leben, körperliche und geistige Freiheit und persönliches Eigentum zu schützen. Alle diese Grundrechte glaubt Locke durch Gewaltenteilung innerhalb einer Monarchie gewährleistet, die somit zu einer *verfassungsmäßig eingeschränkten Monarchie* werde. Aktuelle Ereignisse veranlassen ihn, den Monarchen dem Parlament unterzuordnen. Damit wird dieser erstmals in einer Verfassungskonzeption einem Staatsorgan politisch verantwortlich. Das gilt sowohl für innenpolitische Regierungsmaßnahmen, die der *Exekutive* zufallen, als auch für die damals noch eigenständige Außenpolitik, die als *Föderative* bezeichnet wird. Außerdem gesteht Locke dem Monarchen noch die sogenannte *Prärogative* zu. Bei wichtigen außenpolitischen Entscheidungen, die rasch getroffen werden müssen, könne der Monarch ohne vorherige Befragung des Parlamentes handeln. Allerdings müsse er nachträglich Rechenschaft ablegen.

An eine Kontrolle durch die Justiz denkt Locke noch nicht. Das liegt zum Teil daran, daß zu seiner Zeit die Stellung des englischen Richters noch sehr unbefriedigend ist. Erst durch den »Act of Settlement« von 1701 wird den Richtern ihre Unabhängigkeit und Unkündbarkeit gesetzlich zugestanden.

Es bleibt Locke das große Verdienst, mit seinem Entwurf erstmalig nachgewiesen zu haben, daß sich die Grundrechte des Menschen durchaus in Einklang mit den Interessen des Staates bringen lassen. In der politischen Praxis zeigen sich die Wirkungen seiner Ideen und Arbeit sowohl in der Aufklärung, insbesonders in Frankreich, als auch in der nicht abreißenden Kette von Menschen- und Grundrechtserklärungen. Deren erste, die »Bill of Rights of Virginia«, ist eindeutig auf Locke zurückzuführen. Es handelt sich bei dieser um die 1791 in Kraft getretenen zehn ersten Zusatzartikel zur Verfassung der USA von 1787.

Charles de Montesquieu: Check and balance

Montesquieu (1689–1755) gilt als der eigentliche Begründer des *Konstitutionalismus,* das heißt eines ausgeklügelten und ausgewogenen Systems der *Gewaltenteilung, Gewaltenkontrolle und -hemmung* innerhalb einer Staatsform. Im Jahre 1748 veröffentlicht er sein grundlegendes Werk *»Vom Geist der Gesetze«,* in dem er die Prinzipien darlegt, durch die die Rechte des Individuums und des Staates in Harmonie gebracht werden sollen. Dazu entwickelt Montesquieu ein sehr flexibles System. Wie der Titel schon besagt, kommt es ihm auf den Geist an, mit dem die Gesetze jeweils der Notwendigkeit angepaßt und der ursprünglichen Intention gemäß angewendet werden sollen. Montesquieu legt klar, daß der Staat eine höchst komplizierte Angelegenheit ist, wobei geographische, soziale und ökonomische Gegebenheiten in Wechselbeziehungen zu bestimmten politischen Ordnungssystemen stünden. Er sieht bereits die Bedeutung der »Corps intermediares«, der sozialen und politischen Gruppen, die zwischen den einzelnen Gewalten und dem Gesamtvolk stehen. Damit ist die bis heute aktuelle Frage nach der Stellung von Parteien, Verbänden und Wirtschaftsunternehmen aufgeworfen. Montesquieu hofft, durch eine dritte Gewalt in allen Bereichen des Staates den Ausgleich zu erlangen, damit eine totale Machtergreifung ebenso unmöglich werde wie die Übermacht irgendeines staatlichen Organs. »Das Wohl des Volkes ist das oberste Gesetz«, schreibt Montesquieu, wobei zu beachten ist, daß es »Volk« und nicht »Staat« heißt. Aus diesem Grunde geht er nicht vom Naturrecht aus und kann auch auf eine Vertragslehre verzichten.

Montesquieu hält direkte Abstimmung für überholt und empfiehlt das Repräsentativsystem. Es erhebt sich nun die berechtigte Frage, inwieweit er damit den Staat letztlich den Juristen ausliefert, die in vielen Fällen eine ähnliche Instanz darstellen, wie sie die Theologen im Mittelalter repräsentiert haben. Die Antwort darauf kann aber nur lauten, daß die Gefahr durchaus besteht und daß vielleicht die Juristen ein Übergewicht erlangt haben. Es gehört aber zum System Montesquieus, daß die übrigen »Gewalten« einer solchen Hypertrophie mit legalen Mitteln begegnen müssen, das heißt, systemimmanente Gefahren können durch das gleiche System beseitigt werden. Andererseits muß ganz klar herausgestellt werden, daß ohne die Stärkung des Richter- und Juristenstandes die Geschichte Europas nicht den Weg zur Demokratie gefunden hätte. Ohne den juristisch abgesicherten *Konstitutionalismus* hätte sich auch die

Arbeiterbewegung mit all den damit verbundenen sozialen Verbesserungen nicht durchsetzen können.

Wenn heute vom »Geist der Gesetze« die Rede ist, denkt jeder sofort an die sogenannte *Gewaltenteilung.* Dabei kommt Montesquieu erst im Buch XI auf dieses Thema, wo er sie in bezug auf die individuelle Freiheit des Staatsbürgers erörtert. Sein Entwurf sieht auch anders aus, als man allgemein annimmt. Wenngleich bei ihm die *Judikative* als dritte Kraft bzw. Befugnis hinzukommt, so ist sie theoretisch zunächst keine gleichberechtigte Gewalt zwischen *Legislative* und *Exekutive;* sie ist vielmehr ein Teil der letzteren. Bei Montesquieu hat das Oberhaus als zweite Kammer die Aufgabe, vermittelnd einzugreifen. Außerdem sollen sowohl die beiden Kammern untereinander als auch die Exekutive und die Gerichte sich gegenseitig die Waage halten und kontrollieren, wobei das Vetorecht jeweils als Handhabe dient (»Check and balance«!). Erst in späteren, konkreten Verfassungen wird die Justiz selbständige Gewalt - in den USA, dem ersten demokratischen Bundesstaat der Welt, bereits 1789.

Montesquieu hat eine ganz neue Herrschaftsform in die Geschichte eingebracht, mit der er zum eigentlichen Gegenspieler Machiavellis wird. Für diesen war die Justiz nur ein Mittel zum Zweck, sein »Fürst« führt vorgeblich »für das Recht« und »für ewigen Frieden« Kriege, sieht aber brachiale Gewalt als legitimes Mittel an.

Jean Jacques Rousseau: Volkssouveränität und radikale (identitäre) Demokratie

Mit Rousseau (1712–1778) kommt ein ganz neues Element in die Geschichte: die Revolution, das heißt der Bruch mit der Geschichte, die nach seiner Ansicht völlig fehlgelaufen ist. Er glaubt an einen paradiesischen Naturzustand in der Urzeit, der durch die Gründung einer Eigentumsgesellschaft zerstört worden wäre: »Der erste, dem es in den Sinn kam, ein Grundstück einzugrenzen und zu behaupten: das gehört mir, und der Menschen fand, einfältig genug, ihm zu glauben, der war der eigentliche Begründer der menschlichen Gesellschaft.« Sobald der verfügbare Boden einmal aufgeteilt war, hätte sich jeder nur noch auf Kosten des anderen vergrößern können. Die Entstehung des Eigentums gilt für Rousseau als Ursünde der Menschheit. Herrschaft und Knechtschaft (Sklaverei), Arme und Reiche, Gewalttätigkeit und Räuberei wären so auf die Welt gekommen.

Diesen Zustand glaubt Rousseau nur durch einen neuen Gesellschaftsvertrag, einen *Einigungsvertrag,* unterbrechen zu können, der zugleich *Unterwerfungsvertrag* sein müsse: Alle Menschen einigen sich, sich nur noch dem Gemeinwohl, dem Gemeinwillen (Volonté général), unterzuordnen, mit dem Ziel, Gleichheit und Freiheit wiederherzustellen bzw. zu erhalten. »Die Staatshoheit ist nichts anderes als die Ausübung des

Allgemeinwillens; sie kann nie veräußert werden.« Rousseau spricht damit die Souveränität allein dem Volk zu, und zwar so absolut, daß er mit seiner Lehre eine Grundlage totalitärer Staaten legt, in denen es »keinerlei Art eines bindenden Grundgesetzes gibt noch geben kann«. Wer sich gegen den Allgemeinwillen stelle, wer ihm den Gehorsam verweigere, der soll »von dem ganzen Körper dazu gezwungen werden«. Das bedeute, »daß man ihn zwingen werde, frei zu sein«. Die Konsequenzen einer solchen Lehre sind im 20. Jahrhundert zur Genüge bekannt.

Hatte Montesquieu mit seinem Konstitutionalismus eine demokratische, völlig neue Herrschaftsform begründet, so gelingt Rousseau mit dem Demokratismus der Entwurf einer weiteren Herrschaftsform, die jener diametral gegenübersteht: die *radikale bzw. identitäre Demokratie.* Staatsvolk und Regierende sollen miteinander identisch sein. Was das Volk beschließe und was dem Gemeinwohl (Volonté général) diene, sollen Deputierte (Beauftragte) in völliger Abhängigkeit und kontrolliert ausführen. Rousseau unterläßt es dabei, die auftretenden Widersprüche zu klären: Wie soll ein Millionenvolk in einem riesigen Gebiet sich ständig versammeln, Beschlüsse formulieren und deren Durchführung überwachen? Wer entscheidet bei Mehrheitsabstimmungen, was nur (egoistischer) Wille von vielen (Volonté de tous) und was Allgemeinwille im Sinne von Gemeinwohl (Volonté général) ist? Welche Instanz kann eingreifen, wenn eine fremdenfeindliche Bevölkerung mehrheitlich beschließt, alle Ausländer umzubringen? Schon diese wenigen Fragen zeigen, daß dieses System weder kritischen Fragen noch der Praxis standhalten kann.

Mit Rousseau geht das Zeitalter der rationalen Aufklärung zu Ende. Seither herrschen wieder irrationale Emotionen und Ideologien in Verbindung mit unhistorischen und utopische Vorstellungen, die alle ihr Massenpublikum finden. Der demokratische Gedanke entartet zum totalitären Demokratismus, wobei man stets die sogenannte »Basisdemokratie« fordert und mit dem Gemeinwillen argumentiert, ohne ihn jemals genau zu definieren.

Optimismus der Aufklärung: Der Mensch ist vernünftig und gut!

Grundgedanke aller Aufklärung ist die *Autonomie der menschlichen Vernunft,* denn diese sei die einzige und letzte Instanz, die über alles zu entscheiden vermöge: über Methoden, Irrtum und Wahrheit, aber auch über die Normen des moralischen, sozialen und politischen Handelns. Dabei gelten die methodisch verfahrenen Wissenschaften als zentrale Instanz der Vernunftkritik, die prinzipiell der freien Diskussion ausgesetzt sein müsse. Meinungsfreiheit und Toleranz gegenüber Andersmeinenden gehören somit zu den grundlegenden Forderungen der Aufklärung, und darin liegt ihr größtes Verdienst.

Mit der Aufklärung verbindet sich ein optimistischer *Glaube an einen unbegrenzten Fortschritt.* Der Mensch gilt als vernünftig und gut. Bei Rousseau ist er sogar ohne Vernunft gut. Was ihm fehle, wäre lediglich Aufklärung, das heißt Allgemeinbildung und wissenschaftliche Kenntnisse. Der französische Staatsmann und Wirtschaftstheoretiker Turgot (1727–1781) und der Enzyklopädist Condorcet (1743–1794) wenden ihren Fortschrittsglauben auf die Geschichte an und erklären, diese verlaufe im Sinne des Fortschritts zu immer mehr Vernunft, Freiheit und Gerechtigkeit. Dieser *historische Determinismus* mit optimistischer Tendenz wird die folgende Zeit bis zum Ersten Weltkrieg prägen. Hegel und Marx glauben, in dieser Grundauffassung den Schlüssel zur Weltgeschichte und zu einer optimistischen Prognose gefunden zu haben. Turgot und Condorcet gehen sogar soweit, die einzelnen Phasen anzugeben, in denen die Geschichte in Zukunft weiter ablaufen werde. Condorcet nimmt ohne weiteres an, daß die Methoden der strengen Naturwissenschaft auch auf die Gesellschaft anwendbar seien. Mit der Wissenschaft komme auch der politische Fortschritt: »Wahrheit, Freiheit und Gleichheit sind Synonyme.« Der Fortschritt werde die zunehmende Gleichheit aller Völker, die Abschaffung aller Klassenunterschiede und eine allgemeine Hebung der Kultur erzwingen. Durch die Abschaffung des Krieges und der Armut, durch die Gleichberechtigung der Frau, eine allgemeine Schulpflicht und eine Sozialversicherung komme es zu einer besseren Welt. Eine freiheitliche Verfassung, Pressefreiheit und eine vernünftige Erziehung garantierten den Fortschritt.

Seit dem Altertum hatten immer wieder politische Denker versucht, im Sinne eines utilitaristisch orientierten Rationalismus das menschliche Handeln in den Griff zu bekommen. Das Neue, das die Aufklärer hinzufügen, ist ein strahlender Optimismus und die Annahme, daß die vernünftige Entwicklung der Menschheit durch Wissenschaft und Technik verbürgt wäre. Hier aber verlassen die Aufklärer ihren eigenen Boden: Für alles verlangen sie empirische Begründungen und rationale Kritik. Nur im Falle ihres technokratischen Glaubens und in bezug auf ihren Optimismus verzichten sie völlig darauf. Sie bauen also auf einer unbewiesenen und unbeweisbaren Grundannahme (Axiom) auf. Damit wird der Glaube an Fortschritt und historische Determination zu einer Religion, die immer mehr Anhänger findet. Ein ganzes Jahrhundert (Hegel, Marx u. a.) wird nun sein Gebäude auf dieser Glaubensgrundlage errichten. Und wie immer, wenn ein Glaubensfundamentalismus herrscht, kommt es auch im 20. Jahrhundert zu Glaubenskriegen, die in Verbindung mit nationalen und ökonomischen Interessen im wahrsten Sinne des Wortes »ver-heerend« wirken.

5. Zeitalter der Revolutionen

1789 bis 1914

Diejenigen, die einen Staat aus den
Fugen heben, sind gewöhnlich die
ersten, denen er auf den Kopf stürzt.

MICHEL DE MONTAIGNE

Französische Revolution

Subjektive und objektive Rahmenbedingungen (»Ursachen«)

Jedes historische Ereignis ist theoretisch ein Schnittpunkt unendlich vieler Kausalketten, von denen in der Regel nur wenige direkt sichtbar werden. Selbst diese können im konkreten Fall nur über kurze Zeitstrekken zurückverfolgt werden. Mit dieser Feststellung ist gleichzeitig die Möglichkeit einer absolut objektiven Geschichtsschreibung verneint. Bedenkt man dazu noch, daß der Beobachtungsstandort des Historikers sich räumlich und zeitlich ständig ändert, so ist einzusehen, daß die gesamte Geschichte, auch die der Französischen Revolution, ständig neu geschrieben werden muß. Die heutige Geschichtswissenschaft verfügt darüber hinaus noch über neuere Erkenntnisse der Sozialwissenschaft, so daß das Ereignis von 1789 heute auch als Zwischenstadium einer gesellschaftspolitischen Langzeitentwicklung betrachtet werden kann.

Eine absolut objektive Geschichtsbetrachtung ist also unmöglich – dennoch lassen sich im konkreten Fall Fakten objektiv feststellen. Sie bilden den Bezugsrahmen für den jeweils neuesten Erkenntnisstand. Nur die volle Berücksichtigung aller verfügbaren Fakten dieses Rahmens und ihre wissenschaftlich methodische Verknüpfung kann als eine (relativ) objektive Geschichtsbetrachtung bezeichnet werden.

Mit der Zentralisierung des absolutistischen Staates verliert der französische Adel seine Macht: politisch an den Monarchen und wirtschaftlich an das Bürgertum. Dieses weiß die Vorteile der staatlichen Wirtschaftslenkung (Merkantilsystem) zu nutzen, und mit wachsendem Wohlstand fordert es selbstbewußt auch politischen Einfluß. Der herrschende Adel dagegen erkennt nicht die Zeichen der Zeit. Im Gegensatz zu englischen Adligen, die sich als »Schlotbarone« an die Spitze der industriellen Revolution stellen, verharrt er in traditionellen Lebensformen. Um ihn herum wächst die Bevölkerung rapide an; Landflucht und Verstädterung leiten einen sozialen Umbruch in einem bis dahin nie gekannten Maße ein. Das alles erklärt noch nicht den Ausbruch der Revolution; gezielte Reformen hätten dieser Lage sicher besser entsprochen und eine Revolution überflüssig gemacht. Mit der Frage nach »not-wendigen«, aber unterbliebenen Reformen wird möglicherweise eine zentrale »Ursache« der Revolution berührt: Die anachronistisch gewordene Staatsform wird nicht rechtzeitig in eine zeitgemäße umgewandelt. Diese »Ursache« läßt sich in der Person des Monarchen, auf den die absolutistische Staatsform zugeschnitten ist, konkret fassen: Ludwig XVI. (1754–1793) ist als schwacher Herrscher nicht in der Lage, die Führung einer in Ansätzen vorhandenen Reformbewegung zu übernehmen. Andererseits ist er keineswegs ein Despot, und niemand denkt anfangs daran, ihn abzusetzen oder gar hinzurichten. Selbst nach den revolutionären Ereignissen vom 14. Juli

1789 gilt er allen als der legitime Herrscher. Ein entschlossener König hätte auch jetzt noch dem Land den Weg in die Zukunft weisen können. Doch er versagt völlig, und so nehmen die Dinge ihren Lauf. Das auf den König vereidigte Heer wird nicht eingesetzt; es ist praktisch führerlos. Schlechte Verpflegung und Besoldung sind mit ausschlaggebend, daß die Soldaten schließlich zu den Revolutionären überlaufen.

Es bleibt die Frage nach der Wirksamkeit der politischen Aufklärung oppositioneller Ideen. Die Masse des Volkes lernt diese erst nachträglich durch Parolen wie »Freiheit, Gleichheit, Brüderlichkeit« etc. kennen. Die meisten, besonders die besitzlosen Landarbeiter, die 50 Prozent der Bevölkerung ausmachen, können weder lesen noch schreiben. Sie wollen nichts als Arbeit und Brot. Daran allerdings fehlt es regelmäßig, seit sich die Dürrejahre häufen und Spekulanten das wenige vorhandene Brotgetreide übermäßig verteuern. Das schafft Unzufriedenheit und Unruhe. Allerdings muß auch festgehalten werden, daß es den Bauern jener Zeit um so schlechter geht, je weiter sie im Osten Europas bzw. Rußlands wohnen. Aber gerade die, die am meisten zu leiden haben, die russischen Bauern, denken bis 1917 nicht an eine Revolution. Damit kann jene These als widerlegt gelten, die die Notlage der Massen einerseits und die Verschwendung des Hofes andererseits als alleinige Ursachen der Revolution hinstellen. Die Ausgaben des Hofes liegen vor 1789 bei etwa 10 Prozent der Staatseinnahmen. Ein Vergleich mit anderen Staaten zeigt bis in unsere Zeit, daß solche und höhere Prozentsätze überall gang und gäbe sind, ohne daß sie Revolutionen auslösen. Wichtiger als die Masse des Volkes sind bei einer Revolution nämlich deren Anführer. Sie allein entscheiden über Gelingen oder Mißerfolg. Dem unentschlossenen König stehen plötzlich nicht mehr reformfreudige Gemäßigte, sondern höchst radikale Revolutionäre gegenüber. Ihre Entschlossenheit, und das ist das neue in der Geschichte, beruht auf der Kraft politischer und moralischer Ideen, als deren Vollstrecker sie sich verstehen. Sie kennen die Schriften der Aufklärer; der *»Contrat Social«* von Rousseau ist ihre Taschenbibel. Mit penetrantem Eifer versuchen sie, die Lehren ihres Meisters in »reiner Form«, also kompromißlos, in die Tat umzusetzen. Stoßen sie dabei auf Widerstand, versuchen sie, sich im Namen der »Vernunft«-Ideen rücksichtslos durchzusetzen. Erst mit dem Sieg dieses politischen Radikalismus hält die moderne Form der Revolution ihren Einzug in die Geschichte.

In dem Zeitabschnitt zwischen der Einberufung der Generalstände im August 1788, die die Finanz- und Staatskrise in Frankreich überwinden sollen, und dem Ausbruch der Revolution 1789 kommt es bereits zu einer weitgehenden Radikalisierung der Öffentlichkeit. Nach der Aufhebung der Pressezensur erscheinen nahezu 50000 Schriften aller Art, die zu der geplanten Versammlung Stellung nehmen. Die folgen- und erfolgreichste, zunächst anonym erscheinende Kampfschrift des Abbé Sieyes

(»Qu'est-ce que le Tiers-Etat?«), die Januar 1789 erscheint, ist nach der Anfangsfrage des berühmten polemischen Dreizeilers benannt:

> »Was ist der Dritte Stand? - Alles.
> Was ist er bisher gewesen? - Nichts!
> Was verlangt er? - Etwas zu werden!«

Aufgrund soziologischer Studien kommt der Verfasser zu dem Ergebnis, daß 96 Prozent des Volkes dem Dritten Stand angehören, der infolgedessen allein die Nation bilde. Die ständische Ordnung mit den privilegierten Ständen sei zugunsten einer zentralistisch organisierten politischen Staatsform abzuschaffen, die auf dem Prinzip der Repräsentation beruhe.

Gewöhnliche Umstürze und Hinrichtungen von Monarchen hat es bisher schon gegeben. Auch als Revolutions-Ursachen bezeichnete Tatbestände sind nicht gerade neu: Unzufriedenheit, Mißstände, Machtgier etc. Die Fähigkeit religiösen Glaubens, die Geschichte in andere Bahnen zu lenken, ist ebenfalls bekannt. Erstmals in der Neuzeit zeigen aber auch nichtreligiöse Ideen ihre Kraft, die Welt zu verändern. Die Jakobiner, an ihrer Spitze Robespierre (1758–1794), stehen am Beginn weltweiter ideologischer Konflikte. Der fast religiöse Glaube an die reine Vernunft muß als ein weiteres Indiz für die wachsende Säkularisierung mittelalterlicher Glaubensvorstellungen angesehen werden. Ohne durch christliche Gebote irgendwie gehemmt zu sein, und oft in Verbindung mit nationaler Mythologie, entfalten Ideologien von nun an zerstörerische Kräfte, die zu einem Zeitalter der Barbarei führen, in dem Millionen Menschen in grausamer Weise hingemordet werden.

Phasen der Französischen Revolution

Im Rahmen der ideengeschichtlichen Darstellung ist es nicht möglich, die Fülle der Einzelereignisse zusammenhängend zu behandeln. Dagegen ist es unerläßlich, auf geistige Hintergründe und Kräfte hinzuweisen, die im Rahmen historischer Gegebenheiten wirken und eine bunte Palette politischer Muster hinterlassen. Die Vorstellungen über den Verlauf der Revolution gehen vielfach von einer falschen Zeitperspektive aus. Sie ist kein punktuelles Ereignis, das wie ein Orkan in wenigen Tagen über Frankreich hinwegbraust und dabei alles auf den Kopf stellt. Vielmehr erstreckt sie sich über einen Zeitraum von wenigstens zehn Jahren, wenn man ihre Fortsetzung durch Napoleon nicht mitrechnen will. Dabei gibt es natürlich hochdramatische Einzelaktionen auf engstem Zeitraum. Insgesamt aber ziehen sich die Ereignisse in die Länge. Das erklärt auch, daß sich nach und nach verschiedene Staats- und Herrschaftsformen bilden können, deren Reihenfolge man eine gewisse Folgerichtigkeit nicht absprechen kann, wenngleich daraus keine Notwendigkeit abgeleitet werden darf.

Erste Phase: Konstitutionelle Monarchie. Die Revolution beginnt praktisch bereits am 17. Juni 1789, als sich der Dritte Stand, also die Vertreter des Bürgertums, zur *Nationalversammlung* erklären und die beiden ersten Stände, Adel und Klerus, einladen, diesem Akt zuzustimmen. Im Gegensatz zur bisherigen Praxis der Ständeversammlung soll nur noch pro Kopf abgestimmt werden. Die Überlegenheit des Dritten Standes wäre dadurch gesichert, da in den Reihen der beiden ersten Stände viele Abgeordnete auf seiten des Dritten stehen. Den Monarchisten aber geht diese Forderung zu weit. Von ihnen beraten, befiehlt der König den Abgeordneten, den Saal zu räumen. Graf Mirabeau, der Sprecher des Dritten Standes, erwidert dem Überbringer des Befehls: »Sagen Sie Ihrem Herrn, daß wir auf Befehl des Volkes hier sind und nur der Gewalt der Bajonette weichen werden!«

Am 20. Juni 1789 schwören die Abgeordneten, sich nicht zu trennen, ehe sie dem Lande eine Verfassung gegeben hätten. In dieser Lage hätte ein entschlossener Herrscher ihnen mit den Bajonetten seiner Truppen schnell gezeigt, wer Herr im Hause ist. Der schwache König aber, und das ist ein entscheidendes Faktum, kann sich zu nichts entscheiden. Resignierend findet er sich mit der neuen Situation ab. Die Revolution hat ihren ersten, den entscheidenden geistigen Sieg errungen: Der König als Vertreter des alten Systems hat kampflos kapituliert. Der Sturm auf die Bastille am 14. Juli ist nur noch ein symbolischer Akt, der die neue Lage besiegelt: Die Leibgarde verläßt den unentschlossenen König und geht auf die Seite des Volkes über. Das ist das Signal für die Erhebung in ganz Frankreich. Die Revolutionäre sind in ihrer überwiegenden Zahl keine Radikalen. Unter ihnen befinden sich neben hochgestellten Bürgerlichen auch viele Adlige von Rang und Namen. An ihrer Spitze steht der wortgewaltige und selbst am Hof des Königs einflußreiche Graf Mirabeau (1749–1791). Er und seine politischen Freunde wollen keineswegs das Königtum abschaffen. In der vorgesehenen Verfassung soll der König sogar die Leitung einer sehr starken Exekutive ausüben. Am 4. August 1789 beschließt die Verfassunggebende Nationalversammlung, die sich selbst als »Konstituante« bezeichnet, die Abschaffung aller Feudalprivilegien, die gleichmäßige Besteuerung aller Bürger und deren Zulassung zu öffentlichen Ämtern. Kurze Zeit später, am 26. August 1789, werden die *Menschenrechte* proklamiert: *allgemeine Gleichheit, individuelle Freiheit und Garantie des Eigentums.*

Graf Mirabeau versucht in der Folgezeit vergebens, die neue Herrschaftsform durch ein Übereinkommen mit dem König zu legalisieren. Dieser weigert sich hartnäckig, eine aktive Rolle zu übernehmen. Seine Unentschlossenheit und sein Versagen geben antiroyalistischen Kräften immer weiteren Auftrieb. Fast zwei Jahre vergehen, ohne daß der König die Initiative ergreift. Dadurch wird die Stellung der Monarchisten immer schwächer. Am 2. April 1791 stirbt auch noch der allseits respektierte und stets auf Ausgleich bedachte Graf Mirabeau. Sein Tod muß als eine wichtige Zäsur in der Geschichte der Revolution angesehen werden. Alle seine Handlungen waren immer darauf gerichtet, ein politisches Chaos zu verhindern. Im Gegensatz zu vielen anderen hat er nie politische Theorien oder radikale Ideologien vertreten, sondern stets nur ein sachliches Programm verkündet: »Ich will die Wiederherstellung der Ordnung, aber nicht die Wiederherstellung der alten Ordnung!« Als am 3. September 1791 die neue Verfassung offiziell verkündet und die Konstituierende Nationalversammlung aufgelöst wird, ist der König bereits entmachtet.

Die neue Gesetzgebende Versammlung, die *Legislative,* wird zum Vorbild aller bürgerlichen Verfassungen im 19. Jahrhundert. Der Form nach ist Frankreich eine parlamentarische Monarchie mit schwacher Exekutive und einer legislativen Volksvertretung. Aufgrund der Zensuswahl besitzen nur vermögende »Aktiv-Bürger« das Wahlrecht. Im Parlament stehen sich deshalb nur zwei bürgerliche Parteien gegenüber: die konstitutionell-monarchistischen Feuillants und die bürgerlich-republikanischen Girondisten. Die eigentliche Macht wächst aber immer mehr den außerparlamentarischen Clubs zu, vor allen den Jakobinern, die mit Hilfe des Pöbels von den Galerien her die Deputierten niederschreien und durch aufgepeitschte Demonstrationsversammlungen terrorisieren lassen. Doch es bleibt nicht bei drohenden Worten: Am 10. August 1792 wird der König nach dem Sturm auf die Tuilerien im »Temple« gefangengesetzt. Vom 2. bis zum 7. September kommt es, von radikalen Jakobinern veranlaßt, zu den berüchtigten »Septembermorden«, die als »Gefängnisreinigung« deklariert werden. Schon zu dieser Zeit zeigt die radikale Linke ihre Perfektion bei der sprachlichen Manipulationstechnik. Etwa dreitausend Internierte werden als »Feinde des Volkes« dem Mob ausgeliefert, der sie in bestialischer Weise umbringt.

Zweite Phase: (Gemäßigte) bürgerliche Republik. Nach diesen Ereignissen und dem Tod des Grafen Mirabeau verlieren die Feuillants ständig an Ansehen und Macht. Diese Mitglieder eines Pariser Revolutionsclubs hatten sich bisher gegenüber radikaleren Gruppen für die Beibehaltung einer konstitutionellen Monarchie eingesetzt. Jetzt wird der Ruf nach radikalen Lösungen immer stärker. Die lautesten Stimmen gehören den Jakobinern, die es allerdings nicht beim Reden bewenden lassen. Sie bezeichnen sich als »Heilige Liga gegen die Feinde der Freiheit« oder auch als »Auge der Revolution«. Mit Mitteln des Terrors reißen sie immer mehr Macht an sich und schüchtern sie die Gegner ein. Solange aber die Institution des Königs und seine Person noch als geheiligt gelten, kann niemand anders die höchste Machtposition einnehmen. Um diese geht es den Jakobinern aber um jeden Preis. Konsequenterweise fordern sie die radikale Abschaffung des Königtums. Sie setzen es durch, daß Frankreich am 22. September 1792 zur Republik erklärt wird. An die Stelle des bisherigen Parlamentes tritt der *Nationalkonvent.* Die von den Jakobinern betriebene Verurteilung des Königs erfolgt bei der erstbesten Gelegenheit, die von dem einfältigen König selbst herbeigeführt wird: Anstatt mit Hilfe der ihm ergebenen Monarchisten Politik zu betreiben, versucht er, ins Ausland zu fliehen. Eine solche Angstreaktion ist an sich nicht strafwürdig - in den Augen von Ideologen aber ist »Republikflucht« bis auf den heutigen Tag ein »Verbrechen«, das mit Gefängnis bestraft wird oder mit dem Leben bezahlt werden muß. Die Abstimmung im Konvent bringt mit nur einer Stimme Mehrheit (361 zu 360) den Ausschlag für die Hinrichtung des Königs.

Durch die Niederlage im Konvent verlieren die Gemäßigten immer mehr an Einfluß. Die Jakobiner verlegen die Machtexekutive aus dem Nationalkonvent in ein außerparlamentarisches Organ, das die propagandistisch wirksame, aber irreführende Bezeichnung *Wohlfahrtsausschuß* trägt. Dieser maßt sich die Befugnis an, jeden Bürger, auch Deputierte, anzuklagen und unter Druck zu setzen. Der Konvent wird dadurch zur Farce. Als am 2. Juni 1793 die Führer der Girondisten verhaftet und enthauptet werden, hat die *radikale Ochlokratie* über den Dritten Stand gesiegt, und eine neue Phase beginnt.

Dritte Phase: Radikale Demokratie. 1793 wird das Jahr der Hungersnöte, der Inflation, der Royalistenaufstände und der militärischen Niederlagen. In einer solchen Situation, in der das Herrschaftssystem gefährdet ist, entscheiden sich entschlossene Radikale in der Regel nicht für die Kapitulation, sondern für ein »Jetzt-erst-recht!« Wie später NS-Diktatoren, so reagieren auch die Jakobiner mit einer Schreckensherrschaft. Im Juni 1793 wird eine »Konvents-Verfassung« verkündet, die formal der radikalen Demokratie Rousseaus ähnelt, deren Praxis mit Roll- und Hinrichtungskommandos über diesen aber weit hinausgeht. Die neuen Bestimmungen eignen sich aber bestens, den Anhängern der Anarchie bzw. der »Basis«-Demokratie höchste Genugtuung zu verschaffen: Abschaffung der Gewaltenteilung und Plebiszit bei jedem neuen Gesetz. In der Praxis ist diese Verfassung bedeutungslos. Dort herrschen die Jakobiner mit Hilfe des »Wohlfahrtsausschusses«, der auf Antrag Dantons (1759–1794) vom Nationalkonvent »als provisorische Regierung mit absoluter Vollmacht« eingesetzt worden war. Es handelt sich dabei um das erste *Ermächtigungsgesetz* der neueren Geschichte, mit dem Abgeordnete sich selbst entmachten. Höhepunkt des Schreckensregimentes ist der Justizterror durch das Revolutionstribunal, das mit Guillotine-Todesurteilen jede absolutistische Willkür in den Schatten stellt.

Vierte Phase: Diktatur Robespierres. Mit der Alleinherrschaft des Advokaten Robespierre im April 1794 erreicht der Terror seinen Höhepunkt: Die sogenannten Ausschüsse entwickeln sich zu »Ministerien des Terrors«, die durch kein Parlament und keine Gewaltenteilung in ihrer Machtausübung gehindert werden. Schließlich wendet sich der Terror gegen die eigenen Leute: Jeder wird verdächtigt, Gegner der Revolution und damit ein Verräter zu sein: »Die Revolution frißt ihre Kinder!«. Das beginnt mit der Verurteilung und Hinrichtung ultrarevolutionärer Herbertisten (Hebert, 1757-1794, Führer der radikalsten Gruppe des Nationalkonvents) im März und der eher »gemäßigten« Dantonisten am 3. April 1794. Jetzt fühlen sich die überlebenden »Freunde« so bedroht, daß sie sich zusammenschließen und Robespierre am 27. Juli stürzen. Bereits am nächsten Tag wird er hingerichtet, und über hundert seiner Anhänger werden ebenfalls ohne Prozeß zum Tode verurteilt.

Fünfte Phase: Zweite Herrschaft des radikalen Konvents. Von nun an ist die politische Bewegung teilweise rückläufig. Nach dem Sturz Robespierres kehrt man wieder zur radikalen Demokratie zurück, ohne aus den Folgen des Terrors etwas gelernt zu haben. Der radikale Konvent übt in gewohnter Weise seine Schreckensherrschaft aus. Immer noch halten die Ausschüsse die Macht in Händen. Langsam aber entschwindet sie ihnen. Zu groß ist der Verlust, den sich die Radikalen gegenseitig zugefügt haben. Die überragenden Gestalten dieser antidemokratischen Bewegung sind ermordet bzw. hingerichtet. Als am 20. Mai ein von den Jakobinern inszenierter Pöbelaufstand von Gegenkräften völlig niedergeschlagen wird, ist es mit der Jakobiner-Herrschaft zu Ende. Im September 1794 wird die radikale Konventsregierung durch Schließung sowohl ihres Clubs als auch des Revolutionstribunals so entscheidend geschwächt, daß der Konvent von Gegenkräften gestürzt werden kann.

Sechste Phase: Direktorialregierung. Im September 1795 gelingt es dem Besitzbürgertum, eine neue Verfassung mit einer betont schwachen Exekutive durchzusetzen. An deren Spitze stehen fünf Direktoren, die durch gegenseitige Kontrolle eine nochmalige Diktatur verhindern sollen *(Kollegialitätsprinzip).* Damit ist das gemäßigte Bürgertum wieder an der Macht. Statt der Aristokraten und Jakobiner-Gegner werden jetzt die »Terroristen« gejagt, die allerdings nicht mehr hingerichtet, sondern deportiert werden. Es zeigt sich hiermit, bei aller Kritik gegen die Herrschaft des Bürgertums, daß dieses im Konfliktfall Grenzen kennt, während alle antibürgerlichen Radikalsysteme ihre Gegner wie Vieh behandeln und nach Möglichkeit abschlachten.

Außenpolitisch aber rollt die Lawine der Revolution weiter. Im Krieg gegen die alten Mächte wird Holland »befreit«, werden Belgien und die Rheinlande erobert. Im April 1795 erhält Frankreich im Frieden zu Basel das linke Rheinufer. Die neue Direktorialregierung sieht in der Fortsetzung des Krieges die Möglichkeit, sich innenpolitisch zu entlasten. Der von der Revolution entfachte Nationalgedanke hat sich inzwischen zum *Nationalismus* und *Chauvinismus* entwickelt. Unter letzterem versteht man einen arroganten Nationalismus mit imperialistischer Tendenz, der die eigene Nation über andere stellt. Das ist ein Boden, auf dem der Kriegsgedanke gut gedeiht, besonders wenn er mit dem messianischen Prinzip des Revolutionsexportes und Fortschrittsgedankens gedüngt ist. Es ist gleichzeitig das Feld, auf dem ehrgeizige Karrieristen des Militärs ihre Chance sehen. Die Fortsetzung des Krieges zwingt nämlich die Direktoren, einen wichtigen Teil der Macht Napoleon zu überlassen. Nach militärischen Erfolgen und mit Hilfe von Beutegeschenken nutzt dieser die Gelegenheit, das Direktorium in seine Abhängigkeit zu bringen und schließlich, am 18. November 1799, zu stürzen.

Siebte Phase: Konsular-Regierung Napoleons. Am Ende der Revolution herrscht also ein neuer Cäsar, vorerst noch im Kostüm eines republikanisch drapierten Konsuls. Rein formal stehen ihm in beratender Funktion ein Staatsrat und zwei Konsuln zur Seite. Als »Erster Konsul« hat Napoleon das Recht, alle Beamten, Richter, Offiziere und die Mitglieder des Senats zu ernennen. Das »Parlament« ist in zwei Gruppen aufgeteilt: Über die Gesetze, die allein von Napoleon vorgeschlagen werden, wird im *Tribunat* nur diskutiert, während die Abstimmung dem *Corps legislative* vorbehalten bleibt. In der Praxis stützt sich Napoleon hauptsächlich auf das ihm ergebene Militär, so daß man seine Herrschaft als eine demokratisch verbrämte Militärdiktatur bezeichnen kann. Trotzdem steht das Volk auf seiner Seite: In einer Volksabstimmung wird er mit nur 1562 Gegenstimmen für zehn Jahre zum Ersten Konsul gewählt. Nach zehn Jahren der Umwälzungen und Unsicherheit möchten die Wähler endlich wieder einen starken Herrscher, der ihnen Ordnung garantiert. Tatsächlich benutzt Napoleon die große Machtfülle, über die er verfügt, um »auf den Roman der Revolution die Geschichte der Revolution folgen zu lassen«, wie er es nennt. Er gewinnt das Volk für sich, indem er religiöse Kultusfreiheit, Handelsfreiheit, eine unparteiische Justiz, individuelle Sicherheit, soziale Fürsorge und Unterricht für alle durchsetzt. Den Emigranten garantiert er unbehelligte Rückkehr. Es gelingt ihm auch, den Adel zu versöhnen, indem er ihm seine Rechte teilweise zurückgibt. Bei der Besetzung von Posten aber zieht er das Talent jedem Adel vor.

Achte Phase: »Monarchie« bzw. Monokratie Napoleons. Die lange Liste der Maßnahmen, die zur Befriedigung des Landes führen, läßt erkennen, daß Napoleon in vielen Dingen auf dem Boden der Revolution steht. Deren Pläne werden zu einem großen Teil erst von ihm verwirklicht. Das bringt ihm großes Ansehen ein, das durch seine militärischen Erfolge zum

Ruhm gesteigert wird. Das Bewußtsein wachsender Macht bleibt aber nicht folgenlos: Aus dem Revolutionssoldaten wird allmählich ein aristokratischer Herrscher mit allen dazugehörigen Allüren und absolutistischen Machtattitüden. Im Jahre 1810 heiratet er, um seine Macht zu legitimieren, zum zweitenmal, und zwar Marie Louise, eine Tochter des österreichischen Kaisers. Alle Welt weiß nun, daß er ein Herrscher aus eigener Machtvollkommenheit ist. In der Rolle eines konstitutionellen Monarchen und gestützt auf eine schlagkräftige Armee, verfügt er nun über eine weit größere Macht, als selbst Ludwig XIV. sie je besessen hat. Erst durch seine machtpolitischen Kriegsabenteuer, die schließlich zu einer Antikoalition ganz Europas führen, zerbricht die Macht dieses ersten modernen Diktators (Abb. 20).

Das neue Frankreich der Revolution

Die Französische Revolution war in ihrem Verlauf in die Hände terroristischer, antidemokratischer Kräfte geraten, durch die sie für immer in ein Zwielicht getaucht ist. Seither hat sich die Ambivalenz revolutionärer Entwicklung immer wieder gezeigt: Nach anfänglichem Sieg einer guten Sache dominiert schließlich die radikale Seite, die mit Unmenschlichkeiten und Blutbädern die Revolution zum Schreckensbild ausmalt, das besonders gut im Bewußtsein haften bleibt. Die positiven Folgen der anfänglich fortschrittlichen Revolution werden dadurch aus dem Blickfeld verdrängt. Besonders solche, durch die der bereits von Ludwig XIV. geschaffene Nationalstaat zum ersten modernen Staat Europas weiterentwickelt wird:

- *Grundlagen des neuen Staates:* 1789 wird der neue Staat auf dem Fundament einer von beauftragten Vertretern der Gesamtheit vereinbarten Verfassung gegründet. Entscheidend dabei ist die Ausarbeitung durch die Nationalversammlung als *Repräsentanz der Nation,* also durch die Gesamtheit der Bürger, die damit aus *Untertanen zu Staatsbürgern* werden.
- *Grundlage des gesamten Verfassungswerkes:* Am 26. August 1789 folgt die Erklärung der Menschen- und Bürgerrechte mit der Abschaffung des Privilegienprinzips. Eine völlig neue Rechts- und Gesetzgebung baut auf dem naturrechtlichen Grundsatz der rechtlichen Gleichheit aller Menschen auf, wie sie bereits in der Antike von Epikuräern gefordert worden war. Ziel ist die Wirksamkeit staatlicher Ordnung und der Schutz des Individuums. Anders als das heutige Grundgesetz der Bundesrepublik Deutschland enthält die Erklärung neben den individuellen Grundrechten richtunggebende Normen für die Verfassung (Mitwirkung an der Verfassung, gerechte Steuerverteilung etc.).
- *Gewaltenteilung als grundlegendes Prinzip:* Die Souveränität der Nation

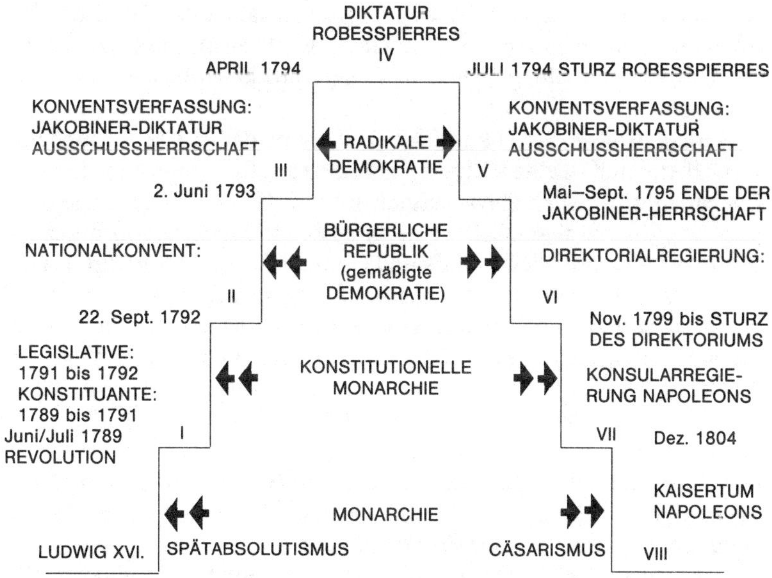

Seit der Französischen Revolution stehen sich zwei grundsätzlich entgegengesetzte politische Positionen gegenüber: Die liberal-demokratische Position auf der Basis der Grund- und Menschenrechte, freier und geheimer Wahlen, einer repräsentativen Volksvertretung und der Gewaltenteilung, auf der anderen Seite die antiliberale, antiparlamentarische Position, die von Ideologien beherrscht und bei der das einzelne Menschenleben zugunsten einer »Idee« mißachtet und geopfert wird. Gesinnungs- und Meinungsterror sind hier an der Tagesordnung. Diese zweite Position spaltet sich ihrerseits in extrem linke und rechte Parallelen.

Abb. 20: *Phasen der Französischen Revolution*

steht künftig anstelle der des Monarchen. Eine Monarchie von Gottes Gnaden oder aus eigenem Recht ist mit dem Prinzip der Volkssouveränität nicht vereinbar. Seit 1791 erweist sich die Gewaltenteilung als bleibendes Prinzip mit großer Ausstrahlung auf alle Staaten der Welt bis heute. Aber erst viel später und längst noch nicht überall werden Menschen- und Bürgerrechte vor den Gerichten einklagbar und damit wirksam. Das Herrschaftsmonopol von Klerus und Adel wird abgeschafft. An seine Stelle ist seither aber ein Monopol von Funktionären getreten, die über Jahrzehnte höchste Machtstellungen in Staat, Parteien, Gewerkschaften, Wirtschaft und anderen Institutionen regelrecht »gepachtet« haben, mit Privilegien und Machtbefugnissen, wie sie früher nicht einmal der Erbadel besaß.

Die oft zitierte Gleichheit gilt zunächst nur vor dem Gesetz. Erst später folgt das Zugeständnis der politischen Gleichheit der Staatsbürger. Das allgemeine Wahlrecht wird in Frankreich erst 1848 (ohne Frauen) eingeführt.

○ *Agrarreformen:* Auf mehrere Jahre verteilt, erfolgen Bauernbefreiung,

Ablösung von der Zins- bzw. Pachtherrschaft durch Adel und Kirche, Enteignung kirchlicher und adliger Güter. Nach der Bodenreform (»Allgemeine Landaufteilung«) bleiben nur noch privatrechtliche Pachtverträge erlaubt.

○ *Wirtschaftsreformen:* Die mit der Aufhebung der Zünfte verbundene Gewerbefreiheit ist eine wichtige Voraussetzung für die folgende Epoche des gewaltigen industriellen Aufschwungs im 19. Jahrhundert. Die Binnenzölle werden abgeschafft, eine umfassende Steuerreform durchgeführt und ein einheitliches Maß- und Gewichtssystem eingeführt. Dagegen bleibt es bei dem Koalitionsverbot für Arbeiter.

○ *Rechtsreformen:* Eine neuartige Justizverwaltung soll gleiches Recht für alle garantieren. Unter Napoleons Leitung werden grundlegende Gesetzeswerke vollendet: Das bürgerliche Gesetzbuch (Code civil, 1804), die Zivilprozeßordnung (Code de Procedure, 1806), das Handelsgesetzbuch (Code commercial, 1807), das Strafgesetzbuch (Code penal, 1810) und das Gesetz für Untersuchungsverfahren (Code d'instruction criminelle, 1810). Beispielgebend für alle Staaten wird auch die Einrichtung einer Gendarmerie für ganz Frankreich.

○ *Verwaltungsreformen:* Die Trennung von Staat und Kirche wird endgültig. Durch Zerbrechen des Regionalismus und Vernichtung der ständischen Gliederung wird der nationale Zentralstaat dauerhaft durchgesetzt. An die Stelle selbständiger Provinzen treten von der Regierung abhängige Departements.

Wenn auch die Entwicklung der Staatsformen im Verlauf der Revolutionsjahre wieder zur Monarchie führt, erst zur Napoleonischen und, nach 1815, zur neoabsolutistischen des Bourbonenkönigs, hat sich die gesellschaftliche bzw. politische Landschaft doch so grundlegend gewandelt, daß eine Rückkehr zum Ancien regime nicht mehr denkbar ist. Selbst in den Monarchien Mitteleuropas hält die neue Zeit mit ihren Neuerungen Einzug. Lediglich in Asien und in Rußland bleibt vorläufig alles noch beim alten.

Philosophische Grundlagen des 19. Jahrhunderts

Immanuel Kant: Kritischer Idealismus – Überwindung des Empirismus und des Rationalismus

Mit Immanuel Kant (1724–1804) hebt ein neues Zeitalter der Philosophie bzw. des Denkens an. *Metaphysik* (»Über die Physik hinausgehend«) – das war bisher eine Philosophie, die versucht hatte, empirisch Nachweisbares bzw. Begründbares mit transzendenten, religiösen Vorstellungen oder Glaubensgrundsätzen zu möglichst geschlossenen Systemen zu verbinden. Davon distanziert sich Kant endgültig, indem er Metaphysik als die »Wissenschaft von den Grenzen der menschlichen Vernunft« bezeichnet. Mit dem Ziel, diese Grenzen zu definieren, setzt er sich zunächst mit zwei Grundprinzipien seiner Zeit auseinander, mit dem Empirismus und dem Rationalismus.

Der *Rationalismus* seiner Zeit vertritt den Standpunkt, daß alles wahr sei, was die Vernunft über die Welt aussage, ohne daß die Erfahrung zu Hilfe genommen werden müsse. Daraus folgt, daß man auf streng logische Weise den Boden der Erfahrung verlassen und in den Bereich des Übersinnlichen gelangen könne. Dabei prüfen die Rationalisten in keiner Weise nach, ob eine von der Erfahrung völlig unabhängige Erkenntnis überhaupt möglich ist.

Auf der anderen Seite steht der konsequente *Empirismus* Lockes, der behauptet, es sei nichts im Verstande, was nicht zuvor in den Sinnen gewesen sei. Nur die Erfahrung durch äußere Sinne und die innere Tätigkeit des Bewußtseins sei die Quelle unserer Erkenntnis und auch deren absolute Grenze.

Um zu entscheiden, wer recht hat, untersucht Kant die Strukturen des menschlichen Denkapparates. Nach fünfzehn Jahren intensiver Studien legt er 1770 das Ergebnis vor, die *»Kritik der reinen Vernunft«*. Es ist nicht möglich, hier den gedanklichen Aufbau und alle Zusammenhänge zu verfolgen. Wir beschränken uns deshalb darauf, wesentliche Positionen herauszustellen. Kant verwendet den Begriff »transzendental«, der von »transzendent« zu unterscheiden ist. Mit dem letzteren ist der religiös bestimmte Bereich des Jenseitigen gemeint. *Transzendental* dagegen bezieht bei der Untersuchung eines empirischen Objektes den gesamten Bereich des rational nicht faßbaren Denkprozesses mit ein. Bei der Auseinandersetzung mit dem Empirismus weist Kant nach, daß alle Erfahrung sogenannte *apriorische Formen* voraussetzt, also Ideen, Grundsätze oder Begriffe, die nicht aus der Erfahrung stammen, sondern schon vor aller Erfahrung vorhanden sein müssen. Empirisches setzt danach Nicht-Empirisches voraus. Hier gibt Kant dem Rationalismus recht. Andererseits beweist er gegen den Rationalismus, daß die apriorischen Formen auf Anschauung angewiesen sind und daß es ohne diese keine Erkenntnis geben kann. Mit einem Beispiel kann man das ein wenig verdeutlichen: Das Auge (oder eine Kamera) und ein Gegenstand existieren völlig unabhängig voneinander. Beide, Kamera und Auge, können das Objekt aber nur registrieren und verarbeiten, weil sie die notwendigen Eigenschaften und Strukturen von vornherein (apriori) besitzen, mit denen sie ein mechanisches oder ein lebendig weiterverarbeitetes Bild (Erkenntnis) produzieren können.

Welche Anschauungsformen sind aber apriori (vorgegeben, nur durch das Denken erfaßbar) in unseren Sinnen auszumachen? Hier nennt Kant die *Raum-* und die *Zeitvorstellung,* über die jeder Mensch von Geburt an verfügt; zunächst unbewußt, mit wachsendem Lebensalter aber in reflektierender Weise. Kant weist nun nach, daß allen Gegenständen viele Eigenschaften zukommen, die man sich beliebig auch wegdenken kann. Ob etwa eine Wand rot oder aus Ziegeln erbaut ist, das ist alles sekundär. Aber daß sie eine räumliche Ausdehnung hat, davon kann niemals abgesehen werden. Auch nicht davon, daß jeder Gegenstand eine zeitliche Komponente hat: Er ist zu einem bestimmten Zeitpunkt entstanden, und er vergeht auch wieder. Kant formuliert dieses allgemein: »Alle Erscheinungen ... sind in der Zeit und stehen notwendigerweise in Verhältnissen der Zeit.«

Mit seinen Untersuchungen zu Raum und Zeit zeigt Kant aber auch die Begrenztheit und Relativität alles menschlichen Denkens und Wissens auf. Um zu absoluten Aussagen kommen zu können, müßte der Mensch Herr über Raum und Zeit sein, was aber niemals möglich ist. Das bedeutet, daß *niemand auf Erden für sich in Anspruch nehmen kann, über die absolute Wahrheit oder über ein absolut wahres System zu verfügen.* Das schließt nicht aus, daß eine Kirche den *Glauben an die Existenz einer absoluten Wahrheit,* an einen absoluten Gott postulieren kann. Sobald aber Philosophen, Ideologen oder gar selbsterwählte Menschheitsbeglükker behaupten, im Besitz absoluter Wahrheit oder eines unfehlbaren gesellschaftspolitischen oder wirtschaftlichen Systems zu sein, das in ein zukünftiges Paradies führe, haben wir es mit Sicherheit mit falschen Propheten oder Betrügern zu tun. Natürlich werden gerade diejenigen, die behaupten, die historischen Entwicklungsgesetze ein für allemal gültig erkannt bzw. »wissenschaftlich« analysiert zu haben, sich an Kant heftig stoßen und ihn ablehnen. Sie suchen sich »ihre« Philosophen lieber im anderen Lager, bei den Metaphysikern der vor- oder nachkantischen Schulen.

Aus Kants Erkenntnislehre geht hervor, daß seine Philosophie dualistisch angelegt ist. Auf der einen Seite steht die *Welt der Erscheinungen* in all ihren Formen, auf der anderen das *Ich* mit all seinen apriorischen Anschauungsformen, die erst Erkenntnis ermöglichen. Kant berücksichtigt beide Positionen in ihren Relationen. Jede Seite kann aber auch für sich betrachtet und zum Gegenstand eines Denksystems gemacht werden, unter Vernachlässigung der Gegenposition. Beide Möglichkeiten werden in der Folgezeit aufgegriffen: Die erste Möglichkeit führt zum *deutschen Idealismus.* Hauptaugenmerk liegt auf der schöpferischen Tätigkeit des Ich. Es ist ein Ich, das nach Sittlichkeit und Freiheit strebt, das geschichtsbewußt und opferbereit ist.

Die zweite beruht auf dem Nachweis Kants, daß Wissen nur im Bereich der Erscheinungen möglich ist. Eine darüber hinausgehende Metaphysik kann es prinzipiell nicht geben. Wird der Schwerpunkt auf diese Seite der Kantschen Ausführungen gelegt, entsteht eine breite Strömung, die durch *Positivismus* und *Materialismus* gekennzeichnet ist, die weitgehend die

Entwicklung im 19. und 20. Jahrhundert bestimmen. Schließlich ist noch denkbar, daß beide Positionen, also Kant insgesamt, abgelehnt werden. Dahinter steht dann der Protest der Romantiker: Unter Berufung auf

- irrationale, emotionale Kräfte im Menschen verwerfen sie den rationalistischen Geist Kants und der gesamten Aufklärung.
- Eigenwert und Rechte des Individuellen lehnen sie die von Kant geforderte Unterordung des einzelnen unter allgemeine Sittengesetze ab.
- Den organischen und dynamischen Charakter alles Lebendigen bekämpfen sie die seit Descartes vorherrschende mechanische und statische Erklärung der Welt. *Der Protest der Romantik* wird in der Folgezeit die Geschichte der deutschen Länder positiv und negativ beeinflussen.

Georg Friedrich Wilhelm Hegel: Absoluter Idealismus

Dialektische Methode

Georg Friedrich Wilhelm Hegel (1770–1831) gehört zu jenen Philosophen, die sich Kant ausdrücklich entgegensetzen. Er lehnt dessen Philosophie kritischer und selbstkritischer menschlicher Vernunft ab, die sich ihrer Grenzen bewußt ist. Statt dessen versucht er es noch einmal mit der bisher immer wieder gescheiterten Idee, eine metaphysische Einheitstheorie zu entwerfen, wobei er die Dialektik als Schlüssel für seine Entwürfe zu nutzen sucht. Der Grundgedanke liegt in der Annahme, daß Widerspruch die treibende Kraft in der Weltgeschichte sei. Die jeweils antithetischen Begriffe werden nach Hegels Meinung in einem dritten, umfassenderen und höheren Begriff »aufgehoben«, und zwar im dreifachen Wortsinn: verneint (negiert), erhöht (eleviert) und bewahrt (konserviert). Der so entstandene Überbegriff sieht sich sofort einem neuen Antibegriff gegenüber, so daß es, in fast endloser Weise, zu immer neuen und höheren Begriffen kommt. Ziel dieser geistigen Bewegung, die angeblich im Objekt selbst stattfinde und vom menschlichen Subjekt nur wahrgenommen werde, sei das »absolute Wissen«, in dem alles Gegensätzliche vereinigt und zugleich aufgehoben sei. Hegel versteht unter der jeweiligen Synthese mehr als nur einen Kompromiß, der aus These und Antithese entsteht. Er hält sie für einen Prozeß, der in allen Seinsbereichen durch die Auseinandersetzung gegensätzlicher Kräfte zu einem neuen Zustand mit einer höheren, besseren Qualität führe. Also nicht nur im logischen, sondern auch im ontologischen und sogar im metaphysischen Bereich: Denken und Wirklichkeit sind für Hegel ein und derselbe naturnotwendige, also naturgesetzliche Prozeß. Damit glaubt Hegel, den Stein der Weisen gefunden zu haben, der ihm die Weltgeschichte entschlüsseln hilft. Die Naturwissenschaften interessieren ihn in diesem

Zusammenhang wenig. Mathematik, formale Logik und die exakten Disziplinen rechnet er dem »bloßen Verstandesdenken« zu, über dem sich der höhere Bereich des »Vernunftdenkens« erhebe. Dieses sei imstande, den Weltprozeß als dialektisch-teleologisches Drama der Selbstverwirklichung und -bewußtwerdung des göttlichen Geistes zu erkennen. Dagegen könne mit den Mitteln des Verstandesdenkens das dialektisch-konkrete Vernunftdenken nicht kontrolliert und noch weniger widerlegt werden. Folglich verweigert Hegel - wie später Marx - jede Antwort auf die Frage, ob das dialektische Denken denn wenigstens mit dialektischen Mitteln überprüft werden könne. Diese prinzipielle Unkontrollierbarkeit bedeutet aber, daß mit Hilfe dieser Methode dogmatisch vorausgesetzte Glaubenssätze als angebliche Inhalte eines höheren Wissens der Kritik vorenthalten werden können. Darüber hinaus gestattet sie eine beliebige Manipulierbarkeit. Dies fällt bereits Goethe auf, der 1827 mit Hegel ein Gespräch führt, das die Dialektik zum Thema hat:

Hegel: »Es ist im Grunde weiter nichts, als der geregelte, methodisch ausgebildete Widerspruchsgeist, der jedem Menschen innewohnt, und welche Gabe sich groß erweiset in Unterscheidung des Wahren vom Falschen.«

Goethe: »Wenn nur solche geistigen Künste und Gewandtheiten nicht häufig gemißbraucht und dazu verwendet würden, um das Falsche wahr und das Wahre falsch erscheinen zu machen!«

Hegel: »Dergleichen geschieht wohl, aber nur von Leuten, die geistig krank sind.«

Seither ist es üblich geworden, daß Dialektiker totalitärer Parteien oder Systeme ihre Gegner der Geisteskrankheit bezichtigen und sie sogar in psychiatrische Anstalten stecken, um sie dort zugrunde zu richten. Im 20. Jahrhundert zeigt sich die manipulierende Kraft der dialektischen Methode besonders drastisch. Immer wieder dient sie der Legitimierung oder Bekämpfung jeder beliebigen politischen Position. Bei Hegel ist es mit ihrer Hilfe möglich, den Staat als einen Gott zu verherrlichen, während Marx sie dazu benutzt, den Staat zu verteufeln. Und während Hegel aufgrund seiner Methode zu dem Schluß kommt, daß die fortschreitende Vernunft mit Hilfe von Kriegen (!) die deutsche Nation zur Weltherrschaft brächte, behauptet Marx, als Ergebnis der dialektischen Entwicklung wäre die revolutionäre Verwirklichung der freien Gesellschaft des Weltkommunismus zu erwarten. Mit Hilfe der Dialektik kann auch jede historische Situation als These, Antithese oder Synthese angesehen werden. Für Hegel ist der aktuelle preußische Staat das Nonplusultra einer Synthese, für Marx später der Endkommunismus.

Die dialektische Methode hat in vielen Fällen auch fruchtbare Ansätze ermöglicht. Schließlich berücksichtigt sie ja die bereits von Heraklit formulierte Tatsache, daß »alles fließt«. Was Hegel und seine Nachfolger aber nicht wahrhaben wollen, ist der Unterschied zwischen einem *logischen Widerspruch* und der *realen Gegensätzlichkeit der Dinge.* Zu jedem logischen Begriff läßt sich ein Gegenbegriff aufstellen. Bei realen Erscheinungen können reale Gegensätze nicht zwingend abgeleitet werden. Sätze können widerlegt werden, Maschinengewehre aber nicht!

Weltgeschichte als Entwicklungsprozeß des Geistes

Für Hegel sind Begriffe und logische Prinzipien nicht nur Denkgesetze, sondern existierende Wesenheiten. Denken und Sein sind für ihn identisch. Zur Zeit des Universalienstreites hätte man ihn als (Ultra-)Realisten bezeichnet. Hegels *»Philosophie der Geschichte«* entwirft ein Panorama der menschlichen Geschichte von den Anfängen Chinas bis zur Revolution von 1789. Auf diesem Wege, behauptet Hegel, durchwalte die göttliche Weisheit bzw. Vernunft die Welt im Großen wie im Kleinen. Insofern sei die Weltgeschichte eine *Theodizee,* eine Rechtfertigung Gottes, und eine Entwicklung des Geistes. Die Substanz bzw. das Wesen dieses Geistes (»Zeitgeistes«) sei die Freiheit. In der historischen Entwicklung wirke der Weltgeist durch das einzelne Individuum, das nur passives Werkzeug, aber *kein verantwortlich handelndes Wesen* sei. Was die großen Persönlichkeiten der Geschichte betreffe, beispielsweise Caesar oder Napoleon, so seien sie nicht wegen ihrer persönlichen Eigenschaften erfolgreich, sondern weil sie in der Lage gewesen seien, historisch »Notwendiges« zu erkennen und in die Tat umzusetzen. Sie seien nichts anderes als Verkörperungen des Zeitgeistes. Nur um letzteres gehe es, nicht aber um die Verwirklichung des Glücks des einzelnen. »Die Weltgeschichte ist nicht der Boden des Glücks. Die Perioden des Glücks sind leere Blätter in ihr ...«

Für Hegel sind Individuen, Völker und Epochen nur notwendige Durchgangsstadien des weltgeschichtlichen Prozesses. Das entwertet den einzelnen Menschen zum bloßen Geschichtsmaterial für ein ideal gedachtes Endstadium. Ihn für dieses Ziel zu opfern erscheint Hegel nicht verwerflich, sondern sogar notwendig. In seinen späteren Jahren macht sich Hegel die Meinung zu eigen, daß sowohl die geschichtliche Entwicklung als auch die Philosophie ihren Höhe- und Endpunkt bereits erreicht hätten. Als Staatsbeamter sieht er im preußischen Staat einen Ausdruck des Weltgeistes im höchstmöglichen Zustand. Im Zeitalter der Restauration (ab 1815), in dem die Menschen nach Revolutionswirren und napoleonischen Kriegen sich Ruhe und Ordnung wünschen, zeigt sich auch bei Hegel, dem allgemeinen Zeitgeist entsprechend, das Bedürfnis nach einer alles abschließenden Ordnung. Das aber steht mit der tatsächlichen Entwicklung im Widerspruch: Die Wirklichkeit geht andere Wege. Die im Prinzip revolutionäre Dialektik Hegels wendet sich gegen ihn selbst.

Nach ihrem eigenen Gesetz zerfällt Hegels Schule alsbald in eine rechte und eine linke Fraktion. Es erweist sich auch hierbei, daß es keine letzte Synthese geben kann, mit der alle Geschichte abgeschlossen ist. Hegels Nachfolger führen das aus, was er selbst die »Nachahmung in der Umkehrung« genannt hat. Der neue Zeitgeist wird von der industriellen Revolution und vom Positivismus bestimmt. Materialisten und Atheisten wenden sich im Namen Hegels heftig gegen die Schattenbegriffe der deutschen Ideenromantik. Deren größter Vertreter, Hegel, wird letztlich durch Hegel gestürzt.

Auguste Comte: Positivismus

Prinzipien des Positivismus

Im Gegensatz zu Hegel ist Auguste Comte (1798–1857) ein überzeugter Rationalist. Bereits in dem von ihm eingeführten Begriff *Positivismus* steckt eine klare Absage an jegliche Metaphysik. Zu seinen Grundprinzipien gehört es, nur vom tatsächlich Gegebenen, also vom »Positiven«, auszugehen. Das Wort »positiv« ist dabei in seiner dreifachen Bedeutung gemeint: Es kann das Wirkliche bezeichnen, als Gegensatz zum Nichtvorhandenen. Zweitens nennt man auch das Nützliche »positiv«. Schließlich meint es auch das eindeutig Festgelegte, Bestimmbare, wie etwa beim »positiven« Recht oder beim »positiven« Pol einer elektrisch geladenen Batterie. In diesem letzteren Sinne hält sich der Positivist allein an das, was er für das Wirkliche hält, an das eindeutig Bestimmbare. Nach Comte muß der Mensch Gegebenheiten als solche hinnehmen, sie nach Gesetzen einordnen und daraus die Konsequenzen für zukünftiges Handeln ziehen. »Wissen, um vorherzusehen!« – das ist nach Comte der Sinn und Zweck der Wissenschaft. Er lehnt es ab, nach dem Sinn oder der »wirklichen« Ursache einer Tatsache zu fragen. Es gehe nur darum, durch Vergleiche Bedingungen festzustellen und diese mit den Tatsachen nach Prinzipien der Ähnlichkeit und der Aufeinanderfolge zu verknüpfen. Der Vergleich führe zu Begriffen, das zweite Prinzip zu Gesetzen.

Positivistische Theorie als Praxis

Der positivistische Begriff von Praxis bestimmt sich bei Comte zunächst einmal von der Naturwissenschaft her als *Einwirkung des Menschen auf die Natur.* Darüber hinaus soll sich das als Wissenschaft und Technik beschriebene Herrschen über die gegenständliche Welt nicht nur auf die anorganische Natur beschränken, sondern es soll auf alles angewendet werden, besonders auf die Gesellschaft. »Die Technik wird ... in erster Linie politisch und moralisch« sein. Damit überschreitet Comte die bisherigen Grenzen, denen besonders Kant in seiner Schrift *»Praktische*

Vernunft« Ausdruck verliehen hatte: Der Mensch dürfe, im Gegensatz zur belebten und unbelebten Natur, niemals als Mittel gebraucht werden, sondern stets nur als Zweck an sich selbst. Indem aber Comte den Menschen als Mittel benutzt, erniedrigt er ihn in einer Weise, die zwangsläufig zu antidemokratischen, technokratischen Gesellschaftsordnungen führen muß, in denen sich eine kleine Elite von Wissenschaftlern und Technikern anmaßen kann, über alle übrigen Menschen als Mittel zum Fortschritt zu verfügen.

Mit dem Positivismus bringt Comte den aristotelischen Realismus und die materialistisch-utilitaristischen Vorstellungen der Epikuräer in eine moderne Form. Dabei greift er auch auf Platons ideale Staatsvorstellungen zurück: Ein Rat positivistisch denkender Soziologen und Philosophen soll die oberste Instanz im geistigen Leben darstellen und die Erziehung kontrollieren. Mit der Regierung selbst soll ein Gremium von Wirtschaftsfachleuten, also von Bankiers, Kaufleuten, Ingenieuren und Wissenschaftlern, betraut werden. Nur so, glaubt Comte, der Wissenschaft und Wirtschaft für die bestimmenden Mächte der Zukunft hält, könne eine individualistische Anarchie verhindert werden.

Ordnung und *Fortschritt* werden bei Comte zu Grundbegriffen positivistischer Sozialtheorie. Um beides zu gewährleisten, fordert er in idealistischer Weise die Festlegung der Menschheit auf eine Idee (!), mit deren Hilfe die Sitten durch Volkserziehung »systematisch verändert« und neue gesellschaftliche Institutionen gegründet werden könnten: Moral und Sitte müßten so »manipuliert« werden, daß sie die äußere Ordnung dauerhaft tragen. Erziehung müsse immer darauf gerichtet sein, daß sie »alle bloß kritischen Tendenzen beseitigt, die mit einer gesunden [!] historischen Auffassung unvereinbar sind«. Als gesund gilt also nur derjenige, der sich an die gegebene soziale Ordnung hält. Wer das nicht verstehen und ausscheren will, wird eben beim Fortschrittsmarsch zum Gleichschritt gebracht. Der harte, autoritäre Grundgedanke des Positivismus ist durchaus realistisch: Das verständliche Interesse aller an einer für Arbeit, Karriere, Wohlstand und Prestige dienlichen Erziehung wird gegenüber einer liberal-demokratischen Denkweise zum bestimmenden Faktor, wobei gleichzeitig die Politik in wachsendem Maße industriellen Sachzwängen unterworfen wird. Allerdings entgleitet ihnen die technisch, sozial und politisch angestrebte Entwicklung immer wieder zugunsten eines spezialistisch entfesselten und Chaos schaffenden Fortschrittes.

Konservativismus

Der Begriff *Konservativismus* bezeichnet ursprünglich ein gesellschaftliches Verhalten, das auf keine politische Theorie zurückzuführen ist, aber dennoch politische Konsequenzen hat. Der politisch unreflektierte Konservativismus früherer Zeiten wird am besten mit dem Begriff »Traditionalismus« umrissen. Dieser will Neuerungen nicht im Wege stehen, fordert aber, daß Bewährtes bestehen bleibt und die Kontinuität der Geschichte nicht unterbrochen wird. Er bejaht Evolutionen, sofern die Stabilität der Gesellschaft nicht gefährdet wird. Dagegen lehnt er Revolutionen ab, so daß sich revolutionäres und konservatives Denken antagonistisch gegenüberstehen. Das zeigt sich allerdings erst nach dem Ausbruch der Französischen Revolution. Unter dem Eindruck der jakobinischen Terrorherrschaft wandelt sich der bisher unreflektierte Traditionalismus zu einer bewußt politischen Gegenbewegung.

Edmund Burke: Organische Staatstheorie

Als der eigentliche Begründer der organischen Staatstheorie und damit des politischen Konservativismus gilt Edmund Burke (1729–1797). Über den Bruch der historischen Kontinuität bei der Französischen Revolution entsetzt, fordert er in seinem Buch *»Reflections on the Revolution in France«* (1790) Ehrfurcht vor den Kräften der Natur und der Geschichte: »Der Staat ist die Gemeinschaft der Lebenden, der Toten und der Kommenden.«

Das Konservative steht bei Burke nicht im Gegensatz zur Reform; Veränderungen müßten aber »im Stil des Gebäudes« stattfinden. Für ihn ist der Staat etwas organisch Gewachsenes, das Ergebnis von Geschichte und Tradition, die beide die Erfahrungsweisheit vieler Generationen verkörpern. »Ein Land ist kein unbeschriebenes Blatt, auf dem jeder nach seinem Belieben kritzeln kann«, meint er und spottet über jene, die sich das Gemeinwesen »wie einen Bogen weißen Papiers« vorstellen. Trotzdem lehnt er Veränderungen nicht ab. So erfindet er die »Partei«, fordert die Katholiken-Emanzipation und befürwortet eine unabhängige Regierung der amerikanischen Siedler. Öffentliche Einrichtungen will er aber so erhalten bzw. umgestalten, daß sie nicht mißbraucht werden können. Er empfiehlt deshalb Gewaltenteilung und Machtkontrolle, durch die alle Institutionen gegen negative Folgen der Massendemokratie geschützt werden sollen. Er ist überzeugt, daß eine absolute Demokratie genau so tyrannisch ist wie eine absolute Monarchie. Zum Schutz der Freiheit erkennt er dem Staat kein höheres Wesen zu, das ihn berechtige, den Freiheitsraum seiner Bürger unnötig einzuschränken.

Burkes Kampf gegen die Französische Revolution richtet sich nicht gegen den Rationalismus, sondern lediglich gegen deren irrationale Elemente, wie sie besonders bei den Jakobinern zu beobachten sind. Insofern kann er nicht für die romantische Irrationalität anderer »Konservativer« in Europa verantwortlich gemacht werden, die sich auf ihn berufen. Burke bleibt auf dem Boden der Realität, wenn er Beobachtung fordert statt Spekulation und Erfahrung anstelle radikaler Schlußfolgerungen. Obwohl er sich auf Aristoteles stützt, stellt er, im Gegensatz zu diesem, nicht Theorie und Praxis einander gegenüber, sondern die Begriffe »abstract« und »moral«. Bestimmten Theoretikern wirft er vor, daß sie die Folgen ihrer Ideen nicht bedächten. Über die Moralität einer politischen Handlung entscheide nicht die Güte der Prinzipien, sondern die Auswirkung, die sie für jeden einzelnen Menschen zeitige. Deshalb fordert er eine wohlüberlegte Übereinstimmung zwischen guten Absichten der Auswahl geeigneter Mittel, einen maßvollen Gebrauch und Vorkehrungen gegen unerwünschte Nebenfolgen. Für Burke gilt das *Glück des einzelnen Menschen als der einzige Maßstab* zur Beurteilung jeder politischen Maßnahme. Darin steckt eine grundsätzliche Absage an jede Ideologie und an abstraktes Denken in der Politik. Im Jakobinertum erkennt er ganz klar den Geist abstrakter Prinzipien, etwa das der radikalen »Gleichheit«. Der Versuch, diese zum Leitprinzip aller Politik zu erheben, kann nach Burke in Frankreich nur zu einer Oligarchie, zur Beseitigung der Freiheit und zu einer Militärdiktatur führen. Durch den Verlauf der Französischen Revolution wird Burke in seinen Thesen eindrucksvoll bestätigt.

Das Besondere an Burkes Haltung liegt in seinem Realismus, seiner praktischen Vernunft und seiner Orientierung am Wohl des Individuums. Sein klassischer und zugleich progressiver Konservativismus zeichnet sich durch einen Reformkurs aus, der das überkommene Erbe kritisch prüft, ob es wert ist, erhalten zu werden. In der Gegenwart strebt er einen behutsamen Wandel unter Berücksichtigung der Zukunft an. Niemals soll das Alte nur deshalb abgeschafft werden, weil es alt ist, und niemals soll etwas Neues eingeführt werden, nur weil es neu ist. Ob es sich dabei um ökonomische, soziale, nationale oder liberale Inhalte handelt, ist dabei unerheblich. In der gewissenhaften Abwägung des Alten und des Neuen liegt die Chance, aber auch die Schwierigkeit einer konservativen Politik. Burke ist sich bewußt, wie schnell die Freiheit verlorengehen kann, wenn diese Zurückhaltung nicht geübt wird und wenn solche Männer die Politik in die Hand nehmen, die ohne Rücksicht auf Tradition radikal alles erneuern und verbessern wollen.

Phasen und Formen des Konservativismus

Der europäische Konservativismus kennt keine ein für allemal festgelegten Ziele und Methoden. Darin unterscheidet er sich grundlegend von inhärenten (verfestigten) Ideologien, zu denen u.a. auch der Liberalismus, der Nationalismus und der Sozialismus gehören. Diese sind im wesentlichen von einer Grundidee festgelegt: Der Liberalismus geht von Freiheit und Rechten des Individuums aus, der Nationalismus von vorrangigen Werten und Einheit der Nation, der Sozialismus vom Klassenantagonismus und einem materialistisch-ökonomisch determinierten Geschichtsablauf. Konservativismus hingegen ist eine Haltung bzw. Weltanschauung, die sich aus wechselnder Notwendigkeit oder aus bestimmten Interessenlagen ergibt. In diesem Sinne ist er mit dem Radikalismus zu vergleichen, der sich ebenfalls mit wechselnden Inhalten oder Prinzipien verbinden kann. Je nachdem, welche besonders betont oder vernachlässigt werden und mit welchen sozialen Klassen oder Schichten er sich verbindet, stellt sich der Konservativismus im Laufe der letzten zweihundert Jahre in drei unterschiedlichen Phasen dar.

Erste Phase: Klassischer Konservativismus. Schon in dieser ersten Phase zeigt sich die Ambivalenz des Konservativismus, je nachdem, ob nur das Bewahren in den Vordergrund gestellt oder ob der notwendige Wandel akzeptiert bzw. gefördert wird. Dazu nimmt Burke eine aristotelisch geprägte Mittelstellung ein, bei der es ihm um eine traditionsgebundene Fortentwicklung der liberalen Institutionen geht, nicht aber um Privilegien irgendeiner Klasse. Die kontinentalen Konservativen nehmen da schon eine andere Stellung ein. Zwar billigen sie Burkes Prinzip von der Ausgewogenheit des Ganzen (des Staates), doch glauben sie letztere nur durch eine führende Schicht gewährleistet, die alle Macht in Händen hält. Der Hauptvertreter dieser Richtung, der Franzose Joseph de Maistre (1754–1821), sieht in der Selbstherrlichkeit des Individuums und im Abfall von der Autorität und vom christlichen Glauben die eigentlichen Ursachen der Französischen Revolution. Er fordert die Rückkehr zur katholischen Tradition und zur alten Herrschaftsordnung. Nach Napoleons endgültiger Niederlage scheint es, als ob seine Vorstellungen Wirklichkeit würden. Auf dem »Wiener Kongreß« (1815) sind alle konservativen Kräfte bestrebt, in Europa die alte »gottgewollte« Ordnung mit dem »Bund von Thron und Altar« wiederherzustellen. Diese Bemühungen werden als *Restaurationsbestrebungen* bezeichnet. Alles soll wieder so werden, wie es vor der Revolution gewesen ist: die Besitzverhältnisse und die ständisch-hierarchische Gliederung der Gesellschaft. Praktisch ist das unmöglich, denn es hätte nichts anders als den erneuten Bruch mit geschichtlich Gewordenem bedeutet, also eine Verletzung konservativer Prinzipien. Die sozialen Umschichtungen fast dreier Jahrzehnte sind ohne Gewalt und neue Ungerechtigkeiten nicht mehr rückgängig zu machen. Also beschränkt man sich in der Praxis auf Korrekturen und schließt Kompromisse. Am deutlichsten wird das bei der Wiedereinführung der Monarchie in Frankreich: Nicht das Ancien régime, sondern eine konstitutionelle Monarchie wird etabliert.

Zur Französischen Revolution gehören unabdingbar der Liberalismus, der Nationalismus und teilweise auch der Frühsozialismus. Der Konservativismus sieht deshalb diese ideologischen Richtungen als gefährlich an, wenngleich ein grundsätzlicher Gegensatz nicht besteht. Denn in allen Ideologien finden sich konservative Elemente - zumindest möchte jede dasjenige »konservieren«, was ihren Grundideen entspricht. Dieses »Bewahren« kann sich ganz oder teilweise gegen tatsächlichen und notwendigen Fortschritt richten. Eine solche fortschrittshemmende Haltung wird seit dem Wiener Kongreß und den darauf folgenden Ereignissen im negativen Sinne als *Reaktion* bezeichnet. Träger der Reaktion wird die 1815 gegründete »Heilige Allianz« mit Fürst Metternich (1773-1859) an der Spitze. Alle Monarchen Europas verpflichten sich zur christlich-patriarchalischen Regierung nach innen und zur Solidarität nach außen. Unter Berufung auf das Gottesgnadentum leitet der Bund das Recht zur Intervention gegen alle demokratischen, nationalen und liberalen Bestrebungen ab. Das bedeutet in der Praxis: Polizeistaat, Existenz privilegierter Gruppen, kritikloses Obrigkeitsdenken etc.

Natürlich fehlt es den Reaktionären nicht an theoretischer Unterstützung. Für den deutschsprachigen Raum müssen in diesem Zusammenhang einige besonders einflußreiche Autoren genannt werden. An erster Stelle bekämpft Adam Müller (1779-1829) als bedeutender Vertreter der romantischen Staats- und Gesellschaftslehre den individualistischen Liberalismus und die rationalen Ordnungsvorstellungen der Aufklärung. In seinen Hauptwerken stützt er sich zwar auf den Traditionalismus Burkes, im Gegensatz zu diesem lehnt er aber eine gedankliche Trennung von Staat und Gesellschaft ab. Wie Hegel sieht er in dem von Gott getragenen Staat die höchste Erscheinungsform der Gesellschaft und definiert ihn als »die Totalität des gesamten Lebens«. Diesen Gedanken erweitert Müller in einer Weise, daß später totalitäre Ideologen sich darauf berufen können. So behauptet er, zu den Aufgaben des Staates gehöre die Integrierung aller geistigen und physischen Kräfte der Gesellschaft. Als Mittel, dieses Ziel zu erreichen, empfiehlt er eine korporative ständische Ordnung der Wirtschaft nach mittelalterlichem Vorbild. Sein Ideal ist ein christlich-autoritärer Ständestaat ohne bürgerliche Grundrechte und Wahlrecht. Andererseits fordert Müller als erster Konservativer eine staatliche Sozialpolitik. Er ist der Auffassung, daß auch ein konservativer Staat für die Arbeiter sorgen müsse. Damit steht er im Gegensatz zu liberalen Kreisen seiner Zeit, die eine solche Sozialpolitik als einen fortschrittshemmenden und daher abzulehnenden Eingriff hinsichtlich der Wirtschaftsfreiheit ansehen.

Das *Zeitalter der Restauration* verdankt seine Bezeichnung dem politischen Schriftsteller und Professor des Staatsrechts, Carl Ludwig von Haller (1768-1854). In seinem Werk *»Restauration der Staatswissenschaften«* (1816-34) stellt er den Ideen der Französischen Revolution seine patriarchalische und klerikale Staatsauffassung gegenüber. Den Staat erklärt er als das persönlich-rechtliche Eigentum des Monarchen, der nur Gott gegenüber verantwortlich sei. In diesem Patrimonialstaat, der eine Neuauflage des »Gottesgnadentums« bedeutet, besitzt der Untertan nur wenige Rechte.

Als dritter Vertreter eines betont restaurativen Konservativismus muß noch der Rechtsphilosoph und Politiker Friedrich Stahl (1802–1861) genannt werden. Als Anhänger einer feudalen Interessenpolitik vertritt er eine Staatsrechtslehre, die von dem Gedanken der alttestamentlichen Theokratie stark beeinflußt ist (1819 wechselt Stahl vom jüdischen zum lutherischen Bekenntnis über). Der Revolution und dem Liberalismus setzt er das *Legitimitätsprinzip* entgegen. Die Staatsautorität beruht seiner Meinung nach weder auf der Volkssouveränität noch auf dem Naturrecht, sondern direkt auf göttlicher Einsetzung. Diese gebe dem Staat die Befugnis zu selbständiger Rechtsetzung und legitimiere die organisch gewachsenen Institutionen, vor allem die Ständegliederung und die Monarchie. Das Recht und die sittliche Ordnung bedürften der Monarchie, doch seien zum Schutz vor Despotie ständische Verfassung und Gewaltenteilung nötig. Seine streng konservativen Lehrsätze fallen in Preußen auf fruchtbaren Boden und prägen den dortigen Konservativismus. Als dessen Wortführer erlangt Stahl unter Friedrich Wilhelm IV. (1795–1861) großen Einfluß auf die preußische Politik.

Zweite Phase: Bürgerlich-nationaler und sozialer Konservativismus. In der zweiten Hälfte des 19. Jahrhunderts wird das überwiegend national denkende Bürgertum als herrschende Schicht neben dem Adel zum Träger des Konservativismus. Die industrielle Revolution hat inzwischen die Überreste der früheren Wirtschaftsordnung beseitigt und das ständische Gesellschaftsprinzip durch das kapitalistische Leistungsprinzip ersetzt. Von jetzt an ist nur noch der wissenschaftlich-technologische und der ökonomische Fortschritt gefragt, aber nicht mehr der gesellschaftliche. Der soziale Konservativismus hat vorläufig nur geringe Chancen.

Der Konservativismus dieser Phase ist, wie der ökonomische Liberalismus, gesellschaftlich teilweise reaktionär. Im 19. Jahrhundert, aber auch heute noch, wird das Attribut »reaktionär« meist negativ gesehen. Der Wortbedeutung nach ist es aber neutral. Es besagt nichts anderes, als daß jemand auf etwas bzw. gegen jemand »reagiert«, sich also gegen etwas wehrt. Dabei ist es möglich, daß der Abwehrversuch sich gegen echten Fortschritt wendet, er kann aber auch gegen eine Diktatur gerichtet sein. In diesem Sinne sind die Widerständler, die den Nationalsozialismus in Wort und Tat bekämpften, ebenfalls »Reaktionäre«, dieses Mal im positiven Sinne. Die negative Besetzung des Wortes überwiegt in der Praxis aber bei weitem, zumal es sich eingebürgert hat, im politischen Bereich Gegner ideologischer Programme als »Reaktionäre«, als »reaktionäre Revisonisten« bzw. »Revanchisten« zu beschimpfen.

Trotz vorherrschend reaktionärer Tendenzen gelingt einigen Konservativen, vorwiegend christlichen, eine historisch bedeutsame Weiterentwicklung des konservativen Gedankens. Auf Adam Müllers soziale Forderungen und die Grundlehren der Kirche zurückgreifend, entwickeln sie die theoretischen Grundlagen eines Sozialkonservativismus, der allerdings erst Jahrzehnte später, in der Bundesrepublik Deutschland, verwirklicht werden kann. Diese antisozialistisch eingestellten Reformkonservativen werden zu ihrer Zeit als »Sozialkonservative«, »Staatssozialisten«, »Kathedersozialisten« oder als »Christlich-Soziale« bezeichnet. Als die wichtigsten Vereinigungen dieser Art gelten:

- »Verein für Socialpolitik«: eine Vereinigung von Professoren, unter denen Adolph Wagner der bekannteste ist (Kathedersozialisten!);
- »Zentralverein für Socialreform«: ein Zusammenschluß auf religiöser und konstitutioneller Grundlage;
- »Christlich-Soziale Arbeiterpartei«: eine Gründung des Hofpredigers Adolf Stöcker (1835–1909).

Zu den bedeutendsten Vertretern des sozialkonservativen Gedankens gehört auch der Nationalökonom Johann Karl Rodbertus (1805–1875). Die gemeinsame Grundlage aller Sozialkonservativen ist die kompromißlose Ablehnung liberaler oder sozialistischer Gesellschaftslehren. Ihre Kritik richtet sich zuerst gegen die Wirtschaftsliberalen, denen sie Zynismus und Ausbeutung der Arbeiter vorwerfen. Im Gegensatz zu jenen fordern sie, daß der Staat ordnend in das Marktgeschehen eingreifen müsse, wenn eine gerechte Gesellschaftsordnung gewährleistet sein soll. Die sozialistische Kritik am Liberalismus halten die Sozialkonservativen für voll gerechtfertigt, doch werfen sie den Sozialisten vor, daß ihnen wegen der dialektischen Denkweise, die zur Totalverneinung der bestehenden Gesellschaftsordnung führe, der Sinn für Tradition und Geschichte fehle. Die Sozialdemokraten seien nicht in der Lage, das Arbeiterproblem ohne Bruch mit der geschichtlichen Vergangenheit zu lösen. Nicht zuletzt wird den Sozialisten ihre antireligiöse, atheistische Einstellung vorgeworfen. Dem sozialistischen Ziel der Revolution stellen die Sozialkonservativen die Gesellschaftsreform gegenüber. Besitzende und Besitzlose werden aufgefordert, dem Klassenkampf abzuschwören. Aufgrund der These: »Alles Königtum wird fortan entweder ein leerer Schatten oder eine Despotie werden ... wenn es nicht den hohen sittlichen Mut hat, ein Königtum der sozialen Reform zu werden« (Lorenz von Stein) formulieren verschiedene Sozialkonservative folgende Grundsätze:

- Eine Gesellschaftsreform aus sozialkonservativem Geist ist unumgänglich.
- Ein Klassenkampf ist grundsätzlich abzulehnen.

- Die Lohnsätze der Arbeiter müssen staatlich festgesetzt werden und sich an der steigenden Produktivität orientieren.
- Eine gerechte Entlohnung und die Bildung von Eigentum in Arbeitnehmerhand sollen durch Gründung von Genossenschaften erreicht werden.
- Die Arbeiter sollen über betriebliche Vorgänge in Kenntnis gesetzt werden und das Recht der Mitwirkung und Mitbestimmung erhalten.
- Privateigentum muß erhalten bleiben; bestimmte Wirtschaftszweige sollen aber verstaatlicht werden, so Eisenbahnen und das Banknotenwesen.
- Der Staat darf kein »Nachtwächterstaat« sein; er muß ordnend und gestaltend in den wirtschaftlichen Ablauf eingreifen.
- Am gemeinschaftlichen Reformwerk sollen alle Klassen und Institutionen beteiligt werden.

Doch die Zeit ist noch nicht reif für solche Forderungen. Zwischen den beiden starken Fronten der erstarkenden Sozialdemokratie und des frühkapitalistischen Wirtschaftsliberalismus der Manchester-Schule hat der von oben kommende Sozialkonservativismus nur geringe Chancen. Daß er sie dennoch zu nutzen weiß, zeigt die Tatsache, daß das Deutsche Reich der Bismarck-Ära für diese Zeit revolutionierende und weitreichende Sozialgesetze erläßt, die für über hundert Jahre weltweit als vorbildlich gelten und die in vielen Ländern der Welt bis heute noch fehlen.

Dritte Phase: Moderner Konservativismus nach 1918. Mit dieser Phase verlassen wir den zu erörternden Zeitraum von 1789 bis 1914. Wegen des Zusammenhanges mit der Entwicklung der Weimarer Republik, des Nationalsozialismus und der Zeit nach dem Zweiten Weltkrieg soll an dieser Stelle nur noch ein zusammenfassender Ausblick gegeben werden: Die internationale Arbeitsteilung zwischen rationalisierten Großorganisationen einer technisierten Gesellschaft, vor allem aber die beiden Weltkriege führen zu gewaltigen geschichtlichen Brüchen. Die ideengeschichtliche Einordnung des Konservativismus wird dadurch außerordentlich erschwert. Die bürgerliche Gesellschaft ist inzwischen von der industriellen Massengesellschaft integriert worden. Die Unterschiede in der Entwicklung der Bereiche Wissenschaft, Technik, Kultur, Gesellschaft und Politik bedrohen in ihrer aggressiven Art immer mehr das Leben überhaupt. Konservativismus im modernen Sinn kann daran nicht vorbeigehen. Ohne Rücksicht auf sonstige politische Ausrichtungen fordert er deshalb Schutz und Erhaltung der natürlichen und kulturellen Umwelt. Im Gegensatz aber zu radikalen Umweltbewegungen oder gar zu totalitär ausgerichteten Systemen bejaht er liberal-demokratische Gesellschaftsordnungen. Fundamentale Angriffe gegen diese bzw. gegen die Substanz der Werte, an die Konservative glauben, werden von ihm abgewehrt. Zu solchen Werten gehören u.a. »Gerechtigkeit«, »Humanität« und »Freiheit«. Damit trifft sich der Konservativismus mit anderen politischen Denkrichtungen, die ebenfalls eine liberal-demokratische Ordnung wollen. So kommt es, daß aus allen demokratischen Parteien heraus »konservative« Forderungen gestellt werden. Trotz verschiedener Akzentsetzungen liegt hier die Chance einer politischen Zusammenarbeit zum Wohl der Demokratie (Abb. 21).

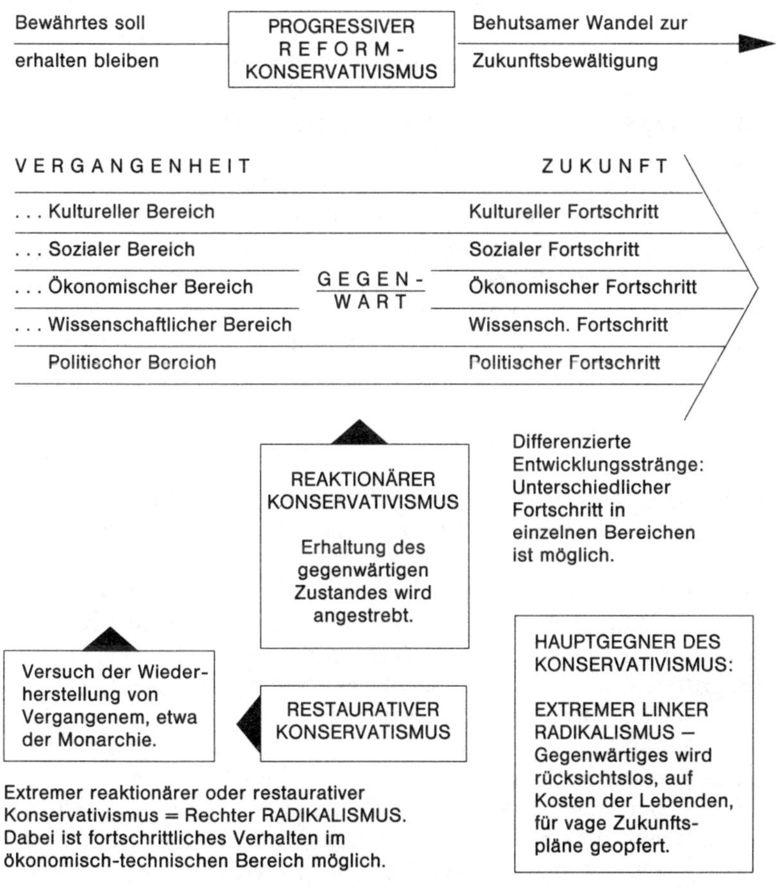

Abb. 21: *Konservativismus: Richtungen in der Gegenwart*

Nationalstaatsgedanke, Nationalismus, nationaler Imperialismus

Der Begriff »Nation« zeichnet sich durch eine besondere Unschärfe bzw. Vieldeutigkeit aus. Allgemein meint er eine Großgesellschaft, die sich aufgrund bestimmter Gemeinsamkeiten (Sprache, Kultur, Wirtschaft, Abstammung etc.) politisch als zusammengehörig empfindet. Keines der genannten Merkmale ist unbedingt erforderlich. Das Nationalbewußtsein schließt auch nicht die Aufteilung einer Nation in mehrere Staaten und Territorien aus. Betrachtet man die unterschiedlichen Auffassungen von »Nation« in der ganzen Welt und die verschiedenen Bedingungen, unter denen es zur Bildung einer Nation (oder was man dafür hält) gekommen ist, so ergibt sich eine solch verwirrende Fülle von Möglichkeiten, daß eine allgemeine Definition unmöglich erscheint und nur im konkreten Fall eine Erklärung versucht werden kann.

Ausbreitung des Nationalismus durch Napoleon

Zu Beginn der Französischen Revolution schlägt Graf Mirabeau den Mitgliedern der versammelten Generalstände vor, sich »Deputierte des französischen Volkes« zu nennen. Doch das Wort »Volk«, »Peuple«, klingt zu sehr nach »Pöbel«, also nach armen Leuten. »Nation« dagegen hört sich viel besser an, und deshalb setzt sich dieses Wort allgemein durch. Graf Sieyes (1748–1836) definiert »Nation« als »eine Gesamtheit von vereinigten Individuen, die unter einem gemeinsamen Gesetz stehen und durch dieselbe gesetzgebende Versammlung vertreten sind.« Alles, was gut sei und Gemeinsinn verrate, falle unter den Begriff »Nation«, alles, was schlecht und eigennützig sei, unter den des »Privilegs«. Diese Auffassung von »Nation« trägt noch einen liberalen und universalistischen Charakter; von engstirnigem Patriotismus ist da noch nichts zu spüren. Zusammen mit liberalen und sozialen Gedanken symbolisiert der Begriff »Nation« seit der Französischen Revolution das Bestreben immer größerer Teile der Menschheit, sich gegen politische oder wirtschaftliche Unterdrückung zu wehren. In der Parole »Freiheit, Gleichheit, Brüderlichkeit« kommt das am deutlichsten zum Ausdruck.

Dieser Zusammenhang läßt die große Faszination des Nationalgedankens verständlich erscheinen. Die sehr schlecht ausgerüsteten französischen Revolutions-Soldaten besiegen nur deshalb die regulären Armeen europäischer Monarchen, weil sie fest daran glauben, für eine Weltmission zu kämpfen: Ganz Europa soll mit den »Errungenschaften« der Revolution beglückt werden. Mit der Zeit verengt sich das starke patriotische Gefühl zum Nationalismus. Zunächst aber werden die Franzosen überall als Befreier begrüßt. Viele deutsche Gebiete erfahren zum ersten Male die Vorzüge einer liberalen Ordnung und der rational aufgebauten französischen Verwaltung und Justiz. In dem Maße aber, in dem Napoleon nicht mehr als Befreier, sondern als Eroberer und harter Unterdrücker auftritt, erwachen Eigenstolz und Patriotismus der Unterdrückten, die sich jetzt ihrerseits des Nationalismus bedienen, um den Eroberer zu bekämpfen. Gegenmaßnahmen und Gegenaktionen auf beiden Seiten steigern die Entwicklung zum *Chauvinismus.* Von hier ist es zum *Imperialismus,* das heißt zur Hegemonie (Vorherrschaft) über andere Nationen, nicht mehr weit (der Begriff »Chauvinismus« ist abgeleitet von dem Namen »Chauvin«, einer Bühnenfigur aus dem Lustspiel *»La cocarde tricolore«* (1831), die in einem Refrain prahlerisch singt: »Je suis Français, je suis Chauvin . . .«).

Johann Gottlieb Fichte: Demokratischer Nationalstaatsgedanke

Johann Gottlieb Fichte (1762–1814) ist der erste wirklich moderne Theoretiker des 19. Jahrhunderts. Die drei großen Ideenkreise des 19. und 20. Jahrhunderts, der liberale, der nationale und der soziale, sind für ihn nicht nur Gegenstand seiner Theorien, sondern auch der politischen Praxis. Er ist der erste *Philosoph der Tat,* was später auf Marx großen Einfluß ausüben wird. Fichtes Philosophie ist *voluntaristisch* (vom Willen bestimmt) und *aktivistisch,* denn die Geschichte ist seiner Meinung nach in ihrer Entwicklung abhängig von dem, was der Mensch will und was er tut. Damit rückt das Individuum wieder in den Mittelpunkt des Geschehens. Wo Kant noch die die menschliche Erkenntnis begrenzenden *Kategorien Raum und Zeit* und das hinter den Dingen liegende »Ding an sich« ausmacht, das prinzipiell Unerkennbare, sieht Fichte das Bewußtsein des erkennenden Menschen als letzte Quelle der Dinge an. Im Anfang sei nicht das »Wort«, sondern die Tat gewesen.

Tat, Handeln und Wille stehen also bei Fichte im Mittelpunkt der Welt und des Lebens. Anders aber als bei Platon, Kant oder Hegel bleibt Fichtes Idealismus nicht nur der Theorie verhaftet. Aus ihm ergibt sich zwangsläufig die Aktion. Man kann also diesen *subjektiven Idealismus* auch als *praktischen* bezeichnen. Als solcher kann jeglicher Lebensvollzug gelten, der sich nicht an materiellen Vorteilen und am Eigeninteresse orientiert, sondern an ideellen Werten und Idealen. Unter letzteren sind Leitbilder menschlichen Handelns zu verstehen, die in bestimmten historischen Phasen dominieren: Freiheit, Gleichheit und Brüderlichkeit; Gerechtigkeit, Friede und Fortschritt; Nationalismus, Sozialismus etc. Es dürfte damit verständlich werden, warum Fichte als der erste moderne Denker der letzten beiden Jahrhunderte hingestellt wird. Seither gibt es, besonders in Deutschland, den zur Tat drängenden Theoretiker, vor allem bei Soziologen und Politologen, die sich oft wie verhinderte Politiker gebärden. Umgekehrt suchen Politiker die Legitimation ihrer Politik in idealistischen Theorien.

Als engagiertem deutschen Patrioten gilt Fichtes Kampf dem Versuch Napoleons, in Europa eine monokratische Universalherrschaft zu errichten. Mit seinen *»Reden an die deutsche Nation«* gelingt es ihm, die deutsche Jugend zum Kampf gegen Napoleon zu begeistern. Die Darstellung des Nationalgedankens in romantisch-schwärmerischen Formen wird allerdings nicht ohne Folgen bleiben. Alle Nationalisten berufen sich seither auf die *»Reden«,* wohingegen politische Gegner sie als Zeugnis eines extremen deutschen Nationalismus betrachten. Einige aus dem Zusammenhang gerissene Textstellen geben dazu allerdings berechtigten Anlaß. Die Gesamtlektüre erweist aber eindeutig, daß Fichtes Nationalismus vorwiegend kulturell zu verstehen ist. Im politischen Bereich vertritt er nur gemäßigte Grundsätze. Großreichsideen, Machtpolitik und Eroberungen lehnt er ab. Gegen den napoleonischen Universalstaat gerichtet, fordert Fichte ein friedliches Nebeneinander unabhängiger Staaten, die sich allmählich zu einer Art Weltstaat zusammenschließen sollen. Damit übernimmt er Kants Plan eines Völkerbundes, ist aber realistisch genug, für diesen Vollzugsgewalt zu fordern, weil er nur so seinem Zwecke genügen könne: »Der die Sicherheit der Staaten garantierende, mit Zwangsgewalt versehene rechtliche Wille soll im Völkerbund verwirklicht werden.«

Mit Fichte verbinden die meisten Nationalromantiker des 19. Jahrhunderts ein Nationalgefühl mit echtem Humanismus und Internationalismus. Wie im Frankreich der Revolutionszeit ist bei deutschen Nationalisten der Begriff »national« identisch mit »liberal«. Der nationale Staat ist für sie zugleich der Volksstaat, also ein demokratischer Staat. Daran liegt es vor allem, daß die deutschen Fürsten, an ihrer Spitze Fürst Metternich, den Nationalgedanken so erbittert bekämpfen. Eine Nation, erklärt Fichte, gebe es nur, wenn bestimmte politische Voraussetzungen erfüllt seien: Eine vom Volk gewählte Regierung, Vertrauen des Volkes zur Regierung und schließlich Freiheit und Gleichheit der Bürger. Vielleicht sei es besser, wenn der König von Preußen das neue Deutschland gründe, aber nach dessen Ableben müsse es eine Republik werden. Sonst sei es besser, es regiere ein französischer General, der die Freiheitsidee erlebt habe, als ein »aufgeblasener, unzivilisierter, brutaler und anmaßender« deutscher Herrscher. Hundertzwanzig Jahre nach diesen Worten berufen sich Anhänger eines solchen Machthabers auf Fichte; zu Unrecht, wie gezeigt wurde, aber mit verheerenden Folgen.

Aus Fichtes Ausführungen könnte man zunächst folgern, daß er alle Völker für gleichwertig hält. Leider läßt er sich zur Aufstellung einer folgenschweren Bewertungsskala verleiten. Als Parameter gilt ihm dabei der erreichte Stand der Zivilisation. In seiner Jugend hatte Fichte das fortschrittliche Frankreich deshalb über das reaktionäre eigene Land gestellt, so wie heute Kommunisten in aller Welt den sowjetischen Staat über den eigenen stellen, weil er in ihren Augen der fortschrittlichste der Welt ist. Nun aber versteigt sich Fichte zu der Behauptung, Deutschland wäre das fortschrittlichste Land der Welt, nur die Deutschen wären des echten Patriotismus fähig, nur sie allein besäßen eine Muttersprache, während alle anderen Völker nur ein Sprachgemisch sprächen. Anhänger und Gegner des deutschen Nationalismus zitieren seither, mit Zustimmung oder Abscheu, Fichtes absurde Aphorismen: »Charakter haben und deutsch sein ist ohne Zweifel gleichbedeutend.« Oder: »Deutsch sein heißt eine Sache um ihrer selbst willen tun.« Das ist reiner Chauvinismus, der von Nationalisten aller Länder, mit jeweils angepaßten Parolen und Thesen, bereitwillig aufgegriffen wird, wenn es gilt, Eroberungs- oder Wirtschaftskriege nach außen zu begründen oder mit einem Mäntelchen zu versehen. Im Laufe der Geschichte sind neben den Deutschen auch Franzosen und Engländer, Amerikaner und Sowjets zeitweilig davon überzeugt - oder sie sind es noch -, daß nur sie in der Lage und beauftragt wären (von wem?), der übrigen Menschheit das Heil, die Kultur, die Zivilisation oder den Sozialismus zu bringen. Umgekehrt werden alle schlechten Eigenschaften bei anderen bzw. feindlichen Nationen angesiedelt. Von hier ist dann der Weg nicht mehr weit bis zur bereits früher dargestellten augustinisch-leninistischen Politikauffassung, die nur noch ein dualistisches Verhältnis zwischen Gut und Böse kennt, wobei das (angeblich) Böse mit absoluter Siegesgewißheit bekämpft wird. Hier zeigen sich letzte Konsequenzen der Tatsache, daß mit dem Nationalgedanken irrationales Denken sich gegenüber der Vernunft durchsetzt.

Fichte ist nicht der Urheber des Nationalismus bzw. nationaler Affekte. In der Nachfolge von Rousseau rechnet er aber mit ihnen wie mit einer Naturtatsache. Es ist ein Aufstand gegen die Vernunft, wie er seither immer wieder in der Politik zu beobachten ist. In den Krisenjahren der Napoleonischen Eroberungskriege ist Fichte nicht der einzige, der vom nationalen Pathos erfaßt ist. Auch Ernst Moritz Arndt (1769–1860) stellt die deutsche Nation über alle anderen. Der bekannte »Turnvater« Jahn (1778–1852) verherrlicht die Einzigartigkeit des deutschen Volkes als göttliche Kraft und beeinflußt die militärisch ausgerichteten Freiwilligenbewegungen im nationalistischen Geist.

Nach dem »Wiener Kongreß« (1815), der entgegen aller Erwartung die Neuordnung Europas vorwiegend nur im Sinne der alten absolutistischen Mächte bringt, verbreitet sich unter enttäuschten deutschen Liberalen und Demokraten der Nationalgedanke. Schnell entwickelt er sich zu einem einseitigen politischen Prinzip, zum Nationalismus. Wie in anderen Ländern kommen auch hier die Nationalisten vorwiegend aus intellektuellen Schichten. Im Interesse politischer und geistiger Freiheit kämpfen sie gegen die Unterdrückung schlechthin, gegen die geistige, die politische und schließlich gegen die ökonomische. Als Gegner werden fremde Nationalstaaten, aber auch das eigene Herrschaftssystem angesehen, sofern es noch nicht auf nationaler Basis aufgebaut ist. In letzterem, so glaubt man, lägen die Wurzeln allen Übels (Abb. 22).

Kampf der Deutschen um einen Nationalstaat

Die Entwicklung des Nationalismus durchläuft in der Regel drei typische Phasen. In der ersten Phase beginnt eine Gesellschaft, sich als unter-

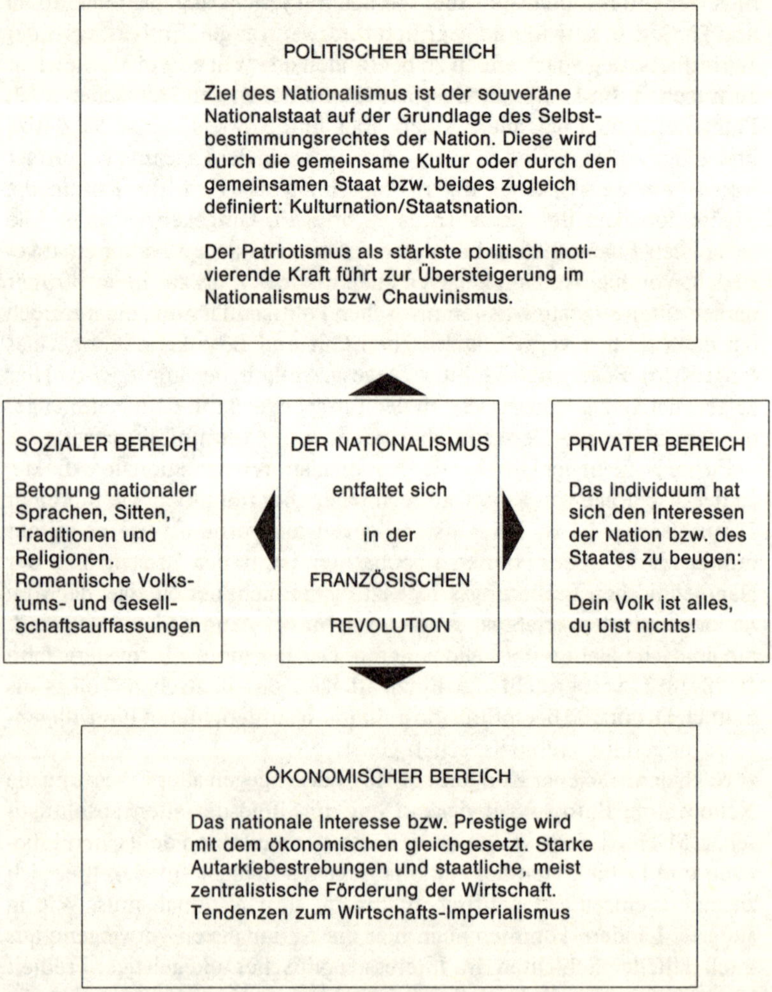

Abb. 22: *Grundprinzipien des Nationalismus*

drückte Nation zu begreifen. Es kommt zu Unruhen, die sich zunächst in friedlichen Aktionen äußern, allmählich aber aggressiven Charakter annehmen. So verläuft das von Nationalisten arrangierte Wartburgfest (1815) äußerlich friedlich ab. Mit seinen kämpferischen Reden und demonstrativen Bücherverbrennungen (!) stellt es aber eine gewollte Herausforderung der Herrschenden dar. Natürlich bleiben deren Reaktionen nicht aus, denn ihnen ist bewußt, daß es nicht nur um die nationale Frage, sondern gleichzeitig auch um eine liberale, demokratische Herrschaftsform geht, durch die die Vorherrschaft des Adels und dessen Privilegien gefährdet sind. Die zweite Phase des Nationalismus wird mit der offenen Konfrontation eingeleitet. In diesem Kampf geht es um die Unabhängigkeit der Nation gegenüber einer Fremdherrschaft bzw. um die des Volkes gegenüber seiner Herrschaftsschicht, letztlich aber um die Konstituierung eines Nationalstaates. Der Macht der herrschenden Schichten begegnet man mit Terroraktionen, Aufständen, Demonstrationen und Proklamationen. Gleichzeitig werden die Tugenden und Handlungen der Revolutionäre zu nationalen, denen man Denkmäler setzt. Aus Dichtung und Wahrheit entsteht eine nationale Legende, die später zur Grundlage patriotischer Geschichtsschreibung und zum Gegenstand unzähliger Feiern und Reden wird. Bleibt die nationale Revolution siegreich, beginnt schließlich die dritte Phase, die der Konsolidierung auf der Grundlage der faktischen Macht und eines wirkmächtigen nationalen Mythos.

Friedrich Gentz (1764–1832) wird der erste große Journalist eines nationalen Deutschland. Bei ihm verbindet sich die nationale Idee noch mit der liberalen. Er fordert deshalb eine Verfassung nach englischer Art und lehnt den Hegemonieanspruch Preußens ab. Betrachtet man die nationalistische Bewegung der Zeit vor 1848 als Ganzes, so wird deutlich, daß sie keine geschlossene politische Kraft darstellt. Zwischen einer passiven Biedermeier-Bevölkerung und der Reaktionspolitik Metternichs bleibt der kleinen Schar fanatischer Anhänger nichts anderes übrig, als zu demonstrieren, Bücher zu verbrennen und Reden zu halten. Im Jahre 1848 beginnt in Deutschland die zweite Phase. Die Revolutionäre errichten »Altäre des Vaterlandes« und sammeln in der Tradition Gottfried Herders eifrig Dokumente der deutschen Nation, die in der Hauptsache die deutsche Sprache, Kultur und Geschichte zum Gegenstand haben. Auf dieser Basis ist es durchaus möglich, eine deutsche »Kulturnation« zu postulieren. Mit einer »Staatsnation« sieht es jedoch anders aus, denn die politische Ordnung der deutschen Länder und Österreichs umfaßt neben den Deutschen viele nationale Gruppen und Völker. Vor dieser Wirklichkeit hatte bereits Fichte die Augen verschlossen. Gerade hier liegt aber ein gehöriges Konfliktpotential, denn mit demselben Recht wie die Deutschen fordern auch die übrigen Sprachvölker »ihren« Nationalstaat.

In dem Maße, wie Europa sich in Klein-Nationen zersplittert und in

Kriege stürzt, verliert es seine Weltgeltung. Durch unermeßlichen Schaden klüger geworden, besinnt es sich nach dem Zweiten Weltkrieg auf die Vorzüge einer gesamteuropäischen Lösung, bei der nationale Grenzen nebensächlich sind.

Im Gegensatz zu Deutschland, in dem alle Revolutionen scheitern, bringt in Frankreich die Juli-Revolution von 1830 das Bürgertum vollends an die Macht. Die »goldene Zeit« des Großbürgertums bricht an. Mit der berühmten Devise »Enrichissez-vous!« (»Bereichert euch!«) gewinnt der französische »Bürgerkönig« Louis Philippe zwischen 1830 und 1848 das Vertrauen des Bürgertums: Frankreich kapitalisiert und industrialisiert sich, während die Regierung, nach einem Urteil von Charles Tocqueville (1805–1859), einer korrupten Aktiengesellschaft gleicht. Das führt 1848 zur dritten Revolution, die, ebenso wie die erste, in einem Kaisertum (Napoleon III., der von 1850 bis 1870 regiert) endet.

Von Frankreich aus greifen 1848 die Unruhen auf Deutschland über. Die deutschen Fürsten verhalten sich abwartend und ermöglichen so den ersten nationalen Einigungsversuch. Im Februar 1848 werden im Landtag Badens bereits Anträge auf Einberufung eines deutschen Parlamentes gestellt. Am 5. März treffen sich auf einer Versammlung in Heidelberg 51 Mitglieder süddeutscher Landtage. Aufgrund eines gemeinsamen Beschlusses laden sie Abgeordnete aus allen Teilen Deutschlands zur Vorbereitung einer Nationalversammlung ein. Im März 1848 erreichen die revolutionären Kämpfe (man spricht von der »Märzrevolution«) auch Berlin und Wien. König Friedrich Wilhelm IV. von Preußen (1795–1861) beruft notgedrungen ein liberales Ministerium ein und verspricht eine Nationalversammlung zur Beratung einer Verfassung. Die nationale Frage soll gelöst und Preußen Teil Gesamtdeutschlands werden.

Tatsächlich kommt es sehr bald zur Bildung eines Vorparlamentes, das vom 31. März bis zum 4. April in Frankfurt tagt. Es beschließt allgemeine und freie Wahlen mit je einem Abgeordneten auf 50000 Einwohner. Der »Bundestag«, der ständige Gesandtenkongreß der deutschen Bundesländer mit Sitz in Frankfurt, ist mit der Wahl einer Volksvertretung einverstanden. Am 18. Mai 1848 wird die »Verfassunggebende Nationalversammlung« eröffnet, allerdings ohne die nichtdeutschen Minderheiten in Österreich, deren Vertreter ihre Teilnahme abgesagt haben. Unter der Präsidentschaft Heinrich von Gagerns (1799–1880) verabschiedet das »Parlament der Professoren« nach eingehender Beratung im Dezember 1848 die Grundrechte, die zum Vorbild aller demokratischen deutschen Verfassungen werden. In diesem ersten gesamtdeutschen Parlament entstehen alle jene demokratischen Parteien, die wir noch im heutigen Deutschland antreffen. Im »Café Milani« bzw. im »Steinernen Haus« trifft sich die föderalistisch eingestellte »konservative Rechte«, im »Deutschen Hof« die republikanisch-zentralistische »demokratische Linke«. Die liberale Mitte ist gespalten: Während das im »Kasino« tagende

»rechte Zentrum« eine konstitutionell-föderalistische Lösung vertritt, fordert das im »Württemberger« bzw. »Augsburger Hof« beratende »linke Zentrum« eine parlamentarisch-unitarische Lösung.

Es ist nicht beabsichtigt, hier die einzelnen Stadien der historischen Entwicklung darzustellen. Wichtiger ist die Frage nach den Problemen und Aufgaben, denen sich das Frankfurter Parlament gegenübergestellt sieht. Der Themenkatalog zeigt deutlich, daß die nationale Frage nur eine von vielen ist, derentwegen die Vertreter in Frankfurt tagen. Darüber hinaus geht es auch um das *konstitutionelle* und das *bundesstaatliche Problem.* Bei der Debatte um die zukünftige Staatsform treten die unterschiedlichen Auffassungen der Parteien zutage. Die Konservativen setzen sich für ein föderalistisches System ein, also für eine bundesstaatliche Lösung. Die liberale Mitte ist teils konstitutionell-föderalistisch, teils parlamentarisch-unitarisch eingestellt, während die demokratische Linke republikanisch-zentralistische Interessen zeigt. Immerhin ist eine Einigung auf einen Bundesstaat mit einer Zentralregierung möglich, wobei das konstitutionelle Problem zugunsten einer Gewaltenteilung zwischen Reichstag und Erbkaisertum entschieden wird.

Die *nationale Frage* spaltet die Abgeordneten in Groß- und Kleindeutsche. Die *Großdeutschen* vertreten zwei Möglichkeiten. Während die föderalistische Gruppe einen deutschen Bundesstaat unter Führung Gesamt-Österreichs vorschlägt, fordert die unitarisch-demokratische Richtung eine Republik, in der Deutsch-Österreich ohne die übrigen Nationalitäten vertreten ist. Die *Kleindeutschen* dagegen wollen nur einen Nationalstaat ohne Österreich und unter der Führung Preußens. Am Ende siegen die Anhänger der »Kleindeutschen Lösung« mit 290 zu 248 Stimmen.

In der Praxis bleibt dieses Ergebnis bedeutungslos. Ohne Verfügungsgewalt über ein Heer, über Finanzen und Verwaltung kann sich die Nationalversammlung mit ihrer provisorischen Regierung auf die Dauer gegen radikale Bestrebungen in ihren eigenen Reihen und gegen den Druck der Reaktion nicht zur Wehr setzen. Dazu kommen, neben der Angst maßgebender Teile des Bürgertums vor Radikalismus, die Obrigkeitstreue der Beamten und Offiziere des Heeres. Anhänger der Monarchie, u.a. Otto von Bismarck (1815–1898), gründen zu deren Verteidigung und zur Erhaltung ihrer Standesprivilegien die »Konservative Partei« und die Kreuzzeitung. Mit dem Wiedererstarken der restaurativen Kräfte gerät die Paulskirchen-Versammlung immer mehr in die Defensive. Nach der zwangsweisen Verlegung der Nationalversammlung nach Brandenburg wird sie durch General Wrangel (1789–1877) mit Gewalt aufgelöst. Zur großen Enttäuschung der Heglianer ist diesmal eine Idee von einer realen Gewalt besiegt worden. Aber nur scheinbar. In Wirklichkeit setzt sich die nationale Idee so stark durch, daß das gesamte 19. Jahrhundert als ein Zeitalter des Nationalismus bezeichnet werden muß.

Nationalismus der Paulskirche (1848)

Die Behandlung der polnischen Frage bietet ein besonders gutes Beispiel für den Nationalismus der Paulskirchen-Abgeordneten, die nach der zunächst geglückten bürgerlichen Revolution 1848 in das erste deutsche Parlament gewählt werden. In den Jahren 1772 und 1795 ist Polen unter den damaligen Großmächten Rußland, Österreich und Preußen aufgeteilt worden. Diese Teilung steht nun im Frankfurter Parlament insofern zur Debatte, als geklärt werden muß, wo im Osten, also vorwiegend in Polen, die deutsche Grenze endgültig verlaufen soll.

Im Vorparlament kommt es zu einer Proklamation, der zufolge die Teilung Polens »schreiendes Unrecht« darstelle und die Wiederherstellung des polnischen Staates »heilige Pflicht des deutschen Volkes« sei. Dagegen melden sich die Nationalisten zu Wort, die fordern, »... die deutsche Bevölkerung von Posen dürfe nicht geopfert, nicht einer fremden Herrschaft preisgegeben werden«.

Bei späteren Debatten im Hauptparlament gewinnt diese nationalistische Richtung ein immer größeres Gewicht. Dabei haben die Repräsentanten der polnischen Seite neben Bündnissen, Handelsverträgen und der Zusicherung einer Gleichberechtigung aller Nationalitäten und Konfessionen angeboten, »daß Polen nach Wiederherstellung seiner Selbständigkeit ... diejenigen Landstriche an Deutschland abtreten wird, wo sich eine Majorität der Bevölkerung durch eine freie und legale Abstimmung viritim dafür erklärt«. Dieses faire Angebot wird aber von der Mehrheit der Abgeordneten abgelehnt, womit die Auseinandersetzungen um die deutsch-polnischen Grenzen noch weitere hundert Jahre aktuell bleiben.

In der berühmten Juli-Debatte des Parlamentes ist der »Polenrausch« endgültig verflogen. Selbst der gemäßigte Wortführer der demokratischen Linken, Robert Blum (1807–1848), wirft in einer Parlamentsdebatte den Polen vor, zuviel erstrebt zu haben. Möglicherweise, meint er, sei es gerechtfertigt, wenn bei der Grenzbestimmung im Osten aufgrund schwerwiegender nationaler deutscher Interessen vom territorialen Prinzip abgewichen werde. Nach ihm hält sein Fraktionskollege Wilhelm Jordan (1819–1904) die sicher berühmteste Rede dieses Parlaments. Unter Hinweis auf das politische Gesamtbewußtsein des deutschen Volkes versucht er, im Sinne Hegels, die Lage von einem »höheren, welthistorischen« Standort aus zu betrachten. Er spüre dem »von der Notwendigkeit vorgezeichneten Gang« der Geschichte, dem Hegelschen »Geist der Weltgeschichte«, nach. Dabei habe er festgestellt, daß Deutschland eine so mächtige Rolle vorbehalten sei, daß eine den eigenen Interessen entsprechende Politik betrieben werden könne. »Deutschland fürchtet niemand, braucht niemand zu fürchten.« Diese vorbestimmte Rolle müsse dem deutschen Volk bewußtgemacht werden. Überzogenes Gerechtigkeitsdenken sei abzubauen. Es sei »hohe Zeit, [die] träumerische Selbstvergessenheit und Schwärmerei für alle möglichen Nationalitäten« abzustreifen und »zu einem gesunden Volksegoismus [zu erwachen] ... welcher die Wohlfahrt und Ehre des Vaterlandes in allen Fragen obenan stellt«. Was gemeint ist, drücken die Engländer kürzer aus: »Right or wrong, my country!« Jordans Rede gipfelt in der Formulierung: »Unser Recht ist schließlich das Recht des Stärkeren, das Recht der Eroberung.« Auch mit rassistischen Argumenten verteidigt er seine geplante Ostpolitik: »Die Übermacht des deutschen Stamms gegen die meisten slawischen Stämme, vielleicht mit alleiniger Ausnahme des russischen, ist eine Tatsache.«

Die Rede Jordans, die sich mit Entschiedenheit gegen die Wiederherstellung Polens wendet, endet laut Protokoll bezeichnenderweise unter »andauerndem stürmischen Beifall«. Diese Reaktion läßt erkennen, welche Faszination das Bekenntnis zu einem einheitlichen Erklärungsprinzip, zu einem »richtigen« weltgeschichtlichen Ablauf, ausübt, noch bevor Marx behauptet, dieses Hegelsche Prinzip vom Kopf auf die (ökonomischen) Füße gestellt zu haben. Jordans rhetorische Verallgemeinerungen und Verdrehungen mit all den schlimmen Konsequenzen für die, die auf der »falschen« Seite stehen, wird von nun an in Deutschland politische Praxis. Seine politischen Gegner nennt Jordan pauschalierend »Hochverräter«, gegen die ein gemeinsamer Abwehrkampf nötig sei. Ein anderer Abgeordneter der Linken, Reichenbach, bezeichnet Andersdenkende als »Volksverräter« und »Verräter an der Freiheit«.

Jordans Versuch, Hegels Prinzipien mit machtpolitischen Ideen zu verbinden, zeitigt im 20. Jahrhundert unheilvolle Konsequenzen. Ein Großteil der demokratischen Linken versucht vergeblich, Jordan aus der Gruppe auszuschließen. Später wechselt er selbst zur liberalen Mitte über. Wie sehr aber selbst die Linken dem nationalistischen Denken zu dieser Zeit verhaftet sind, zeigt u. a. das Beispiel des sonst sehr gemäßigten, dem Gedankengut Hegels zuneigenden Schuselka, auf den die später so geschichtswirksame und von den Nationalsozialisten mißbrauchte Formulierung vom Volk ohne Raum zurückgeht: »In allen ... Entscheidungen standen wir auf dem Standpunkt der Territorialpolitik, und wir müssen auf diesem Standpunkt stehen, denn ein großes Volk braucht Raum, um seinen Weltberuf zu erfüllen, und ich würde tausendmal sterben, ehe ich zum Beispiel zugäbe, daß uns Triest genommen würde, obwohl dort Italiener leben.«

Die marxistische Geschichtsschreibung hat nach dem Zweiten Weltkrieg immer wieder darauf hingewiesen, daß die deutsche Geschichte mit Sicherheit einen anderen Verlauf genommen hätte, wenn sich 1848 die demokratische oder gar die revolutionäre Linke durchgesetzt hätte. Ähnlich argumentieren in den siebziger Jahren viele Autoren des Neomarxismus. Abgesehen davon, daß die Geschichte kein »hätte« kennt, übersehen sie dabei, ob bewußt oder nicht, die Tatsache, daß die Mehrheit in der Paulskirche, darunter viele Linke, den Gedanken eines nationalistischen Großdeutschland träumt und daß, umgekehrt, gerade die konservative Rechte noch die wenigsten Scharfmacher stellt. Deren Prinzip einer föderalistischen Gliederung kommt dem regionalen Autonomiebestreben auch der Polen weit eher entgegen als das zentralistische Prinzip der Abgeordneten anderer Parteien.

Nationaler Machtstaatsgedanke und nationaler Imperialismus

Im der zweiten Hälfte des 19. Jahrhunderts wird der Historiker Heinrich von Treitschke (1834–1896), dem Geschichtsschreibung als politisches Erziehungsmittel gilt, zum Hauptverfechter eines nationalen Machtstaatsgedankens in Deutschland. Seine wuchtigen, parolenartigen Thesen werden bald zum Allgemeingut aller Patrioten: »Das Wesen des Staates ist Macht, zum zweiten Macht und zum dritten nochmals Macht.« »Macht ist das Prinzip des Staates wie der Glaube das Prinzip der Kirche.«

Mit dieser Auffassung ist die vom Recht des Stärkeren untrennbar verbunden. Unter dem positivistischen Begriff *Realpolitik* setzt sich nicht nur in Deutschland die dämonologische Politikauffassung Machiavellis in den internationalen Beziehungen immer mehr durch: Macht und Gewalt gehen vor Recht! Nationale Sonderinteressen (italienisch: »sacro egoismo«), Hegemoniebestrebungen, nationale Rivalitäten und der Wettlauf um Kolonien führen zusammen zu dem Phänomen des *nationalen Imperialismus*, wobei jede Regierung alles daransetzt, den Machtbereich ihres Staates weit über seine eigenen Grenzen hinaus auszudehnen. In vielen Fällen ist dieses Machtstreben auch noch mit einem Missionsgedanken religiöser, kultureller oder politischer Art verbunden. Die Merkmale dieses modernen Imperialismus können folgendermaßen zusammengefaßt werden:

- weltweiter Aktionsraum nationaler Macht- und Wirtschaftspolitik;
- rücksichtsloser, gewalttätiger politischer Egoismus;
- Erfolg und Recht des Stärkeren gelten als Legitimation (»Dschungelmoral«).

In seiner Imperialismus-Theorie engt Lenin 1915 diese allgemeine Definition auf eine rein wirtschaftlich begründete ein. Seiner Ansicht nach ist der Imperialismus ein Wirtschaftssystem, das zwar obige Kennzeichen aufweise, letztlich aber im Finanzsystem des Kapitalismus wurzele. Da dieser wiederum auf dem Privateigentum an Produktionsmitteln beruhe, sei, im Sinne von Karl Marx, der Imperialismus mit allen seinen Übeln nur durch die proletarische Revolution zu überwinden. Faßt man Lenins Imperialismus-Theorie zusammen, ergeben sich folgende Annahmen:

- Die von imperialistischen Kapitalisten bestochene »Arbeiteraristokratie« habe die sozialdemokratischen Arbeiterparteien auf einen die Revolution verratenden Reformkurs gebracht.
- Kolonien bzw. kolonialabhängigen Staaten würden durch Ausbeutung zu natürlichen Verbündeten des revolutionären Proletariats.
- Im Gegensatz zu Marxens Annahme, die Revolution könne nur in den am meisten entwickelten Industrieländern ausbrechen, könne es auch im schwächsten Glied der Weltkapitalismuskette zur Revolution kommen, etwa in solch unterentwickelten Ländern wie Rußland.
- Die revolutionäre Arbeiterklasse wäre gezwungen, den verfaulenden kapitalistischen Imperialismus zu beseitigen oder mit ihm unterzugehen.

Die ökonomischen Elemente des Imperialismus sind unbestreitbar, reichen aber allein zur Erklärung nicht aus. Der Machtgedanke ist zwar vom Streben nach wirtschaftlichen Vorteilen nicht zu trennen, dennoch ist er nicht notwendigerweise damit identisch. Das zeigt u. a. die Politik sozialistischer Großstaaten nach dem Zweiten Weltkrieg, die ausgesprochen imperialistische Züge aufweist. Von einem kapitalistischen Imperialismus unterscheidet sich der kommunistische nur dadurch, daß er sich mit dem Missionsauftrag der Weltrevolution und -beglückung rechtfertigt. In der Praxis dagegen benutzt auch er militärische und/oder wirtschaftliche Druckmittel, um auswärtige Staaten unter seine Botmäßigkeit zu zwingen.

In Deutschland setzt der Imperialismus wegen der späten Industrialisierung erst nach der nationalen Einigung von 1871 ein, als der größte Teil der kolonialen Welt bereits unter England, Frankreich, Spanien, Portugal, die Niederlande und Belgien aufgeteilt ist. Der Anspruch des bisherigen kolonialen Habenichts, in imperialen Fragen mitzureden, bedeutet notwendigerweise Konflikte mit diesen Mächten, die ihrerseits die wachsende Rivalität des deutschen Kaiserreiches und dessen wirtschaftliche Stärke zu fürchten beginnen. Sie ergreifen natürlich Gegenmaßnahmen, und so kommt es zur Bildung mächtiger Militärbündnisse und zu gewaltigen Aufrüstungen auf allen Seiten. Zwar betreibt keine Macht eine direkt auf Krieg gerichtete Politik, aber alle rechnen mit einer gelegentlichen kriegerischen Auseinandersetzung, in deren Verlauf die Hegemoniefrage für immer zu ihren Gunsten gelöst werden soll. Als dann in der Krise von 1914 kein »Bismarck« als »ehrlicher Makler« mehr zur Stelle ist und forsche Militärs sich durchsetzen, kommt es fast zwangsläufig zum Ersten Weltkrieg. In einer Erklärung deutscher und französischer Historiker von 1951 heißt es dazu: »Die Dokumente erlauben es nicht, im Jahre 1914 irgendeiner Regierung oder einem Volk den bewußten Willen zu einem europäischen Kriege zuzuschreiben ...«

Liberalismus

Wurzeln des Liberalismus

Um zu den Wurzeln des Liberalismus zu gelangen, muß man weit bis in die Renaissancezeit zurückgehen. Nach Jahrhunderten der Einbindung in mittelalterliche Traditionen und Rechtsordnungen befreit sich der Mensch allmählich von kirchlicher Bevormundung. Nicht mehr Gott steht im Mittelpunkt des Denkens, sondern der sich autonom dünkende Mensch selbst (*Humanismus*). Die Reformation, die diesen Prozeß wieder umkehren möchte, fördert erst recht die Loslösung des Menschen von der Kirche, indem sie die bisherige geistige Herrschaftsordnung auflöst und anstelle kirchlicher Autorität und Tradition die christliche Offenbarung setzt. Der Mensch soll direkt und frei mit Hilfe der Schrift seinem Gott gegenübertreten. Diese Theologie der »Freiheit des Christenmenschen« fördert, zusammen mit der Philosophie des Humanismus, die Befreiung des Individuums aus seinen alten Bindungen. Nicht mehr Tradition und Autorität sollen entscheiden, sondern Erfahrung und Verstand vernunftbegabter Menschen. Allerdings wird in der naturgesetzlichen Ordnung der erfahrbaren Welt in metaphysischer Weise auch weiterhin das Wirken einer göttlichen Ordnung gesehen. Die Zeit einer materialistischen und atheistischen Philosophie ist noch nicht gekommen, aber die Stellung der Kirche als Quelle oder Vermittler der Wahrheit ist schon jetzt erheblich erschüttert.

Es zeigt sich damit, daß die liberale Theorie, ein wesenhaft rationales Gedankengebäude, schon von Anfang an auch irrationale Elemente enthält. Das wird noch deutlicher am liberalen Optimismus in seiner Verbindung mit dem Fortschrittsgedanken und der Vorstellung von einer harmonischen Ordnung göttlichen Ursprungs, von der alles Vernünftige und Gute komme. Diese metaphysische Begründung verleiht liberalen Theorien natürlich einen höheren Propagandawert und macht sie auch gegenüber der immer noch mächtigen Kirche unangreifbar.

Von entscheidender Bedeutung für das Entstehen liberaler Theorien sind aber auch die von frühbürgerlichen Interessen geleiteten Erfahrungen im politischen und wirtschaftlichen Bereich. Dem rational denkenden Bürgertum der Aufklärungszeit gelten die alten Mächte und Ordnungen als Hemmschuhe geistiger Veränderungen. Sie seien zu beseitigen, weil sie gegen die im Kern rationale göttliche Weltordnung verstießen. Folgerichtig ergäbe sich aus letzterem die Forderung nach einer neuen politisch-sozialen Ordnung. Aber niemand denkt zu dieser Zeit daran, diese radikale Konsequenz zu ziehen; entweder, weil man so etwas nicht für möglich hält, oder, weil es nicht der eigenen Interessenlage entspricht.

Grundprinzipien des Liberalismus

Seine früheste Ausprägung erfährt der Liberalismus im 17. Jahrhundert durch die Staatsphilosophen Grotius, Harrington, Locke und Montesquieu. Von Anfang an treten die meisten Liberalen für Glaubens- und Meinungsfreiheit ein, vor allem aber für einen umfassenden Rechtsschutz des Individuums. In einem Zweifrontenkampf gegen die alten Mächte und gegen die radikaldemokratische Bewegung, die eine reine Volksherrschaft fordert, erweist sich die Abwehr politischer Omnipotenzbestrebungen als die Hauptaufgabe des Liberalismus. Seine Forderungen lauten deshalb:

- Die Freiheit des Individuums im privaten Bereich muß durch Grund- oder Menschenrechte garantiert sein.
- Eine konstitutionelle Staatsform, das heißt ein Staat mit Gewaltenteilung und Grundgesetzen, muß dem Bürger eine freiheitliche Ausübung seiner politischen Rechte garantieren (Rechtsstaat/Repräsentativsystem).
- Auch im gesellschaftlichen Bereich sollen individuelle Rechte Vorrang haben: Die Freiheit zur Gründung von Vereinen, Versammlungsfreiheit etc. müssen gewährleistet sein, ebenso die Freie (Markt-)Wirtschaft mit unbeschränkter Freizügigkeit der Unternehmer, Gewerbetreibender etc.

Diese Forderungen betonen drei wichtige Aspekte, die eine Unterteilung in je einen geistesgeschichtlichen, ökonomischen und politischen Liberalismus ermöglichen. Allen drei Richtungen liegt das gemeinsame Prinzip zugrunde, die Interessen des autonomen Individuums zu schützen:

- *Der geistesgeschichtliche Liberalismus* betont vor allen Dingen Wert und Autonomie des Individuums. Der Mensch sei gut und könne durch Aufklärung noch vollkommener werden. Daraus ergibt sich eine optimistische Pädagogik mit der Forderung nach der »Volks«-Schule. Von einer breit angelegten Volksbildung erhoffen sich die Aufklärer eine bessere Zukunft.
- *Der ökonomische Liberalismus* stellt ebenfalls das Individuum in den Mittelpunkt. Solange Schranken und Vorschriften es möglichst wenig behinderten, sei es zu größtmöglichen wirtschaftlichen Leistungen fähig. In optimistischer Weise glaubt dieser Liberalismus, das Gewinnstreben des freien Individuums führe in einer freien Volkswirtschaft zu einem harmonischen Zusammenwirken aller Mitglieder der Gesellschaft.
- *Der politische Liberalismus* ergibt sich konsequent aus weltanschaulichen und ökonomischen Vorstellungen. Dem absolutistischen Staat setzt er die Prinzipien der Volkssouveränität, der Demokratie und der Gewal-

tenteilung entgegen. Der Staat soll zugunsten des Individuums in seiner Macht eingeschränkt werden und die Freiheit des einzelnen gewährleisten (Abb. 23).

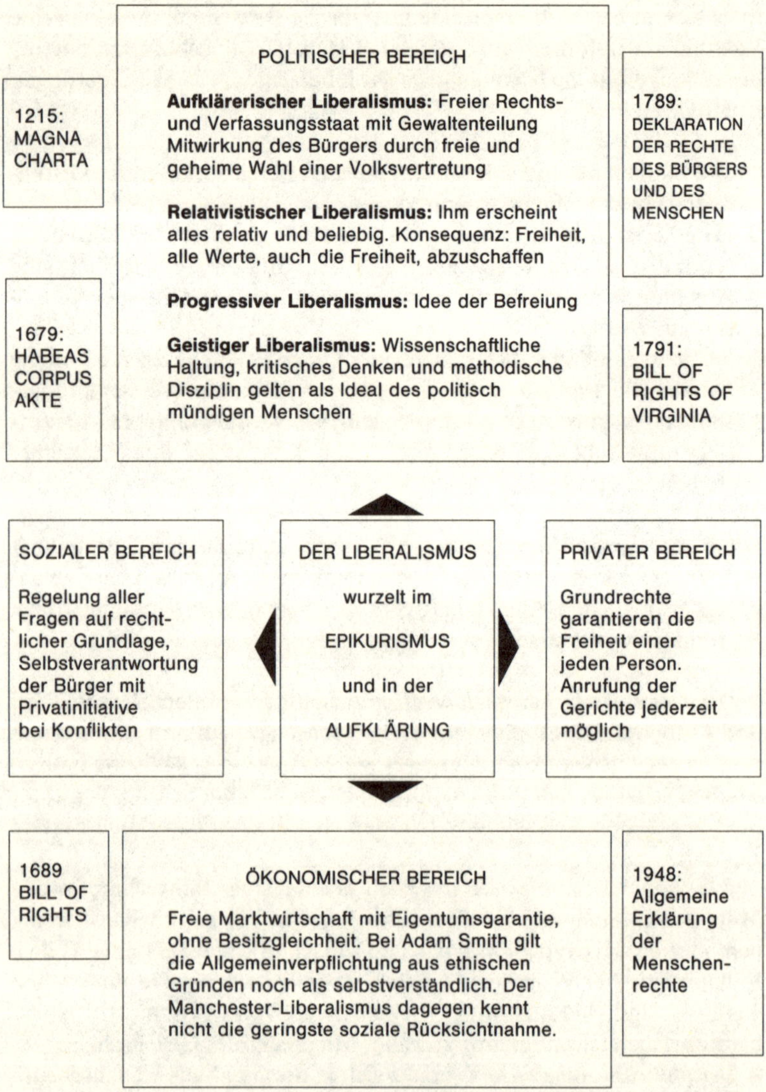

Abb. 23: *Grundprinzipien des Liberalismus*

Phasen des Liberalismus

Die Grundgedanken des Liberalismus haben im Laufe der Geschichte verschiedene Wandlungen erlebt. Rückschauend lassen sich drei Phasen erkennen:

Erste Phase: Revolutionäre Phase: Im 17./18. Jahrhundert erscheinen drei Schriften, die als Grundtexte der gesamten liberalen Bewegung angesehen werden können. Im Jahre 1690 veröffentlicht John Locke die Schrift »*Second Treatise of Civil Government*«, in der er zum Schutz des Individuums dem Staat eine rein dienende Rolle zuspricht. 1776 erscheint von Adam Smith das Buch »*Inquiry into the Nature and Causes of the Wealth of Nations*«, das den ökonomischen Freihandel begründet und von dem noch die Rede sein wird. Als dritte wichtige Schrift muß noch Montesquieus »*Vom Geist der Gesetze*« genannt werden, in der er der Frage nachgeht, wie die Rechte des Individuums in der politischen Praxis am besten geschützt werden können.

Bei der amerikanischen Staatsgründung und mit Hilfe europäischer Revolutionen können viele bis dahin nur theoretische Vorstellungen des Liberalismus in der Praxis verwirklicht werden. Feudale Privilegien, die Freiheit und rechtliche Gleichheit behindern, werden beseitigt, die alten Stände- und Zunftordnungen verschwinden zugunsten des freien Handels und frei zugänglicher Gewerbe. In einigen Ländern wird staatliche Macht bereits durch Verfassungen oder gar durch Parlamente eingeschränkt.

Zweite Phase: Aufstieg des Bürgertums. In der Mitte des 19. Jahrhunderts wird das gesamte Leben von der bürgerlichen Vorherrschaft geprägt, auch dort, wo die alte Adelsschicht noch große Privilegien besitzt. In der Lebensführung ist die obere Bürgerschicht bereits von der des Adels kaum zu unterscheiden. Im Gegensatz zum deutschen oder französischen Adel nähert sich der britische dem Bürgertum insofern an, als er sich aktiv an industriellen Unternehmungen beteiligt.

Die Freihandelslehre der französischen *Physiognomisten*, die unter Ludwig XIV. das absolutistische Merkantilsystem bekämpft haben, wird von dem Wirtschaftswissenschaftler David Ricardo (1772–1823) weiterentwickelt: »Laissez-faire, laissez-aller!« – Jeder soll frei handeln können, alles soll sich frei entwickeln. Dieses liberale Prinzip führt in wenigen Jahrzehnten zur Zurückdrängung adliger Macht und zum wirtschaftlichen Aufstieg des Bürgertums, aber auch zur Entstehung eines Arbeiterproletariats. An der Spitze dieser Entwicklung steht England, während sie in Deutschland wesentlich langsamer verläuft. Überhaupt kann sich der Liberalismus auf dem Kontinent in seiner reinen Form weder politisch noch wirtschaftlich durchsetzen. Die Liberalen mögen sich noch so sehr für die Wirtschaftsfreiheit einsetzen, sie stoßen immer auf den energischen Widerstand der *Intervenisten*, die Staatseingriffe durchsetzen wollen. Selbst der liberale Volkswirtschaftler Friederich List (1789–1846), anfänglich ein Anhänger des Freihandels, vertritt nachhaltig Schutz- und Erziehungszölle zur Herstellung einer gleichen internationalen Wettbewerbslage. Noch wirksamer wird das liberale Prinzip von solchen Liberalen ausgehöhlt, die im Sinne der Massendemokratie und eines allgemeinen Stimmrechtes fordern, liberale Grundprinzipien in allen Lebensbereichen der Gesellschaft anzuwenden. Dieser *liberale Radikalismus* findet anfangs die Unterstützung der Volksmassen, besonders während der Revolution von 1848. Die Anfänge der Sozialpolitik und die Anerkennung von Gewerkschaften sind mit sein Verdienst; sozialistische Parteien gibt es zu dieser Zeit noch nicht. Erst als sich die Interessengegensätze zwischen Bürgertum und Arbeiterschaft zuspitzen, verlieren die Radikalliberalen ihre Anhänger unter den Arbeitern. Ehemalige Liberale, wie Ferdinand Lassalle (1825–1864) und August Bebel (1840–1913), gründen 1863 bzw. 1869 sozialistische Parteien.

Dritte Phase: Zurückdrängung des Liberalismus. In der zweiten Hälfte des 19. Jahrhunderts wenden sich die in der Industrie Beschäftigten immer mehr sozialistischen Parteien und Gewerkschaftsbewegungen zu. Auch der Nationalismus und nationalistische Parteien gewinnen an Anziehungskraft, während die einst politisch führenden Liberalen ihren Einfluß verlieren. Selbst im Vergleich mit den Konservativen fristen sie nur noch ein kümmerliches Dasein als Mehrheitsbeschaffer in den Parlamenten. So können sie nicht verhindern, daß der Staat, im Sinne des *Interventionismus*, immer mehr öffentliche Angelegenheiten regelt und dadurch an Macht gewinnt. Das läßt es immer schwieriger werden, die Rechtssphäre des Bürgers zu schützen. Freiheit ohne Sozialmaßnahmen eines starken, umverteilenden Staates kommt aber in der Regel nur wirtschaftlich Starken auf Kosten der Schwachen zugute. Die Schwäche des Liberalismus ergibt sich aus der unlösbaren Spannung zwischen »Freiheit« und »sozialer Gerechtigkeit«. Gerade wegen dieses Gegensatzes bleibt der liberale Gedanke aber unverzichtbar. Sein Eintreten für die Rechte des Individuums wird um so wichtiger, je mehr der Staat bzw. gesellschaftliche Kollektive an Macht gewinnen.

Liberale Theoretiker

Die Theorien des Liberalismus gehen im wesentlichen auf englisches Gedankengut zurück. Stellvertretend für viele sollen zwei wichtige Theoretiker vorgestellt werden: Adam Smith und Jeremy Bentham.

Adam Smith: Ethisch-ökonomischer Liberalismus

Vor über 200 Jahren (1776) erschien das seitdem immer wieder aufgelegte Werk des großen schottischen Nationalökonomen und Moralphilosophen Adam Smith (1723–1790), »*Der Wohlstand der Nationen*«, das bis heute die theoretische Grundlage für eine freie und zugleich humanitäre Wirtschaftsordnung bildet. Eine genaue Lektüre dieses Buches beweist eindeutig, daß die immer wieder erhobenen Vorwürfe gegen Smith, seine Lehre befürworte ein schrankenloses Gewinnstreben und verbanne den Staat aus der Wirtschaft, absolut falsch sind. Ebensowenig trifft es zu, daß er das Sittliche und Moralische im Leben und Verhalten der Menschen vernachlässige. Diese aus einer antikapitalistischen Grundeinstellung hervorgehende polemische Kritik, vor allem aus den Reihen der Sozialisten, ist um so unverständlicher, als Smith, wie kaum ein anderer Wirtschaftswissenschaftler, seine moralisch-ethischen Grundsätze eindeutig offenlegt. Jede Analyse ökonomischer Verhältnisse, schreibt er, müsse die sozial-psychologischen Bedingungen mitberücksichtigen, da zwischen beiden Gebieten eine enge Wechselbeziehung bestehe. Aus diesem Grunde führt Smith in seinem System allgemeine Regeln für ethisches Verhalten ein. Natürlich ist er Realist genug, um zu wissen, daß sich der Egoismus des einzelnen keineswegs von moralischen Vorschriften binden läßt. Er ist der Meinung, die aus Erfahrung und Vernunft begründeten Regeln der Gerechtigkeit reichten nicht aus, negative soziale Folgen zu verhindern. Deshalb sei es erforderlich, durch ein System positiver Gesetze die Beachtung sozialer Regeln zu überwachen und mit Zwang durchzusetzen.

Die positiven Folgen egoistischen Verhaltens sieht Adam Smith in erster Linie darin, daß jeder, der sich bemühe, seinen Besitz zu vermehren, dadurch gleichzeitig den Wohlstand des ganzen Landes fördere. Letzteres hält er für wichtiger als die Erhöhung des Pro-Kopf-Einkommens. In diesem Sinne stellt er folgende Grundsätze für einen (sozial wirkenden) Egoismus auf:

○ Die Haupttriebfeder für die Bildung von Wohlstand sei, auf der Basis des Privateigentums an Produktionsmitteln, das Streben des einzelnen nach Verbesserung seiner wirtschaftlichen Lage bzw. seines sozialen Ranges. Dadurch würden produktive Kräfte zugunsten eines öffentlichen Wohlstandes aktiviert (auf dieser Annahme beruht noch heute die liberale Wirtschaftswissenschaft).

○ Egoistisches Verhalten müsse auf mehrfache Weise in Schranken gehalten werden. Das erste Hemmnis sei die persönliche Beziehung zum Mitmenschen, was dessen Ausnutzung oft verhindere. Denn ohne einen Sinn für soziale Gerechtigkeit sei keine Gemeinschaft auf die Dauer lebensfähig. Leider finde sich ein solcher Sinn nicht bei jedem Menschen. Deshalb müsse als zweite Schranke die Anerkennung gemeinsamer ethischer Regeln in das System eingebaut werden. Weil auch das wahrscheinlich nicht genüge, fordert er positive Gesetze, durch die die Gerechtigkeitsregeln vom Staate erzwungen werden könnten. Mit diesen Forderungen weist Smith dem Staat eine regulative Funktion zu. Solange allerdings der moralische Selbstschutz in einem Volke intakt sei, bedürfe es zwar immer eines Staates, keineswegs aber staatlicher Eingriffe in den freien Wettbewerb. Andererseits verwirft Smith ein »Laisser faire« im Sinne einer schrankenlosen Freiheit und fordert tiefgreifende Reformen. Der Staat müsse alle überholten Gesetze, die aus der Zeit des Feudalismus stammen, aufheben und die Monopole großer Handelsgesellschaften beseitigen. Den Arbeitern gesteht er Koalitionsfreiheit zu, also Gewerkschaften, dazu fordert er die Aufhebung der Handelsschranken im In- und Ausland. Ausfuhrprämien und Einfuhrzölle lehnt er deshalb strikt ab, plädiert aber für eine zeitlich begrenzte staatliche Intervention dort, wo es sinnvoll erscheint. So fordert er zum Schutz der Verbraucher Stichproben beim Silbergeschirr und Gütestempel bei Textilien. Lebensnotwendige Dinge sollten überhaupt nicht besteuert werden, Spirituosen und Luxuswaren dagegen sehr hoch. Selbst Prämien für Kohletransporte und eine staatliche Regelung der Müllabfuhr hält er für ökonomisch sinnvoll.

Bei allem Realismus ist aber auch Adam Smith einer ideologischen Prämisse verhaftet. Wie viele seiner Zeit geht er von einer harmonisch angelegten Weltordnung aus. Alle damaligen Wissenschaftler glauben noch, die Geschichte der Gesellschaft auf ihre einfachsten und allgemeinen Gesetze und Elemente zurückführen und dadurch verstehbar machen zu können. In diesem Sinn sucht auch Adam Smith nach Gesetzen der Wirtschaft und Gesellschaft. Allerdings weiß er noch um das Böse im Menschen. In eindringlicher Weise warnt er vor dem Mißbrauch der Macht des Kapitals und des Staates. Dem kollektiven Prinzip des letzteren stellt er das individuelle gegenüber: »Der Systemgläubige scheint anzunehmen, daß er die verschiedenen Mitglieder einer großen Gesellschaft ebenso leicht anordnen kann, wie die Hand die verschiedenen Figuren auf dem Schachbrett anordnet. Er zieht nicht in Betracht, ... daß aber auf dem großen Schachbrett der menschlichen Gesellschaft jede Figur ihr eigenes Bewegungsgesetz hat, das völlig verschieden von dem ist, das die Gesetzgebung ihr aufzuerlegen wünschen mag. Wenn diese beiden Prinzipien übereinstimmen, wird das Spiel der menschlichen Gesellschaft leicht und harmonisch ablaufen ... Wenn sie aber gegensätzlich oder verschieden sind, wird das Spiel elend gehen und die ganze Gesellschaft sich ständig im höchsten Grade von Unordnung befinden.«

Diese Warnungen werden kaum gehört. Im 19. Jahrhundert setzt sich mehr und mehr ein ausbeuterischer Frühkapitalismus durch, der weniger auf Smith' »Laisser faire« mit seinen ethischen Einschränkungen beruht, als vielmehr auf dem schrankenlosen »Enrichissez vous« - »Bereichert euch!« - des französischen Bürgerkönigs Louis Philippe von Orleans (1773-1848). Unter ihm verwaltet das Finanzbürgertum die wichtigsten Ämter des Staates und nehmen Industrialisierung und Entwicklung der kapitalistischen Wirtschaft in Frankreich ihren Anfang. In England setzt sich gleichzeitig der nach der Stadt Manchester benannte Wirtschaftsliberalismus durch, der für unbedingten Freihandel und schrankenlose Wirtschaftsfreiheit eintritt. Es stört die Anhänger des *Manchesterliberalismus* nicht, daß der ungehinderte Interessenkampf, der die ethischen Grundsätze von Adam Smith nicht mehr kennt, zu immer größeren Ungerechtigkeiten und zum Verlust der wirtschaftlichen Existenz vieler Individuen führt. Immer mehr Handwerker, aber auch Fabrikanten, fallen dem freien Spiel der Kräfte zum Opfer. Die meisten finden sich im Industrieproletariat wieder. Dessen rasches Anwachsen hat niedrige Löhne und soziales Elend zur Folge, das zum Kennzeichen des frühen Kapitalismus wird. Dem Staat bleibt nur noch die Aufgabe, rücksichtslosen Wettbewerb und Ausbeutung rechtlich und politisch abzusichern (»Nachtwächterstaat«).

Jeremy Bentham: Utilitarismus

Angesichts der großen englischen Empirismus-Tradition von Roger Bacon (1214-1294) und Francis Bacon (1561-1626) bis John Locke (1632-1704) und David Hume (1711-1776) ist es nicht erstaunlich, daß der Positivismus in England ein größeres Echo erfährt als in Frankreich. Hier hat es weder die Extreme einer Revolution noch die einer Gegenrevolution gegeben, und so wird es verständlich, daß englische sozialrevolutionäre Denker mit ihren sozialen Fortschrittsideen keine heftige Reaktion hervorrufen, zumal sie es verstehen, jene mit den alten liberalen Prinzipien individueller Freiheit zu verbinden. Schon vor Comte wird der Boden für den Positivismus von einem Engländer vorbereitet. Der praxisorientierte Jeremy Bentham (1748-1832) greift auf die epikuräische Nützlichkeitsphilosophie zurück und erweitert sie zum *sozialen Utilitarismus.* Wer in der Politik zu einem gemeinsamen Ziel die Zustimmung möglichst vieler Menschen erreichen möchte, schreibt er, müsse eine höchstmögliche Zahl von ihnen zufriedenstellen. Sein Ziel ist deshalb »... das größtmögliche Glück für die größtmögliche Zahl von Menschen«. Im Sinne dieses rationalistischen Effizienzprinzips müsse jeder lernen, daß er sein eigenes Glück am besten erreiche, wenn er sein Streben dem allgemeinen Ziel anpasse. Bentham empfiehlt liberale Institutionen nur deshalb, weil sie nützlich seien. Aus dem gleichen Grunde fordert er eine liberale Reform des Rechts- und Gerichtswesens und des Parlaments.

Im Gegensatz zu Smith verteidigt Bentham das schrankenlose »Laisser faire« und den uneingeschränkten Freihandel des Frühkapitalismus. Er verwirft jede Intervention des Staates in der Wirtschaft und im sozialpolitischen Bereich. Das Schicksal der Arbeiter interessiert ihn wenig, dagegen setzt er sich mit Erfolg für die Humanisierung des Strafvollzugs und den Schutz der Kolonialbevölkerung ein. Bezeichnenderweise sieht er darin nichts Ethisches; für ihn zählt nur der Nützlichkeitswert einer Maßnahme. Im positivistischen Sinne glaubt er, daß durch das Prinzip der Utilität die Politik rational berechenbar werde und nicht mehr von irgendeiner irrationalen Ethik abhänge.

Mit dem Begriff »Utilitarismus« wird Bentham zu einem der großen Mitgestalter des modernen politischen Weltbildes. Selbst Marx ist von den Nützlichkeitsmechanismen beeindruckt. Es ist die Zeit, in der man über Ethik und Ideale lacht, und so findet der Utilitarismus nicht nur Eingang in den Marxschen Histomat, er beeinflußt seither alle Zweige der Philosophie und der Psychologie. Utilitaristische Tendenzen im politischen Denken und Handeln der Gegenwart sind unübersehbar. Der Satz vom »größtmöglichen Glück der größtmöglichen Zahl« bedeutet, positiv gesehen, einen endgültigen Schritt vom Menschenrecht für wenige zum Menschenrecht für alle. Im negativen Sinne aber dient das Nützlichkeitsdenken oft nur dazu, mit größtmöglichen Versprechungen oder Wahlgeschenken eine größtmögliche Wählerzahl zu gewinnen, und zwar ohne Rücksicht auf spätere wirtschaftliche und soziale Kosten.

Anarchismus

Grundgedanken des Anarchismus

Der Anarchismus des 19. Jahrhunderts, eine Mischung von extremem Liberalismus und Sozialismus, geht mit seiner ultraliberalen Staatsauffassung noch weit über die Lehre vom »Nachtwächterstaat« hinaus. In einer besseren Gesellschaft, so argumentieren Anarchisten, seien Nachtwächter unnötig, und deshalb müsse der Staat völlig abgeschafft werden. Mit »Staat« meinen sie in der Regel die staatliche Zwangsgewalt: geschriebene Gesetze, Polizei, Justiz und Militär. Sie sehen darin etwas Freiheitswidriges und Menschenunwürdiges. Weil diese Institutionen aber in allen Staatsformen zu finden sind, lehnen Anarchisten nicht nur autoritäre Regime, sondern auch liberale Demokratien ab. Erst wenn der Staat mit seinen Regierungen abgeschafft wäre, gäbe es keinen Machtmißbrauch mehr. Dann träten an die Stelle der abgeschafften staatlichen Institutionen freie Zusammenschlüsse von Personen oder Gruppen. Freiwillig eingegangene Verträge würden unbedingt eingehalten. Vertragsbrüche gäbe es ebensowenig wie andere Vergehen, und weil keine Regierung ihre Macht verteidigen müßte, wäre die Polizei überflüssig.

Desgleichen das Militär - denn: Kriege würden nicht mehr geführt. Alle Menschen arbeiteten harmonisch zusammen und erhielten den gleichen Anteil vom Erwirtschafteten.

Andere Anarchisten lehnen das sozialistische Element ab und treten für eine Gesellschaft unabhängiger Einzelbesitzer ein. Vom Kapitalismus unterscheide sich dieses System durch eine planmäßige Umverteilung aller Wirtschaftsgüter. Niemand wäre an Profit interessiert, und einen Lohnunterschied gäbe es auch nicht. Bei größeren Industriekomplexen sollten die Produktionsmittel kleinen Gruppen, auf keinen Fall aber einem Staat übertragen werden.

Am Beginn der Geschichte des Anarchismus stehen aufklärerische Gedankengänge, u. a. die von Rousseau. Dieser glaubt, der Mensch wäre gut, er würde nur durch Unterdrückungsmechanismen des Staates verdorben, der deshalb abgeschafft werden müsse. Diese Auffassung ist mehr als optimistisch; es ist die zur letzten Konsequenz gebrachte Aufklärung. Und ein Mißverständnis obendrein. Denn die anarchistische Gesellschaft ist keineswegs zwangsfrei. An Stelle des äußeren Zwanges tritt nur der moralische, der den einzelnen Menschen noch unfreier werden läßt, als er es vorher schon gewesen ist. Anarchistische Gedanken finden sich auch bei solchen Richtungen, die den Staat nicht aufheben wollen. Anknüpfend an die pluralistischen und dezentralistischen Gemeinschaftsbildungen des Mittelalters mit seinen selbständigen Gemeinden, Genossenschaften, Handwerker-Zünften und Kaufmanns-Gilden, fordern diese Anarchisten freiwillige Vereinigungen, die zwischen Staat und Individuum vermitteln und für mehr Geborgenheit sorgen sollen. Tatsächlich haben sich im modernen Industriestaat Zwischengruppen in Form von Verbänden, zum Beispiel Genossenschaften, als notwendig erwiesen. Darüber hinaus beweist die Geschichte unseres Jahrhunderts, daß die Sorge der Anarchisten vor der Allmacht des Staates und seiner Funktionäre mehr als begründet ist.

Max Stirner: Individualistischer Anarchismus

Im Jahre 1845 veröffentlicht Johann Kaspar Schmidt (1806–1856) unter dem Pseudonym Max Stirner das Buch »*Der Einzige und sein Eigentum*«, in dem der *anarchistische Individualismus* bzw. *individualistische Anarchismus* seine radikalste Ausprägung erhält. Er richtet sich im wesentlichen gegen die Staatsvergottung, wie sie Hegel in seiner »*Rechtsphilosophie*« (1820) verkündet hatte: »Der Staat ist die Wirklichkeit der sittlichen Idee ... Der Staat ist ... das an und für sich Vernünftige.« In einem solchen Staat zählt der einzelne nur noch als Glied des Staates. Stirner setzt diesem Kollektivismus seinen Anspruch als unabhängiges »Ich« gegenüber und behauptet: »Mir geht nichts über Mich.« Er beruft sich dabei auf Fichtes subjektiven Idealismus, bei dem das »Ich« eine zentrale

Stellung einnimmt. Dieses »Ich« setzt Stirner absolut, wobei er gleichzeitig die moralischen Verpflichtungen wegläßt, die Fichte dem »Ich« auferlegt hatte. Das *Individuum*, das »Ich« bzw. der »Einzige«, gilt Stirner als *absolut amoralisch*. Mit Hobbes hält er die Gesellschaft für einen bloßen Verein von Egoisten, denn der Mensch ist für ihn ein unsoziales Wesen. »Gute Sachen«, für die ein einzelner sich einsetzen könne, gäbe es überhaupt nicht. Im Gegensatz zu Hobbes, der zum Schutz des Individuums eine starke staatliche Zwangsgewalt gefordert hatte, lehnt Stirner diese gänzlich ab. Darin ist er sich mit allen Anarchisten einig - denn: »Jeder Staat ist eine Despotie, sei[en] nun Einer oder Viele der Despot, oder seien, wie man sich's wohl von einer Republik vorstellt, Alle die Herren, das heißt despotisiere Einer den Andern.«

Die Absolutsetzung des »Ich« hat natürlich Konsequenzen für das Recht bzw. das Rechtsbewußtsein. Stirner verwirft das Recht und behauptet: »Außer Mir gibt es kein Recht. Ist es Mir recht, so ist es recht. Möglich, daß es darum den Andern noch nicht recht ist; das ist ihre Sorge, nicht Meine: sie mögen sich wehren. Und wäre etwas in der ganzen Welt nicht recht, Mir aber wäre es recht, das heißt Ich wollte es, so früge Ich nach der ganzen Welt nichts.«

Allgemeine Gesetze und Menschenrechte, positives, göttliches und Naturrecht kümmern Stirner nicht; sie sind nicht sein Recht. »Ich aber gebe oder nehme Mir das Recht aus eigener Machtvollkommenheit ... Eigner und Schöpfer meines Rechts - erkenne Ich keine andere Rechtsquelle als - Mich, weder Gott noch den Staat, noch die Natur, noch aus den Menschen selbst mit seinen ›ewigen Menschenrechten‹, weder göttliches noch menschliches Recht.«

Seit Stirner haben ganze Generationen revolutionärer Anarchisten versucht, diese Vorstellungen in die Tat umzusetzen. Es dürfte interessant sein, das Verhalten heutiger Terroristen und ihres Sympathiesantenkreises daraufhin zu untersuchen, inwieweit sie in Wort und Tat die Nachfahren Stirners sind. Natürlich ist dieser nicht das einzige Vorbild der Weltverbesserer aus eigenen Gnaden. Neben ihm sind unbedingt noch Bakunin, Netschajew und Kropotkin zu nennen. Ihnen allen ist der Grundirrtum gemeinsam, das Ideal der Gewaltlosigkeit könnte mit Mitteln der Gewalt erreicht werden. Stirner geht dabei so weit, daß er sogar Mord rechtfertigt: »Ich aber bin durch Mich berechtigt zu morden, wenn ich Mir's selbst nicht verbiete, wenn ich selbst Mich nicht vorm Morde als vor einem ›Unrecht‹ fürchte.«

Stirners *Ich*, das glaubt, alles Materielle und Immaterielle gehöre ihm, sofern er es nur wolle, kann in einer Gesellschaft von Egoisten natürlich keinem anderem Menschen trauen. Das Bekenntnis Stirners: »Ja, ich benutze die Welt und die Menschen« besagt, daß jeder Mensch den anderen nur als Objekt betrachtet und immer nur auf sich selbst gestellt bleibt. Sein Selbst ist aber ein vergängliches Subjekt und damit letztlich ein Nichts. Stirners anarchistischer Individualismus endet somit im *Nihilismus*: Das Ich kehrt »in sein schöpferisches Nichts zurück, aus welchem [es] geboren wird ... Stell ich auf Mich, den Einzigen, meine Sache, dann steht sie auf dem Vergänglichen, dem sterblichen Schöpfer seiner, der sich selbst verzehrt, und ich darf sagen: Ich hab' mein' Sach auf Nichts gestellt.«

Michail Bakunin: Kollektiver (gewalttätiger) Anarchismus

Von Fichte, Feuerbach, Proudhon und Marx beeinflußt, ist Michael Bakunin (1814–1876) in erster Linie ein revolutionärer Praktiker, Gründer von Geheimorganisationen, Verschwörer und Agitator. Eine in sich schlüssige politische Theorie hat er nie entworfen. Im Gegensatz zu Marx hält er auch die Wissenschaft nicht für unfehlbar, und deshalb könne sie auch nicht verbindliche Wege zu einer freien Gesellschaft weisen. Er glaubt mehr an die emotionale Kraft und den Instinkt der Volksmassen, die nicht von Gebildeten belehrt werden wollten. In der Schrift »*Staatlichkeit und Anarchie*« heißt es dazu: »Voll Vertrauen in die Instinkte der Volksmassen liegt unser Revolutionsmittel in der organisierten Entfesselung dessen, was man heute die schlechten Leidenschaften nennt und in der Zerstörung des in derselben Bourgeoissprache ›öffentliche Ordnung‹ genannten. Wir rufen die Anarchie an, diese Manifestation des Lebens und die Aspiration des Volkes, aus der die Freiheit, Gleichheit, Gerechtigkeit, die neue Ordnung und die Kraft der Revolution selbst hervorgehen sollen.«

Bakunin ist fest davon überzeugt, daß Volksrevolutionen nicht künstlich in Gang gebracht werden können: »Sie geschehen wie von selbst, hervorgebracht durch die Macht der Dinge, die Bewegung der Ereignisse und Tatsachen. Sie breiten sich lange in der Tiefe des instinktiven Gewissens der Volksmassen vor – dann brechen sie aus, dem Anschein nach oft durch unbedeutende Ursachen angestiftet.« Danach ist eine Revolution also immer nur eine »Volksrevolution«, die »nicht nur für das Volk, sondern ausschließlich vom Volk« gemacht werde. Wenn Bakunin allerdings die Begriffe »Volk«, »Masse« oder »Proletariat« benutzt, meint er in erster Linie nicht das Industrieproletariat, sondern die Bauern, die er für reif hält, eine Revolution anzuführen. Auch verarmte Intellektuelle und das Lumpenproletariat, die von Marx abgelehnt werden, zählt er zum Proletariat. Die Rolle revolutionärer Bünde schätzt er sehr hoch ein. Sie sollen wie ein Sauerteig in den Volksmassen wirken und das Feuer schüren. Diese Avantgarde dürfe aber niemals über dem Volk stehen. Bakunin lehnt deshalb auch die kommunistische Partei ab, die zur Machtausübung den bürgerlichen Staatsapparat übernehmen will. Dadurch werde nur die alte Herrschaft durch eine andere, dieses Mal durch eine Parteidiktatur ersetzt.

Mehr als durch alle anderen Theoretiker gelangt der Anarchismus durch Bakunin in den Ruf, eine Gewaltlehre zu sein. Jedenfalls berufen sich unzählige Terroristen und Attentäter auf Bakunins leidenschaftliche Verkündigung eines extremen Terrors und auf seine Verachtung aller humanitären Werte. In Genf entwirft er (1869/70), gemeinsam mit dem Machiavellisten Sergej Netschajew (1847–1882), den berühmten »*Katechismus des Revolutionärs*«. Dieses Manifest der Gewalt kennt bei der Verfolgung politischer Ziele keinerlei Hemmungen. Die Revolution heilige alle Mittel. Lüge, Treuebruch und Mord sind für Netschajew und Bakunin legitime Waffen eines Revolutionärs. Dieser habe alle Gefühle der Liebe, Freundschaft, Verwandtschaft etc. in sich zu ersticken und durch die kalte Leidenschaft des Revolutionärs zu ersetzen. Alles, was der Revolution nützt, gilt ihnen als sittlich, alles, was sie hemmt, als unsittlich oder verbrecherisch. Netschajew fordert Attentate aller Art, besonders auf Staatsoberhäupter, und nennt dies die *Propaganda der Tat.* Tatsächlich sind seither Tausende von Monarchen und Präsidenten, Richter und Staatsanwälte, hohe Militärs und Beamte Opfer anarchistischer Attentate geworden. Dabei nehmen es die Todesschützen und Bombenwerfer nicht nur hin, daß Unschuldige, auch Frauen und Kinder, verletzt oder getötet werden. In vielen Fällen ist letzteres sogar beabsichtigt, um ein Klima der Bedrohung und Angst zu erzeugen. Auf die Opfer der 1986er Attentate in Paris angesprochen, bei dem auch Kinder getötet und verstümmelt worden sind, entgegnet ein Angehöriger der »Bunten Fraktion« vor dem Parlament der Europäischen Gemeinschaft, dies sei »ausgleichende Gerechtigkeit«. Bis heute hat aber kein einziges Attentat das damit verbundene Ziel erreicht. Weder haben Attentate jemals ein System gestürzt, noch haben sie eine anarchistische Revolution ausgelöst. Nur eines haben sie bewirkt: Anarchie wird seither von vielen nur noch mit Terror und Mord gleichgesetzt.

Eine große Bedeutung kommt der Auseinandersetzung zwischen Bakunin und Marx zu. Dieser sieht auf Bakunin immer mit Spott und Verachtung herab. Dessen Lehre sei »zusammengebettelter Quark«. Dem Terror gegenüber nimmt Marx eine sehr ambivalente Haltung ein. Den anarchistischen Terror Bakunins lehnt er als Mittel des Klassenkampfes oder der Revolution strikt ab. Durch diesen *individuellen Terror* könnten die gesellschaftlichen Verhältnisse nicht geändert werden. Jedes ermordete Staatsoberhaupt werde nur durch ein anderes ersetzt, aber der Kapitalismus als Grundübel bleibe bestehen. Desgleichen seien Putschversuche zwecklos. Kurz vor seinem Tode meint Marx allerdings, der russische individuelle Terror sei eine »historisch unvermeidliche Aktionsweise ... worüber ebensowenig zu moralisieren ist – für oder gegen – als über das Erdbeben von Chios«. Andererseits handeln revolutionäre Terroristen nicht unhistorisch, wenn sie sich als Marxisten bezeichnen. Das bekannte Zitat von Marx: »Die Waffe der Kritik allerdings kann die

Kritik der Waffen nicht ersetzen. Die materielle Gewalt muß gestürzt werden durch materielle Gewalt ...«, das steht nicht allein. Als am Ende der 1848er Revolution in Wien die restaurativen Kräfte siegen, hält er einen »revolutionären Terrorismus« für erforderlich, um eine Wende herbeizuführen. Dem Bürgertum schwört er Rache, sobald in Paris die »rote Republik« gesiegt habe und über die Grenzen vordringe: »Wir werden rufen: Vae victis! [Wehe den Besiegten!]. Die resultatlosen Metzeleien seit den Juni- und Oktobertagen, das langweilige Opferfest seit Februar und März, der Kannibalismus der Konterrevolution selbst wird die Völker überzeugen, daß es nur ein Mittel gibt, die mörderischen Todeswehen der alten Gesellschaft, die blutigen Geburtswehen der neuen Gesellschaft abzukürzen, zu vereinfachen, zu konzentrieren, nur ein Mittel – den revolutionären Terrorismus.« Kurze Zeit später bekennt er sich abermals, fast mit den gleichen Worten, zum »revolutionären Terrorismus« als alleinigem Heilmittel: »Est-ce clair, Messieurs? Wir haben es von Anfang an für überflüssig gehalten, unsere Absichten zu verheimlichen ... Wir sind rücksichtslos, wir verlangen keine Rücksicht von euch. Wenn die Reihe an uns kommt, werden wir den Terrorismus nicht beschönigen.«

Es ist also kein Zufall, wenn sich Lenin später mit dem Terroristen Netschajew verbindet und die Idee von der Avantgarde übernimmt, die von Marx gegen Bakunin durchgesetzt wird: Auf der von Marx einberufenen Londoner Konferenz der »I. Internationale« (1871), deren Zusammensetzung geschickt geplant ist, beschließt die Mehrheit, daß »die politische Tätigkeit der Arbeiterklasse« von einer »besonderen politischen Partei« geleitet werden müsse. Umgekehrt distanziert sich Bakunin scharf vom Marxschen Kommunismus. In einer Rede in Bern (1868), die seinen Standort klar herausstellt, führt er aus: »Ich hasse den Kommunismus, weil er die Verneinung der Freiheit ist und weil für mich die Menschlichkeit ohne Freiheit unbegreiflich ist. Ich bin kein Kommunist, weil der Kommunismus zugunsten des Staates alle Kräfte der Gesellschaft konzentriert und absorbiert, weil er unvermeidlicherweise das Eigentum in den Händen des Staates konzentriert. Ich hingegen wünsche die Aufhebung des Staates, die vollständige Ausrottung des Autoritätsprinzips und der Schutzherrschaft des Staates ... Ich wünsche die Organisation der Gesellschaft und des gesellschaftlichen Eigentums von unten herauf auf dem Wege der freien Assoziation und nicht von oben herab durch irgendwelche Autorität, also wünsche ich die Abschaffung des Staates ... In diesem Sinn ... bin ich Kollektivist und keineswegs Kommunist.«

Rückschauend erweist sich, daß beide Protagonisten die jeweiligen Irrtümer des anderen klarsichtig erkannt haben; ihren eigenen dagegen stehen sie blind gegenüber. Der gewalttätige Anarchismus hat seine Ziele nicht erreicht, und die Diktatur des Proletariats hat in Rußland nur zur

Diktatur einer Partei bzw. eines Diktators geführt, nicht aber zum Absterben des Staates. Dieser zeigt sich unter Lenin und Stalin stärker und brutaler als je zuvor.

Sozialismus

Grundprinzipien des Sozialismus

Um die Gegenbewegung zum ökonomischen Liberalismus bzw. Kapitalismus zu bezeichnen, wird 1832 in Frankreich erstmals der Begriff *Sozialismus* gebraucht und seit dieser Zeit fast hundert Jahre mit *Kommunismus* gleichgesetzt. Sein Ziel ist eine gerechte Gesellschaftsordnung, das heißt eine Gesellschaft mit nicht nur rechtlicher, sondern auch sozialer Gleichheit. Im Mittelpunkt seiner Ideen stehen deshalb nicht nur die Belange der sozial Schwachen und Arbeiter (Proletarier). Tatsächlich kann die Arbeiterfrage nur als Teil eines Gesamtproblems angesehen werden: Die *soziale Frage* betrifft alle Schichten der Gesellschaft, die in ihrer Struktur nur unvollkommen an die Erfordernisse des beginnenden modernen Industriezeitalters angepaßt ist. Dazu erweisen sich überkommene Staats- und Herrschaftsformen als das größte Hindernis einer modernen und gerechten Sozialordnung. Die Sozialisten glauben nun, das Problem mit ihren Prinzipien und Methoden endgültig lösen zu können. Im politischen Bereich halten sie eine volksdemokratische Staatsform im Sinne Rousseaus für die beste Lösung. Ihr Hauptanliegen sehen sie aber in der Überführung des Besitzes von Produktionsmitteln in Gemeineigentum. Ob auf der Basis von Genossenschaften oder durch staatliche Sozialisierung, bleibt offen. In jedem Fall setzen sie die Belange der Gesellschaft vor die des Individuums, wobei zur Durchsetzung des Sozialismus von Anfang an zwei Wege empfohlen werden: *Sozialreform und Klassenkampf bis zur Revolution* (Abb. 24).

Karl Marx: »Wissenschaftlicher Sozialismus«

Den idealen Vorstellungen, den Appellen an die Moral der Mitmenschen und den Reformbemühungen der Frühsozialisten bzw. Utopisten stellen Karl Marx (1818–1883) und Friedrich Engels (1820–1895) den sogenannten »Wissenschaftlichen Sozialismus« entgegen. Unter Ausnutzung des großen Ansehens, den die aufblühende Wissenschaft des 19. Jahrhunderts genießt, versuchen beide, den wissenschaftlichen Nachweis zu führen, daß am Ende der Menschheitsgeschichte der Sozialismus als Ergebnis einer naturnotwendigen Entwicklung kommen müsse, und zwar als naturgesetzlich bedingte Revolution durch ein klassenbewußtes Proletariat. Der »Wissenschaftliche Sozialismus« ist nicht einfach eine Wirt-

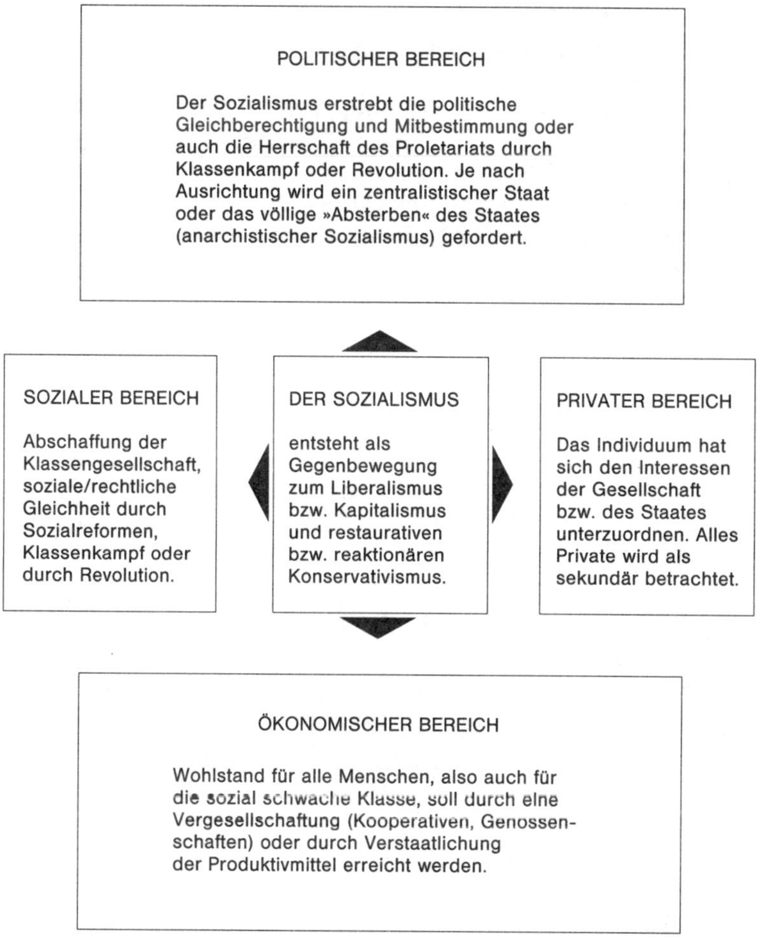

Abb. 24: *Grundprinzipien des Sozialismus*

schaftstheorie oder ein gewöhnliches politisches Programm. Er beansprucht vielmehr, ein *monokausales System der gesamten Geistes- und Gesellschaftswissenschaft* darzustellen, das heißt eine Weltanschauung samt deren Anwendungen in der Praxis. Insofern umfaßt er ein

- System der Philosophie, ein
- Geschichtssystem, ein
- System der Soziologie, ein
- System der Politik, eine

- Volkswirtschaftslehre und eine
- Lehre vom Menschen (Anthropologie).

Marx nimmt keineswegs für sich in Anspruch, auf diesem weiten Feld die Grundlagen gelegt zu haben. Einem einzelnen wäre das auch kaum möglich gewesen. Er greift offen auf die Vorarbeiten anderer zurück und nennt die Quellen. Im Vordergrund stehen dabei Werke der deutschen Philosophie, der englischen Nationalökonomie und des französischen Frühsozialismus. Dazu kommen noch der radikale Liberalismus (Rousseau) und der bürgerliche Radikalismus des 19. Jahrhunderts (Abb. 25).

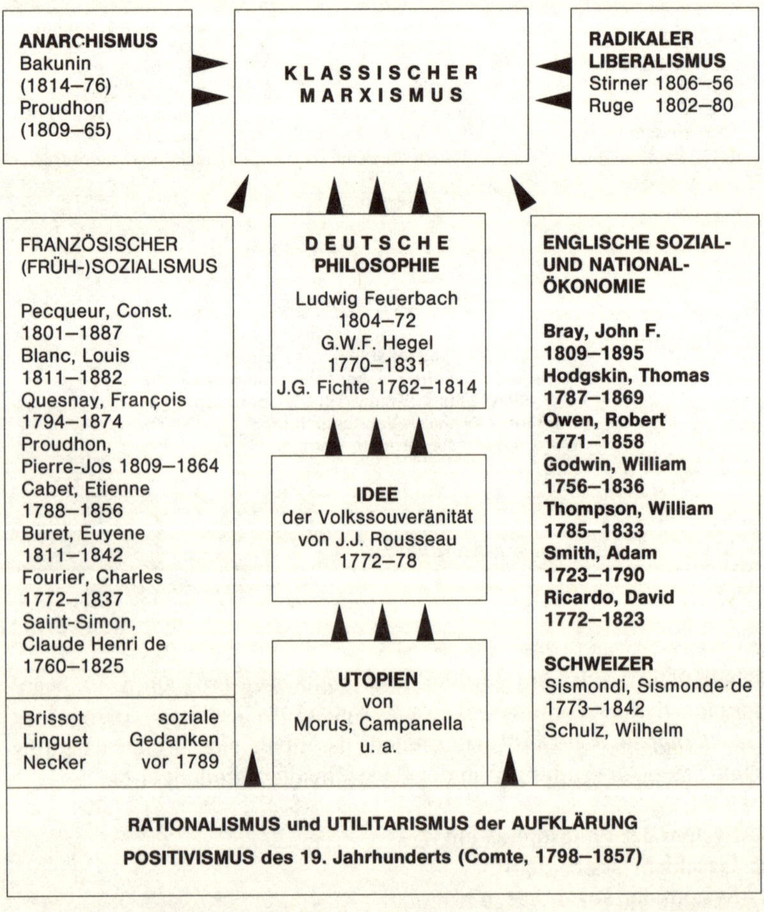

Abb. 25: *Quellen des Marxismus*

Marxscher Humanismus

Marx verdankt Feuerbach die Grundansicht, daß die Natur als menschliche Natur verstanden werden müsse, als das Konkret-Reale, in dem menschliches Leben sich vollzieht. Diese Sichtweise wird als *methodischer Materialismus* bezeichnet. Zu diesem kommt bei Marx noch der sogenannte *existential-ontologische Materialismus*: Natur und Realität bedeuten danach immer nur die Wirklichkeit des Menschen. Die Natur ist für Marx »der unorganische Leib des Menschen ... mit dem er in beständigem Prozeß bleiben muß, um nicht zu sterben«. Daraus folgert er, daß menschliches Handeln immer eine »praktische menschlich-sinnliche Tätigkeit« sei und Arbeit eine Art »Stoffwechsel« zwischen Mensch und Natur. Die Menschen erzeugten dadurch sowohl sich selbst als auch ihre gesellschaftliche Wirklichkeit. Aber nur das bewußte Handeln unterscheide den Menschen vom Tier, mache die menschliche Arbeit zur freien Tätigkeit, die ihrerseits die Kommunikation wesensgleicher Menschen voraussetze. Für Marx ergibt sich daraus ein Zukunftsbild: die freie menschliche Gesellschaft als »die vollendete Wesenseinheit des Menschen mit der Natur, die wahre Resurrektion [Wiederauferstehung] der Natur, der durchgeführte Naturalismus des Menschen und der durchgeführte Humanismus der Natur«.

Der Mensch soll also als Hauptgedanke der Natur verstanden werden, als höchstes Wesen der Seins- und Wertordnung. Dieser *anthropologische Naturalismus* wird später von Karl Marx ausschließlich als *Materialismus* bezeichnet. Der darin enthaltene Entwurf eines *realen Humanismus*, den Marx seit 1844 als *Kommunismus* bezeichnet, bedarf aber noch einer Ergänzung: Da Marx mit Feuerbach keinen Gott anerkennt, handelt es sich gleichzeitig um einen *atheistischen Humanismus*. Unabhängig von der Marxschen Terminologie kann man zwischen dem *totalen* und einem *spezifischen Humanismus* unterscheiden. Der totale behauptet, daß alles, was am und im Menschen existiere, großartig und wertvoll sei. Sogar Verbrechen wären bei aller Abscheulichkeit wertvoll, weil sie Menschenwerk sind. Dagegen unterscheidet der spezifische Humanismus zwischen dem echt Menschlichen und dem Niedrigen im Menschen. Die christliche Lehre beispielsweise vertritt einen spezifischen Humanismus, da sie vom Bösen im Menschen spricht. Trotzdem erkennt sie jedem die volle Würde und die Gottähnlichkeit zu. Ganz anders der Kommunismus, der zwar ebenfalls das Böse und Wertvolle im Menschen herausstellt und somit dem spezifischen Humanismus zuzuordnen ist. Für ihn ist der Mensch zwar der Naturanlage nach in seinem Wesen ein Mensch. Dennoch, so glaubt er, führe der entfremdete Mensch noch kein echt menschliches Leben, er sei also noch kein richtiger Mensch. Um einer zu sein, müsse er durch die Vernunft geleitet sein und frei handeln können. Tatsächlich sei er aber von den blinden Gesetzen der Natur und von der kapitalistischen Gesellschaft abhängig, führe also nur ein Leben auf einer tierischen Stufe.

Will man diesen Gedankengang geistesgeschichtlich einordnen, muß man auf Platon zurückgreifen. Für diesen ist jede irdische Realität ein unvollkommenes Abbild des idealen Urbildes. Darüber hinaus beurteilt er die Qualität eines Objektes nach seiner Entwicklungsreife. Ein junger Baum etwa ist für ihn noch kein echter Baum, er soll erst einer werden. Das gleiche gilt auch für ein Kind: Ein unmündiges und abhängiges Wesen ist für ihn noch kein richtiger Mensch. Wenn also Marx im Rahmen eines spezifischen Humanismus die These aufstellt, der jetzige Mensch sei ein in seinem Wesen entfremdeter, unvollendeter Mensch, liegt die Frage nahe, wie er das begründet. Auf Rousseau zurückgreifend, behauptet Marx, das *Privateigentum an Produktionsmitteln* wäre die Ursache allen Übels, da es Ausbeutung des Menschen zulasse, was wiederum Klassenbildung und -kampf nach sich ziehe. Letzterer aber habe die Versklavung der weitaus größten Zahl der Menschen und die Staatenbildung zur Folge; hier lägen die Ursachen aller Verbrechen und Kriege.

Es gibt Autoren, die den Humanismus des jungen Marx mit dessen Willen zur Vermenschlichung der unmenschlichen Welt erklären. Einige seiner Aussagen scheinen das zu bestätigen, so diese: »... der Mensch [ist] das höchste Wesen für den Menschen.« Dazu kommt seine Forderung, »alle Verhältnisse umzuwerfen, in denen der Mensch ein erniedrigtes, ein geknechtetes, ein verlassenes, ein verächtliches Wesen ist ...« Das klingt höchst menschenfreundlich, es bleibt aber zu bedenken, daß diese Aussagen im Zusammenhang mit dem Marxschen *anthropologischen Naturalismus* stehen, der das alte Ziel des Renaissance-Humanismus verwirklichen will: Der Mensch soll an die Stelle Gottes treten. Da der jetzige Mensch aber noch kein Mensch sei, könne er zugunsten einer späteren und wahren »Menschheit« geopfert werden. Der Marxsche Humanismus gilt also nicht dem gegenwärtigen Menschen, sondern einem idealen Zukunftswesen. Seit der Oktoberrevolution zieht der aggressive bzw. totalitäre Marxismus-Leninismus aus dieser Lehre die praktischen Konsequenzen.

Historischer Materialismus (Histomat)

Die materialistische Geschichtsauffassung muß als eine ausgesprochen soziologische Theorie betrachtet werden. Allerdings ist sie weder von Marx noch von Engels jemals systematisch dargestellt worden. Lediglich bei einigen zeitgeschichtlichen Untersuchungen versuchen sie sich gelegentlich an kurzen, aber keineswegs eindeutigen Definitionen. Am ausführlichsten kann die Theorie noch aus dem »*Vorwort zur Kritik der politischen Ökonomie*« (Marx) und aus Briefen von Engels rekonstruiert werden. Dabei ergeben sich drei Hauptteile:

- das Grundprinzip,
- die statische Analyse der Gesellschaft und
- die dynamische Analyse der Gesellschaft.

Grundprinzip des HISTOMAT

In dem genannten Vorwort von 1851 greift Marx auf Feuerbachs Thesen zurück und behauptet: »Es ist nicht das Bewußtsein des Menschen, das ihr Sein, sondern umgekehrt ihr gesellschaftliches Sein, das ihr Bewußtsein bestimmt.« Also nicht das, was eine Gesellschaft denkt, soll das Primäre sein, sondern das, was sie »materiell« ist. Zuerst komme das Sein, dann erst der Geist. Damit steht die uralte Frage wieder auf dem Plan: Was war zuerst vorhanden - das Huhn oder das Ei? Haben die Materialisten recht oder die Idealisten? Zunächst ist zu fragen, was »materiell« bei Marx bedeutet. Unter diesem Begriff kann man u.a. geographische, klimatische oder biologische Verhältnisse verstehen. Doch diese Definition lehnt Marx ausdrücklich ab; er hält solche Verhältnisse für zweitrangig. Als entscheidend und determinierend sieht er dagegen die *Produktionsweise zur Erzeugung materieller Güter* an. Diese und nichts anderes ist mit dem materiellen Sein der Gesellschaft gemeint. »Materiell« heißt also bei Marx in der Regel »wirtschaftlich«: Die Gesellschaft könne nur in Abhängigkeit von der jeweiligen Produktionsmethode denken.

Das Grundprinzip des Histomat läßt sich klar herausstellen: Alles Geistige, also die Lehren der Philosophie, der Jurisdiktion, der Religion usw., und alle ethischen oder künstlerischen Werte sollen völlig von der Produktionsweise abhängig sein. Diese sei primär (Basis), jene seien nur sekundär (Überbau).

Statische Analyse der Gesellschaft

Unter statischer Analyse versteht man eine Art Momentaufnahme, eine Analyse des Aufbaues, der Struktur einer bestimmten Gesellschaft im Hinblick auf das Grundprinzip und in einem feststehenden Augenblick. Entwicklungstendenzen bleiben hierbei unberücksichtigt. Der Histomat unterscheidet bei einer solchen Analyse vier Stufen:

- Produktivkräfte,
- Produktionsverhältnisse,
- juristischer und politischer Überbau,
- gesellschaftliche Bewußtseinsformen.

Als *Produktivkräfte* werden drei Faktoren genannt: Werkzeuge, Menschen und Erfahrungen der Produktion. Die Werkzeuge stehen an erster Stelle, weil nach Auffassung von Marx und Engels der Mensch erst dadurch, daß er Werkzeuge schuf, zum Menschen wurde. Wir lassen es hier dahingestellt sein, ob nicht der Mensch spätestens dann schon zum Menschen wurde, als er fähig war, sich ein Werkzeug auszudenken und seine Herstellung zu planen. Wichtig ist hierbei, daß der Begriff »Produktivkräfte« keineswegs nur die von der Natur gegebenen Möglichkeiten umfaßt, sondern daß er auch den Menschen miteinbezieht. Mit anderen Worten: Es handelt sich hier um ein *Verhältnis zwischen Mensch und Natur*. Den Begriff *Produktionsverhältnisse* dagegen definiert Marx folgendermaßen: »Notwendige, vom Willen des Menschen unabhängige Verhältnisse, die einer bestimmten Entwicklungsstufe ihrer materiellen Produktivkräfte entsprechen.«

Es geht also um solche Beziehungen zwischen den arbeitenden Menschen, die sich notwendigerweise aus den Bedingungen der Arbeit ergeben. Bei bestimmten wirtschaftlichen Produktionsmethoden muß es beispielsweise Leitende und Ausführende in verschiedenen Graden geben. Zu Zeiten der Postkutsche etwa den Kutscher, den Pferdeknecht etc., bei der heutigen Eisenbahn den Stationsvorsteher, den Lokführer u.a.m. – bis hin zum höchsten Verwaltungsbeamten.

Der Begriff »Produktionsverhältnisse« ist also ebenfalls nicht ganz klar definiert. Marx gebraucht ihn oft synonym für »materielle Verhältnisse«, was einmal soviel wie Technik und Produktivität bedeutet, ein anderes Mal soviel wie Wohlstand oder Armut. Meistens jedoch meint er die Eigentumsverhältnisse und damit zusammenhängende Klassenbildungen. Manche Autoren legen den Begriff »Produktionsverhältnisse« dahingehend aus, daß die Menschen sich bei ihren Handlungen letzten Endes nur von materiellen Notwendigkeiten oder von materiellen, egoistischen Motiven leiten ließen. Marx scheint aber überwiegend ausdrükken zu wollen, daß das Verhalten der Menschen nur von wirtschaftlichen und gesellschaftlichen Verhältnissen abhängig sei, ohne daß sie sich dessen aber bewußt seien.

Zusammenfassend kann man folgendermaßen formulieren: Die von Produktivkräften abhängigen »Produktionsverhältnisse« bezeichnen das mit wirtschaftlichen Notwendigkeiten verflochtene Verhältnis der Menschen untereinander. *Produktivkräfte* und *Produktionsverhältnisse* bilden zusammen die *Basis* des folgenden *Überbaues*. Mit dem *juristischen und politischen Überbau* sind keineswegs juristische oder politische Ideen gemeint, sondern wirklich existierende Institutionen und Verhältnisse, die sich nach Marx zwingend aus dem Unterbau ergeben. Sie »erheben sich auf der Basis«, wie er es formuliert. Dazu zwei Beispiele: Im Zeitalter des Feudalismus resultieren zum Beispiel Gesetze aus der Tatsache, daß ca. 80 Prozent der Bevölkerung aus mehr oder weniger abhängigen Bauern besteht; das hochmoderne Industriezeitalter dagegen benötigt u. a. komplizierte Wirtschaftsgesetze, Industrie- und Handelskammern und Wirtschaftsministerien.

Auf der vierten Stufe stehen bei Marx *gesellschaftliche Bewußtseinsformen.* Dazu zählt er die Philosophie, die Moral, die Kunst und, ganz zuletzt, auch die Religion, die somit nichts anderes darstelle als den Ausfluß der ökonomischen Verhältnisse. Auch Engels betont noch einmal diese Ansicht: »Alle Moraltheorien sind das Produkt der ökonomischen Entwicklung, die die Gesellschaft erreicht hat.« Die Konsequenzen sind weitgehend. Gibt es etwa in einer Gesellschaft verschiedene Produktionsweisen, so folgt für Marxisten daraus eine gespaltene Gesellschaft, die geistig zerrissen ist. Denn jede Produktionsweise produziere einen anderen Überbau, womit auch der Klassenantagonismus und die -mechanik erklärt werden könnten. Vor der Französischen Revolution zum Beispiel sieht sich der Feudaladel, der sich nur auf die Agrarwirtschaft stützt, einem handel- und gewerbetreibenden Bürgertum gegenüber. Für Marx ergibt sich aus dieser Konstellation zwangsläufig die Revolution. Daß es bei gleichgearteten Verhältnissen auch anders kommen kann, wie etwa in England, wo der Adel sich nicht zu fein ist, die Rolle von »Schlotbaronen« zu übernehmen und Aufsteiger aus dem Bürgertum zu integrieren, wird von Marx nicht zur Kenntnis genommen.

Die ökonomische Deutung der Gesellschaft enthält sicherlich viel Wahres, und somit bedeutet sie einen großen Fortschritt in der Erklärung sozialer Phänomene. Tatsächlich ist das Denken der Individuen wie auch der Gesamtgesellschaft weitgehend von materiellen Interessen bestimmt. Aber so einfach, wie es das Unterbau-Überbau-Schema suggeriert, liegen die Dinge nun doch nicht. Das Leben der Gesellschaft ist nachweislich das Ergebnis des Zusammenwirkens zahlreicher Faktoren. Unter diesen sind die Ideen mit Sicherheit mehr als bloße Widerspiegelungen der Produktion. Deshalb muß hier von einer prinzipiellen Schwäche der Marxschen Lehre ausgegangen werden. Der grundsätzliche Ansatz ist richtig; daraus aber eine mechanistische Abfolge zu konstruieren, findet keine empirische Rechtfertigung.

Nach dem Tod von Marx sieht sich Engels aufgrund vieler Anfragen und Einwände schließlich zu einer Konzession gezwungen. In einem Brief schreibt er: »Die politische, rechtliche, philosophische, literarische und künstlerische Entwicklung ruht auf der ökonomischen. Aber alle wirken gegenseitig aufeinander wie auch auf die ökonomische Grundlage ein. Es ist nicht so, daß die ökonomische Lage die einzige aktive Ursache und alles andere nur passiver Effekt wäre. Eher besteht eine Wechselwirkung auf Grundlage der in letzter Instanz stets sich durchsetzenden ökonomischen Notwendigkeit.«

Hier hebt eine Aussage die andere praktisch auf. Bei einer Wechselwirkung ist eine Unterteilung in Unter- und Überbau nicht mehr möglich; und damit wird das gesamte Modell praktisch unbrauchbar. Das gesellschaftliche Bewußtsein kann nicht mehr monokausal aus dem Unterbau erklärt werden. Dennoch geben Marxisten dieses Modell bis heute nicht auf, auch wenn sie kaum noch darüber diskutieren. So halten sie den Freiheitsgedanken nur für ein Überbauphänomen, das sich zeitbedingt aus den Produktionsverhältnissen ergibt und somit relativ ist. Man könne es also total vernachlässigen. Die Praxis kommunistischer Länder bringt anschauliche Beweise, auf welche Weise das geschieht (Abb. 26).

Dynamische Analyse der Gesellschaft

Die materialistische Geschichtsbetrachtung hat bei Marx eine Geschichtstheorie zur Folge, bei der die Geschichte nach feststehenden Gesetzen verläuft, die angeblich mit wissenschaftlichen Methoden aufgedeckt und im weiteren Verlauf der Geschichte angewendet werden können. Einen lenkenden, göttlichen Weltgeist, wie Hegel ihn verkündet hatte, lehnt Marx strikt ab. Dagegen übernimmt er das Grundprinzip Hegels, daß die Geschichte vernünftig ablaufe. Damit ist das Grundlegende einer dyna-

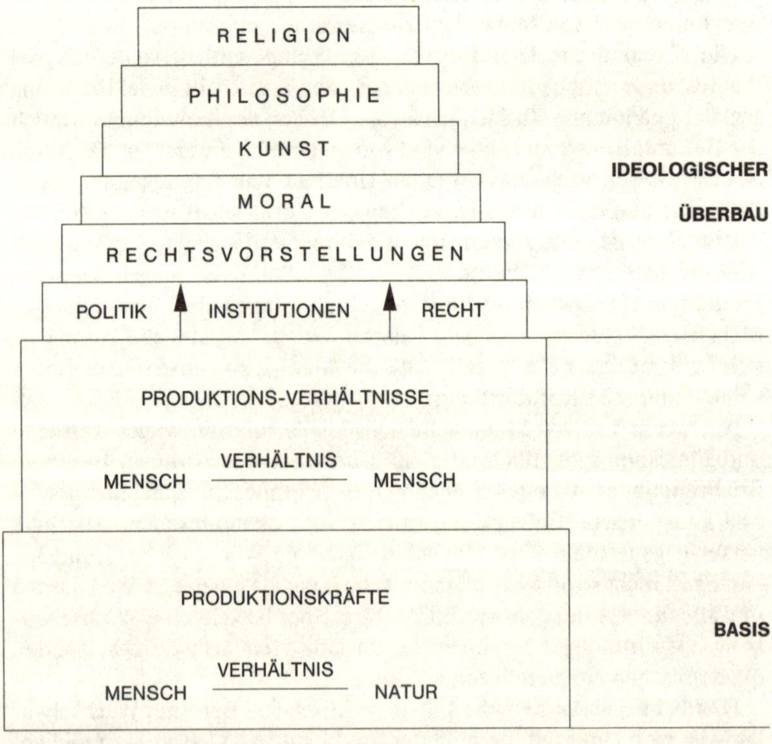

Marx erklärt die gesellschaftlichen Verhältnisse monokausal aus den ökonomischen Verhältnissen

Abb. 26: *Histomat, statische Analyse*

mischen Analyse der Geschichte, wie Marx sie sieht, herausgestellt: Es handelt sich um einen *deterministischen, optimistischen Evolutionismus*, wie er im 19. Jahrhundert weitverbreitet ist. Dabei wird der politische Rationalismus als Kern der Marxschen Lehre deutlich: Aufgrund geschichtlicher Gesetze, die wie Naturgesetze als absolut betrachtet werden müßten, wäre die Geschichte von nun an vorausberechenbar und damit machbar geworden. Eine solche Grundauffassung von der Geschichte wird von dem Soziologen Karl Wittfogel als »Rolltreppenbegriff der Geschichte« umrissen: Wie bei einer Rolltreppe, die ständig nach oben rollt, bewege sich die Geschichte, unabhängig vom Willen der Menschen, nach oben, das heißt auf den Kommunismus hin. Für einen Deterministen stehe es deshalb außer Frage, daß dieser komme.

Wie aber sieht der Mechanismus des Fortschrittes nun im einzelnen aus? Die treibenden Kräfte und das am meisten Revolutionäre sind nach Marx und Engels die Produktivkräfte. Basierend auf der Grundannahme, daß für rational und utilitaristisch handelnde Menschen die Entfaltung der Technik das wichtigste sei, wandelten sich die Produktivkräfte ständig, während die Produktionsverhältnisse diesen nur mit zeitlicher Verzögerung folgten. Es entstehe eine Spannung, ein *Widerspruch*, der zu einem Bruch führe, zu einer sozialen Revolution. Darunter versteht Marx einen gewaltsamen Umbruch, durch den die bisherigen Produktionsverhältnisse an die neuen Produktivkräfte angepaßt würden, womit sich auch der gesamte Überbau ändere. Träger einer solchen Revolution sei immer jene Klasse, die für die neuen Produktionsverhältnisse und damit auch für den neuen Überbau verantwortlich sei. Marx versucht nun, dieses dynamische Gesellschaftsmodell als Erklärung für alle geschichtlichen Abläufe zu benutzen.

Um seine Methode besser beurteilen zu können, ist es erforderlich, kurz auf den Stand der Geschichtswissenschaft einzugehen, wie er sich Marx darbietet. Zu seiner Zeit befindet sich diese erst in den Anfängen. Das Geschichtswissen ist noch sehr lückenhaft und eine Auswertung im Hinblick auf eventuelle Geschichtsgesetze völlig unmöglich. Marx stört es auch nicht, sich auf eine rein bürgerliche Wissenschaft zu stützen, denn eine eigens geschaffene marxistische Geschichtswissenschaft gibt es noch nicht. Deshalb verfährt Marx so, wie es in sein Konzept paßt: Nur das, was seine Theorie zu bestätigen scheint, wird zur Kenntnis genommen. Auf die fünf Zeitepochen von Fichte zurückgreifend, vereinfacht Marx die Geschichte völlig unwissenschaftlich auf fünf *Gesellschaftsformationen*, die den damals noch für absolut gehaltenen Großepochen Vorzeit, Altertum, Mittelalter, Neuzeit und der vorweggenommenen Zukunftsepoche entsprechen sollen. Inzwischen ist klar geworden, daß dieses Einteilungsprinzip lediglich eine Hilfskonstruktion darstellt, die dazu im wesentlichen nur auf die europäische Geschichte anwendbar ist. Die Marxsche Variante bietet nun folgendes Bild:

- *Urgesellschaft der Vorzeit:* Es gibt keinen Güterüberschuß, also auch keine Ausbeutung, keine Klassen und kein Privateigentum.
- *Sklavenhaltergesellschaft (Altertum):* Viehzucht und extensiver Ackerbau sind nur mit Hilfe organisierter Arbeiter möglich. Durch den Einsatz von Kriegsgefangenen bildet sich jetzt Privateigentum an Menschen (Sklaven) und Produktionsmitteln. Erstmals stehen sich zwei Klassen gegenüber: Sklaven und Sklavenhalter (erste soziale Revolution).
- *Feudalismus (Mittelalter):* Durch Feudalherren kommt es zur zweiten sozialen Revolution. Ackerbau und Handwerk haben sich verfeinert. Es gibt Eigentum an Produktionsmitteln und Halbeigentum an Menschen (Leibeigene). Feudalherren und Leibeigene stehen sich feindlich gegenüber.
- *Kapitalismus (Neuzeit):* Der Aufstieg des Bürgertums bedeutet eine dritte soziale Revolution. Manufakturen und Fabriksystem erfordern anpassungsfähige Arbeitermassen. Leibeigene gibt es nicht mehr. Es stehen sich nur noch zwei Klassen gegenüber: Kapitalisten und Proletarier.
- *Sozialismus/Kommunismus (Zukunft):* Durch die Proletarierklasse kommt es schließlich zur vierten und letzten sozialen Revolution. Der Sozialismus wird das Privateigentum an Produktionsmitteln und den Staat aufheben. Unter der Diktatur des Proletariats werden die Klassen aufgehoben. Im gleichen Maße wird sich der Sozialismus ohne eine weitere Revolution in den Kommunismus verwandeln.

Betrachtet man diese Formationen im Hinblick auf die Dialektik, so fällt auf, daß der Hegelsche Dreischritt bei Marx zu einem Zweischritt geworden ist. Von einer Synthese ist nichts mehr zu erkennen; letztlich siegt immer nur die antithetische Klasse. Um zu verdeutlichen, wie Marx sich die dialektische Entwicklung nach den Regeln des Histomat vorstellt, soll der Weg vom Kapitalismus zum Sozialismus in seinen Einzelschritten dargelegt werden:

- Die Ausbeutung des Lohnarbeiters bringt den Eigentümer von Produktionsmitteln in den Besitz des Mehrwertes (Profit).
- Dadurch kommt es zur Akkumulation von Kapital (Kapitalansammlung).
- Die damit möglichen großen Investitionen bewirken einen technisch-industriellen Fortschritt.
- Die weitere Folge ist eine »Freisetzung« von Arbeitskräften und ein
- Konkurrenzkampf, der zur Kapitalkonzentration führt (Monopole).
- Durch beides wird die Zahl der Arbeitslosen (»industrielle Reservearmee«) und damit der Lohndruck vergrößert. Es kommt zu einer allgemeinen Verelendung der Arbeitermassen.

- Die immer geringer werdende Kaufkraft der Massen und der wachsende technologische und technische Fortschritt führen zu Überproduktionskrisen, die ein soziales Chaos herbeiführen.
- Diese Situation treibt automatisch zur sozialistischen Revolution: Machtergreifung und Diktatur des Proletariats mit »Expropriation der Expropriateure« (Enteignung der Ausbeuter).
- Die Sozialisierung der Produktionsmittel hebt die Klassengegensätze auf. Durch Planung und gerechte Verteilung wird als Endzustand der Kommunismus erreicht, der Gerechtigkeit, Freiheit und Humanität garantiert.

Um diese ökonomisch-deterministisch aufgebaute Gesellschaftstheorie hat es schon unzählige Diskussionen gegeben. Sie zu wiederholen ist hier nicht möglich. Es kann nur auf einige wichtige Tatsachen hingewiesen werden: Mit den Klassikern des Kapitalismus, Smith und Ricardo, teilt Marx den Glauben, für die freie Marktwirtschaft allgemeingültige Gesetze aufstellen zu können und daß alles menschliche Handeln nur von ökonomischen Gesetzen, also von Angebot und Nachfrage, abhängig wäre. Andere Faktoren, etwa die Sozialgesetzgebung des Staates und das Wirken mächtiger Gewerkschaften, ziehen alle drei Theoretiker nicht in Betracht. Gerade hier liegt aber eine der Lücken im Denken, durch die alle Voraussagen von Marx an der späteren Wirklichkeit vorbeigehen. Zu erwähnen ist auch die Bevölkerungsentwicklung in Europa, aus der Marx keinerlei Konsequenzen für seine Theorie ziehen will. Die englische Bevölkerung wächst von 1700 bis 1800 von 5,5 auf 9,25 Millionen und bis 1910 auf 32,53 Millionen. Das bedeutet eine außerordentliche Bevölkerungsexplosion. Ähnlich ist es in Deutschland: Hier steigt die Einwohnerzahl zwischen 1800 und 1900 von 24,4 auf 56,4 Millionen. Die Wachstumsrate beträgt in Deutschland durchschnittlich 8,9 Prozent, in England ist sie noch höher. Zum Vergleich: In heutigen Entwicklungsländern bedeutet eine Wachstumsrate von über 2 Prozent bereits einen Rückgang des Pro-Kopf-Einkommens über das erträgliche Maß; bei 3 Prozent ist ohne Fremdhilfe eine Stagnation der Volkswirtschaft schon unvermeidlich. Trotz noch höherer Wachstumsraten gelingt es mitteleuropäischen Staaten, sich selbst aus dem Sumpf zu ziehen. Mit Hilfe der Kapitalkonzentration und durch den damit verbundenen technischen Fortschritt kann nicht nur die Bevölkerungsexplosion aufgefangen, sondern auch noch der Lebensstandard um ein Vielfaches erhöht werden. Ohne den selbst von Marx als notwendig erkannten Kapitalismus wäre bereits im 19. Jahrhundert eine soziale Katastrophe unvermeidlich gewesen. Das soziale Elend des 19. Jahrhunderts geht also nicht auf ihn zurück, sondern primär auf die Bevölkerungsexplosion, sekundär auf die inhumane Praxis der Wirtschaftsliberalen und auf das Ausbleiben staatlicher Fürsorgemaßnahmen. In dem Maße aber, in dem Intervenisten eine staatliche Mitverantwortung an der Wirtschaft und deren soziale Einbindung durchsetzen können, wird deutlich, daß der Kapitalismus auch zum Wohle aller genutzt werden kann.

England sieht sich in der Mitte des 19. Jahrhunderts noch mit einem besonderen Problem konfrontiert. Etwa eine Million irischer Fremdarbeiter, die ihre Heimat wegen bitterer Not verlassen haben (dort gibt es keine kapitalistische Industrie!), müssen in das englische Wirtschaftsleben eingegliedert werden. Das bringt die englische Arbeiterschaft für lange Zeit in große Bedrängnis und Not, da jetzt ein Überangebot an Arbeitskräften für ein Absinken der Löhne sorgt. Weit unterbezahlte Kinder- und Frauenarbeit verschlimmern die elende Lage aller derer, die nichts als ihre Arbeitskraft besitzen. Andererseits sorgen die Niedrigstlöhne für ein kräftiges Wachstum, das dann allen zugute kommt: Von 1800 bis 1880 steigert England die industrielle Produktion von 230 auf 820 Millionen Pfund, in Deutschland wächst sie von 60 auf 583 Millionen Mark. Bis auf den heutigen Tag beweisen gerade die kapitalistisch geführten Industrieländer, daß technischer Fortschritt nicht Verelendung bedeuten muß. Alle diese Einwände können aber als nebensächlich angesehen werden angesichts der Tatsache, daß die gesamte Marxsche Lehre auf unbewiesenen und unbeweisbaren Grundannahmen aufbaut. Alle noch so scharfsinnigen Einzelschlüsse und Folgerungen werden nämlich hinfällig, wenn die Grundlagen falsch sind. Daß bei diesen etwas nicht stimmt, hat sich schon am Unterbau-Überbau-Modell erwiesen. Noch deutlicher wird das, wenn man die wichtigste Grundannahme des Histomat betrachtet, den optimistisch-fortschrittlichen Determinismus. Marx bleibt den Nachweis schuldig, daß es dergleichen überhaupt gibt. Der Schweizer Historiker Jacob Burckhardt (1818–1897) kommt in seinen Untersuchungen zum historischen Determinismus zu dem Schluß, daß es keinen uns erkennbaren Sinn in der Geschichte gibt – von religiösen Glaubensauffassungen muß hierbei abgesehen werden. Marx weicht dieser Problematik aus, indem er nebelhaft formuliert: »Daher stellt sich die Menschheit nur Aufgaben, die sie lösen kann . . .« Wer aber ist »die Menschheit«? Wann, wo, wie und nach welchen Kriterien stellt sie sich Aufgaben? Fragwürdig bleibt auch Marxens Behauptung, mit Erreichen des Endkommunismus gäbe es nur noch die klassenlose Gesellschaft als letzte Stufe der Geschichte, die damit ende. Danach könne nichts Neues mehr kommen. Eine solche These geht davon aus, daß sich der Mensch total wandeln wird. Das ist kaum zu erwarten, aber geschähe es wirklich, wäre er gegenüber allem Neuen nicht mehr offen und alles müßte auf ewig so bleiben, wie es ist. Eine völlig unwahrscheinliche und durch nichts zu beweisende Annahme.

Insgesamt zeigt sich, und das haben viele Autoren bereits ausführlich und unwiderlegbar nachgewiesen, daß die Marxsche Geschichtstheorie letzten Endes Metaphysik ist, die auf einem Glaubensakt beruht. Mit anderen Glaubenslehren hat die Marxsche gemeinsam, daß man ihre unbeweisbaren Voraussetzungen annehmen muß, wenn man sich mit ihr identifizieren möchte. Wer das nicht kann oder will, wird von Marxisten als »Bourgois« abgetan, der nichts von dem Weltgesetz der Dialektik verstünde bzw. aufgrund seiner ökonomischen Interessen nicht verstehen wolle. Mit diesem Hinweis auf die angebliche Klassendeterminiertheit, durch den Marxisten jeden »Bürgerlichen« als Dummkopf, als Ignoranten hinzustellen versuchen, entzieht sich der Marxist jeder Diskussion und Kritik. Schon im »*Kommunistischen Manifest*« von 1848 heißt es bei Marx diesbezüglich: »Die Anklagen gegen den Kommunismus ... verdienen keine ausführlichen Erörterungen.«

Dialektischer Materialismus (Diamat)

Der Diamat ist nach den Worten Lenins die »Seele« des Marxismus-Leninismus. Tatsächlich ist dieser ohne den Diamat überhaupt nicht denkbar. Insofern müssen Entstehung und Inhalt kurz dargestellt werden. Der dialektische Materialismus geht nicht auf Marx zurück, sondern auf Engels. Dieser hatte sich vorgenommen, die von Marx behaupteten dialektischen Gesetze des Histomat zu verallgemeinern. Der *Dialektik der Gesellschaft* will er eine *Dialektik der Natur* hinzufügen. So jedenfalls lautet der Titel seines Buches, das allerdings erst 1930 veröffentlicht wird. Der Begriff »Dialektischer Materialismus« wird nicht von Engels selbst, sondern von dem russischen Sozialisten Plechanow geprägt. Inhaltlich verbindet Engels mit der Verallgemeinerung des Histomat heglianischen Idealismus mit materialistischen Prinzipien auf der Grundlage des Aufklärungsglaubens. Dazu im einzelnen:

- Erstens: Der Diamat verallgemeinert die Marxschen Soziallehren und wendet sie ins Kosmische. Die Gesetze, die Marx für die Geschichte und die Gesellschaft als wirksam zu erkennen glaubte, erklärt Engels als allgemeine Gesetze aller Dinge in der gesamten Welt, als ewige Seins-Gesetze.
- Zweitens: Der Diamat ist eine Variante des Glaubens der Aufklärung, alles könnte verstanden werden, alles wäre determiniert und käme somit notwendig zustande, alles entwickele sich zum Besseren, der Mensch würde allein von der Vernunft geführt und es gebe keinen Gott.
- Drittens: Der Diamat versucht, wie der Name schon anzeigt, die idealistische Dialektik Hegels mit dem Materialismus zu verbinden. Zwei ganz entgegengesetzte philosophische Denkansätze sollen zu einer Einheit verschmelzen. Daran aber muß Engels Versuch scheitern, denn eine logische Verbindung einander ausschließender Standpunkte ist unmöglich. Trotz allem glaubt Engels, drei allgemeine dialektische Gesetze der Natur erkannt zu haben: das Gesetz des Zusammenhanges, das Gesetz

des Umschlagens der Quantität in die Qualität und das Gesetz der Widersprüche.

Das *Gesetz des Zusammenhanges* scheint eine Binsenwahrheit zu sein: Alle Dinge und Erscheinungen der Natur sind untereinander verbunden. Allerdings wird behauptet, dieser Zusammenhang sei auch ein kausaler. Nichts entstehe ohne Ursachen, wobei diese nicht etwa nur Bedingungen seien, sondern Erzeuger von Folgen. Daraus folge, daß alles, was geschehe, notwendigerweise zustande komme. Alle Abläufe seien somit im voraus festgelegt. Damit behauptet der Diamat einen allgemeinen Determinismus in der gesamten Natur. Die kosmische Naturgeschichte wird, wie die Sozialgeschichte, als »Rolltreppe« (Wittfogel) aufgefaßt. Das *Gesetz des Umschlagens der Quantität in Qualität* wird auch als das *Gesetz der dialektischen Sprünge* bezeichnet. Eine Gesellschaftsformation entwickle sich zunächst nur langsam, wandle sich dann aber plötzlich durch eine Revolution in die nächst höhere. Genau so komme in der gesamten Natur jede wesentliche Änderung durch Revolutionen zustande, das heißt durch Sprünge von einer Qualität in eine andere. Als (nicht haltbares!) Beispiel nennt Engels die plötzliche Änderung des Aggregatzustandes von Wasser zu Eis, sobald die Temperaturgrenze von 0 Grad Celsius unterschritten wird.

Das *Gesetz der Widersprüche* bezeichnet die angenommene Einheit und die des Kampfes der Gegensätze. Den unaufhebbaren Klassenwidersprüchen bei Marx setzt Engels gesetzmäßige Widersprüche im Wesen eines jeden Dinges und bei jeder Entwicklung zur Seite. Als Beispiel nennt er den Widerspruch zwischen positiver und negativer Elektrizität. Beim Wesen der Dinge handele es sich nicht etwa nur um einfache Gegensätze zweier verschiedener Aspekte. Vielmehr, behauptet Engels, hätte ein und dasselbe Ding unter einem einzigen Aspekt eine bestimmte Eigenschaft; gleichzeitig aber auch nicht. Selbst Marxisten bezeichnen letzteres als Unsinn; dennoch glauben sie an die Gegensätze im Wesen aller Dinge und an den dadurch bedingten Fortschritt in der gesamten Natur.

Alle diese optimistischen und teilweise falschen bzw. unbeweisbaren Annahmen werden im Diamat übernommen und zum Dogma erklärt. Dadurch wird er dem Wesen nach zum *Katechismus der Aufklärung*. Andererseits enthält der Diamat manches Richtige. Tatsächlich gibt es Zusammenhänge in der gesamten Natur, und bei den »Sprüngen« kann man an Quanten und Mutationen denken. Auch Gegensätze sind in den Dingen festzustellen. Mit Sicherheit sind sie aber nicht die einzigen treibenden Bewegungskräfte. Er vereinfacht und verallgemeinert aber in einer Weise, die vielleicht dem Stand des 19. Jahrhunderts noch angemessen war. Die Naturwissenschaft des 20. Jahrhunderts dagegen kann mit einer deterministischen, monokausalen Erklärung der Welt, die doch so ungeheuer kompliziert ist, nichts anfangen.

Sozialismus in Rußland

Historischer Hintergrund

Es ist an dieser Stelle nicht möglich, die russische Geschichte auch nur in großen Zügen nachzuzeichnen, obwohl das sehr nützlich für das Verständnis der Vorgänge im 19. und 20. Jahrhundert wäre. Auf die Darstellung wesentlicher Merkmale dieser europäischen Sonderentwicklung kann aber nicht verzichtet werden.

Im Jahre 1328, noch unter der Vorherrschaft der Mongolen, erhält der Herrscher des Fürstentums Moskau, Iwan I. Kalita (bis 1341), die Würde eines Großfürsten. Mit ihm beginnt der Aufstieg Moskaus (seit 1326 Sitz des Metropoliten) und damit die bis heute andauernde Vorherrschaft des ostslawischen Volkes der (Groß)Russen über die benachbarten baltischen Völker, wie Weißruthenen, Ukrainer u. a. m. (zur Zeit leben auf dem Staatsgebiet der Sowjetunion 91 Nationalitäten, deren eigene Geschichte hier nicht erörtert werden soll).

Mit dem Großfürsten Kalita nimmt auch die »Sammlung der russischen Erde« ihren Anfang, die seither erklärtes Staatsziel aller Herren des russischen Reiches ist. Dieser russische Hegemonismus und Imperialismus ist in der ganzen Welt einzigartig. Zwar stehen ihm in der westlichen Welt der Kolonialismus und die Landnahmen in Australien und Amerika vergleichbar gegenüber. Auch dort kennen weiße Siedler, vor allem Kanadier und US-Amerikaner, ebenfalls keine Bedenken, sich das Land auf Kosten der Eingeborenen anzueignen. Aber kein europäisches Land kann seine Kolonien behalten, von kleinen Restgebieten abgesehen. Eroberungen innerhalb Europas bleiben in engen Grenzen. Das einst so mächtige erste deutsche Kaiserreich und das k.u.k. Österreich zerfallen sogar in mehrere Kleinstaaten. Rußland erweitert dagegen sein Staatsgebiet, von zeitweiligen Rückschlägen abgesehen, auf 22,4 Millionen Quadratkilometer. Allein nach dem Zweiten Weltkrieg fügt es seinem Staatsgebiet eine Fläche von ca. 400000 Quadratkilometer hinzu. Das entspricht der Größe des Deutschen Reiches in den Grenzen von 1938.

Unter dem Großfürsten Iwan III. der Große (1440–1505) wird im Jahre 1480 die tatarische Oberherrschaft formell aufgehoben. Die Teilfürstentümer verlieren ihre Selbständigkeit zugunsten einer starken Zentralverwaltung, die in Händen eines neuen Dienstadels liegt. Rußland wird damit der erste *autokratische Einheitsstaat* der Neuzeit. Mit einer Unterbrechung von nur kurzer Dauer (1917) ist er das bis heute geblieben.

Die Herrschaft Iwans IV. des Schrecklichen (1533–1584) bringt einen weiteren wichtigen Einschnitt in die Geschichte Rußlands. Iwan IV. festigt seine absolutistische Machtstellung durch die Heirat mit einer Verwandten des letzten oströmischen Kaisers, Konstantin XI. Weil mit der Eroberung Konstantinopels durch die Türken (1453) das Byzantinische Reich untergegangen war, betrachtet sich Iwan IV. aufgrund der Heirat als legaler Nachfolger des oströmischen Kaisers und läßt sich 1547 zum russischen Cäsaren (Zar) krönen. Gleichzeitig maßt er sich die geistliche Obergewalt über die orthodoxe Kirche an, die der byzantinische Kaiser als weltliches und geistliches Oberhaupt der östlichen Christenheit besessen hat. Im Jahr 1589 wird die Moskauer Kirche durch Errichtung des *Patriarchats* auch der Form nach unabhängig von Konstantinopel. Seither beanspruchen russische Zaren das *weltliche und geistliche Herrschaftsmonopol*. Die orthodoxe Kirche hat sich von nun an und bis heute nach den Interessen des Staates zu richten. Die asiatische Despotie hat gesiegt. Eine dualistische und erst recht eine pluralistische Entwicklung, wie der Westen sie nimmt, wird im Keim erstickt.

Dieser *Cäsareopapismus* und die autokratische Herrschaftsstruktur bestimmen die kommende Entwicklung. Das Land bleibt, trotz einiger westlicher Einflüsse, weitgehend in der geistigen Denkhaltung des Mittelalters bzw. der frühen Neuzeit befangen. Die meisten Faktoren, die seither den westlichen Kulturkreis bestimmen, kommen in Rußland nicht zur Geltung. Reformen sind selten und ersticken in der Unfähigkeit und Korruption eines chronisch unterbezahlten Beamtenapparates. Die Geschichte Rußlands kennt, von Randgebieten abgesehen, noch nicht einmal die Feudalherrschaft. Deshalb gibt es neben dem absolut hörigen Dienstadel keinen unabhängigen, starken Feudaladel wie in Westeuropa. Die Bauern sind leibeigene Sklaven des Adels, über den wiederum der Zar despotisch gebietet. Er ist der einzige freie Mann im ganzen Land. In der russischen Kirche kommt es auch niemals zu dem, was im Westen *Scholastik* genannt wird, also zu jener freieren religiösen Geisteshaltung und -schulung, die die differenzierende Methode des Pro-Contra-Argumentierens verbreitet und eine kritische Haltung gegenüber der Obrigkeit befürwortet. Niemals vor 1917 erlebt Rußland eine Verweltlichung im Sinne der Renaissance. Infolgedessen gibt es auch keine Reformation, keine Aufklärung, keinen Rationalismus und keinen Empirismus.

Das Fehlen jeglicher freiheitlicher und kritischer Denktraditionen bleibt nicht ohne Folgen für die inhaltliche Bedeutung von Begriffen. Unter »Wahlen« versteht man in Rußland traditionell etwas anderes als bei uns im »Westen«. Wir verbinden damit den Konkurrenzkampf von Personen oder Parteien um Machtpositionen verschiedener Art, vor allem politischer. In der russischen Geschichte sind Wahlen selten, und sie dienen keineswegs der freien Kandidatenauswahl. Vielmehr handelt es sich dabei um einen Bekräftigungsritus, bei dem sich der einzelne zur Gemeinschaft zu bekennen hat. Es gehört also zur Tradition, wenn bis zu Gorbatschow in der Sowjetunion Wahlen ähnlich gehandhabt werden und wenn in »Volkskammern« jeder verkündeten Entscheidung ohne Debatte zustimmender Beifall geklatscht wird.

Aufstand der Dekabristen

Die Französische Revolution von 1789, die die geistige und politische Welt ganz Europas verändert, erreicht mit Napoleon auch das orthodoxe Rußland. Dort blickt der Adel seit den Reformen Peters des Großen (1672–1725) interessiert nach dem Westen. Als russische Truppen im Zuge der Niederwerfung Napoleons 1814/15 in Paris einziehen, erleben sie dort ein für russische Verhältnisse unvorstellbar freies Leben. Eine Gruppe adliger Offiziere nutzt die Gelegenheit und studiert mit Begeisterung die naturrechtlichen Lehren der Aufklärung und die Verfassungen Englands, der USA und Frankreichs. In ihre Heimat zurückgekehrt, erwarten sie, als Folge des Krieges, die Aufhebung der autokratischen Zustände in Rußland. Sie fordern Beschränkung der Regierungsgewalt durch eine Volksvertretung, Gleichheit vor dem Gesetz, Aufhebung der Leibeigenschaft etc. Zar Alexander I. (1777–1825), der vor der Niederschlagung Napoleons in seiner Bedrängnis Zugeständnisse gemacht hatte, denkt nach dem Sieg nicht mehr daran, seine Versprechungen zu erfüllen. Statt dessen schlägt er eine harte, reaktionäre Richtung ein. Als er 1825 unerwartet stirbt, sehen adlige Verschwörer eine Gelegenheit zum Losschlagen. Im Dezember (»dekabr«) kommt es zu einem folgenreichen Putschversuch, zum »Dekabristenaufstand«. Er wird zwar sofort niedergeschlagen und die Anführer werden hingerichtet, doch ihre Motive und Ideen sind nicht mehr aus der Welt zu schaffen. Ein großer Teil der kleinen russischen Bildungsschicht ist nämlich mit den Hingerichteten und den vielen nach Sibirien Verbannten verwandt oder sonstwie verbunden. Zwischen ihnen und dem nun erst recht hart regierenden Zaren Nikolaus I. (1796–1855) entsteht ein Riß: Geist uand Staat entfernen sich von nun an mehr und mehr voneinander.

Bereits 1826 läßt Zar Nikolaus, der Ordnung für das höchste Prinzip der Staatslenkung und harte Maßnahmen für Gerechtigkeit hält, ein neues Polizeikorps und die berüchtigte »Dritte Abteilung der höchsteigenen Kanzlei des Zaren« einrichten. Diese Geheimpolizei entwickelt sich zur Gedanken- und Gesinnungspolizei, die als der Schrecken der Intelligenz in die russische Geschichte eingeht. Zu Beginn der Russischen Revolution für kurze Zeit abgeschafft, wird sie auf Initiative Dserschinskis und Betreiben Lenins im Dezember 1917 als »Außerordentliche Kommission für den Kampf gegen Konterrevolution, Spekulation und Sabotage« (TSCHEKA) neu gegründet.

Russische »Intelligenzija«: Slavophile und Westler

Gegen den rebellierenden Geist bleiben alle Polizeimaßnahmen des Zaren wirkungslos. Der reaktionäre Versuch, das Staatswesen auf den drei »Dogmen politischer Religion«, auf Autokratie, Orthodoxie und

Patriotismus, zu gründen, schlägt fehl und wird als »unheilige Trinität« verspottet. Der Polizeioffizier und der Pope, dessen orthodoxe Kirche im Staat integriert ist, werden zu Symbolfiguren der Reaktion. Seit den 30er Jahren formiert sich, besonders an Universitäten, eine intellektuelle Opposition, die »Intelligenzija«. Auf der Basis des deutschen romantischen Idealismus (Hegel und Schelling), aber ohne Kenntnis von Aristoteles und Kant, wendet sie sich französischen Utopisten bzw. Frühsozialisten zu, bei denen sie speziell nach Lösungsmöglichkeiten für die »russische Frage« sucht. Kennzeichnend für ihr Engagement ist sowohl das kritische Bewußtsein der eigenen, russischen Rückständigkeit als auch ein leidenschaftliches Hochgefühl im Glauben an die Urwüchsigkeit und revolutionäre Kraft des eigenen Volkes. Je nachdem, was bei dem einzelnen dominiert, entscheidet er sich für einen der zwei konträren Wege: für die Partei der »Westler« oder für die »Slavophilen«.

Die Slavophilen, unter ihnen der Laientheologe und Geschichtsphilosoph Aleksej Chomjakow (1804–1860), verherrlichen als Nationalromantiker das alte Rußland, wie es vor den Reformen Peters des Großen bestanden hat. Chomjakow betont die gewachsene Eigenständigkeit und Überlegenheit der orthodoxen russischen Kultur gegenüber dem »individualistischen« Westen. Die Kirche versteht er als einen gottmenschlichen, geistlichen Organismus und sieht die ursprüngliche Landgemeinde mit der volkstümlichen Frömmigkeit der Bauern als die Keimzelle eines neuen russischen Sozialismus an. Wenn es gelänge, die Dorfkommune technisch zu entwickeln, könnte Rußland seinen »eigenen Weg« gehen, ohne die kapitalistische Phase Westeuropas nachholen zu müssen.

Das mythisch-religiöse Sendungsbewußtsein der Slavophilen erhält durch die Werke des großen russischen Erzählers Fjodor M. Dostojewski (1821–1881) gewaltigen Auftrieb. Seine am Abgrund der Seele handelnden oder getriebenen Figuren zeigen, tiefenpsychologisch meisterhaft geschildert, die Leiden des russischen Menschen an sich selbst, an seiner Gesellschaft und am Vaterland. Dabei verteidigt Dostojewski den orthodoxen Glauben und die Autokratie, die er durch Egoismus, Liberalismus, Nihilismus, Atheismus und Machtbesessenheit bedroht sieht. Allem Bösen stellt er, im Rahmen eines gesamtrussischen Weltbildes, den Moralkatalog des christlichen Glaubens gegenüber: Demut, Mitleidenschaft, Bescheidenheit, selbstlose Liebe usw. In dem Roman Die Dämonen (1871/72) beispielsweise ist die Zersetzung der Zeit durch das unergründliche Böse das Hauptthema: Der Geist des Liberalismus zeuge die »Satanasse« seiner Zeit, etwa den genießerischen Nihilismus und den Terrorsozialismus (vertreten durch die beiden Romanfiguren Pjotr und Stawrogin).

Die Westler, unter ihnen der Schriftsteller Alexander Herzen (1812–1870), treten, im scharfen Gegensatz zu den Slavophilen, zunächst für einen engen Anschluß Rußlands an die Entwicklung der westlichen Kultur und Regierungsformen ein. Ihre radikale Gegnerschaft zur Autokratie bewirkt ihre Verfolgung durch harte Maßnahmen der »Dritten Abteilung«. Viele, auch Alexander Herzen, entziehen sich durch Flucht in den Westen. Sie glauben, hier auf eine grundlegende Entwicklung zugunsten einer radikalen zukünftigen Umgestaltung der Gesellschaft zu stoßen. Statt dessen erleben sie den Zusammenbruch der liberalen Bewegungen Westeuropas und eine Erstarkung der alten Monarchien. Sie lernen bald die bürgerliche Korruption und Geldgier kennen und werden mit utilitaristischem, materialistischem und spießbürgerlichem Denken konfrontiert. Enttäuscht beginnen sie, das bisher gehaßte Rußland zu lieben und den Slavophilen die Hand entgegenzustrecken. Ihr Vaterland, finden sie nun, sei zwar rückständig, aber es kenne kein machtsüchtiges und besitzgieriges Bürgertum und keinen damit verbundenen Kapitalismus. Rußland sei in der Lage, auf der Grundlage sozialistisch ausgerichteter Agrargemeinden, eigene Wege in die Zukunft einer sozialistischen Gesellschaft zu beschreiten, ohne westlichen Irrwegen folgen zu müssen. Mit ihren radikalen Forderungen ebnen die Westler der Folgezeit den Bolschewiki den Weg zur Macht. In einem Aufsatz zum Gedächtnis des hundertsten Geburtstages Alexander Herzens wird diese Tatsache von Lenin dankbar gewürdigt.

Utopisten, Anarchisten und Narodniki

Der verlorene Krimkrieg (1853–1856) hat die militärische Schwäche Rußlands gegenüber den gut ausgebildeten Armeen westeuropäischer Länder sichtbar vor Augen geführt. Mit leibeignen Bauern als Soldaten lassen sich keine moderne Kriege führen. Nach allgemeiner Überzeugung gilt nun die Leibeigenschaft als die Wurzel allen Übels, die auch die Modernisierung der russischen Landwirtschaft und die industrielle Entwicklung verhindere. Zu dieser Ansicht kommt sogar der junge Zar Alexander II. (1818–1881). Jahrzehnte später als der Westen leitet er eine innere Reformära ein. Im Mittelpunkt stehen die Aufhebung der bäuerlichen Leibeigenschaft (1861), die Modernisierung des Heeres, der Gerichtsbarkeit, des Finanzwesens, der Verwaltung und des Schulsystems. Durch eine Reform der schon bestehenden lokalen Selbstverwaltung (Semstwo), in welche die Vertreter des Adels, der Städter und der Bauern gewählt werden können, wird die liberale Idee erstmals gestärkt. Als Verantwortliche für Schulen und Krankenhäuser nutzen die Gewählten die Möglichkeit, oppositionelle Lehrer und Ärzte anzustellen, die im Staatsdienst abgelehnt werden. Ein absolutes Berufsverbot für Oppositionelle, wie es die späteren totalitären Regime praktizieren, gibt es hier also noch nicht.

Die Reformen stoßen bei der Opposition überwiegend auf Ablehnung, weil sie nicht weit genug gehen und außerdem in der Praxis oft nur halbherzig oder gar nicht durchgeführt werden. Besonders die Bauern, die sich eigenes Land versprochen haben, sind enttäuscht. In dieser Situation veröffentlicht 1867 der russische Schriftsteller Nikolaij G. Tschernyschewskij (1828–1889) den utopischen Roman *Was tun?* Diese rhetorische Titelfrage beantwortet er mit dem Vorschlag, kleine, genossenschaftlich organisierte Mustergemeinschaften als Grundlage für den Aufbau einer sozialistischen Gesellschaft zu entwickeln. Sein »neuer Mensch« ist ein wissenschaftsgläubiger, radikaler Materialist und Atheist, der keine Kompromisse kennt und nur dem gesellschaftlichen Nutzen verpflichtet ist. Der Jugend, die ihn bewundert, stellt Tschernyschewskij das Ideal eines Berufsrevolutionärs vor Augen, für den es nicht um bürgerliche Freiheitsrechte geht, sondern um die *radikale Planung und Umgestaltung des Menschen und der Gesellschaft* zur Verwirklichung der Gerechtigkeit.

Das Jahr 1874 bringt den Beweis für die Wirksamkeit radikaler Ideen. Von Herzen und Tschernyschewskij aufgefordert, entschließen sich Tausende junger Intellektueller, Frauen und Männer, als Lehrer und Ärzte, in jedem Falle aber als Agitatoren, zu den Bauern auf die Dörfer zu gehen, um das unwissende Volk über die »wahren« Ursachen seines Elends aufzuklären.

Diese Bewegung der »Narodniki«, der »Ins-Volk-Gehenden«, bleibt jedoch erfolglos. Die große Masse der armen, landlosen Bauern, die Dorfarmut, zeigt sich gleichgültig oder abwehrend. Sie will Land, aber keine Revolution. Die Mehrzahl der Narodniki, meist Idealisten, aber keine erfahrenen Agitatoren, werden verhaftet. Die Revolution, die sie durch die Aufklärung der Bauern erwartet hatten, bleibt aus. Diesen Mißerfolg halten einige Narodniki für den Beweis, daß eine Revolution nur mit Hilfe einer Organisation möglich ist, die den Umsturz vorbereitet. Sie gründen deshalb 1879 die »Vereinigung Volkswille«, aus der im Jahre 1901 die »Sozialrevolutionäre Partei« hervorgeht. Im Kampf gegen die Regierung schreckt sie vor Individualmord nicht zurück. Die Folge ist eine Verhärtung der Kampf- und Abwehrmethoden auf beiden Seiten. Als eine Narodniki-Gruppe der Regierung offiziell den Krieg erklärt und Zar Alexander II. 1881 ermordet, antwortet der Nachfolger, Alexander III. (1845–1894), mit harten Verfolgungs- und Unterdrückungsmaßnahmen.

Georgi Plechanow: Russischer Sozialismus

In den letzten drei Jahrzehnten des 19. Jahrhunderts tritt ein erheblicher Wandel in der wirtschaftlichen und gesellschaftlichen Struktur Rußlands ein. Nach mehr als hundert Jahren seit Beginn der Industrialisierung in England versucht die Regierung, in Verbindung mit ausländischen Unternehmen und deren Kapital, ihr Land zu industrialisieren. Es zeigt sich bald, daß man aus den Erfahrungen Englands mit dem Frühkapitalismus nichts gelernt hat. In den für das riesige Land relativ kleinen Industriezentren herrschen unmenschliche Arbeitsbedingungen und katastrophale soziale Verhältnisse.

Inzwischen haben sich die Lebensbedingungen auf dem Lande durch veraltete agrarwirtschaftliche Methoden und starkes Bevölkerungswachstum immer mehr verschlechtert. Die Mißernten des Jahres 1891 kommen einer nationalen Katastrophe gleich. Etwa dreißig Millionen Bauernsöhne bzw. Landarbeiter ziehen hungernd durch das Land. In dieser Lage bietet die neu aufblühende Industrie einen hoffnungsvollen Ausweg. Dort erwarten sie zwar schlechteste Arbeitsbedingungen und Unterbezahlung, doch das bedeutet für sie das kleinere Übel. Vor die Wahl gestellt, auf dem Lande zu verhungern oder als Fabrikarbeiter ein armseliges Leben zu führen, bleibt ihnen nur das letztere. Das Überangebot an billigen Arbeitskräften wirkt sich besonders während der vielen Überproduktionskrisen lohndrückend aus. Andererseits ermöglichen es die Minimallöhne, Produkte zu Dumpingpreisen auf dem Weltmarkt abzusetzen und damit Betriebe zu retten.

In dieser Situation müssen Anarchisten und Narodniki erkennen, daß sie sich in der Annahme geirrt haben, die revolutionäre Dynamik der Bauern ziehe den Umsturz nach sich. Statt dessen gleichen die Zustände den Verhältnissen des Frühkapitalismus in England, wie sie Marx beschreibt. Aus diesem Grunde findet sich in Petersburg ein kleiner Kreis junger Intellektueller zusammen, der sich für die Marxsche Lehre interessiert. Als Vermittler macht sich Georgi Plechanow (1856–1918) bald einen Namen. Seine Freunde rühmen später, er habe »die Marxschen Zehn Gebote vom Berge Sinai herabgeholt und sie der russischen Jugend übergeben«. Ursprünglich ein Anhänger der Narodniki, emigriert er 1880 in die Schweiz. Bereits 1883 gründet er in Genf den ersten marxistischen »Bund zur Befreiung der Arbeit«, die Keimzelle der sozialdemokratischen Partei Rußlands. Im Jahre 1895 schließen sich, unter Beteiligung von Lenin, Petersburger Marxisten zum »Kampfbund für die Befreiung der Arbeiterklasse« zusammen. In diesem Jahr treffen sich auch Vertreter verschiedener sozialistischer Gruppen in Minsk und beschließen die Gründung der »Russischen Sozialdemokratischen Arbeiterpartei« (RSDAP). Durch die sofortige Verhaftung der Delegierten wird die Partei aber von Anfang an gezwungen, als Untergrundorganisation zu agieren.

Mit einprägsamen Formulierungen der Lehren von Marx und Engels (DIAMAT und HISTOMAT) entwickelt sich Plechanow zum hervorragenden Theoretiker der russischen Marxisten. Diese wählen ihn 1889 zum russischen Delegierten der »II. Internationalen«. Er bekämpft sowohl die agrarsozialen Vorstellungen der Narodniki als auch den reformerischen Kurs Bernsteins, den *Revisionismus.* In diesem Zusammenhang gründet er, zusammen mit Martow und Lenin, im Jahre 1900 in Leipzig die Zeitschrift *»Iskra« (»Der Funke«).* Als Lenin auf dem 2. Parteikongreß der

RSDAP (1903) durch geschicktes Taktieren die Spaltung der Partei in die sozialdemokratische Gruppe der »Menschewiki« und in die radikalmarxistische der »Bolschewiki« herbeiführt, entscheidet sich Plechanow für die Menschewiki. Die Folge für Plechanow: In dem Maße, wie das Ansehen Lenins in Rußland wächst, geht sein politischer Einfluß zurück. Als sich 1917/18 der bolschewistische Revolutionskurs durchsetzt, zieht er sich nach Finnland zurück.

Wladimir Iljitsch Lenin: Bolschewismus – Die Partei neuen Typs

Wladimir Iljitsch Uljanow (1870–1924), der sich während seiner Verbannung an den sibirischen Fluß Lena den Decknamen Lenin zugelegt hat, gehört zu der großen Gruppe von Russen, die sich erstens durch *Radikalismus* und *Extremismus* auszeichnen, zweitens durch den *metaphysischen Zug*, alles durch höchste Prinzipien erklären zu wollen, und drittens durch eine *sakrale Aura*. Diese Atheisten entwickeln in geradezu religiöser Weise ein tiefes Verständnis für soziale Probleme. Lenins große Zeit kommt aber erst nach dem Sturz des Zarentums 1917. Erst jetzt, im Kampf um die absolute Macht, formt er den Marxismus in Anpassung an die gegebenen Umstände so um, daß eine fast neue Lehre entsteht: der *Marxismus-Leninismus*. Zunächst geht es um grundlegende Anschauungen, die sich Lenin noch vor dem Ersten Weltkrieg zu eigen macht und durchsetzt. In der Schrift *»Was tun?«* (1902), mit der Lenin bewußt an Tschernyschewskij anknüpft, untersucht er die Frage, wie in einem industriell rückständigen Land mit einem schwachen Klassenunterbau eine revolutionäre Bewegung zum Erfolg geführt werden kann. Die Antwort enthält die theoretische Grundlage des Bolschewismus, noch ehe es eine entsprechende Partei gibt: Weil die Arbeiterschaft nur gewerkschaftliche bzw. ökonomische Interessen verfolge, bedürfe es intellektueller Anleitung von außen, um das »richtige« revolutionäre Bewußtsein an das Proletariat heranzutragen. Er fordert daher eine Partei von Berufsrevolutionären, eine *Funktionärspartei*, die als Elitegruppe konspirativ arbeiten und die Massen stets beherrschen müsse, ohne mit ihnen zu verschmelzen. Alle spontanen Aktionen der Arbeiterschaft sollten in gelenkte, vom Apparat beherrschte verwandelt werden.

In der späteren Praxis entwickelt sich die Partei in diesem Sinne zu einer Art *Ideologie in Aktion*, zur alleinigen Trägerin der Ideologie. Diese schreibt zwar Ziele und Methoden des Handelns vor, die Partei aber beansprucht die letzte, unfehlbare Autorität für die Deutung. Nur die Partei, heißt es weiter bei Lenin, kenne den wahren Willen des dummen Volkes, für das sie stellvertretend denken müsse. Freie Wahlen wären unannehmbar; nur wo die Partei herrsche, gäbe es Demokratie.

Auf dem Parteitag der RSDAP (1903) in London setzt Lenin seine Vorstellungen von einer Kaderpartei durch. Eine zufällige Mehrheit – die jüdischen Abgeordneten fehlen bei der Abstimmung - nutzt Lenin geschickt aus, um die Partei zu spalten. Seine Bolschewiki (Mehrheitler) trennen sich von den sozialdemokratischen Menschewiki (Minderheitler), wobei sie den propagandistisch wirksamen Namen vorläufig beibehalten. Für die historischen Ereignisse der Folgezeit ist Lenins Entscheidung von größter Bedeutung. Mit der neuen Parteiorganisation stellt sich nämlich die prinzipielle Frage nach dem Verhältnis zwischen Führung und Massen: Soll das demokratische oder das diktatorische Element den Ausschlag geben? Nach der Machtergreifung Lenins im November 1917 erweist sich die destruktive, demokratiefeindliche Wirksamkeit einer Kaderpartei von Berufsrevolutionären. Lenin findet schon bald Nachahmer auf der rechtsextremen Seite des politischen Spektrums: Mussolini, Hitler und viele andere. Auch nach dem Zweiten Weltkrieg werden Machtergreifungen mit Hilfe von Kaderparteien mit großem Erfolg praktiziert werden ...

6. Herrschaft der Ideologien

20. Jahrhundert

Die Geschichtsphilosophen haben
die Welt nur verschieden verändert;
es kömmt aber darauf an, sie zu
verschonen.

ODO MARQUARD

Grundlegende Theorien des 20. Jahrhunderts

Für die Ideengeschichte bringt die Jahrhundertwende nichts Ungewöhnliches. Bis zum Ausbruch des Ersten Weltkrieges (1914) scheint sich alles im ruhigen Gleichmaß eines kontrollierten Fortschritts zu entwickeln. Wissenschaft und Technik können täglich neue Erfolge aufweisen, die zu der optimistischen Ansicht beflügeln, alle Probleme wären mit der Zeit zu beheben. Im Gegensatz zu Marxens Prophezeiung verbessert sich in Mitteleuropa die soziale Lage des überwiegenden Teiles der Arbeiterschaft von Jahrzehnt zu Jahrzehnt. Immer mehr Menschen finden durch die Industrialisierung Arbeit und Auskommen, und erste Sozialgesetze beheben die bitterste Not. Außenpolitische Verwicklungen und imperialistische Kriege beunruhigen dagegen kaum jemanden. Unter der Oberfläche aber brodeln Unruheherde gewaltigen Ausmaßes. Die Ideenkreise des nationalen, sozialen und anarchischen Denkens weiten sich aus und unterliegen einem wachsenden *Prozeß der Ideologisierung*. Ihnen stehen andere Ideensysteme gegenüber: konservative, liberale und demokratische. Sie alle versuchen, mit verschiedenen Mitteln, die aktuelle Tagespolitik zu beeinflussen, zu legitimieren oder ihre Richtigkeit zu widerlegen.

Die Modernisierung des politischen Denkens und Handelns, die sich im Begriff *Realpolitik* widerspiegelt, vollzieht sich zunächst auf dem Boden der Aufklärung. Ihre optimistische Grundannahme, der Mensch wäre im Grunde gut, wird zwar seit der Frühindustrialisierung in Frage gestellt, aber Anarchisten und Sozialisten glauben weiterhin unbeirrt an das Gute im Menschen und erwarten von einer Revolution seine Freilegung. Auf der anderen Seite vermögen Wirtschaftsliberale nicht einzusehen, daß ein ungehemmter technischer Fortschritt und der Industrialisierungsprozeß auf die Dauer ungeahnte Folgen und Probleme für Gesellschaft und Staat mit sich bringen müssen. Die Konservativen verhalten sich widersprüchlich: Während Sozialkonservative die Lösung der sozialen Frage fordern und fortschrittliche Programme anbieten (die jedoch erst nach dem Zweiten Weltkrieg verwirklicht werden), suchen restaurativ eingestellte Konservative das Heil in romantischer Rückkehr zu alten Gesellschaftszuständen. Gleichzeitig fördern sie die industrielle Entwicklung, ohne zu erkennen, daß beides zugleich nicht möglich ist. Die reaktionären Konservativen wiederum »reagieren« allergisch gegen jede Änderung, möchten, daß alles so bleibt, wie es ist.

In den beiden letzten Jahrzehnten des 19. Jahrhunderts melden sich Gegenkräfte des stürmischen Progressismus-Denkens mit der sogenannten »Fin-de-siecle-Kulturkritik« (Jahrhundertende-Kulturkritik) zu Wort. Diese Neoskeptiker und pessimistischen Propheten kommenden Unheils verwerfen den Wissenschaftspositivismus und ersetzen Fortschrittsideen durch Krisentheorien. Heftig kritisieren sie die Ideologisierung des Denkens und den Mißbrauch der Wissenschaft durch Ideologen, die ihre politische Macht vergrößern wollen. Sie durchschauen aber auch die Hohlheit einer bürgerlichen Welt, die noch in religiösen und kulturellen Vorstellungen der Vergangenheit befangen ist und nicht wahrnimmt, daß sich die Welt total verändert. Zum erstenmal seit Anfang der Neuzeit beginnt ein ganz neues Zeitalter alles Überkommene über Bord zu werfen. Die mit der Renaissance eingeleitete Epoche der Aufklärung und der Vernunft geht endgültig ihrem Ende entgegen - die Zeit der Ideologien steht vor der Tür.

Friedrich Nietzsche: Der erste modern denkende Mensch

Umwertung aller Werte

Mit Friedrich Nietzsche (1844–1900) erscheint der erste moderne Mensch des 20. Jahrhunderts noch vor der Jahrhundertwende. Als Schüler Jacob Burckhardts hatte er dessen skeptischen Positivismus kennengelernt, der die sogenannten »Terribles Simplificateurs«, die »schrecklichen Vereinfacher«, die die Geschichte und Politik monokausal erklären wollen, scharf ablehnt. Prophetisch hatte Burckhardt 1872 in einem Brief geschrieben: »Lange, freiwillige Unterwerfung unter einzelne Führer und Usurpatoren (Machtergreifer) steht in Aussicht. Die Leute glauben nicht mehr an Prinzipien, werden aber wahrscheinlich periodisch an Erlöser glauben ... Aus diesem Grunde wird die Autorität wieder ihr Haupt erheben in dem erfreulichen 20. Jahrhundert, und ein schreckliches Haupt.«

Von Skepsis und Pessimismus Burckhardts beeinflußt, entwickelt Friedrich Nietzsche, wie kein anderer seiner Zeit, einen feinen Spürsinn für das kommende Unheil. Er bemerkt, wie sich die bisherigen Kulturen gegenseitig immer mehr beeinflussen, wie sie sich dabei verändern, verknüpfen oder gar auflösen. Die Folgen sind ihm klar: Moralgesetze, Staats- und Gesellschaftsordnungen und auch Weltanschauungen verändern sich ebenfalls, sie sind relativ, wie es bereits die Epikuräer behauptet haben. Von dieser Erkenntnis ausgehend, prophezeit Nietzsche den Zusammenbruch aller alten Ordnungen und Wertvorstellungen und die Heraufkunft eines europäischen *Nihilismus* (Absolute Verneinung der Möglichkeiten der Wahrheitserkenntnis, der Werte und Normen jeder Gesellschaftsordnung etc.). Er ist der Ansicht, daß jene Werte, die allem Handeln und Leiden der Menschen erst Sinn geben, sich entwerteten, daß es nichts mehr gebe, wofür es sich zu leben oder zu sterben lohne. Nietzsche betrachtet es als seine Aufgabe, der kommenden neuen Zeit und den neuen Idealen zum Durchbruch zu verhelfen. »Wer ein Schöpfer sein muß im Guten und Bösen, wahrlich, der muß ein Vernichter erst sein und Werte zerbrechen.«

Problematisierung des Wissenschafts- und Zivilisationsbetriebes

Mitten im Fortschrittstaumel stellt Nietzsche die moderne Lebenswelt in Frage und behauptet, hinter *Bildung und Wissenschaft* lauere *die Leere und die Barberei.* Den Beginn einer solchen Fehlentwicklung sieht er in den Lehren von Sokrates. Dieser hat allen Glauben, hat Gefühle und Konventionen mit der Absicht in Frage gestellt, sie durch kritische Dialoge in bewußtes Wissen umzusetzen. Seine Moral gründete in absolut rationalen Prinzipien, zum Beispiel »Wissen ist Tugend«. Sein Schüler Platon hat dann die Sinnenwelt zur uneigentlichen und die Ideenwelt zur wirklichen erklärt. Mit einer solchen Sichtweise, die das Logische und Abstrakte betont und das Mythisch-Bildhafte zerstört, gelangte er vom Mythos zum Logos.

Dieser kritisch-theoretischen Haltung, die etwa bei einer Tragödie nach Ursache und Wirkung fragt und im Schicksal nur etwas Unvernünftiges zu sehen vermag, setzt Nietzsche wieder den Mythos und die damit verbundene Tragödie als die logisch unergründbare, kreativ bewältigte Lebenserfahrung gegenüber. Im Sinne dieser *Lebensphilosophie* stellt er die Frage, ob es zwischen dem Leben und der dieses widerspiegelnden Kunst einerseits und der abstrakten Sichtweise und den Theorien der Wissenschaft andererseits nicht einen grundsätzlichen, unlösbaren Widerspruch gebe. Letzteren begründet Nietzsche damit, daß die Wissenschaft keineswegs alles Dasein erkennen und erklären oder sogar moralisch rechtfertigen könne. Angesichts der großen Erfolge des auf Beherrschung der Natur gerichteten praktischen und theoretischen Utilitarismus wolle und könne die Wissenschaft diesen »Wahn« selbst nicht einsehen. Das müsse zu ihrem Scheitern führen, zu einem »Umschlagen« der sokratisch-wissenschaftlichen Kultur. Weil die utilitaristische Denkweise das Leben in den »Dienst der Wissenschaft« gestellt habe und letztere mit ihrem Ideal der Rationalität nicht mehr im Dienste des Lebens stehe, werde es ein böses Erwachen geben, wenn sich das von der Wissenschaft und den damit verbundenen Ideologien versprochene Erdenglück als theoretischer Schein entlarve. Für den von der mythisch-tragischen Grundlage entwurzelten Menschen werde das Leben dann jeden Sinn verlieren. Nietzsche graut es vor den Folgen, vor der Rache der Getäuschten. Er fürchtet das anarchische Erwachen der Massen, die sich an nichts mehr halten könnten als an die negativen Instinkte der Rache, die sie in die Arme von primitivsten Ideologien treibe. Das Ende sei dann eine geistfeindliche Barbarei, die er als das Gegenteil von Kultur definiert. Während bei dieser die Arbeit einen Sinn habe, dem die Mittel dienten, werde in der Barbarei durch die Fetischisierung der Mittel der kulturelle Zweck der Arbeit aufgehoben. Selbst »der wissenschaftliche Mensch ist neuerdings in eine Hast geraten, als ob die Wissenschaft eine Fabrik sei ... Jetzt arbeitet er, so hart wie der vierte Stand, der Sklavenstand, arbeitet, sein Studium ist nicht mehr eine Beschäftigung, sondern eine Not ... Unsere Gelehrten unterscheiden sich kaum ... von den Ackerbauern, die einen kleinen Besitz emsig mehren wollen ...«

Ein solch geistloser Wissenschafts- und Zivilisationsbetrieb führt nach Nietzsche zu der »schwachen Persönlichkeit«. Alles werde nur angelernt, alles Wissen unverdaut in sich aufgenommen, alles ruhe beziehungslos in einer »chaotischen Innenwelt«. Mit Bildung habe das nichts mehr zu tun. Der Hast des täglichen (Arbeits)Lebens stehe die immobile Passivität des inneren Lebens entgegen. Je mehr an äußeren Reizen auf den Menschen eindringe, desto weniger nehme er in sich auf und um so mehr nehme er alles nur noch flüchtig wahr. Das führe zu einem Nichts-mehr-ernst-Nehmen und schließlich dazu, »alles sich gefallen zu lassen«. Unfähig zu kritischer Distanz, werde der Mensch so zum Spielball fremder Kräfte. »Die Masse des Einströmenden ist so groß, das Befremdende, Barbarische und Gewaltsame dringt so übermächtig ... auf die jugendliche Seele ein, daß sie sich nur mit einem vorsätzlichen Stumpfsinn zu retten weiß ... Der junge Mensch ist so heimatlos geworden und zweifelt an allen Sitten und Begriffen. Jetzt weiß er es: in allen Zeiten war es anders, es kommt nicht darauf an, wie du bist. In schwermütige Gefühllosigkeit läßt er Meinung auf Meinung an sich vorübergehen ...«

Nietzsche als Prophet kommenden Unheils

Wie wirkt sich diese Barbarei nun auf den kulturellen Gesamtzustand aus? Nietzsches Gleichnis von der »zunehmenden Fallgeschwindigkeit« der aus allen Wertbindungen herausgerissenen, in das Bodenlose des leeren Raumes stürzenden Erde gibt darauf eine Antwort: »Die Gewässer der Religion fluten ab und lassen Sümpfe oder Weiher zurück; die Nationen trennen sich wieder auf das Feindseligste und begehren sich zu zerfleischen. Die Wissenschaften, ohne jedes Maß und im blindesten Laisser faire betrieben, zersplittern und lösen alles Festgeglaubte auf ... Alles dient der kommenden Barbarei, die jetzige Kunst und Wissenschaft mit einbegriffen ... Daß die einzelnen sich so gebärden, als ob sie von allen diesen Besorgnissen nichts wüßten, macht uns nicht irre: ihre Unruhe zeigt es, wie gut sie davon wissen; sie denken mit einer Hast und Ausschließlichkeit an sich, wie noch nie Menschen an sich gedacht haben, sie bauen und pflanzen für ihren Tag, und die Jagd nach Glück wird nie größer sein, als wenn es zwischen heute und morgen erhascht werden muß: weil übermorgen vielleicht alle Jagdzeit zu Ende ist. Wir leben die Periode der Atome, des atomistischen Chaos.« Fast alles sei nur noch durch Egoismus und böse Kräfte bestimmt, vorwiegend bei Erwerbstätigen und militärischen Machthabern. Der Staat wiederum unternehme »den Versuch, alles aus sich heraus neu zu organisieren und Band und Druck für alle jene feindseligen Kräfte zu sein: das heißt er wünscht, daß die Menschen mit ihm denselben Götzendienst treiben möchten, den sie mit der Kirche getrieben haben. Mit welchem Erfolg? Wir werden es noch erleben ... Die Revolution ist gar nicht mehr zu vermeiden, und zwar die atomistische ...«

Absoluter Humanismus: Wille zur Macht

Der Umsturz ist für Nietzsche unvermeidlich, aber nach aller Barbarei erwartet er das Heraufkommen des eigentlichen Menschen, des Übermenschen. Das Zeitalter der Renaissance hat mit seinem Humanismus Gott entthront, aber nicht aus dem Leben verbannt. Der Mensch steht seither selbst im Mittelpunkt des öffentlichen Lebens, während Gott in wachsendem Maße auf den kirchlichen Raum beschränkt wird. Im aufkommenden neuen Zeitalter eines absoluten Humanismus, glaubt Nietzsche, werde der Mensch allen metaphysischen Ballast abwerfen und die idealistischen Illusionen überwinden. Der Mensch sei dann absolut auf sich allein gestellt, denn »Gott ist tot«.

Mit Nietzsche wird der Mensch, zum drittenmal in der Geschichte, zum »Maß aller Dinge«. Auffällig ist, daß das Aufkommen eines solchen Humanismus jedesmal mit einer Zeit des Umbruches verbunden ist. Im antiken Griechenland, zur Zeit der Sophisten, wird die alte Welt des Mythos überwunden und damit das rationale griechisch- römische Zeitalter eingeleitet; die neuzeitliche Aufklärung beginnt mit dem Humanismus der Renaissance. Bei Nietzsches *absolutem Humanismus* handelt es sich aber nicht mehr um eine rationale Strömung, sondern um den Höhepunkt des mit Rousseau und der Romantik eingeleiteten neuen Aufstandes gegen die Vernunft, gegen den Rationalismus. Jetzt erst, glaubt Nietzsche, werde sich der starke, höhere Mensch, der *Übermensch*, durchsetzen. Nur diesem gebühre die Macht, die Schwachen hätten nur zu gehorchen. Vom populären Sozialdarwinismus übernimmt er die These vom rücksichtslosen Kampf um das Dasein, die Aussonderung der Schwachen und das Ausleseprinzip. Der Kampf um die Macht se(in der Natur noch wichtiger als der Kampf um das Dasein, fügt er hinzu. Das Ergebnis sei eine Trennung in Herden- und Herrenmenschen. Letztere dürften alles. Staat und Menschheit wären schließlich nur dazu da, überragende Übermenschen zu ermöglichen. Darin läge der Sinn der Geschichte. Das gemeine Volk wäre nur »ein Umschweif der Natur, um zu sechs, sieben großen Männern zu kommen«, etwa zu Caesar, Michelangelo oder Napoleon. Gegen den Rationalismus seiner Zeit wetternd, fordert Nietzsche, daß eine *staatlich gesteuerte Züchtung* diesen Typ serienweise schaffen soll, damit sich eine »herrschende Rasse« entwickele. Der Sklave ist für Nietzsche lediglich »der blinde Maulwurf der Kultur«. Von der unbewiesenen Annahme ausgehend, die Barbaren wären kräftig, schön, mutig und gesund gewesen, behauptet Nietzsche,

Barbarei wäre die Grundlage historischer Aristokratien gewesen, da die Barbaren den Rohstoff für jede neue Herrenschicht abgegeben hätten. Ihre Härte und ihr gutes Gewissen hätten als wichtigste Eigenschaften für ein »Herrentum« zu gelten. Das Volk müsse von »Befehlshabern und Philosophen« mit selbst furchtbarsten Mitteln beherrscht werden, denn Grausamkeit sei ein Prinzip der Natur. Wer der Herrscherelite zugehören wolle, ». . . muß selber einer verfeinerten Grausamkeit fähig sein und sich zu ihr mit entschlossenem Herzen ausbilden . . . ein solcher Mensch muß fähig sein, mit Genuß das Wehe selber zu schaffen, er muß mit Hand und Tat . . . und nicht bloß mit den Augen des Geistes grausam sein.«

Zu Nietzsches Zeiten verbreitet sich die Rassentheorie, eine romantische Mythendichtung mit politischen Hintergründen, in ganz Europa. Auf sie wird später noch näher eingegangen. Wichtig ist zunächst nur, daß auch Nietzsche dem Zeitgeist unterliegt, den er sonst so sehr bekämpft. Ohne die damals noch sehr primitiven Vorstellungen von Rasse, Vererbung etc. kritisch zu prüfen, übernimmt er Elemente der Rassentheorie, da sie ihm gut in sein Bild vom Übermenschen der Zukunft passen. In der Schrift *»Zur Genealogie der Moral«* charakterisiert er die vornehmen Rassen: Sie sind »nach außen hin . . . nicht viel besser als losgelassene Raubtiere . . . Auf dem Grunde aller dieser vornehmen Rassen ist das Raubtier, die prachtvolle nach Beute und Sieg lüstern schweifende blonde Bestie nicht zu verkennen . . .«

Aus solchen Barbaren, unter denen die angeblich blonden Germanen-Bestien aus dem hohen Norden dominierten, entsteht nach Nietzsche aus grausamen Anfängen schließlich die »herrschaftliche Rasse«, deren Mitglieder »der größten Härte gegen sich selber fähig sind . . .« Die Zukunft gehöre den barbarischen Gewaltherrschern. Damit prophezeit Nietzsche zwar einen *absoluten Humanismus*, aber keinen Fortschritt zur Menschlichkeit. Für seine Rassenmenschen . . . gelte der Krieg als Sport der Starken, der die Auslese fördere. In Nietzsches mystischer Dichtung *»Also sprach Zarathustra«* lehrt dieser: »Ihr sagt, die gute Sache sei es, die sogar den Krieg heilige? Ich aber sage euch, der gute Krieg ist es, der jede Sache heiligt.«

Vilfredo Pareto: Zyklische Theorie – Kreislauf der Eliten

Wie die meisten Neoskeptiker weist sich auch der Machiavellist Vilfredo Pareto (1848–1923) durch seine Massenverachtung aus. Von einer wertfreien Ausgangshaltung kann also nicht die Rede sein. In der Abhandlung über die allgemeine Soziologie (1916) untersucht er ökonomische und soziale Strukturfragen auf mathematischer Basis. Dabei unterscheidet er *logisches* und *unlogisches Verhalten*. Als erster erkennt er die Grundtatsache der Politik, daß der Großteil menschlichen Verhaltens unlogisch ist. Das beruhe auf zwei Faktoren, auf dem

- *konstanten Faktor der Residuen* (alle Grundinstinkte und -haltungen: Kombinationsinstinkt, instinktive Gruppenbeharrung, ewiges Bedürfnis nach Symbolen, Ich-Triebe), und auf dem
- *variablen Faktor der Derivate* (Ableitungen: Religionen, Weltanschauungen, Aberglauben, Konventionen, politische Mythen, alle »-ismen«).

Als Grundlagen dieser Derivate nennt Pareto die von Instinkten und Gefühlen abgeleiteten dogmatischen Behauptungen, die Berufung auf Autorität oder auf eine Abstraktion und die Scheinbeweise mittels Begriffsverwirrung. Auf der »ersten Grundtatsache« aufbauend, entwickelt Pareto seine berühmte Kreislauftheorie, die älteste Alternative zum Verfalls- und Fortschrittsdenken. Grundlage ist die Annahme, daß aus der großen und stumpfen Masse des Volkes, der Klasse III, sich immer wieder einzelne herausheben. Mittels neuer Derivate, etwa durch eine neue Ideologie, erkämpften sie sich den Aufstieg in die Klasse II, die sich durch eine starke Gruppenbeharrung auszeichne. Pareto bezeichnet diese instinktstarken, handlungsorientierten Aufsteiger als »Löwen«. Diesen setzt er die »Füchse« der etablierten Elite (Klasse I) entgegen. Mit der Zeit werde diese allmählich korrupt und schwächlich. Sie verlasse sich zu sehr auf ihren Kombinationsinstinkt, das heißt auf die Organisationsfähigkeit, verliere aber die Kraft zur Gewaltanwendung. Nach Pareto greifen jetzt Instinktmenschen der Klasse II die dekadente Klasse I an und stürzen sie. Mit welchen Mitteln, sei gleichgültig; entscheidend sei nur die Bereitschaft zur Gewalttat. Danach beginne ein neuer Kreislauf (Abb. 27).

Diese nüchterne, den Fortschrittsgedanken entzaubernde realistische Sichtweise, die in der gesellschaftlichen Praxis ihre Bestätigung findet, weist natürlich auch Kehrseiten auf. Mit der höchst pessimistischen *sozialanthropologischen Darstellung* des politisch handelnden Menschen und mit dem *Wertrelativismus in der Politik* ist eine Distanzierung von allen Werten und Idealen verbunden. Sie bedeutet eine Geringschätzung der Humanität und des Parlamentarismus. Denn wenn für alle staatlichen und gesellschaftlichen Verhältnisse nur der Machtfaktor ausschlaggebend ist, sind alle sonst gültigen Werte außer Kraft gesetzt oder nebensächlich. Eine solche das Fortschrittsdenken relativierende Theorie mit wertbeliebiger Machtidee und einer Herrschaftselite bietet sich geradezu solchen Ideologen zum Gebrauch an, die ihre Umsturzpläne bzw. -aktionen historisch legitimieren wollen. In diesem Sinne greifen Lenin und Mussolini auf Pareto zurück. In ihrer Praxis bestätigen sie dessen Satz: »Eine bloße Handvoll Bürger, wenn sie nur gewalttätig sind, können ihren Willen den Inhabern der Herrschaft aufzwingen, wenn diese nicht geneigt sind, der Gewalt mit gleicher Gewalt zu begegnen.« Ein Satz, der in die heutige Pazifismusdiskussion gehört und damit beweist, daß er *nicht* überholt ist. Das gilt auch für viele andere Erkenntnisse Paretos. Am

PARETO: Der Großteil menschlichen Verhaltens ist unlogisch; dies ist die erste Grundtatsache der Politik.

UNLOGISCHES VERHALTEN beruht auf zwei Faktoren:

KONSTANTER FAKTOR:	**VARIABLER FAKTOR:**
RESIDUEN: Grundinstinkte, -haltungen a) Kombinationsinstinkt Denk-, Organisationsfähigkeit b) Gruppenbeharrung (instinktmäßig) c) Permanenz der Abstraktionen (ewiges Bedürfnis nach Symbolen)	DERIVATE: Ableitungen Religionen, Weltanschauungen, Aberglauben, Konventionen, politische Theorien und Mythen, alle -ismen
d) Individuelle Integrität: Ich-Trieb	Grundlagen dieser Derivate: dogmatische Behauptung, Berufung auf Autorität Berufung auf eine Abstraktion Scheinbeweise, Begriffsverwirrung
Von Instinkten und Gefühlen abgeleitet	

Darauf aufbauend, Paretos zyklische Theorie:

KLASSE I der Elite (Resid. Gruppenbeharrung) Kluge, geistig rege, aber Instinktschwache	KLASSE II der Elite: (Resid. Kombinationsinstinkt) Instinktmenschen, aggressiv, kriegerisch, sehr aktiv
M Abstieg durch Prozeß oder A durch einen Gewaltakt, etwa S bei Revolutionen, durch S Erstarrung, eigenes Versagen E oder durch Schwäche	Aufsteiger zu II, meist mit neuen Derivaten, etwa mit einer neuen Ideologie, neuen Lebensvorstellungen, durch zeitmodisches Angepaßtsein etc.

Abb. 27: *Vilfredo Pareto: Zyklische Theorie – Kreislauf der Eliten*

aktuellesten ist diesbezüglich jener Teil seines Werkes, in dem er Phänomene des Erkenntnisprozesses, Ideologien und Formen der Macht analysiert. Dabei erweist sich Pareto, wie Nietzsche, Freud und Weber, als ein Erforscher des Menschen, der nie die Vielfalt der Dimensionen alles Menschlichen aus den Augen verliert. Er scheut sich nicht, unangenehme Erkenntnisse auszusprechen. Gegen die Ideologen einer harmonischen Einheitswelt, wie sie die Utopisten, Marx und andere verkünden, schreibt er: ». . . man behauptet, daß das wahre Glück eines Menschen darin liegt, das zu tun, was der ›Gesellschaft‹ nützt, und davon ausgehend erklärt man, daß jeder, der sich anders verhält, nur nach einem falschen Glück trachtet und daß man ihn daran hindern muß, den anderen und sich selbst auf diese Weise zu schaden. Seit Platon sind uns ähnliche Gedanken in jeder Form vorgesetzt worden. Eine moderne sogenannte Theorie der Solidarität ist nichts weiter als eine ... Neuauflage dieser Vorstellung.«

Paretos Skepsis gegenüber polemisch benutzten Schlüsselbegriffen wird in dem Abschnitt deutlich, in dem es um die individuelle Emanzipation geht: »Ich möchte gern wissen, was diese ›Emanzipation‹ eigentlich ist. Es gibt Länder, wo die Jakobiner die Leute ins Gefängnis sperren, um sie von dem religiösen Aberglauben zu emanzipieren. Ich streite niemals über die Begriffe und bin bereit, jede vorgeschlagene Definition zu akzeptieren. Ich wünsche nur, daß sie klar und eindeutig ist, und ich möchte gern die ›Emanzipation‹, die mich ins Gefängnis bringt, wenn ich nicht die Leidenschaften gewisser Sektierer teile, von der ›Emanzipation‹ unterscheiden, die es mir erlaubt, die von mir bevorzugten Meinungen zu vertreten.«

Pareto ist nicht nur ein Gegner von Sprachregelungen, wie sie heute allgemein üblich geworden sind, er weigert sich auch strikt, irrationalen Vorgängen das Prädikat »wissenschaftlich« zu verleihen: »Auch scheint mir, der Analyse der Fakten nach, daß die einzig wirksame Art, die größtmögliche Anzahl von Menschen zu überzeugen, darin besteht, auf ihre Emotionen einzuwirken. Aber ich weigere mich, mich freiwillig selbst zu betrügen und andere in die Irre zu führen, indem ich diesen Mitteln der gefühlsmäßigen Beeinflussung den Charakter der Logik und Erfahrung zuschreibe, der ihnen gänzlich abgeht. Und wenn sich Leidenschaften, sektiererische Bestrebungen oder weniger legitime Interessen hinter vagen Begriffen ohne Erfahrungsgehalt wie sozial und individuell verbergen, will ich mich nicht durch Worte täuschen lassen, sondern herausfinden, was sie in Wirklichkeit darstellen und was hinter den Pseudoreflexionen steckt, bei denen man sie verwendet.«

Georges Sorel: Mythos und Gewalt

Wie kein anderer der Kulturpessimisten und Neo-Machiavellisten hat der französische Publizist und Sozialphilosoph Georges Sorel (1847–1922) den Boden der Barbarisierung bereitet. Anfangs ein Anhänger des orthodoxen Marxismus, übernimmt Sorel die kulturpessimistischen Lehren Nietzsches, Bergsons und Paretos und vertritt nun einen *revolutionären Irrationalismus.* In seiner Schrift *»Die Auflösung des Marxismus«* (1908) verwirft er den Marxismus, dessen fortschrittsgläubiges und deterministisches Geschichtsbild er für das Grundübel der Zeit hält. Im gleichen Jahr erscheint auch sein berühmtes und meistgelesenes Werk *»Reflexionen über die Gewalt«*, durch das er zum theoretischen Wegbereiter sowohl des Bolschewismus als auch des Faschismus und des Nationalsozialismus wird. Sorels große Bedeutung liegt nicht zuletzt darin, daß er, wie Fichte, eine irrationale *Philosophie der Tat* vertritt, die von Exponenten der ebengenannten »-ismen« übernommen wird.

Sorel lehnt die parlamentarische Demokratie strikt ab und kritisiert die sozialistischen Parteien, die in die Parlamente eingezogen seien, um dort für ihre Rechte zu kämpfen, statt revolutionäre Kampfformen zu benutzen. Er übernimmt Marxens Lehre von der organisierenden und disziplinierenden Wirkung des Industriesystems auf die Arbeiterschaft und würdigt das Industriekapital wegen seiner »heroischen Leistungen«. Im Gegensatz zu Marx betont er aber den voluntaristischen Charakter der Revolution. Diese Industriearbeiter, »Helden eines sozialen Krieges«, leiteten die neue Zeit ein, da ihre Schöpferkraft über den Fähigkeiten des Bürgertums stehe.

Im Widerspruch zu der Verbeugung vor den Arbeitermassen, denen er noch empfiehlt, die heroischen Werte der Aristokratie zu übernehmen, steht Sorels Elitentheorie. Danach kommt es in der Politik auf die elitäre Minderheit an. Erst durch diese könnten sich die Tugenden bei allen anderen entfalten. Das Mittel, die Masse in den Griff zu bekommen, sieht er im Begriff des politischen Mythos, denn alle großen Bewegungen seien von Mythen getragen worden. Da in der Politik die irrationalen Instinktkräfte (der »Löwen«) Intuition, Wille und Energie wichtiger seien als Intelligenz und weil der Mensch von Natur aus emotional-triebhaft handele, könne nur der Mythos die Tiefenschichten der Seele erreichen. Der Wahrheitsgehalt des Mythos sei völlig unerheblich. »Mythen sind nicht Beschreibungen von Dingen, sondern Ausdruck der Entschlossenheit zum Handeln«. Aus diesem Grunde dürfe die Elite den Mythos nicht verwerfen; sie müsse ihn vielmehr rational nutzen. Seine Aufgabe sei es, den Aktionen derart emotionale und willensmäßige Triebkräfte zu verleihen, daß selbst im Falle einer Niederlage der Kampfeswille ungebrochen bleibt. Statt der marxistischen Revolutionslehre, dessen mythischen Charakter Sorel nicht erkennt, empfiehlt er den »Mythos vom Generalstreik«, der eines Tags den Kapitalismus besiegen werde, so daß das Proletariat in einem heroisch-aristokratischen Staat herrschen könne.

In Verbindung mit der Aufforderung zur Gewalt läuft Sorels Lehre auf einen aggressiven gewerkschaftlichen Anarchismus hinaus, der sich gegen Staat und Gesellschaft richtet, vor allem aber gegen die »Demokratie, den größten Fehler des letzten Jahrhunderts«. Diese, im wissenschaftlichen Gewand auftretende, demokratiefeindliche Gewaltlehre wird von rechts und links begierig aufgegriffen. Der Antiparlamentarismus und Antipazifismus mit seiner Ordens- und Kampfmoral stehen dabei an erster Stelle. Der *Elitegedanke als Prinzip des Machtstaates* und der *Begriff des politischen Mythos* werden als Zentralvorstellungen zu *Grundelementen des Kommunismus, des Faschismus und des Nationalsozialismus*. Politische Mythen, das waren und sind Platons »edle Lügen« in moderner Form, und Sorel hat richtig erkannt, daß sie sehr großen Einfluß auf die

Massen ausüben. Nicht zuletzt zeigt sich das an der Arbeiter- und Proletarier-Romantik sozialistischer Systeme.

In seinen letzten Lebensjahren unterstützt Sorel die von Charles Maurras (1868–1952) im Jahre 1899 gegründete »Action française«, eine rechtsradikale Bewegung, die zu den Wurzeln des französischen Faschismus zählt. In ihrem Programm steht der Kampf gegen die anarchistischen Züge der Modernisierung, gegen die Massen-Demokratisierung und gegen die Errichtung einer föderalistisch gegliederten und nationalistisch ausgerichteten erblichen Monarchie. Eine entschlossene Minderheit, die die Massen autoritär zu führen imstande ist, soll die Führung übernehmen. »Französische Aktion«, das umfaßt Agitation und Straßenkämpfe durch spezielle Kampftruppen (Camelots du roi), womit die neue autoritäre Ordnung durchgesetzt werden soll. Dieser Aktionismus hat für alle späteren totalitären »Bewegungen« und Regime eine pionierhafte Bedeutung. Parlamentarisch bleibt die »Action française« erfolglos. Als die wichtigste Gruppierung der Rechtsextremen in Frankreich übt sie aber weitgehenden Einfluß aus, insbesonders auf die intellektuelle Jugend.

Nach 1917 feiert Sorel den Sieg der bolschewistischen Revolution und fügt in einer Neuauflage des Buches *»Reflexionen über die Gewalt«* den Anhang »Für Lenin« hinzu. Wenig später begrüßt er den italienischen Faschismus Mussolinis. Die Enttäuschungen lassen nicht lange auf sich warten: Nachdem linke und rechte Revolutionen im Namen der Volksherrschaft mit Hilfe militanter Minderheiten gesiegt haben, kommt es natürlich nicht zum Abbau der Staatsgewalt, sondern zu autoritären und totalitären Diktaturen (Abb. 28).

Max Weber: Traditionalismus, Bürokratie und Charisma

In der religionssoziologischen Schrift *»Die protestantische Ethik und der Geist des Kapitalismus«* (1905) und in dem posthum (1922) erschienenen Hauptwerk *»Wirtschaft und Gesellschaft«* gilt das Hauptinteresse Max Webers (1864–1920) der »Entzauberung der Welt«, dem historischen *Prozeß der Rationalisierung und Verwissenschaftlichung* aller Lebensbereiche im Zusammenhang mit der Entstehung der bürgerlichen Gesellschaft. Dabei untersucht er auch die Zusammenhänge zwischen Gesellschaft, Religion und Wirtschaft. Er kommt zu der ernüchternden Feststellung, daß es infolge der Entzauberung keinen Sinn der Welt mehr gebe. Weber weist darauf hin, daß im Mittelalter die Sinnfrage noch definitiv von der christlichen Kirche beantwortet wurde: Der letzte Sinn allen Seins wurde in Gott bzw. in einem transzendenten ewigen Leben bei Gott gesehen. Heute aber müsse jeder einzelne die Frage nach dem Sinn der Welt, der Gesellschaft, des Lebens und des Todes selbst beantworten. Von der Wissenschaft dürfe er nichts erwarten. Sie könne zwar Zusammenhänge klären, diesen aber keinen Sinn verleihen. Weber un-

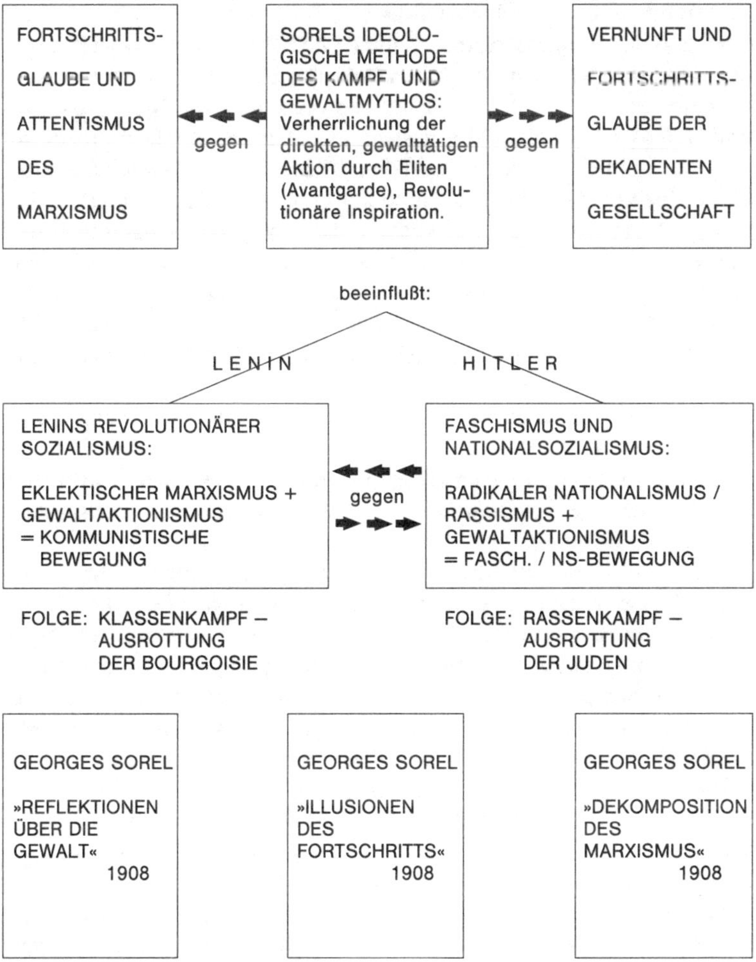

Abb. 28: *Georges Sorel: Ideologie des Totalitarismus*

terscheidet deutlich zwischen rationalen und irrationalen Elementen der Gesellschaft. Zu letzteren zählt er die *Bürokratie*, deren Bedeutung er im Zusammenhang mit der Industrialisierung klar erkennt. Durch ihre wachsende Macht sieht er Individualismus und Demokratie bedroht: »Die Bürokratie ist das Schicksal.« Mit Hilfe der Herrschaft bürokratischer Verwaltungsstäbe könne die »Ägyptisierung« der Gesellschaft rational betrieben werden. Während der Staatsapparat alles beherrsche, werde die Selbstbestimmung des Individuums abnehmen. Die Bürokratie behindere die Demokratisierung und Parlamentarisierung, aber auch eine rationale Wirtschaftsethik. Eine solche Herrschaftsform sei kaum zu überwinden, auch nicht durch den Sozialismus; durch diesen werde sie eher noch stärker. Weber stellt deshalb die Frage, wie Individualismus und Demokratie erreicht bzw. gesichert werden können. Den Prozeß des »okzidentalen Rationalismus«, in den die Bürokratie eingeschlossen sei, hält er für unumkehrbar. Im Sinne der Gewaltenteilung fordert er deshalb: »Demokratie und Bürokratie müssen gegeneinander organisiert werden, um füreinander arbeiten zu können.« Amts-, Sachautorität und demokratische Kontrollen sollen also als Gegenprinzipien institutionalisiert werden. Weber kennt allerdiangs die »ethische Irrationalität der Macht« zu gut und gibt sich keinen Illusionen darüber hin, wie schwer es sein wird, sie zu kanalisieren.

Die Begriffe »Bürokratie«, »Traditionalismus« und »Charisma« gehören zu den Hauptbegriffen in Webers politischer Soziologie. Dementsprechend unterscheidet er zwischen drei verschiedenen Autoritäten, zwischen der *legal-bürokratisch*, der *traditional* und der *charismatisch legitimierten Autorität.*

Der *Traditionalismus* erkenne die Legitimität der aufgrund von Traditionen Herrschenden an, etwa in der erblichen Monarchie. Er könne sich mit der Demokratie zu einer besonders gefestigten Staatsform verbinden. Mit der Herrschaft einer bürokratisierten Regierung sei auch ein Verlust an politischer Spontaneität verbunden; gleichzeitig erweckten Rationalisierungsprozesse und die Vorherrschaft des Wissenschaftsprinzips irrationale Gegenkräfte. Während diese in normalen Zeiten ein ungefährliches Korrelat bildeten, gewönnen sie in Krisenzeiten leicht das Übergewicht. Dann ergriffen geniale, charismatisch erscheinende Politiker wie Caesar oder Napoleon die Macht und veränderten alles kraft eigener irrationaler Autorität.

Max Weber hat das Aufkommen autoritärer, irrationalistischer Bewegungen in der Nachkriegszeit noch selbst erlebt und sie dem Charisma-Typ zugeordnet. Die weitere Entwicklung konnte er nicht kennen. Nach seinem Tode 1920 gelingt es pseudodemokratischen, totalitären Bewegungen durch Mobilisierung der Massen und durch Institutionalisierung der Führerherrschaft, die Macht an sich zu reißen. Dabei behaupten sie die Identität von Führer und Volk. Mit »Charisma« (Gnade, Begnadetsein) hat das nichts mehr zu tun. Hier hat die Wirklichkeit den drei Weberschen Typen noch einen vierten hinzugefügt, den plebiszitär-totalitären Typ.

Russische Februarrevolution

Wenn hierzulande von der »Russischen Revolution« die Rede ist, verstehen historisch Ungeschulte darunter die bolschewistische »Oktoberrevolution«. Sie sind damit unbewußt Opfer einer zielstrebigen kommunistischen Propaganda, die durch Manipulation und Unterdrükkung wesentlicher Geschichtsdokumente den Eindruck erweckt, als ob der Sieg am 7. November 1917 (nach alter Zeitrechnung am 25. Oktober) als Endpunkt einer insgesamt nur bolschewistischen Revolution betrachtet werden müsse. Die tatsächliche Revolution ideologisierend, verschweigen sie den völlig unkommunistischen Charakter der *Februarrevolution* und behaupten, im Sinne des deterministischen HISTOMAT, daß die Machtergreifung der Bolschewiki eine vom dialektischen »Weltgeist« vorherbestimmte und damit eine alles legitimierende Angelegenheit gewesen wäre.

Diese Verdrehung historischer Tatsachen im Dienst totalitärer Machtinteressen verwischt aber, daß die von niemandem vorhergesehene und erst recht nicht geplante *Februarrevolution* anfangs in eine ganz andere Richtung zielt. Die Revolutionäre wollen zunächst nur Brot und Frieden. Aber wie in der Französischen Revolution entwickelt sich auch hier eine eigene Dynamik, an der die unterschiedlichsten Kräfte maßgebend beteiligt sind. Je nach Dominanz bestimmter politischer Richtungen, aber auch durch ihre gegenseitige Lahmlegung, entstehen Phasen, die man im Sinne Max Webers als typisch bezeichnen kann. Es kann im Folgenden nicht darum gehen, das Kapitel »Russische Revolution« mit allen Details und Widersprüchlichkeiten darzustellen. Vielmehr kommt es im Rahmen der gestellten Aufgabe auch hier darauf an, wesentliche geistige Strömungen mit wirtschaftlichen, gesellschaftlichen und politischen Verhältnissen in Beziehung zu setzen. Andererseits müssen hier mehr historische Fakten als in anderen Kapiteln zu einem Gesamtbild verarbeitet werden. Gilt es doch nachzuweisen, daß die »Oktoberrevolution« eben nicht der Fall einer naturgesetzlichen Entwicklung, sondern einer rational geplanten, also voluntaristischen Aktion ist.

Erste Phase: Ausbruch der Revolution. Der für Rußland unglückliche Verlauf des Krieges beweist die außerordentlich hohe Belastbarkeit sowohl des Volkes als auch des zaristischen Systems. Erst acht Millionen Tote, Verwundete und Vermißte, dazu tägliche Kriegskosten von zuletzt 40 Millionen Rubel, die schlechte Versorgungslage und eine Inflation von mehreren hundert Prozent bringen den Thron des Zaren zum Wanken. Trotzdem hält nicht einmal Lenin, der allerdings im Genfer Exil lebt, die Lage für revolutionsreif. Als aber im Winter 1917 die wirtschaftlichen Bedingungen besonders katastrophal werden, kommt es spontan zur Explosion. Wie 1789 der französische Hof, glaubt auch der russische zunächst noch an eine einfache Meuterei, der mit Drohbefehlen und Militäreinsätzen beizukommen sei. Es kommt dem Zaren ebensowenig wie dem französischen König in den Sinn, sich an die Spitze der Bewegung zu setzen. Kurz darauf ist die Monarchie hinweggefegt.

Seit 1916 brechen in Rußland, besonders in Petersburg, zunehmend Streiks aus, weil die Regierung nicht in der Lage ist, trotz ausreichender Erntemengen die Versorgung zu organisieren (der frühere Getreideexport ist während des Krieges eingestellt!). Am 23. Februar (8. März), am »Internationalen Frauentag«, finden in Petersburg wieder einmal ausgedehnte Streiks statt. Neben Arbeitern marschieren diesmal auch Frauen, um gegen den Krieg und für Brot zu demonstrieren. Darüber hinaus ereignet sich an diesem Tag nichts Besonderes, wenn man von der Plünderung einiger Bäckereien absieht. Aber die Lunte zum Pulverfaß ist gelegt. Am nächsten Tag wird sie gezündet, ohne daß jemand an Revolution denkt. Es kommt zu Zusammenstößen mit der Polizei, und zum ersten Male ertönen Rufe wie: »Nieder mit der Aristokratie!« Am 25. Februar weitet sich in Petersburg der Streik auf alle Arbeiter aus. Nach kurzem Zögern schließen sich viele in der Stadt lagernde Garnisonssoldaten den Streikenden an. Als der Zar am 26. Februar den strikten Befehl erteilt, den Streik zu unterdrücken, schießen Abteilungen der Garderegimenter zwar anfangs vereinzelt auf die Massen, aber noch am selben Tag beraten die Soldaten, wie sie sich verhalten sollen. Am 27. Februar (12. März) fällt die Entscheidung: Die Garderegimenter beginnen zu meutern und fraternisieren mit den Arbeitern. Die Regierung ist von nun an völlig isoliert. Ihre einzige Hoffnung sind Frontregimenter, die zu Hilfe gerufen werden, aber nie ankommen. Von Vertretern sozialistischer Parteien wird noch am selben Nachmittag ein *Arbeiterrat (Sowjet)* gebildet. Zusammen mit Delegierten der revolutionierten Garderegimenter gründet er am 1. März den *Arbeiter- und Soldatenrat.* Dieser allein ist vorläufig in der Lage, die Macht in Petersburg auszuüben. Er nimmt die dringend notwendige Versorgung der Bevölkerung in die Hand und unterstellt sich die Petrograder Garnisonsregimenter mit dem berühmten »Befehl Nr. 1«. Dieser verbreitet sich rasch über das ganze Land und unterhöhlt mit einem Schlage die Disziplin in der gesamten russischen Armee. Nur wenige Tage danach, am 2. März, verzichtet Zar Nikolaus II. auf den Thron. An seine Stelle tritt die »Provisorische Regierung« unter Vorsitz des Fürsten L'vov. Rußland ist in diesem Augenblick das »freieste Land der Welt«, wie Lenin es formuliert. Professor Trubetzkoj, ein Augenzeuge, schreibt dazu: »Diese Revolution ist einmalig. Es hat bürgerliche und proletarische Revolutionen gegeben, doch ich glaube nicht, daß es jemals eine so wahrhaft nationale Revolution in der umfassenden Bedeutung des Wortes gegeben hat wie die jetzige russische. Alle haben diese Revolution gemacht. Jeder hatte Teil daran - die Arbeiter, die Soldaten, die Bourgeoisie, sogar der Adel - alle sozialen Kräfte des Landes.«

Der Ablauf der Revolution zeigt eindeutig, daß es sich hier nicht um eine von bestimmten Kräften in Gang gesetzte Revolution handelt. Selbst die sozialistischen Parteien stehen nun höchst überrascht und ratlos vor den Trümmern der Autokratie. Kaum jemand begreift die welthistorische Tragweite des Geschehens, und niemand hat einen vorbereiteten Plan für einen Neuanfang zur Hand. Doch schon nach kurzer Zeit beginnt der Wettlauf um die endgültige Form des neuen Staates und um die damit verbundene Macht (Abb. 29).

Zweite Phase: Stabilisierungsversuche. Die besonderen Umstände der Februarrevolution führen zu einer Doppelherrschaft, die die Stabilisierung der innenpolitischen Verhältnisse in verhängnisvoller Weise bremst, ja verhindert. Der spontan entstandene Arbeiter- und Soldatenrat (Sowjet)

Abb. 29: *Provisorische Regierung Februar bis Oktober 1917*

besitzt keinen Rechtstitel, mit dem er sich legitimieren könnte. In dem Abkommen mit der Regierung findet sich kein Wort über den Status des Sowjet, und auch später hat er nie versucht, eine juristische Festlegung seiner Befugnisse zu erreichen. Dafür kann er sich aber auf das Vertrauen der aufständischen Massen und auf den Besitz der faktischen Macht stützen. Nur er verfügt über einsatzbereite Kräfte. Auf der anderen Seite steht die bürgerlich ausgerichtete »Provisorische Regierung«. Sie beruft sich darauf, daß ihr Premierminister L'vov noch vom Zaren ernannt wurde und sie somit dessen legitimierte Nachfolgerin sei. Allerdings streiten sich die Fachgelehrten noch heute darüber, ob der Zar noch vor oder erst nach der Abdankung unterschrieben hat.

Anfänglich ist der Sowjet der Regierung gegenüber nicht feindlich eingestellt. Man benötigt die Sachkenntnis erfahrener Beamter und ehemaliger Duma-Politiker, versteht sich aber als eine Art parlamentarische Kontrolle. Deshalb besteht er darauf, daß das Regierungsprogramm mit ihm abgesprochen wird. Als dringlichste Aufgabe erscheint es beiden Seiten, die Bevölkerung gerecht zu versorgen und die *Rechtsstaatlichkeit* überall durchzusetzen. Die großen Reformen sollen allerdings einer vorgesehenen »Verfassunggebenden Versammlung« vorbehalten bleiben. Zusammen mit dem Rat gelingt es der Regierung, die *bürgerlichen Rechte* uneingeschränkt durchzusetzen, die zentralistische Verwaltung abzubauen und die zaristische Polizei durch eine halbautonome Miliz zu ersetzen. Allerdings besitzt die Regierung keinerlei Machtinstrumente, um ihre Politik wirksam durchzusetzen, falls dem Rat irgend etwas nicht genehm ist. Das hat Ineffektivität und Kompetenzstreitigkeiten zur Folge. Zwischen beiden politischen Zentren wächst die Rivalität, und es besteht die Gefahr, daß radikale Kräfte die Situation ausnützen. Schlimmer ist noch, daß durch Obstruktion sozialistischer Räte dauerhafte Erfolge der liberaldemokratischen Regierung verhindert werden, was ihr dann wiederum von sozialistischer Seite den Vorwurf der Unfähigkeit einbringt.

Dritte Phase: Destabilisierung der Doppelherrschaft. Tatsächlich erlebt die junge Republik zwei gefährliche Krisen, die miteinander im Zusammenhang stehen. Im Juni 1917 führt der Protest kriegsmüder Soldaten und Arbeiter zu einem von den Bolschewisten unterstützten und geführten Aufstand. Mit Hilfe des von gemäßigten Sozialisten beherrschten Sowjet gelingt es regierungstreuen Truppen, ihn niederzuschlagen. Die Bolschewisten werden in den Untergrund gezwungen und einige ihrer Führer, u.a. Leo Trotzkij (1879–1940), verhaftet. Diesen Erfolg weiß die Regierung aber nicht zu nutzen. Als im September der konservative General Kornilow wegen des wachsenden Einflusses sozialistischer Kräfte einen Putschversuch unternimmt, wird die Regierung nur noch mit Hilfe der Sowjets und der Bolschewiki Herr der Lage. Ein großer Autoritätsverlust der Provisorischen Regierung ist die Folge.

Das Scheitern des demokratischen Experiments kann keinesfalls nur der Doppelherrschaft angelastet werden. Deren Hauptproblem, die Kompetenzfrage, hätte schließlich durch die in Aussicht genommene »Konstituierende Versammlung« gelöst werden können. Ihr sollte es obliegen, die endgültige Staatsform und die Verfassung festzulegen. Dazu aber kommt es nicht mehr, und in den Gründen dafür liegt möglicherweise eine Wurzel des kommenden Verhängnisses. Provisorische Regierung und Sowjet hatten nämlich vereinbart, den Krieg gegen Deutschland und Österreich trotz aller Niederlagen und katastrophaler Versorgungslage fortzusetzen. Der Rat hatte zugestimmt, weil er die unübersehbaren Folgen eines Zusammenbruchs fürchtete und hoffte, die internationale Arbeiterschaft werde dem russischen Beispiel folgen und ihre Regierungen zum Frieden zwingen. Bis dahin müsse man der Revolution wegen aushalten. Dieser Beschluß hat auch zur Folge, daß das größte Problem des überwiegend bäuerlichen Rußland, das Agrarproblem, nicht gelöst werden kann. Solange noch Millionen Bauern als Soldaten an der Front stehen, muß alles bleiben, wie es ist, da sie sonst bei einer allgemeinen Landverteilung sofort desertierten, um sich ihren Anteil zu sichern. Das zwingt die Regierung, zu vertrösten und die versprochenen Wahlen zur Konstituierenden Versammlung immer wieder hinauszuschieben. Inzwischen wächst die Not, und als die mit letzten Kräften organisierte militärische Offensive gegen die Mittelmächte scheitert, sehen die Bolschewisten ihre Chance. In den berühmten *Aprilthesen* hatte Lenin, der am 3. April aus dem Schweizer Exil zurückgekehrt war, noch die Nationalisierung von Grund und Boden gefordert. Davon ist jetzt keine Rede mehr. Angesichts wachsender Not finden die Bolschewiki mit der wirkungsvollen Parole »Friede, Brot, Land« immer mehr Anhänger. Dieser Schwenk ist kein Zufall. Bereits 1905 hat Lenin in *»Das Verhältnis der Sozialdemokratie zur Bauernbewegung«* geschrieben: »Zunächst unterstützen wir bis zum Ende, mit allen Mitteln, bis zur Beschlagnahme, den Bauern überhaupt gegen den Gutsherrn; danach aber (sogar nicht danach, sondern gleichzeitig) unterstützen wir das Proletariat gegen den Bauern ... Wir werden mit allen Kräften der gesamten Bauernschaft helfen, die demokratische Revolution zu vollbringen, damit es uns, der Partei des Proletariats, um so leichter sei, möglichst rasch zu einer neuen und höheren Aufgabe, zur sozialistischen Revolution, überzugehen ... Wir werden nicht auf halbem Wege stehenbleiben.«

Nach diesem Konzept handeln die Bolschewiki nun ganz konsequent. Viele Soldaten glauben den Versprechungen und desertieren in großer Zahl. Die Front löst sich immer weiter auf. Damit ist auch die sozialdemokratische Regierung Kerenskij (1881–1970) am Ende. Ihre wahrscheinlich einzige Gelegenheit hatte sie verpaßt: Im Juli, also noch vor dem Zusammenbruch der Front, hätten Friedensverhandlungen und eine Beendigung des Krieges ihr noch die innenpolitische Handlungsfreiheit geben können, auch das Agrarproblem zu lösen. Lenin hat diesen Zusammenhang klar erkannt; wenig später wird er schreiben, der verpaßte Friede und die ungelöste Agrarfrage seien die unabdingbaren Voraussetzungen für den Sieg der Oktoberrevolution gewesen. Er selbst verschafft sich den innenpolitischen Spielraum damit, daß er sofort den Krieg beendet und so die Lorbeeren erntet, die auch die sozialdemokratische Regierung hätte gewinnen können. Die Geschichte aber kennt kein »hätte«.

»Große Oktoberrevolution«: Machtergreifung der Bolschewiki

»Alle Macht den Räten!« So hatte Lenin noch in seinen Aprilthesen gefordert. Als im Juli der von den Bolschewiki geführte Aufstand vorwiegend deshalb niedergeschlagen werden kann, weil die gemäßigten Sowjetmitglieder, die in der Mehrheit sind, die Regierung unterstützen, ändert Lenin sofort seine Taktik. In wütenden Angriffen bezichtigt er die Mitglieder der Räte des Verrats an der Revolution, beschimpft sie als »Nullen, Drahtpuppen« und wirft ihnen vor, »Feigenblatt der Konterrevolution« zu sein. Anstelle von »Alle Macht den Räten« müsse nun die Parole von der Machteroberung durch das Proletariat treten. Unverhüllt verkündet er den Plan einer alleinigen Machtergreifung durch die Bolschewiki: »Das Ziel des Kampfes kann nur sein der Übergang der Macht in die Hände des von der armen Bauernschaft unterstützten Proletariats zur Durchführung des Programms unserer Partei.«

Diese Aussagen beweisen, daß die Räte in der politischen Strategie Lenins nur als Schachfiguren gelten. Da sie aber nach wie vor als Organe des Volkswillens über große Macht verfügen, sucht er besonders in ihren Reihen nach Anhängern der bolschewistischen Ziele und Politik. Im Moskauer und Petersburger Sowjet gewinnen die Bolschewiki dadurch die Mehrheit, mit deren Hilfe sie ein von ihnen kontrolliertes *Revolutionäres Militärkomitee* durchzusetzen, angeblich zur Verteidigung gegen innere und äußere Feinde der Stadt. Nicht zufällig heißt der Oberbefehlshaber, dem die meisten Truppenteile in der Stadt und Umgebung unterstehen, Leo Trotzkij. Unter dem Vorwand, es bestehe die Gefahr einer Gegenrevolution, kann er alle Vorbereitungen für den Aufstand treffen. Am 24./25. Oktober alter Zeitrechnung fällt den Bolschewisten die Macht wie eine reife Frucht fast kampflos in die Hände. Nur bei der Erstürmung des Winterpalais, dem Sitz der Regierung, kommen sechs Angreifer ums Leben.

Vergleicht man die spontane Februarrevolution mit der »Oktoberrevolution«, wird der große Unterschied sichtbar. Im Gegensatz zur echten Volkserhebung handelt es sich hier um einen *organisierten Aufstand einer kleinen Minderheit von Berufsrevolutionären*, die geschickt sowohl die großen Schwächen und Fehler der demokratischen Seite wie auch Unsicherheit und Sympathie einer unwissenden Masse zu nutzen wissen. Lenin gelingt es sogar, die große Mehrheit der Sowjets über seine wahren Pläne zu täuschen. Diese begrüßt den Sturz der Provisorischen Regierung, wenngleich sie eine Alleinherrschaft der Bolschewiki ablehnt. Das hindert Lenin und Trotzkij nicht daran, jede Opposition mit allen Mitteln der Demagogie und Gewalt zu bekämpfen, um die Diktatur seiner Partei durchzusetzen. Aus der Überzeugung heraus, die Bolschewiki hätten die große Mehrheit des Volkes hinter sich und könnten deshalb in einer Wahl nur eine glänzende Bestätigung ihrer Politik finden, läßt Lenin die Wahlen zur »Verfassunggebenden Versammlung« zu. Das Ergebnis dieser einzigen freien Wahl in Rußland ist für die Bolschewiki niederschmetternd. Sie erhalten nur 24 Prozent aller Stimmen, die anderen sozialistischen Parteien 62 und die bürgerlichen 13 Prozent. Daraus zieht Lenin die Konsequenzen: Als am 5. Januar die gewählten Abgeordneten im Taurischen Palais bei den Verfassungsberatungen die vorbehaltlose Anerkennung der neuen Machthaber verweigern, wird die Versammlung am folgenden Tag mit Gewalt verjagt. Gegenkundgebungen werden zusammengeschossen. Dazu erklärt Lenin: »Unter den russischen Umständen sind die konstitutionellen Illusionen und parlamentarischen Schulübungen nichts anderes als ein Deckmantel für den kommenden Verrat der Bourgeoisie an der Revolution.«

Was nun folgt, kann tatsächlich eine »große Revolution« genannt werden: Die totale Vernichtung (»Liquidierung«!) der Adelsgesellschaft und eines Großteils der bürgerlichen, später auch der sozialistischen Opposition, einschließlich der aus den eigenen Reihen. Lenin spricht in diesem Zusammenhang von der »Erwürgung der Bourgeoisie bis zum Ende«. Um sein Ziel zu erreichen, gründet er bereits im Dezember 1917 die geheime Staatspolizei TSCHEKA, die an die Stelle ordentlicher Gerichte tritt. Sein ehemaliger Lehrer Plechanow, der Begründer des russischen Sozialismus, schreibt kurz vor seinem Tode in einem Brief an Lenin: »Ihre Diktatur ist nicht die der arbeitenden Klasse, sondern die Diktatur einer Clique. Und eben aus diesem Grund werden Sie zu immer terroristischeren Mitteln greifen müssen.«

Tatsächlich lehrt bereits Ende 1918 der Chef der TSCHEKA, Martyn Latsis, seine Kommissare: »Wir sind dabei, die Bourgeoisie als Klasse auszurotten. Sie brauchen nicht nachzuweisen, daß dieser oder jener gegen die Interessen der Sowjetmacht gehandelt hat. Das erste, was Sie einen Verhafteten zu fragen haben, ist: Zu welcher Klasse gehört er, wo stammt er her, was für eine Erziehung hat er gehabt, was ist sein Beruf? Diese Fragen sollen das Schicksal des Angeklagten entscheiden. Das ist die Quintessenz des Roten Terrors.«

Mit anderen Worten: Über Leben und Tod entscheidet nicht mehr die individuelle Schuld, sondern die Zugehörigkeit zu einer sozialen Klasse, so wie später bei Hitler die Zugehörigkeit zu einer Rasse das entscheidende Vernichtungskriterium ist. Karl Kautsky zitiert 1918 in der Schrift *»Die Diktatur des Proletariats«* den Artikel 23 der neuen sowjetischen Verfassung: »Im Interesse der Arbeiterklasse als Ganzes entzieht die Russische Sozialistische Föderative Sowjetrepublik einzelnen Personen und ganzen Gruppen Rechte, die sie zum Schaden der sozialistischen Revolution mißbrauchen.« Kautskys Kommentar: »Damit ist die ganze Opposition für vogelfrei erklärt.«

In der Schrift *»Terrorismus und Kommunismus«* von 1919 bringt Kautsky ein Lenin-Zitat aus der *»Prawda«*: »Banditen und Abenteurer erschießen wir und werden wir weiter erschießen.« Kautsky kommentiert: »Erschießen – das ist das A und O der kommunistischen Regierungsweisheit geworden.« Leo Trotzkij antwortet darauf in einer Schmähschrift: »Der Terror des Zarismus war gegen das Proletariat gerichtet... Unsere Außerordentlichen Kommissionen erschießen die Gutsherren. Kapitalisten, Generäle ... Erfaßt ihr diese ... Nuance?« Kautskys lakonische Erwiderung: »Eine feine Nuance, in der Tat! Jede Niedertracht verwandelt sich in eine herrliche Großtat, wenn ein Kommunist sie verübt. Jede Bestialität ist erlaubt, wenn man sie im Namen des Proletariats verübt.«

Nach dem Aufstand der Don-Kosaken verfügt das Dekret über den Roten Terror vom 5. September 1918 neben Massenerschießungen, »die sowjetische Republik gegen Klassenfeinde mittels deren Isolierung in Konzentrationslagern abzusichern.« ... »Fremde Klassenelemente [sollen] in Konzentrationslagern« eingesperrt werden, heißt es in dem Gesetz vom 17. Februar 1919, und das Gesetz vom 15. April 1919 ergänzt, daß auch »feindliche Klassenelemente in Zwangsarbeitslager« verfrachtet werden sollen. Näheres ist darüber in J. Kaminskis Buch *»Konzentrationslager von 1896 bis heute«* (1982) nachzulesen.

Der nun folgende, gnadenlose Bürgerkrieg zwischen »Roten«, »Weißen« und der anarchistischen Linken muß als Folge des bolschewistischen Anspruches auf Alleinherrschaft angesehen werden, den alle Andersdenkenden nicht so ohne weiteres hinzunehmen gedenken. Da für Lenin nur die Macht zählt, die »aus den Gewehrläufen« kommt, nicht aber die der Argumente, greifen auch die Gegner zu den Waffen. Damit erweisen sich die Marxisten-Leninisten als die erste moderne Partei der Weltgeschichte, die nicht nur in allen anderen Parteien des eigenen Staates die Feinde sieht, die es zu vernichten gilt, sondern die darüber hinaus der gesamten übrigen Welt den Kampf ansagt, mit dem Ziel, dem Kommunismus überall zur alleinigen Macht zu verhelfen. Das muß die Gegenkräfte aller Art auch außerhalb Rußlands hervorrufen. Neben dem Antikommunismus der westlichen Demokratien müssen demnach teilweise auch der Faschismus und der Nationalsozialismus als politisches Echo angesehen werden. Mit anderen Worten: Das Zeitalter der modernen totalitären Diktaturen wird eindeutig vom russischen Bolschewismus eingeleitet.

Als die Bolschewiki nach einigen Jahren *Kriegskommunismus* 1922 als Sieger aus den Kämpfen hervorgehen, hat das Land durch Kämpfe, Kulakenvernichtungsaktionen, Hinrichtungen, Deportationen, Epidemien und Hungersnöte mehr Menschen verloren als im Ersten Weltkrieg. Nach Robert Conquest (*»Ernte des Todes«*, deutsch 1988) sind es zwischen 1918 und 1920 etwa neun Millionen; dazu kommen 1921/22 noch fünf Millionen Opfer als Folge einer Hungersnot. Denn die Wirtschaft ist völlig ruiniert. Die Produktion erreicht nur noch ein Fünftel des Standes von 1913. Die Anbauflächen liegen brach, die Lebensmittelversorgung ist zusammengebrochen. Ein unvorstellbar hoher Preis für die Idee von einer besseren, sozialistischen Gesellschaft, genauer gesagt, der Preis für die *Diktatur einer Partei.* In einem berühmten Artikel, der am 21. November 1917, also zwei Wochen nach der »Oktoberrevolution«, in der bald danach verbotenen Zeitung *»Nowaja Shisn«* erschienen war, hatte Maxim Gorki (1868–1936), der erste Weltdichter der Arbeiter, geschrieben: »Das werktätige Volk muß erkennen, daß Lenin mit seinem Blut experimentiert ... Der Werktätige muß wissen, daß es keine Wunder gibt und daß er Hunger, vollständige Zerrüttung der Industrie und des Transportwesens, anhaltende und blutige Anarchie, gefolgt von nicht weniger blutiger und finsterer Reaktion, zu erwarten hat. Dorthin treibt das Proletariat unter seinem augenblicklichen Führer, und man muß sich darüber klar sein, daß Lenin kein allmächtiger Zauberer ist, sondern ein berechnender Betrüger, der weder für das Leben noch die Ehre des Proletariats irgendein Gefühl kennt. Die Arbeiterklasse darf nicht zulassen, daß Abenteurer und Wahnsinnige sie mit der Verantwortung belasten für die schändlichen, sinnlosen und blutigen Verbrechen, für die nicht Lenin, sondern das Proletariat wird Rechenschaft ablegen müssen.«

Der Marxist Maxim Gorki ist kein Prophet, er hat nur klar die Konsequenzen einer offen betriebenen Terrorpolitik erkannt, die die Diktatur einer Partei anstrebt. Natürlich können Worte politische Fanatiker nicht aufhalten, und so nimmt das Verhängnis seinen Lauf: 1922 kann die unvorstellbare Hungersnot nur mit Hilfe kapitalistischer Länder überwunden werden. Hauptsächlich die USA, Schweden und Deutschland liefern Lebensmittel, Saatgut und Zuchtvieh. Allein die »American Relief Administration« bringt 137 Millionen Goldrubel auf, mit denen sie zeitweise bis zu zehn Millionen Menschen ernährt; dazu gehören eineinhalb der drei Millionen heimatloser Kinder. Sogar die *»Große Sowjetische Enzyklopädie«* von 1926 erkennt diese Leistung an. Kaum aber hat sich die Lage wieder etwas normalisiert, bringt der stalinistische Terror ab 1930 weiteren Millionen Menschen unendliches Leid und den Tod. Die reale Grundlage dazu bildet ein alles umfassendes Staatssyndikat, in dem sich alle Bewohner Rußlands als schlecht entlohnte Angestellte oder als Arbeitssklaven des »Archipel GULAG« (KZ-Lager) wiederfinden. In dem Buch *»Nach dem Krieg«*, das 1930 erscheint, spricht Winston Churchill von einem »endlosen Winter inhumaner Doktrinen und übermenschlicher Barbarei«. Er zitiert die von Professor Sarolea zusammengestellten und in dem Buch *»Eine Übersicht des Sozialismus«* von Hearnshaw bestätigten Zahlen: Von sowjetischen Diktatoren wurden danach bis 1930 ermordet: 28 Bischöfe, 1219 Geistliche, 6000 Professoren und Lehrer, 9000 Doktoren, 12950 Grundbesitzer, 54000 Offiziere, 70000 Polizisten, 193290 Arbeiter und Gewerbetreibende, 815000 Bauern. Churchill nennt die sowjetischen Führer »Krokodile mit Meistergehirnen« und schreibt über Lenin: »... in bezug auf Lebensvernichtung von Männern und Frauen kann es kein asiatischer Eroberer mit seinem Ruhm aufnehmen.« Was Churchill damals noch nicht wissen konnte: Mit Lenin beginnt erst der lange Leidensweg von vielen Millionen Menschen, die von weiteren Diktatoren ermordet werden.

Vom Marxismus-Leninismus zum Stalinismus

Karl Marx hatte in seinen Thesen über Feuerbach polemisch geschrieben: »Die Philosophen haben die Welt nur verschieden interpretiert, es kommt aber darauf an, sie zu verändern.« Dazu bemerkt der französische Dichter Albert Camus (1913–1960), der engagiert gegen das Absurde seiner Zeit kämpft, in sarkastischer Weise: »Zu keiner Zeit ist mehr Blut geflossen als nach der Machtergreifung der Philosophen.« Es läßt sich einwenden, daß die »Machtergreifer« keine echten Philosophen, sondern nur Taktiker der Macht sind. Es ist aber nicht von der Hand zu weisen, daß die Aufforderungen einiger Philosophen bzw. Schriftsteller, den Worten Taten folgen zu lassen, nicht ungehört verhallen. So setzen aggressive Anarchisten, rechte Aktionisten und auch Marx die Gewalt vor das Ziel. Vom Marxismus zutiefst überzeugt, reißt Lenin die Macht mit Gewalt an sich und verteidigt sie mit allen Mitteln, unter Inkaufnahme millionenfacher Opfer, gegen alle Widerstände der zaristischen Rechten, aber auch gegen die demokratischen Parteien der Linken. Gleichzeitig widerlegt er mit dieser Praxis die marxistische These, das Sein bestimme das Bewußtsein. Kommunistische Machtstaaten sind nämlich das Ergebnis willentlicher Entschlüsse starker Persönlichkeiten, also des voluntaristischen Elements. Der Geist ist keine historisch schwache Macht, vielmehr vermag er vieles sogar gegen die ökonomischen Verhältnisse. Daß die Weltgeschichte nicht exakt nach immanenten Gesetzen abläuft, ist seither selbst marxistischen Theoretikern bewußt geworden, so daß sie jetzt nicht mehr einfach vom Marxismus, sondern vom *Marxismus-Leninismus* sprechen. Nicht mehr der Theoretiker Marx, sondern der Praktiker Lenin nimmt den ersten Platz in der politischen Heiligen-Hierarchie ein.

Im Jahre 1917 hatte das Volk in übergroßer Not und nach Millionen Kriegsopfern das autoritäre Zarenregime gestürzt. Der Theorie mancher Historiker zufolge geschah dies zwangsläufig, weil die Politik des Zaren Ursache des Elends gewesen sei bzw. es nicht verhindert habe. Nach der Abdankung des Zaren und nach dem Friedensschluß von Brest-Litowsk glauben viele, daß jetzt ein Frieden ohne Elend kommen müsse. Statt dessen wird das Land durch die Machtpolitik der Bolschewiken, die ihr Herrschaftsmonopol rücksichtslos ausnutzen, in einen der schrecklichsten Bürgerkriege der Geschichte verwickelt.

Nach Marxscher Theorie hätte sich jetzt das Volk erst recht gegen ein Herrschaftssystem erheben und es beseitigen müssen, dem es ein unbeschreibliches Elend verdankt. Tatsächlich kommt es an verschiedenen Orten zu Unruhen und Streiks. Im Februar 1921 stellen sich die zutiefst enttäuschten Matrosen von Kronstadt auf die Seite demonstrierender Arbeiter. Ein provisorisches Revolutionskomitee wendet sich gegen die Parteidiktatur einer bolschewistischen Minderheit. Es fordert Neuwahlen der Sowjets ohne Bolschewiken, ferner Rede-, Presse- und Versammlungsfreiheit für alle, auch für die nichtbolschewistischen linken Parteien. Im Namen des »aufständischen arbeitenden Volkes« wird eine »dritte Revolution« verlangt, die die Freiheiten der Februarrevolution wiederherstellen soll. Auf diese Herausforderung antworten die Bolschewisten entschlossen und hart. Und hierin liegt der entscheidende Unterschied zur Situation im Februar 1917: Im Gegensatz zu dem völlig verunsicherten Zaren zögern sie nicht, sofort ihre ganze Kraft zur Vernichtung der Streikenden einzusetzen. In erbitterten Kämpfen zeigen sie ein für allemal, wie sie mit einer inneren Opposition umgehen: Wer nicht im Kampf fällt, wird mit äußerster Härte bestraft, die Anführer werden hingerichtet.

Josef Stalin: Totalitäre Monokratie

Die Diktatur Stalins, die in der späteren sowjetischen Geschichtsschreibung als eine Art Betriebsunfall dargestellt wird, muß als systemimmanent bezeichnet werden, da sie bereits in der leninistischen Einparteiendiktatur angelegt ist. Nach dem Kronstädter Aufstand verbietet der X. Parteikongreß (22.–29. Dezember 1921) alle gewerkschaftlichen Aktionen der sogenannten *Arbeiteropposition* innerhalb und außerhalb der Partei. Diese beruft sich dabei auf die angebliche Vollmacht durch die Arbeiterklasse. Lenin geht noch einen Schritt weiter und versucht, innerhalb der Partei Meinungsfreiheit und Fraktionsbildung zu verhindern. Der *Fraktionalismus* wird von nun an als Verbrechen behandelt. Über die sogenannte *Generallinie* entscheidet nur noch das als oberste Parteiinstanz über dem *Zentralkomitee* stehende *Politbüro*. Um sicherzugehen, läßt Lenin durch Kontrollkommissionen das »moralische Verhalten« und den »rechten Glauben« aller Parteimitglieder überprüfen.

Mit dem X. Parteikongreß ist die Zeit der Revolution und des Bürgerkrieges abgeschlossen. Die Bolschewiken haben sich überall durchgesetzt, und nun beginnt die Konsolidierung eines neuen, *totalitären Systems*. Mit einem alles umfassenden bürokratischen Apparat wird das Individuum total erfaßt und unterdrückt, wobei ein einzelner Despot die höchste Macht über Staat und Gesellschaft ausübt.

Das Parteimonopol der Bolschewiken, das Fraktionsverbot und der Terror der geheimen Staatspolizei TSCHEKA sind die Voraussetzungen, auf denen Josef Stalin (1879–1953) jetzt aufbaut. Als Voluntarist von seltenem Ausmaß ergreift er die einmalige Gelegenheit. Mit seiner Person kehrt die *orientalische Despotie* in einer Form zurück, für die es in der Geschichte bis dahin kein Beispiel gibt. Inzwischen haben bolschewistische Parteikader das gesamte Land mit einem Netz überzogen und sich an die Stelle der Räte, der Sowjets, gesetzt. An der Spitze einer hierarchisch geordneten Organisation steht das *Zentralkomitee*. Dazu kommen noch das *Organisationsbüro* und das *Generalsekretariat*. Die oberste Instanz bildet ein vom *Zentralkomitee* gewähltes Führungsgremium, das *Politbüro*. Diese vier Organisationen kontrollieren mit zahlreichen Unterabteilungen den gesamten Staat und die ganze Gesellschaft. Ihre Mitglieder gehören somit zur neuen Machtelite. Seit 1922 ist Josef Stalin der einzige Parteiführer, der allen vier Körperschaften in entscheidender Funktion angehört. Als Volkskommissar (Minister) für Nationalitätenfragen gebietet er über 65 Millionen Angehörige asiatischer Völker, und als Kommissar der »Arbeiter- und Bauern-Inspektion« beaufsichtigt er die gesamte Staatsverwaltung. Um diese in den Griff zu bekommen, baut er über ihr eine Aufsichtsbehörde auf, eine Art »Überregierung«, mit der er alles und jeden kontrollieren kann. Die bisher schon schwerfällige Bürokratie verliert dadurch noch mehr an Effizienz, wird aber zu einem willfährigen Werkzeug Stalins.

1922 übernimmt Josef Stalin den Posten des Generalsekretärs im Sekretariat des Zentralkomitees, wodurch er in die Lage versetzt wird, die gesamte Verwaltung der Partei zu kontrollieren. Nach Lenins Tod (1924) nutzt er jede Gelegenheit, seine Macht auszubauen. Die oben erwähnte Kontrollkommission, die seit 1921 über die Moral der Parteimitglieder zu wachen hat, wird seinem Sekretariat unterstellt. Mit dieser Machtkonzentration und -fülle gelingt es Stalin, »seine Leute«, auf deren absolute Ergebenheit er rechnen kann, in allen entscheidenden Stellen unterzubringen. Bereits 1927 ist Stalin de facto uneingeschränkter Diktator. Obwohl »nur« Generalsekretär, ist er in der Lage, dem vorgesetzten Politbüro seinen Willen aufzuzwingen. Gnadenlos geht er jetzt gegen die als »Kulaken« bezeichneten selbständigen Bauern der Ukraine vor, die sich gegen die Kollektivierung wehren. Die rücksichtslose Aushungerung und »Vertreibung« in den sibirischen Winter kostet einige Millionen Menschen das Leben, an deren Leid bis heute kein Denkmal erinnert.

Mit Hilfe zahlreicher Augenzeugen, Presse- und Filmdokumenten hat das »Ukrainian Research Institute« der Harvard Universität den Völkermord an den Ukrainern untersucht. Professor Robert Conquest hat 1986 das Ergebnis in dem Buch *»The Harvest of Sorrow«* (deutsch: *»Ernte des Todes«*) vorgelegt. Er kommt zu dem Schluß, daß Stalin zur Festigung seiner Herrschaft die ethnisch und kulturell selbständige Minderheit der Ukrainer mit allen Mitteln des Terrors gefügig machen will. Dazu dient ihm einmal die Vernichtung der ukrainischen Intelligenz. Darüber hinaus sollen alle Bauern, die sich der Kollektivierung widersetzen, ausgehungert bzw. deportiert werden. Die Hungersnot von 1932/33 ist keineswegs die Folge einer Mißernte. Es gibt vielmehr eine genaue Blockadegrenze, außerhalb der genug Lebensmittel vorhanden sind. Das Ergebnis dieses wahrscheinlich größten Genozids der Weltgeschichte kostet nach der genannten Dokumentation sieben Millionen Menschen das Leben; drei Millionen davon sind Kinder. Dazu kommen noch weitere Millionen, die bei Kampfhandlungen ihr Leben verlieren oder aus Gefängnissen bzw. Arbeitslagern nie wiederkehren. Diese Verbrechen werden erstmals im Jahr 1988 in sowjetischen Zeitungen von Historikern zugegeben bzw. dargestellt. Bis zu jenem Zeitpunkt hat die Sowjetunion diesen Völkermord geleugnet und von einer »hundertprozentigen Lüge« gesprochen. Als Stalin schließlich auch noch die Geheime Staatspolizei (TSCHEKA, seit 1922 GPU, seit 1934 NKWD, heute KGB) befehligt, vernichtet er nach und nach auch die innere Parteiopposition. »Höhepunkte« sind die brutalen »Säuberungen«, wie die Terrormaßnahmen zur Tarnung umschrieben werden, und die Schauprozesse der dreißiger Jahre. 1934 werden Zehntausende von Parteiangehörigen in jene Lager nach Sibirien deportiert, wo bereits Millionen angebliche und echte Regimegegner der langsamen physischen Vernichtung preisgegeben sind. Das aufsehenerregende Buch »Der *Archipel GULAG*« (1976) von Alexander Solschenizyn wird später der Welt vom millionenfachen Leiden und Sterben der Deportierten berichten.

Seit 1936 weiten sich die »Säuberungen« zum Massenterror aus. Stalin läßt nicht nur alle tatsächlichen, sondern, und das ist das brutal Neue, alle möglichen Oppositionellen mit Hilfe der Staatspolizei »liquidieren«. Unter den Opfern, denen Hochverrat, Spionage, Sabotage etc. vorgeworfen wird, befinden sich alle ehemaligen Volkskommissare, viele Generäle, drei Marschälle und fast alle Sowjetbotschafter. Dazu kommt die Hälfte des sowjetischen Offizierskorps. Zuletzt werden die beiden Polizeichefs, die zuvor alles »Beweismaterial« herangeschafft haben, als unangenehme Zeugen beseitigt. Laut Nikita Chruschtschow (Nachfolger Stalins von 1958–1964) werden vom 1934 gewählten Zentralkomitee von 139 Mitgliedern insgesamt 98, also etwa 70 Prozent, umgebracht. Die glühenden Verfechter einer »reinen Idee« werden von ebenjener Maschinerie aus dem Wege geräumt, die sie selbst einst im Namen der reinen Lehre mitgeschaffen haben. »Die Revolution frißt ihre Kinder!« Für Machiavelli wäre das nichts Neues gewesen. Sobald Menschen einmal im Besitz unkontrollierter Macht sind, vergessen sie in der Regel alles, was sie vorher an schönen Theorien über die Machtausübung verkündet haben. Damit hängt es u.a. zusammen, daß sich in Diktaturen das Gewalttätigkeitspotential im Menschen ungestraft entfalten kann und Menschenrechtsverletzungen aller Art an der Tagesordnung sind.

Marxismus-Leninismus als offizielle Parteidoktrin

Aus der sichtbaren Diskrepanz zwischen dem Anspruch der Oktoberrevolution auf Befreiung und der Wirklichkeit ergibt sich die Aufgabe der parteioffiziellen Philosophie. Sie hat durch Schaffung einer »marxistisch-leninistischen Weltanschauung« für ein in sich stimmiges System zu sorgen, um das Regime nach innen und außen zu legitimieren. Dabei ist es nicht erforderlich, daß dieses Gedankengebäude mit der Wirklichkeit übereinstimmt. Wichtig ist nur, daß es von Unwissenden und Glaubenswilligen angenommen wird und durch sein hohes, an Hegel orientiertes Niveau auch Intellektuelle in den Bann ziehen kann. Diesem Anspruch wird die Lehre des Marxismus-Leninismus, die durch eine geschickte Zusammenstellung der Lehren von Marx, Engels und Lenin entstanden ist, durchaus gerecht. Einer kritischen wissenschaftlichen Analyse kann sie jedoch nicht standhalten. Ihre Grundlage, der HISTOMAT von Karl Marx, ist nachgewiesenermaßen ein politischer Mythos mit unbeweisbaren Grundannahmen (Axiomen) und irrigen Ableitungen. Die darauf aufbauenden Lehren Lenins mit der empirisch nicht haltbaren Imperialismus-Theorie und der falschen Weltrevolutions-Voraussage lassen die Theorie nicht besser werden. Nach Lenins Tod fügt Stalin der Lehre noch Elemente hinzu, die weder zu den Lehren von Marx noch zu denen von Lenin passen. Der Sinn einer solchen offiziellen Doktrin ist aber auch heute sichtbar: Sie bildet die Fassade einer immer noch dem Grundanspruch widersprechenden Wirklichkeit. Darüber hinaus dient sie als Grundlage der politischen Orientierung für alle Mitglieder der sowjetischen Gesellschaft und der kommunistischen Parteien in aller Welt (Abb. 29).

Obwohl sich Lenin in seinem Testament gegen Stalin ausgesprochen hat, versucht dieser nach 1924 alles, um sich als legitimer Nachfolger und Testamentsvollstrecker Lenins auszugeben. So formuliert er: »Der Leninismus ist der Marxismus der Epoche des Imperialismus.« 1938 veröffentlicht er die Schrift *»Über dialektischen und historischen Materialismus«*, die mit dem Satz beginnt: »Der dialektische Materialismus ist die Weltanschauung der marxistisch-leninistischen Partei.« Engels folgend, bezieht Stalin den DIAMAT auf die Erkenntnis der Natur und ihrer dialektischen Bewegungsgesetze: »Der historische Materialismus ist die

Ausdehnung der Leitsätze des dialektischen Materialismus auf die Erforschung des gesellschaftlichen Lebens.« Mit anderen Worten: Die geschichtlichen und gesellschaftlichen Phänomene können laut Stalin naturgesetzlich erklärt werden, »... die Geschichte der Gesellschaft wird zu einer gesetzmäßigen Entwicklung der Gesellschaft«.

Für die Bedürfnisse und Nöte des Individuums bleibt in dieser Theorie kein Platz. Dafür gebe der Marxismus-Leninismus, behauptet Stalin, »der Partei die Möglichkeit, sich in der jeweiligen Situation zu orientieren, den inneren Zusammenhang der rings um sie vor sich gehenden Ereignisse vorauszusehen und zu erkennen, nicht nur, wohin sich die Ereignisse gegenwärtig entwickeln, sondern auch, wie und wohin sie sich künftig entwickeln müssen«.

Eine erste vollständige und systematische Darstellung des Marxismus-Leninismus erscheint 1959 mit dem Lehrbuch *»Grundlagen des Marxismus-Leninismus«*. Erstmals wird die gesamte Lehre zusammenhängend mit folgender Gliederung dargestellt:

I. Philosophie
1. DIAMAT
2. HISTOMAT (dazu gehört das Kapitel »Moral«)

II. Politische Ökonomie
1. Kritik des Kapitalismus
2. Ökonomie des Sozialismus und Kommunismus

III. Politische Lehre (Wissenschaftlicher Sozialismus)
1. Klassenkampf, die Rolle der Partei, Strategie und Taktik
2. Aufbau des Sozialismus und des Kommunismus

An dieser Stelle ist es nicht möglich, die gesamte Systematik zu referieren. Um aber den Charakter des Marxismus-Leninismus zu verdeutlichen, sollen im Folgenden wenigstens zwei wesentliche Teile kurz zusammengefaßt werden.

Philosophie des Marxismus-Leninismus

Der dialektische Materialismus (DIAMAT) stellt eine Verallgemeinerung der sozialen Lehren von Marx (HISTOMAT) dar. Sie sollen danach in der gesamten kosmischen Natur gelten, in der sich alles deterministisch zu immer höheren Formen entwickele. Einen Gott gebe es nicht, der Mensch solle sich deshalb nur von der Vernunft leiten lassen. Lenin erklärt diese rein theoretischen und metaphysischen Grundprinzipien zur »Seele« seiner Lehren. Philosophisch gesehen, ist der DIAMAT eine logisch unmögliche Verbindung zweier Denkrichtungen, des Hegelianismus (*Idealismus*) und des Materialismus (*Realismus*).

Von Marx entworfen, von Engels vereinfacht und endgültig festgelegt, ist der Historische Materialismus (HISTOMAT) im wesentlichen eine Soziologie mit der These, das Bewußtsein, also das Geistige, hänge vom materiellen Sein ab, also von der Produktionsweise. Diese statische Analyse mit ihrem Basis-Überbau-Schema wird noch ergänzt durch eine dynamische Analyse der Gesellschaftsentwicklung, die in der Lehre von den fünf Gesellschaftsformationen ihren Niederschlag findet.

Mit dem HISTOMAT ist auch eine idealistische und revolutionäre *Morallehre* verbunden, deren Ziel nicht in der Gegenwart, sondern in der Zukunft liegt und die damit den Charakter einer Erlösungslehre annimmt. Ausgehend vom Marxschen *atheistischen Humanismus*, wird der Mensch der Zukunft für das Höchste erklärt und gefordert: »Alles für den Menschen!« Im Sinne des *spezifischen Humanismus* wird zwischen dem Wertvollen und dem Niedrigen im Menschen unterschieden. Das führt zu dem Imperativ: »Handle so, daß das Gute, das echt Menschliche im Menschen siegt!« Weil aber der heutige Mensch noch nicht vollwertig sei, wird noch hinzugefügt: »Handle so, daß der Mensch so schnell wie möglich ein Mensch werden kann, daß er in das Reich der Vernunft und Freiheit eintrete!« Das Haupthindernis der Menschwerdung, das Grundübel, liege im Privateigentum an Produktionsmitteln. Deshalb heißt hier die Forderung: »Handle so, daß das Privateigentum an Produktionsgütern abgeschafft wird, das heißt der Kollektivismus, das Gemeinschaftseigentum errichtet sei!« Durch Beseitigung des Privateigentums an Produktionsmitteln werde das Proletariat die Menschheit von ihren Leiden erlösen. Deshalb: »Handle so, daß das Proletariat so schnell wie möglich siegt! Gut und moralisch ist, was den Sieg des Proletariats näher bringt – denn das ist der Sieg der Menschheit und der wesentliche Schritt zu ihrer Befreiung.« Weil das Proletariat dumm sei (Lenin), müßten dessen Gewissen und Bewußtsein stellvertretend von der kommunistischen Partei verkörpert werden. Also: »Handle so, daß die kommunistische Partei so schnell wie möglich siegt. Gut und moralisch ist das, was der Taktik der Partei nützlich ist, böse und unmoralisch ist alles, was sie an ihrem Siegesmarsch behindert.«

Absoluter Wert dieser »Moral« ist der Sieg der Partei. Damit wird jedes auch noch so abscheuliche Verbrechen gerechtfertigt, wenn es nur den Zielen der Partei dient. Es handelt sich also letztlich nicht um eine humanitäre Moral, sondern um ein machiavellistisches Prinzip: Der Zweck – die erlöste Menschheit der Zukunft – heiligt (alle) Mittel in der Gegenwart! Eine solche Moral weist vier besondere Merkmale auf: Sie ist

- *Erstens: historistisch*, weil sie auf ein in der Zukunft liegendes Ziel gerichtet ist.
- *Zweitens: monistisch*, weil sie nur einen Wert kennt, nämlich den Sieg der Partei. Das bedeutet im Falle einer Gerichtsverhandlung, etwa wegen eines angeblich »parteischädigenden Verhaltens«, daß eine Ehefrau auf-

grund dieser Moral gezwungen ist, gegen ihren Mann auszusagen. In einem liberalen Staat hingegen gilt juristisch eine *pluralistische Moral*, die auch andere Werte, so die Ehebindung oder die ärztliche Schweigepflicht, anerkennt.

○ *Drittens: eine objektive Moral*, weil sie dem Menschen nichts verspricht, was ihm subjektiv nützt, sondern ihn auffordert, sich für eine Sache einzusetzen, die außer ihm stehe, die also »objektiv« sei. Die kommunistische Moral ist also, entgegen allen Vorstellungen, in erster Linie *keine Wohlfahrtsmoral*, sondern eine *im Wesen idealistische*. Sie wirbt nicht mit Wohlstand und Freiheit, sondern mit Kampf und Entbehrungen zwecks Erlösung der Menschheit im Diesseits und Errichtung einer neueren und schöneren idealen Welt.

○ *Viertens: promethisch*, weil sie den in einer angeblich gottlosen Welt lebenden Menschen auffordert, die Welt zu meistern (*absoluter Humanismus*). Auf die Hilfe transzendenter Mächte dürfe er nicht hoffen. In einer unendlichen Welt sei er allein auf sich gestellt.

Diese kommunistische Morallehre ist in ihrer prinzipiell menschenverachtenden Konsequenz keineswegs eine Erfindung Lenins; sie ist bereits in der Marxschen Humanismus-Vorstellung enthalten. Schon dort steht der Fortschritt der »Menschheit« höher als das Einzelschicksal. Das wird an mehreren Stellen seiner Schriften deutlich. In der *»Kritik des Gothaer Programms«*, in dem die SPD 1875 die allgemeine und gleiche Volkserziehung, die allgemeine Schulpflicht und den unentgeltlichen Unterricht gefordert hat,schreibt Marx: »Allgemeines Verbot der Kinderarbeit ist unverträglich mit der Existenz der großen Industrie und daher leerer frommer Wunsch. Durchführung derselben - wenn möglich - wäre reaktionär, da bei strenger Regelung der Arbeitszeit nach den verschiedenen Altersstufen und sonstigen Vorsichtsmaßnahmen zum Schutz der Kinder frühzeitige Verbindung produktiver Arbeit mit Unterricht eines der mächtigsten Umwandlungsmittel der heutigen Gesellschaft ist.«

Kinderarbeit dient also der Revolution, eine Abschaffung ist infolgedessen reaktionär! Bert Brecht hat dieser Art Humanismus ein bleibendes literarisches Denkmal gesetzt. In dem Bühnenstück *»Die Maßnahme«* verurteilen Kommunisten im Untergrund einen ihrer Leute zum Tode, weil er durch ständiges Mitleid mit den Unterdrückten, denen er notlindernde Hilfe bringt, die Revolution der Zukunft gefährde. Ein weiteres konkretes Beispiel kommunistischer Moralvorstellungen findet sich in der *»Neuen Rheinischen Zeitung«*. Darin kommentiert Marx am 15. Dezember 1849 das Ergebnis des sogenannten »Annexionskrieges« von 1846/48, in dem die USA den Mexikanern Texas und Kalifornien entrissen haben. Einleitend wird der USA als einer »zivilisierten Nation« ausdrücklich das Recht zugebilligt, gegenüber einer rückständigen Nation (Mexiko) »die von Natur gezogenen Grenzen aus geographischen, kommerziellen und militärischen Notwendigkeiten um einige hundert Meilen weiter südlich zu verlegen«. Gewiß habe dieser Eroberungskrieg einer auf »Gerechtigkeit und Menschlichkeit gestützten Theorie einen argen Stoß versetzt«. Darüber dürfe jedoch nicht vergessen werden, daß er »einzig und allein im Interesse der Zivilisation geführt« worden sei. Wörtlich heißt es weiter: »Oder ist es etwa ein Unglück, daß das herrliche Kalifornien den faulen Mexikanern entrissen, die nichts damit zu machen wußten? Daß die energischen Yankees durch die rasche Ausbeutung der dortigen Goldminen die Zirkulationsmittel vermehren, an der abgelegensten Küste des Stillen Meeres in wenigen Jahren eine dichte Bevölkerung und einen ausgedehnten Handel konzentrieren, große Städte schaffen, Dampfschiffahrtsverbindungen eröffnen, den Stillen Ozean erst eigentlich der Zivilisation öffnen und zum dritten Male in der Geschichte dem Welthandel eine neue Richtung geben werden? Die Unabhängigkeit einiger Kalifornier und Texaner mag darunter leiden, die Gerechtigkeit und andere moralische Grundsätze mögen hie und da verletzt sein; aber was gilt das gegen solche weltgeschichtlichen Tatsachen?« Ein Kommentar erübrigt sich hier.

Klassenkampf, die Rolle der Partei, Strategie und Taktik

Die Theorie der antagonistischen Klassen und des Klassenkampfes gehört zu den Grundlagen des HISTOMAT und der Kritik des Kapitalismus. Karl Marx sieht die Gesellschaft in allen Geschichtsperioden, mit Ausnahme der ersten, in zwei Hauptklassen gespalten: in Ausbeuter und Ausgebeutete. Er kommt deshalb zu dem Schluß: »Die bisherige Geschichte der Menschheit ist die Geschichte des Klassenkampfes.«

Im Rahmen des Klassenkampfes kommt der Partei die entscheidende Position zu. Von Lenin gegründet, ist sie verpflichtet, der gesamten Menschheit die kommunistische Ideologie aufzuzwingen. Diese wiederum schreibt der Partei neben den Zielen auch die Methoden des Handelns und die Regeln revolutionärer Politik vor. Partei und Ideologie sind so voneinander abhängig, daß die eine ohne die andere nicht bestehen kann. Die Partei allein ist Trägerin und Hüterin der Ideologie. Gleichzeitig nimmt sie in Anspruch, unfehlbare Autorität bei deren Deutung zu sein. In ihrem Selbstverständnis zeichnet sie sich durch vier Hauptmerkmale aus:

- Sie soll eine kleine Elite des Proletariats sein, aber in der Praxis sind die meisten ihrer Mitglieder Intellektuelle. Das verstößt nicht gegen die Ideologie, da diese nur zwei Klassen kennt. Intellektuelle können als sogenannte »schwebende Schicht« sowohl zum Bürgertum als auch zum Proletariat gehören. Soziologisch gesehen ist das natürlich nicht haltbar. In der Praxis wird diese Partei-Elite als »Neue Klasse« (Djilas) oder als

»Nomenklatura« (dem Sinn nach »Namensliste« der oberen Zigtausend) bezeichnet.

○ Diese Elite-Partei versteht sich als Vortrupp (Avantgarde) und als Bewußtsein und Gewissen des unmündigen (dummen) Proletariats. Die Partei denkt für das Volk. Feinde der Partei werden deshalb auch zu Feinden des Proletariats erklärt. Unter diesen Umständen halten es Kommunisten für Unsinn, das Volk wählen zu lassen. Da nur die Partei den Willen des Volkes kenne, herrsche allein dort eine Demokratie, wo die Partei den Willen des Volkes verwirkliche. Die Bundesrepublik ist nach dieser Auffassung ein undemokratischer Staat, weil hier die kommunistische Partei ohne Einfluß ist.

○ Die Partei muß notwendigerweise eine Elite von Berufsrevolutionären sein. Kommunisten sollen, laut Lenin, Menschen sein, die nicht nur ihre freien Abende, sondern ihr ganzes Leben der Revolution widmen. In der Praxis sieht das natürlich anders aus, da Parteimitglieder in Wirtschaft und Staat alltägliche Funktionen auszuüben haben, von denen sie ganz ausgefüllt sind. Auch gibt es nicht jederzeit und überall revolutionäre Situationen. Zumindest im eigenen Land ist der Sowjetführung nichts an revolutionärer Stimmung gelegen.

○ Das vierte Merkmal ist schließlich die militärische Organisation der Partei, die als *demokratischer Zentralismus* bezeichnet wird. Wegen ihrer militärisch straffen Disziplin kann die kommunistische Partei mit keiner anderen verglichen werden. Eher schon mit mittelalterlichen Ritterorden, die als militärische Organisationen im Dienste eines heiligen Glaubens kämpften.

Der Partei angeschlossen bzw. untergeordnet sind die »Transmissionen« und die »Frontorganisationen«. Zu den ersteren zählen kommunistische Gewerkschaften und Jugendverbände, die den Willen der Partei in bestimmten Bereichen weiterzuleiten und durchzusetzen haben. Die Frontorganisationen haben die Aufgabe, im Ausland Massenorganisationen von Nichtkommunisten (Gewerkschaften, Verbände, Friedensbewegungen etc.) mit Kommunisten zu durchsetzen und sie zu beeinflussen.

Aus Struktur und Aufgaben der Partei ergeben sich auch *Strategie und Taktik der Weltrevolution.* Die kommunistische Ideologie vermittelt ein ganzes Instrumentarium kriegerischen Denkens. Politische Aktionen müssen nach allen Regeln der Kriegskunst durchgeführt werden. Weil beispielsweise ein Krieg nie durch reine Verteidigung zu gewinnen wäre, legt die kommunistische Strategie großen Wert auf Angriff. Noch wichtiger aber ist die Tatsache, daß der Marxismus-Leninismus eine *Theorie des geistigen Krieges* entwickelt hat, die in der Parteiengeschichte einmalig ist. Heißt es noch bei dem preußischen Militärtheoretiker Carl Philipp Gottfried von Clausewitz (1780–1831), Krieg sei eine Politik mit anderen Mitteln, so lehrt der Marxismus-Leninismus, Politik sei ein mit anderen

Mitteln geführter Krieg. Das bedeutet in der Praxis, daß im Kampf um politische Macht alle Mittel, diplomatische und wirtschaftliche, propagandistische und kulturelle, den Umständen entsprechend eingesetzt werden müssen. Am Beginn des geistigen Krieges steht die möglichst weitreichende moralische Schwächung des politischen Gegners. In der zweiten Phase müssen Kommunisten versuchen, sich mit größeren Gruppierungen, Verbänden, Parteien und mit jenen Ländern der Dritten Welt zu verbünden, die mit dem kapitalistischen Westen unzufrieden sind. Immer geht es dabei um die zentrale Macht, die mit Hilfe »nützlicher Idioten« (Lenin) und aller möglichen Mittel errungen werden muß. Nach gemeinsamer Machtergreifung werden die bisherigen Verbündeten entmachtet. Endziel ist die Alleinherrschaft der Kommunisten. Der Marxismus erhebt also, insgesamt betrachtet, einen totalen Anspruch auf die Macht in allen Ländern der Erde. Das steht in krassem Widerspruch zu den ständigen Friedensbeteuerungen aus dem sozialistischen »Friedenslager«.

Aktuelle Bedeutung des Marxismus-Leninismus: »Aufgeklärter« Totalitarismus?

Nach der Machtergreifung tritt, gemäß kommunistischer Vorstellung, der Sozialismus in eine Phase ein, über die sich Marx immer nur in utopischer Weise geäußert hat. In der *»Kritik des Gothaer Programms«* spricht er von »einer höheren Phase der kommunistischen Gesellschaft«, in der die Arbeitsteilung aufgehoben sei, jeder nach seinen Fähigkeiten arbeiten könne und nach seinen Bedürfnissen entlohnt werde. Noch deutlicher wird Marx in der *»Deutschen Ideologie«*. Dort heißt es, daß in der kommunistischen Gesellschaft jeder nicht nur *einen* Beruf ausübe, sondern daß sich jeder »in jedem beliebigen Zweige ausbilden kann, [daß] die Gesellschaft die allgemeine Produktion regelt und mir eben dadurch möglich macht, heute dies, morgen jenes zu tun, morgens zu jagen, nachmittags zu fischen, abends Viehzucht zu treiben, nach dem Essen zu kritisieren, wie ich gerade Lust habe, ohne je Jäger, Fischer, Hirt oder Kritiker zu werden«. In seiner *»Utopie . . .«* nennt Engels dies den »Sprung der Menschheit aus dem Reich der Notwendigkeit in das Reich der Freiheit«.

Es ist nicht verwunderlich, daß der Marxismus solcher Aussagen wegen als Utopie charakterisiert wird. Wenn man unter »Utopie« nicht eine romanhafte Erfindung versteht, sondern ganz neutral den Entwurf eines wünschenswerten, aber noch nicht verwirklichten Gesellschaftszustandes, muß man auch den Zukunftsentwurf von Marx/Engels als Utopie kennzeichnen. Dagegen aber wehren sich die Marxisten erbittert. Mit einem *utopischen Sozialismus* möchten sie nichts zu tun haben. Die Ursache dafür liegt in dem Anspruch des Marxismus, »Wissenschaft« zu sein, was eine Utopie nun einmal nicht sein kann. Zur Verteidigung die-

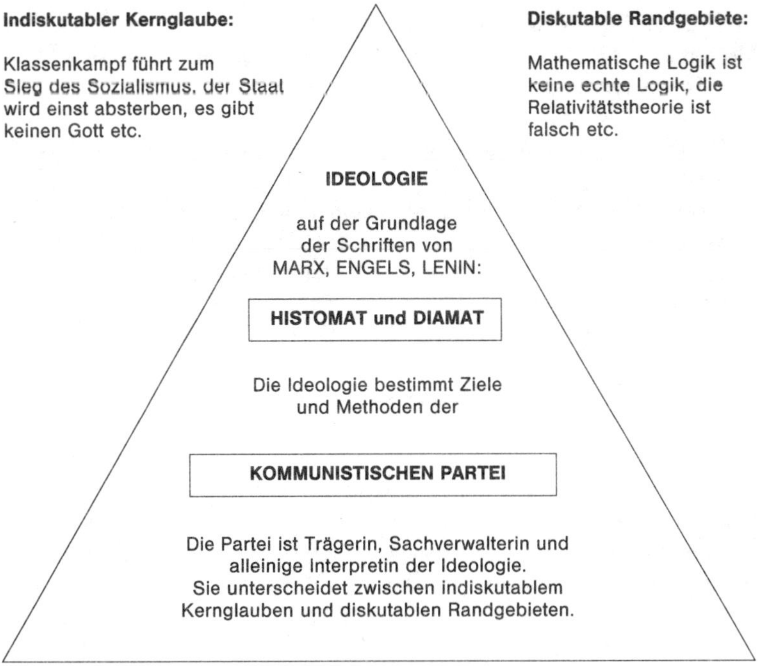

Da der »spekulative Überbau«, also die interpretierende Ableitung, nur der Partei erlaubt ist, kann sie die Auslegung der Ideologie ihren jeweiligen Interessen anpassen. Je weiter sich aber die Ideologie von der politischen und ökonomischen Wirklichkeit entfernt, desto bedeutungsloser wird sie, auch wenn sie formal noch ihren Rang behält.

Abb. 30: *Ideologie des Marxismus-Leninismus*

ses Anspruches schreibt Engels 1882 in einer populären Zusammenfassung des Histomat und der Ökonomie in der Politik *(». . . von der Utopie zur Wissenschaft«)*: die »beiden großen Entdeckungen: die materialistische Geschichtsauffassung und die Enthüllung des Geheimnisses der kapitalistischen Produktionsweise vermittelst des Mehrwertes verdanken wir Marx. Mit ihnen wurde der Sozialismus eine Wissenschaft . . .«

Marxisten sind demnach der Meinung, damit sei die Grundlage zur wissenschaftlichen Bewältigung auch zukünftiger Entwicklungen gegeben. Um den Wahrheitsgehalt dieser Auffassung prüfen und beurteilen zu können, muß noch einmal ganz kurz gefragt werden, was »Wissenschaftlichkeit« grundsätzlich bedeutet. Nach allgemeiner Festlegung nennt man ein Urteil »wissenschaftlich«, wenn es erstens auf einer ständig nachprüfbaren Erfahrung und zweitens auf jenen logischen Regeln beruht, die im betreffenden Fach gelten. Drittens ist ein wissenschaftliches Urteil immer diskutier- und revidierbar. Falls nur eines der drei Merkmale fehlt, handelt es sich nicht mehr um Wissenschaft. Dem Marxismus-Leninismus fehlen aber gleich alle drei Merkmale:

- Erstens gründet er nicht auf Erfahrung, sondern auf Texten der Klassiker.
- Zweitens benutzt er nicht allgemein anerkannte wissenschaftliche Methoden, sondern seine eigenen. Der HISTOMAT zum Beispiel nimmt keine Rücksicht auf die Regeln und Erkenntnisse der Soziologie.
- Drittens wird er, von Randgebieten abgesehen, als unveränderliches Dogma betrachtet, über das es keine Diskussion geben dürfe.

Nach Ansicht des sogenannten *»Wissenschaftlichen Kommunismus«* wird die kommunistische Endperiode erreicht, wenn eine Weltrevolution alle Ausbeuterklassen ausgemerzt hat, wenn die Produktionsgrundlage für einen Güterüberfluß geschaffen und die Umwandlung des Menschen zu einem neuen, kommunistischen Menschen gelungen ist. Man arbeite dann nicht mehr des Lohnes wegen, sondern aus reiner Freude an der Arbeit. Frei von Egoismus verfüge der Mensch über alle materiellen Güter, so daß es keine Ausbeutung, Verbrechen und Kriege mehr gäbe.

Gerade der letzte Punkt verdeutlicht, daß die ungeheuren Anstrengungen und Opfer des Marxismus-Leninismus letztlich einer großen Illusion gelten. Die gegenwärtige Krisensituation aufgrund weltweiter Umweltzerstörung, aber auch die Endlichkeit der Rohstoffreserven beweisen, daß es niemals materiellen Überfluß für alle geben kann, dazu noch bei einer weltweiten Zunahme der Bevölkerung. Eher ist das Umgekehrte zu befürchten. Es ist auch fraglich, ob der Mensch sich jemals zu einem kommunistischen Idealmenschen manipulieren läßt. Eine solche Wandlung ist noch nicht einmal den großen Religionen mit ihrer außerordentlichen geistigen Erziehungsmacht gelungen. Der tatsächliche Geschichtsverlauf hat bisher auf die Marxschen Voraussagen keine Rücksicht genommen, und von einer Besserung des Menschen ist bis heute nichts zu spüren, eher ist das Gegenteil der Fall. Noch nie hat es so viel Brutalität und Barbarei gegeben wie nach der Machtübernahme von Kommunisten, Faschisten, Nationalsozialisten u.a.

In dem Buch *»Die Macht des Unglaubens«* untersucht Alexander Sinowjew die Rolle der marxistisch-leninistischen Ideologie in der Sowjetunion. Er stellt dabei die Frage, ob sie auch heute noch Grundlage und Antriebskraft politischer Entscheidungen ist. Als ehemaliges Mitglied des »Institutes für Philosophie der Akademie der Wissenschaften« in Moskau weiß er genau, wovon er spricht, wenn er der Sowjetideologie jeden Charakter einer Wissenschaft abspricht. Diese Tatsache sei aber zugleich ihre Stärke, da sie jederzeit etwas behaupten könne, ohne es beweisen zu müssen. Gerade deshalb, weil der Marxismus keine Wissenschaft sei, habe er so erfolgreich sein können. Das Hauptentscheidungskriterium der marxistischen Führung heiße nicht »wahr« oder »falsch«, sondern »zweckmäßig und wirksam«. Zwar glaube kaum noch jemand an die Ideologie, wichtiger sei aber, daß sie in der Praxis akzeptiert werde. Die Gründe dafür sieht Sinowjew darin, daß der Sowjetbürger sein Leben lang von dieser Ideologie umgeben und bewegt werde. Es bleibe ihm nichts anderes übrig, als sich ihr im Denken und Handeln anzupassen. Schon als Kind gerate er in den »ideologischen Apparat« des Kindergartens, der Schule, der Jugendorganisationen, später in den der Pratei, des Militärs und des Betriebes. Dazu kämen noch viele andere ideologisch orientierte Institutionen, nicht zuletzt die Medien. Ziel dieser lebenslangen Beeinflussung sei es, das Denken des Bürgers so zu lenken, daß er gar keine anderen als die vorgegebenen Vorstellungen entwickeln könne. Je weiter dieser Erziehungsprozeß fortgeschritten sei, desto »milder« könne das System vorgehen - und im selben Maß entfiele die Notwendigkeit stalinistischer Terrormethoden. Trotz dieser Ritualisierung hält der Autor die Ideologie für notwendig, da nur durch sie das System erhalten werden könne. Ohne diese Klammer müsse es über kurz oder lang zusammenbrechen. Das aber liege nicht im Interesse der Herrschenden, der Nomenklatura. An dieser Feststellung Sinowjews hat sich, auch im Zeichen von »Glasnost« und »Perestroika« in der nach wie vor atheistischen Einparteiendiktatur nichts geändert. Bei fehlender Gewaltenteilung sind Staatsobrigkeit und Parteiführung immer noch identisch.

Nach über siebzig Jahren kommunistischer Herrschaft in der Sowjetunion zeigt sich aber, daß eine überwiegend auf Ideologie aufgebaute Wirtschaft nicht in der Lage ist, die eigene Bevölkerung mit mehr als dem Notwendigen zu versorgen. Und das, obwohl das Land große Rohstoffreserven, genügend Agrarland und eine gebildete Bevölkerung besitzt. Es kann infolgedessen nur am System liegen. Das hat man inzwischen auch erkannt. Perestroika und Glasnost sind nichts anderes als der Versuch, den Staat auf eine pragmatischere Grundlage zu stellen, ohne gleichzeitig die ideologische Basis zu verwerfen. Insofern gleicht die sowjetische Gesellschaft einer Masse von Gläubigen, die religiöse Gebote traditionell befolgen, ohne noch an Gott zu glauben.

Parallel dazu hat sich im Westen ein liberaler Relativismus ausgebreitet. Er vertritt die Ansicht, daß man auch diejenigen, die die Freiheit bekämpfen, tolerieren und als gleichberechtigte Partner ansehen müßte. Es führe auch zu nichts, in einer Auseinandersetzung mit den Lehren des Kommunismus auf die falschen Prämissen und schlimmen Konsequenzen in der Praxis hinzuweisen. Das wäre übler »Antikommunismus« aus der Zeit des »Kalten Krieges«. Man sollte sich vielmehr darauf konzentrieren, daß der Marxismus auf Fragen und Probleme Antworten suche, die die Menschen in einer säkularisierten Welt bis heute bewege. Gegen das letztere allein ist nichts einzuwenden, im Gegenteil, und in unserem

Text ist deutlich darauf hingewiesen worden, daß Marxismus weit mehr ist als eine politische Theorie. Allerdings gibt es die weitverbreitete Ansicht, daß eine Theorie, die so die Welt mitverändert hat wie die marxistische, als Ganzes auch in ihren Konsequenzen kritisch dargestellt werden muß, wenn man sie und die Geschichte verstehen will - auch die inhumane bzw. illiberale Praxis kommunistischer Herrschaft. Wer aber jene nicht billigend in Kauf zu nehmen gedenkt, wird herabwürdigend als bornierter »Antikommunist«, als »Kalter Krieger« beschimpft. Dabei bedeutet »Antikommunismus« doch nichts anderes als die strikte Ablehnung des Antiparlamentarismus, Antiliberalismus, Antipluralismus etc. zugunsten eines freiheitlich organisierten demokratischen Staates.

Antikommunismus impliziert in keiner Weise die Ablehnung der Sowjetunion als Staat. Mit ihm zu reden und zu verhandeln ist für das Schicksal der Menschheit von größter Bedeutung. Das bedeutet nicht, daß man den eigenen, den liberal-demokratischen Standpunkt verleugnen muß. So spricht etwa kaum jemand über die Ausgrenzung von Katholiken, Protestanten, Orthodoxen, der Wolgadeutschen etc. von der politischen Macht in der Sowjetunion. »Ausgrenzung« bedeutet aber nichts anderes als »Apartheid«, gegen die man zum Beispiel im Fall Südafrika mit Demonstrationen, Wirtschaftssanktionen, Boykotten reagiert.

Italienischer Faschismus

Subjektive und objektive Rahmenbedingungen

Im Gegensatz zum bolschewistischen Staat ist der faschistische nicht das Ergebnis einer durchdachten Revolutionstheorie, die von wenigen und zu allem entschlossenen Parteiführern verwirklicht wird. Im Gegenteil, erst 1932 sieht sich Benito Mussolini (1883–1945) genötigt, ein faschistisches Glaubensbekenntnis, La dottrina el fascimo, zu veröffentlichen. Als offizielle Lehre dient es zu diesem Zeitpunkt nicht mehr der Machtergreifung, sondern nur noch der Legitimierung und Machterhaltung. Andererseits ist die faschistische Diktatur kein Zufallsergebnis. Eine parlamentarische Demokratie, die über starke Ordnungskräfte verfügt, kann nicht über Nacht beseitigt werden, solange ein militärischer Putsch undurchführbar ist. Dagegen ist es sehr wohl möglich, sie von innen heraus zu erobern. Gelingt es einer Partei, eine genügend große Wählermasse für eine bestimmte Politik zu gewinnen, so ist sie in der Lage, das gesamte parlamentarische Leben lahmzulegen und diese Situation für eine scheinlegale Machtergreifung zu nutzen. Die Geschichte Italiens und der Weimarer Republik liefern dazu die besten Beispiele. Ist eine solche Partei erst einmal an der Macht, verfügt sie auch schnell über die Kräfte der Polizei und des Militärs.

Es ergibt sich die Frage, was Wählermassen einer radikalen Partei in die Arme treibt. In ruhigen Zeiten, in denen die Wirtschaft blüht, hat sie nur geringe Chancen, an die Macht zu gelangen. Die meisten Groß- und Kleinbürger sind konservativ eingestellt und fürchten instinktiv jede Veränderung. Solange ihnen nur schwach organisierte Arbeitermassen entgegenstehen, die man mit geringen Ordnungskräften leicht in Schach halten kann, gibt es auch keinen Grund zu radikalen politischen Maßnahmen. Das gleiche gilt auch für die ersten Jahre der Weimarer Republik. Die Reichswehr beweist in dieser Zeit, daß sie mit jedem Aufstand von links und rechts fertig werden kann. Trotz wirtschaftlicher Krisensituationen erhalten rechtsradikale Gruppierungen, zu denen u.a. auch Adolf Hitler (1889–1945) gehört, bis 1923 nur wenige Prozent der Wählerstimmen.

In Italien ist die Situation völlig anders. Wie alle europäischen Länder hat auch dieses Land unter den Folgen des Krieges zu leiden. Für heimkehrende Soldaten, Kriegsinvaliden und Hinterbliebene und zur Bezahlung der Kriegskosten werden große Summen benötigt; für allgemeine soziale Maßnahmen sind keine Gelder mehr vorhanden. Dazu kommt die Enttäuschung der Patrioten über den »verlorenen Sieg«. Als Partner der Westmächte hatte man seinen »gebührenden« Anteil an der Beute erwartet. Im Friedensvertrag von Paris (1919) erhielt Italien »nur« das Trentino und Südtirol bis zum Brenner, Triest und das Küstenland von Istrien. Bei der Verteilung der »kolonialen Beute« geht Italien leer aus.

Die inneren Spannungen wachsen bis an den Rand eines Bürgerkrieges, wobei die Staatsautorität sichtbar verfällt. Bei den Wahlen von 1919 siegen die Sozialistische Partei und die neu gegründete Katholische Volkspartei (Partito popolare). In einem Land, in dem es wegen seiner Zurückgebliebenheit weder ein starkes industrielles Großbürgertum noch ein zahlreiches Industrieproletariat gibt, fehlen alle theoretischen Voraussetzungen für eine Revolution im Marxschen Sinne. Aus diesem Grunde wagen die Sozialisten keine revolutionäre Politik, weigern sich aber auch, zusammen mit den liberalen bürgerlichen Parteien Regierungsverantwortung zu übernehmen. Die Partito popolari wiederum lehnt sowohl den Sozialismus als auch den materialistischen Liberalismus strikt ab. Im Paralament blockiert jeweils eine Seite kompromißlos alle anderen. Die Probleme harren indessen vergebens einer Lösung. Die Lähmung des Parlamentes und außenparlamentarische Aktionen der Sozialisten rufen die Reaktion der wachsenden faschistischen Bewegung hervor. Die Zeitschrift *»La Civilta Cattolica«* veröffentlicht 1922, also nach der Machtübernahme durch die Faschisten, eine leidenschaftliche Anklage gegen die Sozialisten: »Der Triumph der neuen Herren Italiens ist vor allem auf die zahllosen Irrtümer und verbrecherischen Vorstellungen, das heißt auf all die Übeltaten, zurückzuführen, deren der italienische Sozialismus sich seit Beginn des Krieges schuldig gemacht hat.«

Aus seiner parteilichen Sicht, aber insgesamt gut belegt, zählt der Verfasser, ein Jesuit, die »Übeltaten« auf: Tyrannei roter Ortsverwaltungen und Gewerkschaften gegenüber Andersdenkenden; von sozialistischen Organisationen ausgeübter Druck auf ihre Mitglieder, sich und die Familie von der Kirche fernzuhalten; gewaltätige Aktionen gegen Priester bzw. kirchliche Prozessionen etc. Dazu erklärt er weiter: »Angesichts des Sozialismus, der mit der Verspottung des patriotischen Geistes, mit der aufreizenden Predigt des Bolschewismus, mit barbarischer und sektiererischer Illegalität, mit der unheilbaren Sterilität seiner politischen Aktionen Spaltung in den Massen geschaffen und in seiner Umwelt eine Unzahl von Protesten und Ressentiments hervorgerufen hat, angesichts des Verhaltens des unfähigen und der ernsten Lage nicht gewachsenen Staates war die Stimme des Faschismus, die dieser Unordnung ihr ›Genug‹ zurief, wie ein Kampfruf, der in der Menge der Müden, der Überdrüssigen, der Interessierten und der Ehrenwerten mit Notwendigkeit Sympathie und Zustimmung finden mußte, auch wenn sie nur das Ziel, nicht aber die Methoden der Faschisten billigen.«

Aus dem Lager der Sozialisten versucht Giovanni Zibordi, Autor der Schrift *»Der Faschismus als antisozialistische Koalition«* (1922), die aggressiven und kirchenfeindlichen Aktionen der Sozialisten als »Torheit« herunterzuspielen. Aber auch er schreibt: »Der Damm ist durchbrochen worden, wo der Extremismus ihn geschwächt hatte, danach hat sich die Überschwemmung ... überallhin ausgebreitet ... Aber wie der Faschismus sich nicht hätte kräftigen und seinen Ausrottungsfeldzug nicht hätte führen können ohne ein ganzes Kontingent und eine ihm günstige Atmosphäre von Leuten, die zu ihm durch ganz andere Motive hingezogen wurden als durch den wahren und echten antisozialistischen Kampf, so ist den Exzessen des Extremismus die Verantwortlichkeit dafür zuzuschreiben, daß sie diese Atmosphäre geschaffen hatten, wie auch der sozialistischen und der Arbeiterbewegung im ganzen die Verantwortlichkeit dafür zukommt, daß sie jene kleinbürgerlichen und intellektuellen Schichten in die Arme des Faschismus gestoßen hat, die keinen wahren ökonomischen Grund haben, den Sozialismus zu fürchten und zu hassen.«

Entstehung und Ausbreitung des Faschismus

Der italienische Faschismus ist in seiner historischen Form untrennbar mit dem Namen seines Begründers Benito Mussolini verbunden. Als Sohn eines lokalpolitisch engagierten Schmiedes und einer Volkschullehrerin übernimmt er die antiklerikalen und sozialistischen Traditionen seines Elternhauses. Bereits 1900 tritt er der Sozialistischen Partei (PSI) bei. Von Beruf Volksschullehrer, seit 1907 Mittelschullehrer, beschäftigt er sich mit der Lehre von Karl Marx. Mehr als für diesen interessiet er sich aber für Schopenhauer, Nietzsche, Bergson, Sorel und Pareto. Unter ihrem Einfluß entwickelt er einen voluntaristisch geprägten Sozialismus, einen *Sozialismus der Gewalt.* Als Leiter der Wochenzeitung *»Lotta di Classe«* und als Provinzsekretär der PSI gelingt es ihm, sich eine eigene Machtbasis aufzubauen. Seiner revolutionären Richtung wegen wird Mussolini 1912 zum Direktor der Parteizeitung *»Avanti«* gewählt, deren Auflage er von 20000 auf 100000 steigert. Zwei Jahre lang bestimmt er den Kurs seiner Partei.

Während des Ersten Weltkrieges, als die Sozialisten für eine strikte Neutralität Italiens eintreten, fordert Mussolini mit einer Gruppe von »Interventisten«, die er »Fascio« (Bund) nennt, den sofortigen Kriegseintritt. Das bedeutet den Bruch mit seiner Partei, die ihn auch bald danach ausschließt. Von nun an baut er die von ihm im November 1914 gegründete Tageszeitung *»Il Popolo d'Italia«* zum Hauptorgan eines nationalen Sozialismus und Linksinterventionismus aus. Später wird sie das Hauptsprachrohr der Faschistischen Partei. Das Kriegserlebnis verwandelt den Revolutionär in einen Führer des Faschismus. Am 23. März 1919 gründet er in Mailand mit vierzig Gesinnungsgenossen, überwiegend Sozialisten und revolutionäre Syndikalisten, die Bewegung »Fasci di Combattimento«, die 1921 auf sein Betreiben hin in »Partito Nazionale Fascista« umbenannt wird.

Bis 1920 bleiben die Faschisten eine unbedeutende, linksorientierte Randgruppe. Erst ihre radikale Rechtswendung gegen den revolutionären Sozialismus und Kommunismus verhilft der Bewegung zu großem Auftrieb. Besonders durch seinen Antikommunismus gewinnt der Faschismus die Sympathien des liberalen Bürgertums, der Bürokratie, der Armee und auch von Teilen der katholischen Kirche. Wie zuvor Lenin und später auch Hitler wendet der Faschismus bei der Ausbreitung eine opportunistische Taktik an. Nach Zibordi zeigt er in Ferrara ein arbeiterfreundliches Gesicht, in Lomellina erscheint er als gemietete Organisation der Landbesitzer zwecks Herabdrückung der Landarbeiterlöhne, in Bologna kämpft er für die Anliegen der von roten Kommunalverwaltungen bedrohten Geschäftsinhaber, in Triest sorgen die Motive des »Volkstumkampfes« für die Ausbreitung der Bewegung, in Florenz setzen sich die Faschisten für die Literaten ein, in der Romagna für die Republik und in Rom schließlich für die Monarchie. Überall aber treten sie für die Anliegen der demobilisierten Soldaten und für arbeitslose Frauen ein, die von den Zurückgekehrten aus ihren Berufen verdrängt worden sind. Zielbewußt bereiten die Faschisten die Eroberung der Macht auf zwei Ebenen vor: Mit 38 Abgeordneten bekämpfen sie den Parlamentarismus von innen, gleichzeitig überfallen sie ihre politischen Gegner auf der Straße. Von Polizei und Militär wohlwollend geduldet, dehnen paramilitärische Sturmabteilungen der Partei (Squadre d'azione) ihre Terroraktionen auf das ganze Land und alle Städte aus. Politische Gegner werden durch sogenannte »Strafexpeditionen« (Spedizione punitive) bekämpft oder »ausgeschaltet«. Auf diese Weise bringen die Faschisten feldzugartig große Teile Norditaliens unter ihre Kontrolle. Mussolini sieht nun die Chance, an die Macht zu kommen. Wegen ungünstiger Wahlergebnisse hat er bisher alle Koalitionsangebote abgelehnt – er will sich nicht »einrahmen« lassen. Am 28. Oktober setzt er etwa 26000 Schwarzhemden nach Rom in Marsch; er selbst nimmt vorsichtshalber nicht daran teil. Unter dem Druck der Kolonnen ernennt der König, formal legal, Mussolini zum Regierungschef einer Koalitionsregierung von Faschisten, Nationalisten, Demokraten und Katholischer Volkspartei. Neben Mussolini gehören nur drei Faschisten dem Kabinett an.

Faschismus an der Macht: Entwicklungsphasen

Erste Phase: Ausbau der Diktatur (1922–1929). Zwischen 1922 und 1929 versuchen die Faschisten mit Erfolg, die gesamte Macht im Staat zu erringen und ihre Herrschaft zu stabilisieren. Zunächst bleibt es offen, welche Richtung Mussolini einschlagen wird. Wie später in Deutschland beruhigen sich alle demokratischen Parteien, auch die katholische, mit der Annahme, der Faschismus wäre als politisches Experiment nur eine kurzfristige Erscheinung. Weil sie aber vom Faschismus eine Besserung der politischen Verhältnisse erwarten, erklären sie sich bereit, mit ihm zusammenzuarbeiten. Tatsächlich gibt es innerhalb des Faschismus eine starke Strömung, die auf Angleichung (Normalizzazione) an liberaldemokratische Prinzipien drängt. Unter der Führung von Roberto Farinacci fordern Parteiführer der Provinz dagegen, den bestehenden Staat durch einen faschistischen unter Alleinherrschaft der Faschisten zu ersetzen. Mussolini scheint anfangs noch der Angleichungspolitik zuzuneigen, wobei er gleichzeitig darauf bedacht ist, seine persönliche Macht auszubauen: Im Dezember 1922 tritt ein *Ermächtigungsgesetz* in Kraft, und der »Faschistische Großrat« wird institutionalisiert. Mit der neu gegründeten Milizorganisation »Milizia volontaria per la sicurezza nazionale« kann Mussolini sowohl die Partei als auch seine Gegner wirksam kontrollieren.

Die Ermordung des sozialistischen Abgeordneten Giacomo Matteotti (10. Juni 1924) durch einen Faschisten ruft eine schwere Krise hervor. Mussolini verliert die Unterstützung aller demokratischen Parteien, deren Abgeordnete aus Protest in einem symbolischen Akt das Parlament verlassen und, wie die Plebejer im Jahre 494 v. Chr., auf den Aventin ziehen. Mussolini sieht sich gezwungen, die Hilfe des Führers der Radikalfaschisten, Roberto Farinacci, in Anspruch zu nehmen und diesen zum Generalsekretär der Partei zu ernennen. Jetzt erst und unter dem Zeichen eines intransigenten (unversöhnlichen, radikalen) Faschismus geht er den Weg in die Diktatur. Nach dem Staatsstreich vom 3. Januar 1925 werden durch neue Gesetze, die »Leggi fascistissime«, alle demokratischen und liberalen Freiheiten aufgehoben, u.a. die Presse-, Versammlungs- und Vereinsfreiheit. Alle Provinzverwaltungen unterstehen jetzt Präfekten, die die alleinige Entscheidungsgewalt nach unten besitzen. In den Kommunalverwaltungen ersetzen die Faschisten die gewählten Bürgermeister im Sinne des Führerprinzips durch die »Podesta«.

Nach dem Verbot aller politischen Parteien und Gewerkschaften läßt Mussolini zur Bekämpfung jeglicher Opposition 1926 einen Sondergerichtshof für »politische Verbrechen« einsetzen und ab 1927 eine politische Geheimpolizei aufbauen. Die Wahlreform von 1928/29 sorgt schließlich für ein rein faschistisches Parlament. Mit der Politik, sozialistische und liberale Prinzipien zu bekämpfen und durch die der Autorität und Ordnung zu ersetzen, trifft sich der Faschismus mit Anhängern des italienischen *Klerikalismus.* Obwohl die katholische Volkspartei verboten ist, streben die Faschisten eine Annäherung an den Vatikan an, um von dieser Seite keine Opposition befürchten zu müssen. Mussolini gelingt es, im Gegensatz zu allen früheren demokratischen Regierungen, mit dem Lateranvertrag *(Konkordat)* vom 11. Februar 1929 die »Römische Frage« zu lösen, wenn auch unter erheblichen Zugeständnissen. Der Heilige Stuhl wird als »Völkerrechtssubjekt« und als Souverän des Vatikanstaates anerkannt. Einer Anzahl von Palästen und Kirchen außerhalb der Vatikanstadt sowie der päpstlichen Sommerresidenz Castel Gandolfo wird Exterritorialität zugestanden. Die Rechtsstellung der katholischen Kirche in Italien wird neu geregelt: Der Staat erkennt kirchliche Eheschließungen an, das Fach Religion wird Schulpflichtfach. Umgekehrt stimmt der Papst einem Königreich Italien mit Rom als Hauptstadt zu.

Die Erfolge stärken Mussolini und versetzen ihn in die Lage, die Machtansprüche der Partei stark zu beschneiden. Es gelingt ihm sogar, seinen Widersacher Farinacci auszuschalten und den ihm gefügigen Turati zum Generalsekretär zu ernennen. Mit dem Gesetz vom 17. Mai 1928, das den Generalsekretär in den Ministerrang erhebt und den Faschistischen Großrat zu einer verfassungmäßigen Institution erklärt, wird der Partei jeglicher Einfluß auf diese Einrichtungen entzogen.

Zweite Phase: Autoritäre Diktatur Mussolinis (1929–1943). Mit der Ausschaltung von der unmittelbaren politischen Machtausübung wird die Partei keineswegs überflüssig. Unter der Leitung Mussolinis entwickelt sie sich zu einem aufgeblähten bürokratischen Apparat, der weite Teile des öffentlichen Lebens beherrscht. In dem Buch *»The Italien Fascist Party in Power«* (1959) stellt der Autor Dante Germino folgende Merkmale der Partei für die Zeit von 1930 bis 1940 heraus:

- sie gilt offiziell als die permanente Einheitspartei der Diktatur;
- sie ist streng hierarchisch gegliedert und untersteht dem Generalsekretär, der seinerseits dem Duce gegenüber die Verantwortung trägt;

- ihre Mitgliederpolitik ist überwiegend geschlossen: weder freier Eintritt noch Austritt sind möglich;
- sie kontrolliert alle Freizeit-, Sport-, Kulturvereine und Berufsverbände;
- zu ihrem Aufgabenbereich gehört auch die Organisation der gesamten Jugend, die in der faschistischen Zentralorganisation »Opera Nazionale Balilla« zusammengefaßt wird; die Sechs- bis Zwölfjährigen bilden die »Balilla«, die Dreizehn- bis Achtzehnjährigen die »Avantguardia«. 1937 werden alle Verbände in der Staatsjugendorganisation Gioventu Italiana del Littorio (G.I.L.) zusammengefaßt; diese unterhält Ausbildungsstätten für die Elite der Jugend;
- sie übt großen Einfluß auf die Wirtschaft aus und beherrscht die Syndikate, die an die Stelle der verbotenen Gewerkschaften getreten sind; für die Arbeiter ist die Mitgliedschaft in den Syndikaten obligatorisch;
- mit Hilfe der Berufsvereinigungen überwacht sie spionageartig alle Beamte, Lehrer und Professoren (ab 1932 Zwangsmitgliedschaft in der Partei);
- sie unterhält eine eigene bewaffnete Miliz, um die Macht der regulären Armee in Grenzen zu halten. Bei deren inneren Angelegenheiten, etwa bei Beförderungen, versucht sie ständig, ihren Einfluß geltend zu machen;
- sie ist für Indoktrination und Propaganda zuständig, mit der die eigenen Mitglieder und die Massen erreicht werden sollen; mit der Kontrolle der Partei und des Staates schafft sich Mussolini ein persönlich gefärbtes autoritäres Regime mit totalitären Zügen.

Die Theorie von der politischen Gleichheit der Menschen, das Mehrheitsprinzip und die liberale These, der Zweck der Gesellschaft sei die Förderung des Individuums, hält Mussolini für absurd und lächerlich. Der Wille des Führers, des »Duce«, gilt als Gesetz: »Mussolini hat immer recht!« Die Parteiarmee und die Politische Geheimpolizei (OVRA) sind seine Hauptstützen. Trotzdem kann sich die Allgewalt des Regimes nie so weit durchsetzen, wie das später im nationalsozialistischen System gelingt. Die traditionellen Mächte, Königtum und Senat, Armee und Vatikan, kann Mussolini nur teilweise beherrschen bzw. beeinflussen, weil er auf ihre Unterstützung angewiesen bleibt.

Das italienische Bürgertum, das in seiner Geschichte mit Despoten aller Art bereits große Erfahrungen gesammelt hat, weiß sich bei aller Anpassung ein hohes Maß an Selbständigkeit zu bewahren. Der für den deutschen Nationalsozialismus so überaus kennzeichnende Antisemitismus fehlt vor dem Zweiten Weltkrieg in Italien fast gänzlich. Bis 1938 sind Juden sogar in der Partei tätig, einige in führenden Positionen. Selbst unter dem Druck Hitlers geht die Judenverfolgung nie so weit wie im

Dritten Reich. Die Italiener verbannen die Juden zwar in Ghettos, vernichten sie aber nicht. Im Vergleich mit Bolschewisten und Nationalsozialisten, die ihre Gegner zu Millionen einsperren und umbringen, bleibt der Terror in Italien relativ gemäßigt. Bis 1943 übersteigt die Zahl der aus politischen Gründen von der OVRA Verhafteten nicht die Zahl 5000. Nur wenige werden von politischen Sondergerichten zum Tode verurteilt; bei den meisten wendet man anstatt der Verbringung in ein Konzentrationslager das wesentlich mildere Mittel des »Confino« an, die Verbannung auf eine Insel.

Bei der Behandlung afrikanischer Völker zeigt der italienische Faschismus auf der Grundlage eines sozialdarwinistisch begründeten Rassismus wieder sein totalitäres Gesicht. In seinen nordafrikanischen Kolonien Tripolitanien und Cyrenaika kommen von etwa 200000 Nomaden, die in Lagern zusammengefaßt sind, 40000 bis 60000 ums Leben (italienische Historiker sprechen in diesem Fall von Völkermord). Nach der blutigen Eroberung Abessiniens, bei der, wie in Libyen, Giftgas auch gegen die Bevölkerung eingesetzt wurde, versuchen die Faschisten, die amharische Führungsschicht auszurotten – so werden als Vergeltung für einen Anschlag auf den Militärgouverneur dreitausend Einheimische umgebracht.

In der Außenpolitik tritt Mussolini betont nationalistisch und militaristisch auf. Vor dem Hintergrund eines »lateinischen« Mythos wird die altrömische Größe als anzustrebendes nationales Ziel propagiert: Das alte Römische Reich müsse erneuert und dem germanischen Individualismus römischer Staatssinn entgegengesetzt werden. Romantisch-emotionale Begriffe wie Mut, Wille und Glaube gelten nun als Tugenden. Das Ergebnis ist bekannt: Das imperialistische Großmachtstreben verführt Mussolini zu außenpolitischen Abenteuern, die Italien von den Westmächten isolieren und zu einem Bündnis mit Hitler zwingen – womit auch für Italien der Weg in die Katastrophe führt.

Nach der Landung der Alliierten im Jahre 1943 ist der König mit der Forderung der offen auftretenden Opposition einverstanden, Mussolini zu entlassen. Gleichzeitig sieht sich Mussolini gezwungen, dem innerparteilichen Druck nachzugeben und zum 24. Juli 1943 den Faschistischen Großrat einzuberufen. Auf dieser Sitzung wird Mussolini mit großer Mehrheit aufgefordert, den Oberbefehl über die Armee an den König zurückzugeben. Dieser entläßt Mussolini, der noch am selben Tage verhaftet wird. Ohne irgendeinen Widerstand bricht das faschistische Regime in ganz Italien zusammen. Die vom König ernannte Regierung Badoglio löst die Faschistische Partei auf und führt mit den Alliierten Geheimverhandlungen über einen Waffenstillstand.

Dritte Phase: »Sozial-republikanischer Faschismus« (1943–1945). Von deutschen Fallschirmjägern aus dem Internierungslager Gran Sasso befreit, gründet Mussolini am 13. September 1943 in Oberitalien die von der deutschen Besatzungsmacht abhängige »Italienische Soziale Republik«. Auf dem Kongreß von Verona läßt er ein neues, stark sozialistisch durchsetztes Programm verabschieden. Die damit verbundenen Nationalisierungsabsichten werden jedoch von den deutschen Behörden in Italien vereitelt. Gegen die Mitglieder des Großrates, die 1943 auf Antrag Dino Graf Grandis für den Rücktritt Mussolinis gestimmt haben, wird 1944 in Verona ein Schauprozeß veranstaltet, der mit der Hinrichtung von fünf Verurteilten endet. Diese Terrorjustiz kann jedoch den Untergang des republikanischen Faschismus nicht mehr aufhalten. Mussolini versucht, in die Schweiz zu fliehen. Unterwegs wird er am 27. April 1945 von Partisanen gefangengenommen und auf Befehl des »Nationalen Befreiungskomitees« ohne Gerichtsverfahren erschossen.

Faschistische Ideologie

Vor der Machtergreifung können die Faschisten, im Gegensatz zu den Bolschewiken in Rußland und zu den Nationalsozialisten in Deutschland, nur auf verschwommene Konzeptionen zurückgreifen. Schriften, die mit denen Lenins oder mit Hitlers *»Mein Kampf«* vergleichbar wären, hat Mussolini nie veröffentlicht. Erst als 1923 der Hegel-Anhänger Professor Giovanni Gentile (1875–1944) seine liberale Partei verläßt und sich den Faschisten anschließt, gibt es durch diesen ernsthafte Bemühungen um eine faschistische Theorie. In seinen Büchern, etwa in *»Ursprung und Lehre des Faschismus«,* befaßt er sich auf der Grundlage eines *historischen Idealismus* mit der Konzeption eines *ethischen Staates,* den er als Ziel des Faschismus ansieht. Als er 1932 einen Artikel über die faschistische Ideologie schreibt, der für die *»Enciplopedia italiana«* bestimmt ist, stößt er auf den Widerstand der Parteiführer. Sie sind der Ansicht, daß es nicht einem ehemaligen Liberalen, sondern nur dem Oberhaupt des Staates (Capo) bzw. dem Führer der Partei (Duce) zustehe, die offizielle Ideologie zu formulieren. Mussolini gibt nach: Er überarbeitet Gentiles Entwurf und fügt noch einen zweiten Teil hinzu. Das Ergebnis ist *»La dottrina del fascimo«,* die in der Enzyklopädie veröffentlicht wird.

Diese Ideologie ist keine nachträgliche Erfindung. Sie war schon früher latent vorhanden und sichtbar. Betrachtet man etwa Mussolinis Reden und Zeitungsartikel, so werden ideologische Elemente schon sehr früh deutlich. Das traditionelle Element der faschistischen Ideologie zeigt sich darin, daß diese die Ideen des *italienischen Nationalismus und Imperialismus* aufgreift. Damit ist ein ausgesprochener *Etatismus* verbunden, der den Staat in den Mittelpunkt stellt und ihn, im Sinne Hegels, als höchsten geistigen und sittlichen Wert begreift. Aus diesem Gedanken heraus entsteht schließlich die Vorstellung vom *Stato totalitario:* Die verabsolutierte Staatsgewalt erkennt dem Individuum einen Wert nur als Glied eines allmächtigen Staates zu und verpflichtet es zur bedingungslosen »Disciplina« und Anerkennung der Hierarchie.

Die faschistische Ideologie enthält eine Reihe von Floskeln, die nur als »Ideologie für den Export« bestimmt sind. So ist die Rede vom *ethischen Staat* und von einem pseudodemokratischen *Korporativismus* (Arbeiter und Unternehmer in einem Verband). Dieser Exportlehre steht die in Schriften der Parteiorganisationen verbreitete »Gebrauchsideologie« gegenüber. Aus ihr wird deutlich, daß es sich beim Faschismus weder um den einfachen Nationalismus des 19. Jahrhunderts noch um eine Staatsverehrung im Hegelschen Sinne handelt, sondern um einen *universalistischen Paganismus,* der das alte kaiserliche Rom zum Vorbild hat (unter Paganismus versteht man religiöse Kult- und Vorstellungsformen innerhalb universaler Religionen). Am zehnten Jahrestag der faschistischen Revolution, am 25. Oktober 1925, bezeichnet Mussolini in einer Rede sein Regime als »Drittes Rom« und seine Zeit als das »Jahrhundert der italienischen Macht«, als ein »Jahrhundert, währenddessen Italien zum drittenmal der Führer der menschlichen Zivilisation sein wird«.

Die Idee von der Renaissance römischer Größe wird an vielen Einzelheiten sichtbar. Das Bestreben, den »Römischen Gruß« einzuführen und die katholische Religion als Staatsreligion, das heißt als Herrschaftsmittel, zu benutzen, weist in diese Richtung. Der Gedanke eines neuen Römischen Imperiums zeigt sich auch in der Gesetzgebung zur Förderung des Bevölkerungszuwachses und in dem Streben nach wirtschaftlicher Autarkie, nicht zuletzt auch in der Erziehung der Jugend zu Gewaltsamkeit und Militarismus.

Durch Mussolinis philosophischen *Eklektizismus* (subjektive Auswahl) erhält die faschistische Ideologie ihre persönliche Note. Als er sich vom Sozialismus trennt und zum Faschisten wird, bewahrt er sich die Marxsche Vorstellung vom Klassenkampf, die er aber auf die nationale Ebene einengt. Durch taktisch notwendige Kompromisse mit dem Bürgertum und den Autoritäten der Kirche wird dieses sozialrevolutionäre Element bis 1943 weitgehend verdrängt. Der Versuch, zwischen 1943 und 1945 eine soziale Republik zu errichten, scheitert zwar, doch gibt er einen deutlichen Hinweis auf die Herkunft Mussolinis. Noch wichtiger ist der Einfluß Schopenhauers, Nietzsches, Paretos und Sorels. Mit Nietzsche ist Mussolini der Ansicht, daß der »Wille zur Macht« in der Geschichte der Menschheit ausschlaggebend sei. Im Sinne seines Lehrers Pareto hält er eine hierarchisch-autoritäre Führung der großen »Masse« durch hervorragende Führer bzw. durch eine politische Elite für notwendig. In der »direkten Aktion« Sorels schließlich glaubt er das schöpferische Prinzip der Politik zu erkennen. Der Einfluß der »Philosophen der Tat« auf die Politik des 20. Jahrhunderts ist auch im Falle Mussolinis unverkennbar.

Als weiteres Element des Faschismus muß noch der *revolutionäre Syndikalismus* genannt werden, dessen Wurzeln ebenfalls bei Sorel zu suchen sind. Unter Syndikalismus versteht man die in der Arbeiterbewegung gegen Ende des 19. Jahrhunderts entstandene Richtung, die nicht in politischen Parteien, sondern in gewerkschaftlichen Zusammenschlüssen der Arbeiter (Syndikate) die Träger sozialrevolutionärer Veränderungen sieht. Entgegen sozialdemokratischer Praxis lehnen die Syndikalisten den parlamentarischen Kampf als Irrweg ab und fordern den Klassenkampf im einzelnen Betrieb durch direkte Aktionen. Ihr Ziel ist, in enger Anlehnung an den Anarchismus, eine Gesellschaft ohne jegliche staatliche Zentralgewalt. Einige der bedeutendsten Führer des Faschismus kommen aus den Reihen dieser Syndikalisten. Ihre strikte Ablehnung des parlamentarischen Mehrparteien-Prinzips und ihre Theorie einer korporativen Wirtschaftsordnung, durch die der Marxsche Klassenkampf überwunden werden soll, verstärken das hierarchisch-autoritäre Prinzip der faschistischen Ideologie mit ihrem *politischen Messianismus.*

Deutscher Nationalsozialismus

Seit Jahrzehnten ist der Nationalsozialismus der Hitlerzeit Gegenstand ideologischer Erklärungsversuche, die ihn in vereinfachender Weise entweder nur auf die Person Adolf Hitler oder auf deterministisch zu verstehende monopolkapitalistische Interessen zurückführen. In unhistorischer Weise wird in den ersten Jahren nach dem Zweiten Weltkrieg der Nationalsozialismus sogar als das Endstadium einer Ahnenreihe angesehen, die von Luther über Friedrich den Großen und Bismarck zu Hitler führe. Hinter solchen monokausalen Thesen stehen in der Regel aktuelle politische Interessen. Faßt man nämlich den italienischen Faschismus und den deutschen Nationalsozialismus unter dem Oberbegriff *Faschismus* zusammen, so erlaubt dieser an sich legitime Versuch der Typisierung auch eine wissenschaftlich unzulässige, aber propagandistisch wirksame Diffamierung politischer Gegner, indem »Faschismus« in Verbindung mit der marxistischen These von der monopolkapitalistischen Grundursache gebracht wird, die Dimitroff auf dem XII. Plenum des Exekutivkomitees der »Kommunistischen Internationale« (Komintern) 1933 vorgetragen hat: »Der Faschismus ist die offene, terroristische Diktatur der am meisten reaktionären, chauvinistischen und imperialistischen Elemente des Finanzkapitals.«

Mit dieser Formulierung ist es leicht möglich, jedes westliche Land wegen seines kapitalistischen Wirtschaftssystems als im Grunde (neo)faschistisch zu bezeichnen. Gleichzeitig betont jeder sozialistisch-kommunistische Staat seine prinzipielle Gegnerschaft zum »Faschismus«, womit alle eigenen totalitären »Sünden« in den Hintergrund gedrängt werden. Mit einer geschickten Propaganda, die täglich den »antifaschistischen Kampf« im Munde führt, können Unwissende in aller Welt beeindruckt und von den wahren Absichten einer Diktatur abgelenkt werden. Inzwischen hat eine grundlegende wissenschaftliche Erforschung der Geschichte des Nationalsozialismus eine Fülle von Tatsachenmaterial ans Licht gebracht, das den multikausalen Charakter des historischen Prozesses eindeutig belegt. Danach läßt kein Aspekt, weder der geistesgeschichtliche, der soziologische noch der ökonomische, für sich allein eine gültige Erklärung des Phänomens zu. Erst eine alle Aspekte integrierende Betrachtungsweise kann der Komplexität gerecht werden. In diesem Sinne sollen in den folgenden Abschnitten solche Quellen und Strömungen freigelegt werden, deren Gesamtheit in der Praxis die Bedingungen für den Sieg des Nationalsozialismus geschaffen haben. Dabei soll deutlich werden, daß diese Rahmenbedingungen nicht mit naturnotwendiger Gesetzlichkeit zu Hitler führen mußten, sondern daß sie dem voluntaristischen Handeln vieler Akteure einen weiten Spielraum boten, der so oder so genutzt werden konnte.

Völkische und nationalistische Strömungen

Unter den ideologischen Grundströmungen in Europa übernimmt zunächst die nationalistische bzw. nationalstaatliche die Führung. Zu Beginn des 19. Jahrhunderts führt die nationalimperialistische Politik Napoleons zu einer Konfrontation mit den Völkern Mittel- und Osteuropas, die eine bedeutsame Auseinanderentwicklung in der Auffassung des Begriffes »Nation« zur Folge hat. Der französischen Auffassung von der *politischen Staats- und Kulturnation* wird die romantische der *Kultur- bzw. Volksnation* entgegengesetzt. Darunter versteht man, in der Tradition Herders, Fichtes und Hegels, eine durch Abstammung, Sprache und Kultur entstandene Einheit des Volkes, das gegenüber den alten übernationalen Großreichen seine Eigenständigkeit anstrebt.

Seit etwa 1850 verstärkt sich in Mittel- und Osteuropa das völkische Denken derart, daß die nationale Existenz zum verbindlichen Staatsmythos erhoben wird. Die mit pseudoreligiösen Weihen ausgestattete Nation gilt jetzt als höchster Maßstab politischen Handelns. Mit irrationalen, begeisternden Parolen erreicht der Nationalismus die politisierten Massen, während die rationalen Argumente der liberalen Konkurrenz kaum noch gehört werden. Der bis dahin führende Liberalismus wird immer mehr an den Rand gedrängt. Diesen Erfolg verdankt der Nationalismus keineswegs nur seinem revolutionären Charakter. In der Forderung nach Wiederherstellung der angeblich verlorenen Einheit des Volkes erweist er sich als so restaurativ, daß er auch von Konservativen unterstützt wird. Mit ihrer Hilfe versuchen die Nationalisten in Mittel-, Ost- und Südosteuropa, die idealisierte Einheit zu verwirklichen. Das ethnische Gemisch aus über 25 nationalen Gruppen bzw. Völkern führt natürlich zu unlösbaren Problemen und schweren Konflikten. Jede Seite versucht, sich auf

Kosten der anderen zu behaupten, Minderheiten werden brutal unterdrückt. Gleichzeitig wächst den bereits bestehenden Nationalstaaten durch Zentralisierung, Bürokratisierung und steigende Wirtschaftskraft eine immer größere Macht zu. Dadurch verschärft sich die zwischenstaatliche Politik zusehends: Aus dem Nationalismus entwickelt sich, in Verbindung mit wirtschaftlichen Interessen, ein radikaler Imperialismus, der die Völker Europas schließlich in den Krieg treibt. Die schnell voranschreitende Industrialisierung und die Bevölkerungsexplosion bleiben nicht ohne Einfluß auf die Entwicklung des Nationalismus. Die soziale Frage spitzt sich zu und erzeugt einen starken innenpolitischen Druck auf die Regierungen. In dieser Lage bietet sich die nationalistisch-imperialistische Propaganda als Ausweg an. Die Massen werden für die nationale Größe begeistert (Gloire de la patrie!), während dem *internationalen revolutionären Sozialismus* die Idee einer Volksgemeinschaft mit *nationalem Sozialismus* entgegengesetzt wird. Eine Sozialisierung im Rahmen des Nationalstaates soll die Arbeiter mit dem Nationalstaat versöhnen und den Klassenkampf überflüssig werden lassen.

Antisemitismus im Deutschen Reich und in Österreich

In fast allen Ländern Europas verbindet sich der Nationalismus mit einem mehr oder weniger extremen Rassismus, der zu einem großen Teil auf Fremdenangst und -haß *(Xenophobie)* in Verbindung mit wirtschaftlichen Schwierigkeiten zurückgeht. Trotz fehlender empirischer Forschungen versuchen nationalistisch gesinnte Autoren, auf der Grundlage primitiver bzw. naiver Vorstellungen über Rasse und Vererbung, Rassentheorien aufzustellen. Im Jahre 1853 veröffentlicht der Franzose Graf Gobineau (1816–1882) das vierbändige Buch Über die Ungleichheit der menschlichen Rassen, auf das sich viele spätere Autoren berufen, vor allem nationalsozialistische. Nach dieser »Theorie« soll eine aus Skandinavien stammende nordische Rasse blonder, blauäugiger und hochgewachsener Menschen die gesamte europäische Kultur begründet haben. Gegenüber anderen, dunkleren Rassen hätten sie sich durch viele gute Eigenschaften ausgezeichnet, durch einen besonderen Mut und eine edle, idealistische Gesinnung, durch tiefe Innerlichkeit und klares Denken, durch Ordnungssinn und Herrscherbegabung. Diese nordischen Völker, vor allem Germanen und Kelten, sollen sich im Rahmen der Völkerbewegungen und -wanderungen über ganz Europa ausgebreitet und die herrschende Schicht gebildet haben, also den europäischen Adel. Leider hätten die nordischen Herren es nicht vermocht, den Reizen dunkler Damen zu widerstehen. Durch die damit verbundene Rassenmischung sei das nordische Element allmählich aufgesogen worden, mit der Folge, daß Kultur und Staatsgebilde zerfallen seien. Ergänzend stellt der Sprachforscher Müller (1848–1900) in Oxford die These auf, die arischen Sprachen in Indien gingen auf ein nordisches Urvolk zurück. Später widerruft er zwar seine These, sie ist aber nicht mehr aus der Welt zu schaffen. Im Bewußtsein vieler Zeitgenossen bleibt die unheilvolle Vorstellung von einem arischen Volk, aus dem die »Nordischen« als der bessere Teil hervorgegangen wären.

Dieser dem Charakter nach *romantische Mythos* muß als bewußter Versuch gewertet werden, den Antisemitismus neu zu begründen. Judenhaß und -verfolgung gibt es zwar schon seit dem Altertum. Bis zum Ende des Mittelalters entzünden sie sich an der religiösen und an der erzwungenen sozialen Absonderung jüdischer Minderheiten. Dieser Antisemitismus wird von Luther durch seine Schrift *»Von den Juden und ihren Lügen«* noch verschärft:

> »Ich will meinen treuen Rat geben: [daß man]
> Erstens, ihre Synagogen mit Feuer anstecke ...
> Zweitens, auch ihre Häuser ebenso niederreiße und zerstöre ...
> Drittens, ihnen alle ihre Gebetbüchlein nehme ...
> Viertens, ihren Rabbinen bei Leib und Leben verbiete, weiterhin zu lehren ...
> Fünftens, den Juden das freie Geleit und das Recht auf die Straßen aufhebe ...
> Sechstens, ihnen den Wucher verbiete und ihnen alle Barschaft und Kostbarkeiten in Gold und Silber nehme ...
> Siebentes, den jungen, starken Juden und Jüdinnen Axt, Hacke, Spaten, Rocken, Spindel in die Hand gebe und lasse sie ihr Brot verdienen ...
> Fürchten wir aber, daß sie uns Schaden antun könnten, wenn sie uns dienen und arbeiten sollen ... so laßt uns mit ihnen nachrechnen, was sie uns abgewuchert haben, und danach gütlich geteilt, sie aber für immer zum Lande ausgetrieben!«

Zu diesem *religiös motivierten Antisemitismus* Luthers, von dem sich die protestantische Kirche offiziell (erst) nach dem Zweiten Weltkrieg distanziert, kommt, besonders seit Inkrafttreten der Emanzipationsgesetze zu Beginn des 19. Jahrhunderts, der *ökonomisch begründete Antisemitismus,* der soziale Neid auf die wirtschaftlich besonders erfolgreichen Juden. Mit fortschreitender *Säkularisierung* (Verweltlichung) und der damit einhergehenden konfessionellen und sozialen *Assimilation* (Angleichung) wird die religiöse Motivierung des Antisemitismus immer schwächer und unsinniger. Neue Begründungen, möglichst wissenschaftliche, werden gesucht und in der Rassenlehre gefunden. Jetzt erst, und in Verbindung mit dem pseudowissenschaftlichen *Sozialdarwinismus,* entwickelt sich der moderne, biologisch begründete *rassistische Antisemitismus.*

Mit der Einbindung in die sozialdarwinistische Theorie erhält der

Rassismus eine auoßerordentliche Schärfe. Verschiedene Schriftsteller übertragen nun, unter Berufung auf die von Darwin entdeckten Naturgesetze der Evolution und Selektion, den »Kampf ums Dasein« auf die geschichtlich-soziale Welt, so daß auch das Schicksal eines Volkes oder einer Rasse als biologischer Sachverhalt erscheint. Im gnadenlosen Konkurrenzkampf, so behaupten sie, finde eine natürliche Auslese unter Individuen und Völkern statt; nur die Tüchtigsten überlebten. Die politische und rechtliche Gleichheit aller Menschen sei in Anbetracht von Vererbungsgesetzen, denen niemand entgehen könne, völliger Unsinn. Da helfe keine Erziehung von Ungeeigneten, sondern allein deren Ausscheidung. Alle humanitären Versuche, im Sinne christlicher Wertvorstellungen durch Mitleid, Toleranz und Fürsorge die Schwachen und Lebensuntüchtigen auf Kosten der Starken und Gesunden zu erhalten, seien abzulehnen. Statt dessen solle eine planmäßige Züchtung dafür sorgen, daß nur die letzteren sich vermehren.

Diese rassenbiologischen Vorstellungen und Forderungen verweisen in ihrer Konsequenz unmittelbar auf die radikale Rassen- und Züchtungspolitik des Nationalsozialismus. Während die Forschung aufgrund empirischer Daten schon bald von den sozialdarwinistischen Thesen abrückt, finden diese, gerade ihres pseudowissenschaftlichen Charakters wegen, weite Verbreitung im Volk. So kann es nicht verwundern, daß irrationale Schauermärchen von jüdischen Ritualmorden oder einer geheimen jüdischen Weltherrschaft weitgehend Glauben finden. Wegen der großen Beteiligung von Juden an emanzipatorischen Bewegungen des Liberalismus und Sozialismus werden sie mehr und mehr als alles zersetzende Schreiber, raffgierige Ausbeuter, hinterhältige Verschwörer und Revolutionäre verschrieeen. Als eine russische Zeitung 1903 die nachweislich frei erfundenen *»Protokolle der Weisen von Zion«* veröffentlicht, um eine angebliche Verschwörung des Weltjudentums aufzudecken, kommt es zu zahlreichen blutigen »Pogromen«. Die spätere Aufdeckung der Fälschung kann nicht verhindern, daß diese »Protokolle« weiterhin für echt gehalten werden und bei Ermordungsaktionen des NS-Regimes eine unheilvolle Rolle spielen.

In den letzten Jahrzehnten vor dem Ersten Weltkrieg werden in ganz Europa Juden für alle Krisen und Mißstände verantwortlich gemacht, die mit dem industriellen Fortschritt einhergehen. Deutschland und Österreich befinden sich zu dieser Zeit gerade auf einem Höhepunkt der Modernisierung und des Strukturwandels. Mit der Landflucht gehen Verstädterung, Vermassung und Proletarisierung einher. Durch die neue Industrie und eine allgemeine Kommerzialisierung werden alte Erwerbszweige vernichtet, die neuen bleiben angesichts der Wirtschaftskrisen unsicher. In dieser Situation werden Sündenböcke gesucht und in den Juden gefunden. Dieser wirtschaftlich begründete Antisemitismus ist in seiner Art nicht neu - schon in früheren Krisenzeiten haben Existenzangst und Sozialneid zu Judenverfolgungen geführt. Jetzt aber verbindet sich, durch den Einfluß der rassistischen Ideologie, der *religiös-wirtschaftlich* begründete mit einem *biologistisch-moralistischen Antisemitismus:* Den Juden wird eine minderwertige Erbsubstanz unterstellt, was ihren »unverbesserlich bösartigen Charakter« erkläre. Das stereotype Zerrbild vom hinterhältigen und parasitären, alles zersetzenden Juden stößt auf die unkritische Glaubensbereitschaft der Massen. Haß, Abscheu und Angst breiten sich aus. Als nach den zaristischen Pogromen viele Ostjuden Rußland verlassen und in das Deutsche Reich fliehen, warnen Antisemiten vor der angeblich drohenden Gefahr einer Überfremdung durch ein internationales Judentum. Der Schriftsteller Wilhelm Marr stellt im Jahr der Gründerkrise (1873) die absurde, aber weithin geglaubte Behauptung auf, das Deutsche Reich wäre ein »Neu-Palästina«, das unter jüdischer Fremdherrschaft stünde. Innerhalb von sechs Jahren bringt es dieses Pamphlet, das dem »Abwehrkampf« gegen das Weltjudentum dienen soll, auf zwölf Auflagen.

1890 erscheint ein Buch mit dem harmlosen Titel *»Rembrandt als Erzieher«,* das schon im ersten Jahr mit dreizehn Auflagen aufwartet, und bis 1943 werden neunzig Auflagen verkauft! Sein Verfasser, der konservative Germanophile Julius Langbehn (1851–1907), zeichnet Rembrandt als einen Vertreter des Irrationalismus und erklärt die Rasse zum primären Faktor der Geschichte. Mit Formulierungen wie »die Macht des Blutes« soll der Vorrang der ererbten Eigenschaften vor den erworbenen ausgedrückt werden. Vor allen anderen Rassen hebt er die germanische hervor, zu der er auch die Holländer und Engländer zählt, und stellt dem egalitären »Mischmasch« der Demokratie einen auf Rasse gegründeten Elitestaat gegenüber. Der Tendenz nach richtet sich dieses völkisch-rassistisch angelegte Buch, wie viele andere in dieser Zeit, gegen die westliche Demokratie und die damit verbundenen Menschenrechte.

Mit der Wendung des Antisemitismus ins Biologistisch-Rassistische wird das Klischee von der Bösartigkeit aller Juden endgültig festgeschrieben. Von nun ist es gleichgültig, welchen Charakter ein Jude besitzt; von den Rassisten wird er von vornherein als etwas Minderwertiges, als Ungeziefer betrachtet. Im einzelnen Juden wird nicht mehr das Individuum gesehen, nicht mehr der Mensch mit seinen tatsächlichen Eigenschaften, sondern nur noch die Gattung. Man spricht jetzt von *den* Juden wie von Ratten und Mäusen, bei denen nicht das einzelne Tier interessiert, wenn von ihrem Schädlingscharakter die Rede ist. Diese *Entpersonalisierung,* durch die der Mensch zum Objekt wird, ist eine wichtige Vorstufe und Voraussetzung für die kollektive Entrechtung und Ausrottung durch die Nationalsozialisten.

Vor dem Ersten Weltkrieg bleibt dieser extrem rassistische Antisemitismus noch auf kleine, aber sehr aktive Gruppen beschränkt. Von Gobineau und Marr angeregt, veröffentlicht Otto von Glogau in der berühmten Zeitschrift *»Die Gartenlaube«* eine antisemitische Artikelserie, in der er die wirtschaftlichen Krisen des Mittelstandes auf jüdisch gelenkte Finanzspekulationen zurückführt. Der deutschen Industrie- und Agrarwirtschaft, die »wirklich« arbeiteten und produzierten, stehe das ausbeutende, unproduktive »jüdische Finanzkapital« gegenüber, das in verschwörerischer Weise die Weltherrschaft anstrebe. Auch andere Zeitungen, wie etwa die konservative *»Kreuzzeitung«* oder die Berliner Zentrumszeitung *»Germania«* beteiligen sich zeitweise an dieser antisemitischen Polemik. Dabei stimmen sie auffällig in drei Punkten überein:

- die Juden seien Urheber und Nutznießer eines Ausbeuter-Kapitalismus;
- der internationale marxistische Sozialismus der Juden sei gegen nationale bzw. national-sozialische Bewegungen gerichtet;
- die jüdische Weltverschwörung richte sich gegen nationale Interessen bzw. plane die Vernichtung der arischen Rasse.

Um die sektiererische Agitation der Rassisten besser verstehen zu können, ist ein Hinweis auf ihre Hauptvertreter nützlich. Idealtypisch zusammengefaßt, ergibt sich folgendes Bild: Der rassistische Antisemitist entstammt vorwiegend einer protestantischen, nationalistisch eingestellten städtischen Schicht von Kleinbürgern. Als Halbgebildeter hat er es nach vielen sozialen und beruflichen Frustrationen, zeitweise zum kleinen Angestellten, Beamten oder gar zum Lehrer gebracht. Er lebt in finanziell schwierigen Verhältnissen und versucht, durch Berufswechsel das Glück zu finden. Als fanatischer Vertreter selbsterfundener Lebensphilosophien wirbt er u.a. für Lebenreform-Bewegungen, Vegetarismus und Naturfetischismus. Für alles Scheitern kennt er nur einen Grund: »Intrigen« und »Machenschaften« der »jüdischen Wucherer« und die vom jüdischen Kapital bestochene »volksferne Justiz«.

Einer dieser Sektierer ist der wegen Unterschlagung von Schulgeldern 1890 aus dem Dienst entlassene Volkschulrektor Hermann Ahlwardt. Ohne organisatorischen und finanziellen Rückhalt, reist er von Ort zu Ort und hetzt die Bauern gegen »Juden und Junker« auf, die er »Parasiten«, »Raubtiere« und »Cholerabazillen« nennt. Um Marrs These von der jüdischen Gefahr zu belegen, veröffentlicht er die scheinwissenschaftliche Dokumentation *»Der Verzweiflungskampf der arischen Völker mit dem Judentum«* (1890).

Der pessimistische Grundton Ahlwardts und anderer rassistischer Autoren ist eigentlich erstaunlich und nur durch ihre Halbgebildetheit zu erklären. Auf der Grundlage des Sozialdarwinismus entwerfen sie auf der einen Seite das Bild vom geistig und körperlich überlegenen nordischen Menschen bzw. von der hochwertigen arischen Rasse, andererseits behaupten sie, daß dieser von einer angeblich minderwertigen Rasse kulturloser Untermenschen, von den Juden, die Gefahr der Vernichtung drohe. Der innere Widerspruch einer solchen These ist nicht zu übersehen. Wenn »Kampf um das Dasein« tatsächlich die Auslese und das Überleben nur der Besten mit sich brächte, wie es der Sozialdarwinismus behauptet, dann dürfte es gar keine Probleme mit einer »minderwertigen« Rasse geben: Sie müßte der stärkeren Rasse weichen und untergehen. Natürlich sind Ideologen um eine irrationale Antwort nie verlegen, falls sie den Widerspruch überhaupt bemerken. Scheinlogisch argumentieren sie, daß in den vielen Kämpfen mit jüdischen Söldnern ja gerade die Besten fielen und die Minderwertigen somit auf die Dauer die Überhand behielten. Des weiteren verlieren die Rassisten kein Wort darüber, daß auch die Araber Semiten sind. Damit zeigt sich ein Grundzug fanatischer Ideologien: Aus der komplexen Wirklichkeit wird nur das herausgegriffen, was ins Konzept paßt, ohne Rücksicht auf Tatsachen und Logik.

1887 veröffentlicht der Volkskundler Boeckel eine Schrift mit dem Titel *»Die Juden – die Könige unserer Zeit«,* von der eineinhalb Millionen Exemplare verkauft werden. Als Abgeordneter des Reichstages gibt er die Zeitung *»Reichsherold«* heraus, in der er eine klare Trennung zwischen »deutschen Herren« und »jüdischen Gästen« fordert. Den *konservativen Antisemitismus,* der eine Assimilierung (Angleichung) der Juden fordert, lehnt Boeckel ab. In Leipzig entwickelt sich zur gleichen Zeit der »Hammer-Verlag« mit seiner Zeitschrift *»Hammer«* zum Zentrum des *rassistischen Antisemismus.* Eigentümer des Verlages und Autor zugleich ist der bis in die NS-Zeit wirkende Theodor Fritsch, der Verfasser des berüchtigten *»Antisemiten-Katechismus«* (1887), der als *»Handbuch der Judenfrage«* bis 1940 insgesamt vierzig Auflagen erlebt.

Seit 1879 werden auch ausgesprochen antisemifistische Parteien bzw. Vereinigungen gegründet, die die Judenfrage als *das* nationale Problem in den Mittelpunkt ihrer Politik stellen und Mitglieder aus allen Schichten und Richtungen aufzunehmen suchen. Die *integrierende Sammelbewegung* des späteren Nationalsozialismus hat hier ihre ersten Vorläufer. Im Jahre 1879 gründet der bereits erwähnte Marr den »Bund der Antisemiten«, 1880 entstehen die »Soziale Reichspartei« und die »Deutsche Reformpartei«, 1881 der »Deutsche Volksverein«. Dazu kommt noch die von Theodor Fritsch mitbegründete »Deutsche antisemitische Vereinigung«, die erstmals *antijüdische Sondergesetze* fordert.

Bei den Reichstagswahlen von 1890 werben zwei neue Parteien um die Gunst der Wähler. Die »Deutschsoziale Partei« (gegr. 1889) kann einen Abgeordneten, Boeckels »Antisemitische Volkspartei« (gegr. 1890) sogar vier in den Reichstag entsenden. Bei der nächsten Wahl (1893) erreichen die Antisemitisten einen vorläufigen Höhepunkt: mit Hilfe von 400 000 Wählerstimmen erhalten sie sogar sechzehn Abgeordnetensitze. An der Gesamtzahl von 397 gemessen, handelt es sich aber immer noch um eine kleine, wenn auch nicht unbedeutende Minderheit von etwa vier Prozent, die auf die Unterstützung durch andere Parteien angewiesen ist. Das zeigt sich 1895, als ihr Antrag, die Reichsgrenzen für jüdische Einwanderer zu sperren, mit 167 zu 51 Stimmen abgelehnt wird. In den folgenden Jahren verliert der Antisemitismus wieder an Boden, und bei der Reichstagswahl von 1912 kann er nur noch sieben Sitze erringen. Überhaupt muß gerechterweise festgestellt werden, daß das Deutsche Reich keineswegs, wie es nach dem Zweiten Weltkrieg nicht selten behauptet wurde, schon immer das »Weltzentrum des Antisemitismus« war. Im Gegenteil, bis 1930 ist es für solche Juden das »Gelobte Land«, die vor den ständigen Pogromen in Osteuropa flüchten – und nicht etwa Frankreich oder Großbritannien, wo beispielsweise 1905 ein gegen Juden gerichtetes Ausländergesetz (Aliens Act) erlassen wird. Weiter ist festzustellen: Nirgendwo in Europa haben zu dieser Zeit Juden solche berufliche Chancen wie im Deutschen Reich, wo selbst Kaiser Wilhelm II. sich jüdischer Berater bedient (zu diesen gehört u. a. auch Walther Rathenau). In dem Buch *»Die Geschichte der Juden in Deutschland«* schreibt Nahum Goldmann 1980: »Die Geschichte der Juden in Deutschland von 1870 bis 1930 – das ist wohl der glänzendste Aufstieg, der einem Zweig des jüdischen Volkes geglückt ist.« Hier habe es nicht jene »vulgären Formen« des Antisemitismus gegeben, »wie sie in Amerika mit für Juden gesperrten Wohngegenden, Mietshäusern und Hotels einmal gang und gäbe waren«.

Im Hinblick auf die Biographie Hitlers muß auch noch auf die antisemitistische Bewegung in Österreich hingewiesen werden. Dieses Land hat bis zum Ersten Weltkrieg mit den gleichen wirtschaftlichen und sozialen Problemen zu kämpfen wie das Deutsche Reich. Auch hier haben die Krisen einen zunächst *ökonomischen Antisemitismus* zur Folge. Verschärfend kommt aber der Status Österreichs als Vielvölkerstaat hinzu, in dem die Deutschstämmigen ihre Vorherrschaft in Gefahr sehen. In dieser Situation erwarten die »Alldeutschen«, die 1901 bereits 21 Sitze im Reichsrat einnehmen, die Rettung von pangermanistischen Ideen und von einem Anschluß an das Bismarck-Reich. Als Vorkämpfer dieser extrem nationalistischen, antimarxistischen Partei tritt der als Agitator einflußreiche Gutsbesitzer Georg Ritter von Schönerer (1842–1921) auf. Mit seiner demagogischen, nach allen Seiten gerichteten Antihaltung gewinnt er sich ein breites Publikum. An erster Stelle stehen bei ihm *Antisemitismus und Antislawismus,* die er beide rassistisch begründet. Dazu kommen der gegen das Finanzjudentum gerichtete *Antikapitalismus* und ein *»Los-von-Rom«-Antiklerikalismus,* der sich gegen die Macht der Kirche richtet. Die Religion als solche ist ihm gleichgültig, für ihn sind nur »Rasseneigentümlichkeiten« wichtig. Sein Ausspruch: »Religion ist einerlei, in der Rasse liegt die Schweinerei!« findet weite Verbreitung. Schönerer macht die Juden für alles Elend der Gegenwart verantwortlich und prophezeit ihnen, »daß auf ihren Leibern« diese Schuld einmal abgetragen werde.

In seiner Wiener Zeit (1907–1913) begeistert sich Adolf Hitler für Schönerer, noch mehr ist er aber von dem Nationalisten und Antisemiten Karl Lueger (1844–1910) beeindruckt, dem Begründer der »Christlichsozialen Partei« und erfolgreichen Wiener Bürgermeister (1897–1910). Er betreibt eine vorausschauende Kommunalpolitik – so kommunalisierte er beispielsweise die Gas- und Wasserversorgung, den Schul- und Klinikbau – und gewinnt damit über Wien hinaus großes Ansehen, was seinem Antisemitismus ein besonderes Gewicht verleiht. Als Mitverfasser des *»Linzer Programmes«* (1885) erstrebt er im Interesse des Mittelstandes eine am Mittelalter orientierte Sozialreform. An die Stelle jüdisch-kapitalistischer Zinsknechtschaft soll eine »organische« Gesellschaftsordnung treten. Wie im Mittelalter müßten die Juden aus dem öffentlichen Leben und allen höheren Berufen verbannt werden. Dieser Forderungen und des praktizierten Antisemitismus im Amtsbereich wegen nennt Hitler Lueger den »gewaltigsten Bürgermeister aller Zeiten«.

Trotz Schönerer und Lueger ist der Antisemitismus in Österreich vor dem Ersten Weltkrieg aber ebenso rückläufig wie im Deutschen Reich. Dazu trägt die neue wirtschaftliche Blüte bei, durch die die Krisenstimmung erheblich zurückgedrängt wird. Dagegen ist die Tiefenwirkung der antisemitistischen Agitation unverkennbar. Immer mehr völkische und antisemitistische Gruppen entstehen und agitieren in sektenhafter Weise. So wird beispielsweise an den Wiener Kiosken im Jahre 1905 das rassenmythologische Magazin *»Ostara«* (benannt nach einer germanischen Frühlingsgöttin) in hohen Auflagen verkauft. Der Verfasser Adolf Lanz (1874–1954), ein ehemaliger Mönch, unterhält auf der »Ordensburg« Werfenstein einen Männerorden mit blonden und blauäugigen »Ariern«. Hier weht bereits 1907 eine Hakenkreuzflagge als Symbol des arischen Kampfes. Es fehlt auch nicht an einem arischen Katechismus. In seinem Hauptwerk *»Theozoologie«* (1904) kämpft die blonde Herrenrasse der »Arioheroiker« mit minderwertigen Rassen, die vernichtet werden müssen. Eine Vermischung mit diesen gilt als Rassenschande, die schwerstens bestraft wird. Durch Zwangsarbeit, die in den Tod führt, durch Sterilisation und Liquidation soll das Rassenproblem endgültig gelöst und gleichzeitig durch Rassenhygiene, Vielweiberei und Zuchtanstalten die Herrenrasse vergrößert werden. Als begeisterter Lanz-Leser findet Hitler in den genannten Heften, von denen er sich eine komplette Sammlung zuzulegen sucht, und in der *»Theozoologie«* alle Ideen, die er später in die Wirklichkeit umsetzen wird – er selbst braucht nichts mehr zu erfinden. In *»Mein Kampf«* heißt es dazu: »Ich las damals unendlich viel, und zwar gründlich ... In wenigen Jahren schuf ich mir damit die Grundlagen meines Wissens ... In dieser Zeit bildete sich mir ein Weltbild und eine Weltanschauung, die zum granitenen Fundament meines derzeitigen Handelns wurden. Ich habe zu dem, was ich mir so einst schuf, nur Weniges hinzulernen müssen, zu ändern brauchte ich nichts.«

Nationalsozialistische Ideologie

Der Nationalsozialismus ist im wesentlichen eine »völkische« Bewegung, worauf schon sein Zentralblatt, der *»Völkische Beobachter«*, hinweist. Allerdings ist der Begriff »völkisch« recht unbestimmt. Er kann harmlose Volkstümelei bezeichnen, aber auch einen bestimmten politischen Fanatismus, der rassistische Ideen propagiert. Im folgenden geht es nur um den letzteren. Wie schon weiter oben erörtert, wird im 19. Jahrhundert der französischen Auffasssung von der *politischen Staats- und Kulturnation,* die auch Angehörige fremder Völker einschließen kann, die deutsche von der *Kultur- bzw. Volksnation* entgegengesetzt, die dann auf eine rassistische Vorstellung von einer *völkischen Nation* verengt wird, die nur noch Menschen deutschen Blutes gelten läßt. Erst dann, wenn das deutsche Volk von allen Beimischungen fremder Völker gereinigt sei, könne man von einer deutschen Nation sprechen, seien »national« und »völkisch« identisch. Damit erweist sich diese Weltanschauung als eine prinzipiell deutsche. In dem Buch *»Der deutsche Mensch«* (1925) erklärt dazu der Autor Hermann Meyer: »Der völkische Gedanke baut sich auf dem Begriff des deutschen Menschen auf, der durch keine andere Tatsache zur Entstehung kommt, als durch die Abstammung von Deutschen, und [der] in seinem Wesen bestimmt wird von seinem Blut, das heißt seinen von den Ahnen her in ihn eingegangenen Erbanlagen.«

Folgerichtig unterteilen die Völkischen die Menschheit nach dem dualistischen Prinzip in »Reindeutsche« und solche Menschen, die den völkischen Prinzipien nicht genügen. In der Schrift *»Staatsphilosophie. Ein Buch für Deutsche«* (1923) drückt der Philosoph Max Wundt (1879–1963) das so aus: »Seit Jahrhunderten ringen zwei Weltanschauungen um die deutsche Seele. Die eine erwuchs ihr aus dem Grunde des eigenen Wesens, die andere empfing sie aus der Fremde ... Darum krankt die deutsche Seele an einer Übersättigung mit fremder, ihr unverdaulicher Kost. Sie wird nur gesunden, wenn sie sich wieder an die Früchte ihres eigenen Bodens gewöhnt.« Der Kampf der Völkischen gilt infolgedessen auch allem Internationalen, dem sie völkische Autarkie entgegensetzt:

- im Rahmen der Bevölkerungspolitik müsse durch Rassenhygiene die Reinerhaltung des deutschen Blutes gewährleistet werden;
- in der Wirtschaft seien der internationale Börsenkapitalismus und die weltweiten Verflechtungen zu beseitigen; zugunsten der Landwirtschaft soll die industrielle Entwicklung zurückgedrängt werden;
- das geistig-kulturelle Leben müsse von fremdem Geistesgut, besonders vom jüdischen, befreit und die deutsche Sprache von Fremdwörtern gesäubert werden;
- in der Religion soll der Judengott durch einen deutschen ersetzt werden;

- im Bereich der Politik und des Staates sollen alle ausländischen Institutionen abgeschafft und durch völkisch orientierte ersetzt werden.

Die primitive Denkweise der Völkischen wird in Gegenüberstellungen sichtbar, mit denen sie ihre verleumderische Propaganda betreiben. Diese kennt nur Deutsche und Undeutsche, Nationales und Internationales, Reinrassigkeit und Rassenvermischung, Arier und Juden. Aus diesem Dualismus ergibt sich für die Völkischen der Zwang zum Überlebenskampf. Dazu schreibt Meyer in dem oben erwähnten Buch: »[Wir] verfechten entschlossen den Satz, daß auch unter den Völkern der Kampf ums Dasein ausgefochten werden muß, der jedes Volk verpflichtet, sich aus eigener Kraft, wenn nötig mit der Waffe in der Faust, zu behaupten. Daher ist den Völkischen der Staat überhaupt nicht... ein Vernunftgebilde, sondern die Zusammenballung der Macht des Volkes. Demzufolge fordern sie Tüchtigkeit. Wehrhaftigkeit und völkische Gesinnung von jedem Volksgenossen.«

Überzeugt davon, daß nur die Verwirklichung solcher Prinzipien das Deutsche Reich in neuem Glanze erstehen lassen könne, bekämpfen die Völkischen die staatstragenden Parteien der Weimarer Republik mit allen ihnen zur Verfügung stehenden Mitteln der Propaganda, wobei die Schwarzweiß-Malerei besonders bevorzugt wird. Im Mittelplunkt ihrer Pamphlete stehen dabei die Hetze gegen das internationale Judentum, die »Entlarvung« der jüdischen Weltverschwörung und die angeblichen politischen Intrigen der Freimaurer und Jesuiten. »Juden raus!« lautet ihre wichtigste Kampfparole.

Es wird ersichtlich, daß die Grundlagen der nationalsozialistischen Weltanschauung nicht von den Nationalsozialisten selbst gelegt werden. Bei dieser handelt es sich vielmehr um ein Konglomerat verschiedenster Ideen, die von nationalistisch, völkisch oder rassistisch eingestellten Publizisten so verbreitet worden sind, daß sie nun als geistiges Allgemeingut aller Antidemokraten von rechts anzusehen sind. Darüber hinaus vertritt der Nationalsozialismus, ebenso wie der Kommunismus, die Grundauffassungen aller Gegner einer freiheitlichen Staatsform:

- Antiliberalismus,
- Antiparlamentarismus,
- Antipluralismus: Ablehnung des Mehrparteienstaates,
- Ablehnung des demokratischen Gedankens,
- Ablehnung der Weimarer Verfassung.

Den Nationalsozialisten um Hitler ist bewußt, daß Antihaltungen allein nicht ausreichen. Damit können zwar viele Anhänger gewonnen werden, nicht aber die große Gruppe jener Wähler, die auch nach »positiven« Grundideen Ausschau halten. Deshalb greifen die Nationalsozialisten auf ältere Ideen zurück, vor allem auf den *Machtstaatsgedanken.* Dem angeblich so erbärmlich machtlosen und korrupten demokratischen Staat setzen sie den starken Nationalstaat, den totalen Staat entgegen. Er soll mit absoluter Vollmacht ausgestattet und durch kein Parlament behindert sein, und an seiner Spitze soll ein starker Führer stehen, der entschlossen durchgreift und die alleinige Verantwortung trägt. Dabei weisen die Nationalsozialisten auf die Möglichkeit eines Volksentscheides hin, wohl wissend, daß bei Plebisziten die Fragestellung immer von der Führung abhängt. Diese *scheindemokratische Berufung auf das Volk* ist eine bis auf den heutigen Tag beliebte Methode der Verschleierung der wahren Ziele politischer »Bewegungen« bzw. der Herrschaftsverhältnisse in totalitären Diktaturen (diesem Zweck dienen u.a. rhetorische Stilmittel wie etwa die Substantiv-Komposita): »Volks-Republik«, »Volkskammer«, »Volkseigentum«, »Volkspolizei«, »Volksgenosse« etc. Durch solche Sprachregelungen unterscheiden sich totalitäre Staaten u.a. von rein autoritären.

Die scheinbare Identifizierung der Führung mit dem Volk wird noch durch die irrationale Idee von der *Volksgemeinschaft* verstärkt, vor der die Realität der Gesellschaft der Weimarer Republik wie in einem Zerrspiegel erscheinen muß. Der angeblich inneren Zerissenheit des deutschen Volkes setzen die Nationalsozialisten das Ideal einer Gesellschaft entgegen, in der ein geeintes Volk an einem Strang zieht. Die Klassengegensätze sollen dabei, im Sinne Platons, durch eine Hierarchie der Leistungsträger aufgehoben werden. Wo das nicht freiwillig geschehe, müsse von oben her nachgeholfen werden, also durch Terror. An der Spitze dieser Stufenordnung steht als Integrationsfigur der charismatisch idealisierte »Führer«. Wie bei früheren Kriegerorden, beim Militär und auch bei manchen Jugendbünden ergänzen sich Führer- und Kollektivgedanke. Zu einem richtungweisenden Führer gehören auch Gefolgschaft, Pflicht, Gehorsam, Hingabe und Treue. So lautet denn auch der gern gehörte Wahlspruch, der an Bossuet erinnert (»Ein König, ein Glaube, ein Gesetz!«): »Ein Volk, ein Reich, ein Führer!« (Abb. 31)

Der bruchstückhafte Charakter der nationalsozialistischen Ideologie, die Hitler und seinen engsten Vertrauten durchaus bewußt ist, erlaubt von Anfang an eine solch flexible Handhabung, daß sie zu einer Weltanschauung für viele genutzt werden kann. Je geschlossener nämlich ein ideologisches System ist, um so kleiner sind die Wählergruppen, die davon angesprochen werden. Aus diesem Grunde hat die SPD nach dem Zweiten Weltkrieg die »Geschlossenheit« des Sozialismus verlassen. Aber erst mit dem »Godesberger Programm« (1959), das nun nicht mehr nur die Arbeiterklasse ansprechen will, wird sie, wie die CDU, zur Volkspartei.

Geschlossenheit ist also keine Grundbedingung für ein demokratisches Parteiprogramm. Völlige Widerspruchsfreiheit ist bei diesem grundsätzlich nicht möglich und kann deshalb ehrlicherweise auch nicht gefor-

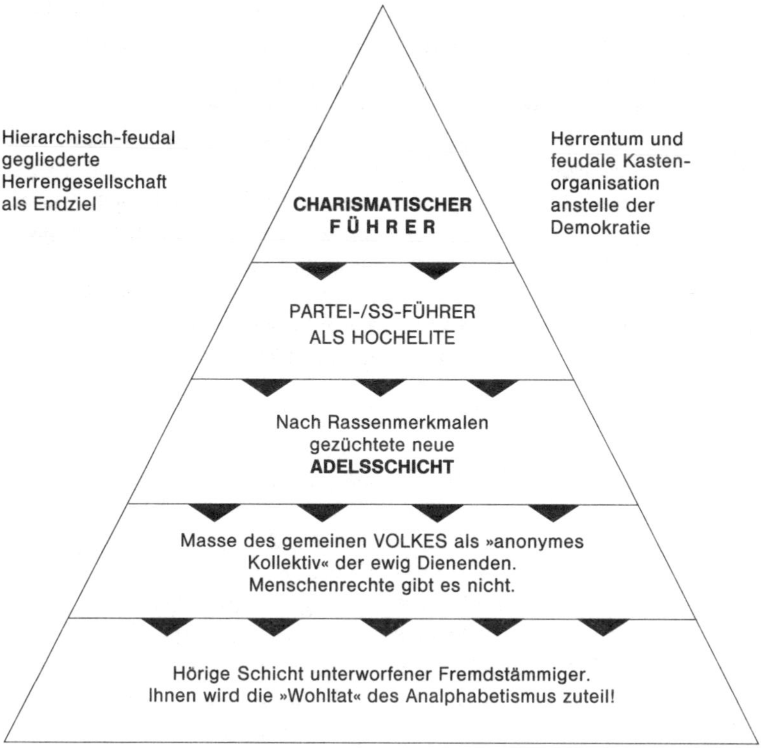

Abb. 31: *Nationalsozialistische Staatsutopie*

dert werden. Bei den Nationalsozialisten gehört aber die weltanschauliche Elastizität, mit der sie sich der politischen Entwicklung anpassen, zur Strategie der Machtergreifung. 1919 beginnt die NSDAP ihre Entwicklung als eine typisch völkische Bewegung mit dem Ziel, die Weimarer Republik zu stürzen. Bei ihrer Agitationsarbeit benutzt sie altbekannte völkische Parolen und Argumente, die sie mit neuartigen Methoden organisierter Veranstaltungen und Straßenterror zu verbreiten sucht. Nach und nach wird aber in offiziellen Verlautbarungen der Partei das völkische Element von der ersten Stelle verdrängt. An dessen Platz treten Ideen und Schlagworte, die man von revolutionären Konservativen und Nationalisten übernimmt. Durch diese Verbreiterung der weltanschaulichen Basis werden immer mehr Wähler angesprochen, die ihren bisherigen Parteien weglaufen, weil ihnen die größere Entschlossenheit der Nationalsozialisten imponiert.

Der Nationalsozialismus kennt also, im Gegensatz zum Marxismus, weder eine originale Ideologie noch geistige Vordenker von Format. Der Chefredakteur des *»Völkischen Beobachters«,* Alfred Rosenberg (1893–1946), gilt zwar in der Öffentlichkeit als Chefideologe der Partei, in der Praxis kümmert sich Hitler aber recht wenig um dessen Theorien. Rosenbergs *»Der Mythos des zwanzigsten Jahrhunderts«,* ein antiliberales Buch mit abstrusen Ideen von »Rassenseele« und »Blutmystik«, wird niemals, auch nach 1933 nicht, zu einer parteioffiziellen Schrift erklärt. Ihre auf völkische Aspekte verengte Sicht mit einer kaum ernst zu nehmenden Mystik können zu einem Zeitpunkt, da der Nationalsozialismus alle Schichten gewinnen will, also auch die rechten Intellektuellen, nicht in seinem Interesse liegen. Außerdem eignet sie sich wegen ihres wirren *Eklektizismus* (Auswahl nach Gutdünken) in keiner Weise als Basis für eine dogmatische Ideologie.

Viel wichtiger als Rosenbergs Buch ist Hitlers Rechenschafts- und Programmschrift *»Mein Kampf«* aus der Zeit seiner Landsberger Festungshaft (erschienen 1925/26 in zwei Bänden). Im Mittelpunkt seines Denkens steht ein Rassenmythos auf der Grundlage eines primitiven Sozialdarwinismus, wie er weiter oben bereits dargestellt ist. Von größter Bedeutung ist dabei Hitlers unbedingter Glaube an die Überlegenheit der arischen Rasse und an den Wert der Volksgemeinschaft. Für ihn ist der Staat nur die äußerliche Organisation des Volkes, nicht aber das Wesentliche. Weil das Politische absoluten Vorrang vor dem Wirtschaftlichen habe, müsse der Staat absolut über der Wirtschaft stehen. Erst unter der Regie des Staates könne sich diese zur vollen Wirksamkeit entfalten. Eine solche Auffassung steht im Widerspruch zur Behauptung kommunistischer Theoretiker, die Hitlers Nationalsozialismus als verzweifelten Schachzug der kapitalistischen Wirtschaft betrachten, mit dem die sozialistische Weltrevolution verhindert werden soll. Deutlich wird auch Hitlers Auffassung vom Wesen der Partei. Den angeblich reaktionären *Systemparteien* der Weimarer Republik setzt er die NS-Partei als eine fortschrittliche *Bewegung* entgegen. Er vergleicht sie mit früheren militanten Ordensgemeinschaften, bei denen nicht Herkunft oder Besitz, sondern nur Charakter und Leistung gegolten hätten. Jedes Mitglied habe seine ganze Kraft dem Gesamtwohl des Volkes zu widmen. Persönliche Rechte und individuelle Freiheit müßten deshalb zurückstehen. »Du vergehst, dein Volk besteht!« heißt eine von vielen Parolen des Nationalsozialismus. Den *marxistischen Humanismus,* der auf eine klassenlose freie Gesellschaft zielt, lehnt Hitler ebenso kategorisch ab wie den *Parlamentarismus.* Als Anhänger des *Dezisionismus,* der den Eigenwert und die Notwendigkeit eigener Entscheidung betont, fordert er, daß ein Führer in persönlicher Verantwortung rücksichtslos notwendige Entscheidungen treffen müsse. Diese dürften aber nicht durch Meinungsstreit bei kritischen Diskussionen oder durch Parteienhader gefährdet werden.

Das soziale Programm Hitlers ist nicht weniger werbewirksam als die

Parolen gegen den Staat. In der Zeit der Weltwirtschaftskrise gibt es sogar den entscheidenden Ausschlag für viele in existentielle Not geratene Menschen verschiedener Schichten. In seiner Radikalität übertrifft es sogar das Programm des italienischen Faschismus vor 1943. Die nationalsozialistische Bewegung wird deshalb, und nicht nur wegen der roten Hakenkreuzfahne, auch für eine sozialistische gehalten. In Wirklichkeit aber beschränkt sich Hitlers »Sozialismus« auf solche Phrasen wie »Gemeinnutz geht vor Eigennutz«, auf Agitation gegen das jüdische Finanzkapital und gegen die großen Warenhäuser. In dem Maße aber, in dem Hitler auf die Gewinnung konservativer Wähler und auf das Geld finanzkräftiger Kreise angewiesen ist, drängt er, gegen den Widerstand des sozialistischen Parteiflügels (Strasser), die antikapitalistische Kampagne zurück. Die anfänglich weitverbreitete Parole Gottfried Feders (1883–1941) von der »Brechung der Zinsknechtschaft« wird fallengelassen, und beim sogenannten »Röhmputsch« (1934) rechnet Hitler später mit dem sozialistischen Oppositionsflügel blutig ab. Aus taktischen Gründen wird aber nach 1933 der Bestand an Sozialeinrichtungen und -leistungen übernommen und durch sozialpolitische Unternehmen wie »Kraft durch Freude« (Urlaubsveranstaltungen) ergänzt.

Im Denken Hitlers nimmt der Rassegedanke, vor allem der *Antisemitismus,* die beherrschende Stelle ein. Gemäß der Prinzipien der dualistischen Politikauffassung sieht er in den Juden das absolut Schlechte und Böse. Liberalismus, Demokratie und Parlamentarismus, Klassenkampf und Pazifismus gelten ihm als bösartige strategische Erfindungen der Juden, die damit die Weltherrschaft zu gewinnen trachteten. Ihren angeblich teuflischen Absichten und Intrigen will Hitler als Vertreter des reinen Blutes und der unverdorbenen Rasse wirksam entgegentreten: Das »Dritte Reich« soll ein Bollwerk gegen den Ansturm der Feinde werden und der Beginn einer neuen Zeit.

Krisenbewußtsein in der Weimarer Republik

Die nationalsozialistische Machtergreifung wird erst vor dem Hintergrund der Krisen und des Krisenbewußtseins in der Weimarer Republik verständlich. Aus diesem Grund müssen die verschiedenen Krisen, die sich in ihrer Gesamtheit nachteilig für die junge Demokratie auswirken, kurz dargestellt werden.

Als im August 1914 der Krieg ausbricht, wird dieses Ereignis auf allen Seiten freudig begrüßt – wie ein Gewitter, das die Luft reinigt, zumal es den Anschein hat, als ob es sich lediglich um einen nationalstaatlichen Konflikt in der traditionell gewohnten Form handelte. Allgemein wird erwartet, daß die mit Hurra-Begeisterung in den Krieg ziehenden Soldaten schon »zu Weihnachten« wieder zu Hause sind. Doch die Ernüchterung folgt nur zu bald. Nach anfänglichen Siegen erstarren die Fronten, und Millionen Soldaten verlieren in grausamen Materialschlachten Gesundheit oder Leben, während in der Heimat die Menschen bitterste Not leiden. Bis 1917 besteht aber trotz allem noch die Hoffnung auf einen »Siegfrieden«. Mit dem Eintritt der USA in den Krieg und mit dem Ausbruch der Russischen Revolution verändert sich die Situation jedoch grundlegend. Der bisher europäische Krieg weitet sich zu einem universalen Weltkrieg aus, der für die Mittelmächte nicht mehr zu gewinnen ist. Aufgrund einer wirksamen Propaganda erfährt das deutsche Volk davon so gut wie nichts, zumal die Front trotz massiver Überlegenheit der Alliierten weiterhin gehalten werden kann. Die Hoffnungen der Deutschen steigen sogar, als Rußland 1917 schließlich kapituliert und im Herbst 1918 an der Westfront sogar noch eine Gegenoffensive gestartet wird. Um so überraschender für alle kommt unmittelbar nach dem Stekkenbleiben der Offensive die Nachricht, daß alle Reserven aufgebraucht seien und Deutschland jetzt sofort kapitulieren müsse. Bei den deutschen Patrioten bricht eine Welt zusammen, erst recht, als ihnen die Rechnung präsentiert wird: zwei Millionen Tote, Kriegsschulden in Milliardenhöhe und der Verlust großer deutscher Grenzgebiete. Dazu kommen der Zusammenbruch der alten Herrschaftsordnung, bürgerkriegsähnliche Zustände und die hohe Arbeitslosigkeit unter den zurückgekehrten Soldaten. Die Wirtschaft muß erst einmal von Kriegs- auf Friedensbedarf umgestellt werden. Leidtragende sind auch die vielen Frauen, die mit ihrer Arbeit die Kriegswirtschaft aufrechterhalten haben und jetzt entlassen werden.

Der äußeren Krisenlage entspricht eine innere, *seelisch-geistige Krise.* Vor dem Scherbenhaufen eines verlorenen Krieges erkennen viele Deutsche, daß sie sich mitten in jener Fortschrittskrise befinden, die Nietzsche schon vor dem Krieg als unabwendbar vorhergesagt hat. Pessimismus und Untergangsstimmung, die zuvor nur in elitären Kreisen zu finden gewesen sind, breiten sich aus. Immer mehr Menschen zweifeln an Gott und am Sinn des Lebens. Sie kehren ihrer Religion den Rücken und verfallen dem *Atheismus* und *Nihilismus.* Oswald Spenglers (1880–1936) Werk *»Der Untergang des Abendlandes«,* bereits vor dem Krieg im Geiste Nietzsches konzipiert, findet jetzt reißenden Absatz und weitgehende Zustimmung. Nach Spenglers Theorie entstehen, leben und vergehen alle großen Kulturen aufgrund einer vergleichbaren Gesetzlichkeit. Wie frühere gehe nun auch die »faustische Kultur Europas« ihrem Untergang entgegen. Diese Krisenstimmung ist nicht nur Ausdruck eines Katzenjammers der Besiegten, denn auch bei den Siegernationen ist der bisherige Fortschrittsoptimismus der Aufklärung verlorengegangen. Ihnen wird bewußt, daß nicht nur Deutschland, sondern Europa, die europäische Kulter als Ganzes, den Krieg verloren hat und daß nun alle dafür werden bezahlen müssen.

Mit der religiös-weltanschaulichen geht eine *Krise des profan-geistigen*

Lebens einher. Nicht zuletzt durch den Innovationsschub, den der Materialkrieg mit sich gebracht hat, entwickeln sich Naturwissenschaft und Technik mit einer solchen Geschwindigkeit und in solchen Dimensionen, daß der durchschnittlich Gebildete nicht mehr folgen kann. Er fühlt sich einer Technik ausgeliefert, die er nicht mehr begreift: Die *Relativitätstheorie* Albert Einsteins (1879–1955) erschüttert das bisherige physikalische Weltbild; die Notwendigkeit, bisher feststehende Begriffe wie »Raum«, »Zeit« und sogar »Kausalität« neu definieren zu müssen, relativiert auch die Bedeutung des Individuums; die Fragen nach dem Sinn des Seins und des Daseins in einem unermeßlich riesigen Universum rücken in den Mittelpunkt allgemeinen Interesses.

Auf dem Gebiet der Literatur erweist sich der *Expressionismus* als ein wichtiges Zeugnis der Gesellschaftskrise. Er zeichnet eine brüchige, maskenhafte Welt und die Verlassenheit des Menschen. Dieser Aussage entspricht auch das sprachliche Stilmittel, Sprache und Form zu zerreißen. Die Werke Rainer Maria Rilkes (1875–1926) und Franz Kafkas (1883–1924) zeigen mit neuen sprachlichen Mitteln existentielle Abgründe auf und hinterlassen bei vielen Lesern Ratlosigkeit. Denn für den Durchschnittsleser muß eine Geschichte eine verstehbare Handlung mit einem logischen Schluß besitzen. Im Gegensatz zu auktorialen, also vom Autor kommentierten Erzählungen zeigt die neue Literatur nur einen nackten und dazu oft noch verschlüsselten (chiffrierten) Handlungs- oder Denkvorgang ohne Anfang und Schluß und ohne Autorenkommentar (anonyme Erzählerperspektive). Der Leser sieht sich gezwungen, selbst nachzudenken und einen Sinn zu suchen. Andere Dichter, etwa Franz Werfel (1890–1945), Werner Bergengruen (1892–1965) und Gertrud von le Fort (1876–1971) zeigen Auswege an, indem sie dem Leser seine entfremdete Lage zum Bewußtsein bringen und versuchen, die »heillose« (!) Welt im Geist der Humanität oder religiösen Erneuerung zu retten.

Auch in der Musikgeschichte bringen die geistigen Erschütterungen des Krieges einen einschneidenden Wandel. In einer Welt voller Unsicherheit und des Fragwürdigen genügen die bisherigen auf Harmonie angelegten klassischen Stile nicht mehr den Anforderungen jener Komponisten, die dem Zeitgefühl eine musikalische Entsprechung geben wollen. Neben Béla Bartók (1881–1945) und Igor Strawinski (1882–1971), dem Begründer eines *musikalischen Neoklassizismus,* müssen vor allen anderen Arnold Schönberg (1874–1951) als Avantgardist der atonalen Musik bzw. der Zwölftontechnik und Paul Hindemith (1895–1963) genannt werden, der vorklassische und fortschrittliche Formen miteinander verbindet.

In der bildenden Kunst antworten Künstler auf die Probleme der Zeit mit den vielfältigen Formen des *Expressionismus, Kubismus, Konstruktivismus, Surrealismus* und *Futurismus.* Die Skala reicht dabei von gegenständlicher bis zu abstrakter, »nonfigurativer« Kunst. Den schöpferischen

Kräften sind, dank der Kulturfreiheit der liberalen Republik, keine Grenzen gesetzt. Die Zahl bedeutender Künstler ist tatsächlich so groß, daß die heute jedem Kunstfreund geläufigen Namen Emil Nolde (1867–1956) und Wassily Kandinski (1866–1944) stellvertretend für viele andere stehen müssen. Diese Pluralität ruft aber bei vielen Zeitgenossen, die als Wertmaßstab nur die klassische Kunst (im umfassenden Sinne) anerkennen, strikte Ablehnung und sogar haßerfüllte Empörung hervor. Die Nationalsozialisten nutzen diese Stimmung propagandistisch für sich aus, indem sie, unter dem Beifall vieler Bürger, gegen die angeblich jüdische »entartete Kunst« agitieren.

Die *Staats- und Gesellschaftskrisen,* unter denen die Weimarer Republik zu leiden hat, sind keineswegs nur Folgen des Krieges. Dieser hat sie nur schonungslos aufgedeckt und entscheidend verschärft. Bereits vor dem Krieg hätten die gewaltigen wirtschaftlichen und gesellschaftlichen Umwälzungen eine Lösung der sozialen Frage durch eine allmähliche, behutsame Demokratisierung des gesamten öffentlichen Lebens und die Abschaffung aller Standesprivilegien erfordert. Modernsten Formen des Wirtschaftens und der Technik, die auf den individuellen Einsatz verantwortlich handelnder Arbeiter und Angestellter angewiesen sind, stand ein autokratisch organisierter Staat gegenüber, der zwar – für damalige Zeiten vorbildlich – seiner sozialen Fürsorgepflicht nachkam, den Angehörigen der unteren Klassen jedoch jede Mitwirkung an den Regierungsgeschäften versagte. Nach der plötzlichen Ausrufung der Republik steht jetzt das an den Obrigkeitsstaat gewöhnte Volk der Demokratie mit großer Skepsis gegenüber. Anstelle des früher geliebten Kaisers präsentieren sich die *Parteien als Träger der Macht.* In anonymer Weise schieben sie sich zwischen den von ihnen abhängigen Abgeordneten und den einzelnen Wähler. Dieser kann oder will nicht erkennen, daß Parteien in einer Demokratie für die politische Meinungs- und Willensbildung unentbehrlich sind. Besonders führende Schichten, die viele Privilegien (längst nicht alle) verloren haben, stehen den Parteien ablehnend gegenüber. Diese wiederum verkennen vielfach ihre staatsbürgerliche Verantwortung für das Ganze. In kurzsichtiger und egoistischer Weise vertreten sie oft nur die Sonderinteressen einer kleinen Wählerschar, auf deren Gunst sie sich angewiesen glauben. Ein solches Verhalten fördert die Partei- und Demokratieverdrossenheit der Massen. Damit wachsen die Chancen antidemokratischer Demagogen, die dem Volk statt des Parteiengezänkes ein »einig Volk von Brüdern« oder die klassenlose Gesellschaft vorgaukeln. Den ungeliebten Parteien wird die (kommunistische oder nationalsozialistische) »Bewegung« gegenübergestellt, der man sich nur anzuschließen brauche, wenn man alle Probleme lösen wolle. Für Denken und Entscheiden werde der »Führer« oder die Partei schon sorgen.

In den ersten Nachkriegsjahren bleibt die Resonanz der Wähler trotz aller Not gering. Zwischen 1924 und 1928 erhalten die Kommunisten bei drei Reichstagswahlen zwar jeweils etwa 10 Prozent der Wählerstimmen (12,6 / 9,0 / 10,6 Prozent), doch verdanken sie dieses Ergebnis nur einer alten, sozialistisch gesinnten Stammwählerschicht aus den Reihen der Arbeiter. Den Nationalsozialisten hingegen gelingt es, neue Wähler aus den Reihen bisher unzufriedener Nichtwähler zu mobilisieren. Trotzdem läßt die Wahlstatistik anfangs noch keine Radikalisierung der Wählermassen erkennen. Bei der zweiten Reichstagswahl vom Mai 1924 erhalten die Nationalsozialisten 6,5 Prozent der abgegebenen Stimmen, bei der nächsten, Ende 1924, sind es 3 Prozent und 1928 schließlich nur noch 2,6 Prozent. Erst mit dem Einbruch der großen Weltwirtschaftskrise und der damit verbundenen bitteren Not von Millionen Arbeitslosen und existentiell bedrohten Mittelständlern geht die Propaganda-Saat der Demokratie-Destruktion auf. In ihrer Verzweiflung greifen die großen Massen nach jedem Strohhalm, der Rettung verspricht. In dem Augenblick aber, als große Teile des Volkes einer Rattenfänger-Propaganda verfallen und ihre Hoffnung auf Führung setzen, können die demokratischen Parteien ihre staatstragende Funktion nicht mehr wahrnehmen. Die Demokratie entartet zur Diktatur.

Die politischen und sozialen Krisen sind also mit den wirtschaftlichen eng verflochten. Die Kriegswirtschaft hatte notgedrungen eine starke Konzentration und Rationalisierung auf Kosten der individualistischen Privatwirtschaft mit sich gebracht. An die Stelle unternehmerischer Planung war in starkem Maße die staatliche Planwirtschaft mit großen Staatsunternehmen getreten. Eine Rückkehr zum Wirtschaftsliberalismus des 19. Jahrhunderts ist nicht mehr möglich. Bei der Umstellung auf die Friedensproduktion übernehmen die großen deutschen Unternehmen die US-amerikanische Methode der Serien- und Fließbandautomation. Der dadurch erhöhte Kapitalbedarf erzwingt in wachsendem Maße den Zusammenschluß kleiner Unternehmen zu Konzernen, die in manchen Fällen wie Kleinstaaten mit einer eigenen Bürokratie, über Ländergrenzen hinaus, zentral gelenkt werden (Trusts). Im Gegensatz zur Annahme von Marx, der »Spätkapitalismus« stünde kurz vor seinem Ende, kommt es dadurch zu einer weiteren Entfaltung des Hochkapitalismus, der jetzt von den Marxisten wiederum als Endphase bezeichnet wird. Diese Fehleinschätzung wird sich trotz immer weiterer Entfaltungen (und Veränderungen) des Kapitalismus bis heute wiederholen: Obwohl niemand wissen kann, ob dieser wirklich am Ende ist oder einem noch höheren Gipfel zustrebt, wird in völlig unhistorischer Weise vom »Spätkapitalismus« gesprochen, um dadurch dem Gegner das Odium des zum Untergang Bestimmten anzuhängen. Die Gegenseite kontert, ebenso falsch, mit »Spätmarxismus«.

Die innere und äußere Verschuldung der europäischen Staaten erweist sich bald als das größte Hemmnis einer gesunden Wirtschaftsentwicklung. Durch die bewußt in Kauf genommene Inflation wälzt der deutsche

Staat seine vom Krieg ererbten Schuldenlasten auf das Volk ab, was besonders die Selbständigen aus dem Mittelstand trifft, die dadurch Geschäftsrücklagen und das für den Ruhestand Ersparte verlieren. Bei dem nun durch Konzentration und Rationalisierung notwendigerweise einsetzenden Verdrängungswettbewerb setzen sich die neuen Warenhäuser und die großen Produktionsfirmen auf Kosten des Kleingewerbes und -handels insofern durch, als sie einen immer größeren Marktanteil übernehmen. Erstaunlicherweise nimmt die Zahl der selbständigen Handwerker trotzdem noch zu. Bei diesen Neugründungen handelt es sich aber größtenteils um Ein-Mann-Betriebe. Sie arbeiten in der Regel nur mit Lehrlingen, die für ein Taschengeld eine volle Arbeitskraft ersetzen müssen. Das Einkommen dieser Handwerker liegt teilweise unter dem Lohn eines Facharbeiters. Dennoch kommt es vorerst zu keiner politischen Radikalisierung. Erst mit dem Einbruch der Weltwirtschaftskrise ab 1928 verliert eine große Zahl der Mittelständler ihre Existenz, und mit der Schließung ihrer Betriebe werden auch ihre Angestellten und Arbeiter arbeitslos. Sie bilden zusammen ein Reservoir unzufriedener oder verbitterter Wähler, die ihr Unglück der liberalen Demokratie zuschreiben. Als die hereinbrechende Weltwirtschaftskrise ihre Lage vollends hoffnungslos werden läßt und über zwanzig Millionen von kärglicher staatlicher Unterstützung leben müssen, suchen sie ihr Heil bei den Nationalsozialisten. Geschickt präsentieren diese die alten Sündenböcke: die »jüdische Weltverschwörung« des Kapitalismus, das verhaßte Versailler »Schanddiktat« mit seinen Reparationen etc. Mit der Wirklichkeit haben solche irrationalen, polemischen Aussagen wenig zu tun. Die Reparationsauflagen sind sicherlich hart, aber nicht unerfüllbar, zumal die deutsche Wirtschaft keine Kriegsverwüstungen zu verkraften hat. Auch der Militäretat des Reiches ist, verglichen mit dem der Vorkriegszeit, kaum nennenswert: Er beläuft sich 1927 auf 700 Millionen Reichsmark, das entspricht 3,4 Prozent des Staatshaushaltes; während es unter Hitler 1934 bereits 3,3 Milliarden Mark sind!

Von 1925 bis 1930 beträgt das Gesamteinkommen des Staates insgesamt 120,7 Milliarden Mark. In dieser Zeit sind zwar 9,9 Milliarden an Reparationen zu zahlen, doch werden diese weitgehend mit Hilfe kurzfristiger Auslandskredite aufgebracht. Infolgedessen ist der laufende Haushalt nur mit Zinsen und Tilgungen belastet. Im Gegensatz zu allgemeinen Vorstellungen, die auch in fast jedem Geschichtsbuch nachgedruckt werden, hat die Bankenkrise in Deutschland nur in bestimmten Einzelfällen (»Danat-Bank«) mit plötzlichen Rückforderungen kurzfristig geliehener Gelder zu tun. Ein Blick in die Haushaltskonten des Jahres 1931 ergibt nach dem *»Statistischen Handbuch«* folgendes Bild:

Vom Ausland aus dem Reich abgezogen:		Aus dem Ausland zurückgeflossen:	
kurzfrist. Kredite	2205 Mill. RM	kurzfr. Kredite	2682 Mill. RM
langfrist. Kredite	955 Mill. RM	langfr. Kredite	870 Mill. RM
		Sonstiges	265 Mill. RM
Summe:	3160 Mill. RM	Summe:	3817 Mill. RM
		Saldo:	657 Mill. RM

Einem Abfluß von insgesamt 3160 Millionen Reichsmark steht also ein Rückfluß in Höhe von 3817 Millionen Reichsmark gegenüber, so daß von einer positiven Kapitalbilanz (+ 657 Millionen) gesprochen werden kann. Außerdem schließt die Zahlungsbilanz dieses Jahres (Saldo der Warenhandels- und Dienstleistungsbilanz) mit einem Leistungsbilanzüberschuß (vor der Reparationszahlung von 988 Millionen Reichsmark) von 2028 Millionen Reichsmark ab, zu dem noch die Einnahmen aus Gold- und Devisenabgaben der Notenbanken in Höhe von 1653 Millionen Reichsmark kommen:

Zahlungsbilanz:	2028 Mill. RM
abzügl. Reparationsleistungen:	– 988 Mill. RM
zuzügl. Kapitalbilanz:	+ 670 Mill. RM
zuzügl. Gold-/Devisenverkäufe:	+ 1653 Mill. RM
Saldo:	3363 Mill. RM

Wenn es trotzdem zu einer katastrophalen Bankenkrise kommt, liegt das also keineswegs nur an plötzlichen Rückforderungen. Hier müssen andere Gründe vorliegen. Auch diese ergeben sich aus dem *»Statistischen Handbuch«* von 1932. Es weist aus, daß tatsächlich, u. a. durch Veränderung der Terms of payment (Verkürzung der Zahlungsfristen, beispielsweise von dreißig auf vierzehn Tage), vor allem aber durch eine deutsche Kapitalflucht größeren Ausmaßes eine hohe Summe in das Ausland abgeflossen ist, die auf immerhin 1,5 bis 2 Milliarden Reichsmark geschätzt wird.

Die Wirtschaftskrise in Deutschland hängt natürlich mit der weltweiten zusammen. Wie die Statistik beweist, ist sie aber zu einem nicht geringen Teil auch hausgemacht: Von 1928 bis 1932 fallen die Werte der Anlageinvestitionen von 13,68 auf 4,23 Milliarden Reichsmark ab, die der öffentlichen Investitionen, einschließlich der Ausgaben für die Reichswehr, von 7,24 auf 2,59 Milliarden Reichsmark, das heißt auf 36 Prozent des Standes von 1928. Auch hierfür muß die Regierung mitverantwortlich gemacht werden. Um das Ausland nun davon zu überzeugen, daß Deutschland in bezug auf die Reparationen zahlungsunfähig ist, verstärkt Reichskanzler Heinrich Brüning die fallende Tendenz durch die gnadenlose Politik eines ausgeglichenen Haushaltes. Nicht zuletzt aus Furcht vor einer erneuten Inflation werden gleichzeitig Löhne, Gehälter und Preise drastisch gesenkt. Die Folge ist eine weitere Verschlechterung des Investitionsklimas, denn angesichts fallender und ungewisser Preise lohnt sich keine Investition mehr.

Antidemokratische Ideen und Gruppen in der Weimarer Republik

Betrachtet man die große Zahl der nationalistisch gesinnten Antidemokraten - die antidemokratische Linie soll hier außer Betracht bleiben -, so erstaunt die Tatsache, daß sie keine einheitliche Gruppe bilden, sondern in vielerlei Vereinigungen mit unterschiedlichen Richtungen und Zielen in der Öffentlichkeit auftreten. An ihrer Spitze stehen die Deutschnationalen, die als überzeugte Monarchisten dem Kaiserreich nachtrauern. Dort besaßen sie als Adlige, höhere Beamte oder Militärs viele Privilegien, auf die sie nun verzichten müssen. Die in ihren Augen ohnmächtige Republik hassen oder verachten sie gründlichst. Charakteristisch für diese Altnationalen sind ihr Glaube an die von ihnen verbreitete Dolchstoßlegende und die restaurative Hinwendung zum Kaiserreich. 1920 schreibt Prof. Merk in *»Die neue Reichsverfassung«:* »Die heutige, ›kaiserlose, schreckliche Zeit‹ mit ihren ›Errungenschaften‹ der äußeren Knechtschaft und der inneren Mißwirtschaft wird je länger je mehr die Jahrzehnte nach der Reichsgründung von 1871 als Höhepunkt unserer staatlichen Ordnung erkennen und heiße Sehnsucht nach jenem Ruhe, Ordnung und Wohlfahrt sichernden Kaisertum emporlodern lassen . . .«

Von diesem *restaurativen Altnationalismus* distanziert sich die Gruppe der *konservativen Revolutionäre*, denen sich auch Moeller van den Bruck (1876–1925) zugehörig fühlt. In seinem Buch mit dem zukunftsweisenden Titel *»Das dritte Reich«* (1923) bringt er ihre Grundeinstellung zum Ausdruck: »Aus den Trümmern, die mit dem Staat die Nation zu begraben drohen, hebt sich jetzt als eine . . . Gegenbewegung die konservativrevolutionäre des Nationalismus. Sie will das Leben der Nation. Sie will das, was der alte Staat wollte und was jeder Staat wollen muß: aber sie will es nicht von Begriffen aus, sondern vom Erlebnis aus. Sie will nachholen, was versäumt wurde: die Teilhaftigkeit der Nation an ihrer Bestimmung.«

Insgesamt versteht sich dieser Konservativismus als eine »ewige menschliche Haltung«, als eine Haltung des Herzens, nicht aber der Ratio. Da er das ewig zu Bewahrende in der Gegenwart nicht mehr zu finden glaubt, behauptet er, es müsse es neu erkämpft werden. Gustav Steinbömer erklärt dazu 1932 in *»Betrachtungen über den Konservativismus«:* »Um die Verknüpfung der Welt mit einer höheren Ordnung zu erhalten, muß der Konservativismus heute zerstören und kann gegenüber dem rechnerischen und nihilistischen Wertempfinden und dessen politisch-institutioneller Entsprechung in der Demoplutokratie nur revolutionär sein.«

Dieser Konservativismus verlangt nicht nur die Macht und Wiederherstellung der deutschen Ehre, er will die Übel der modernen Zeit radikal bekämpfen, das heißt an der Wurzel fassen. Der allgemeinen Dekadenz und dem Klassenkampf setzt er in romantisch-idealistischer Weise seinen spezifischen Mythos gegenüber: den Mythos der nationalen Gemeinschaft. Im *»Stahlhelm-Handbuch«* von 1923 heißt es dazu: »Der Nationalismus kennt keine Trennung der Menschen nach Klassen und keine Internationale gleicher Menschen. Der Nationalismus sieht die treibende Kraft alles Geschehens in einem gesunden Volke, im Wettstreit der Völker. Der Nationalismus allein hat die Kraft, die soziale Frage, die Krise des Kapitalismus und die Seuche der Demokratie im Rahmen des eigenen Volkes und auf dem Boden des eigenen Staates zu lösen.«

Diesen romantisch geprägten *konservativen Nationalisten* stehen die militanten und gewaltsamen *revolutionären Nationalisten* zur Seite. Ihre Ideen werden am besten und wirkungsvollsten von Ernst Jünger (* 1895) repräsentiert. Er erklärt, die im Krieg zu Nationalisten geprägten Männer seien der Phrasen der Aufklärung und der Vernunft bis zum Erbrechen überdrüssig. Im *»Tagebuch«* notiert er unter dem 21. September 1929: »Der wahre Wille zum Kampf jedoch, der wirkliche Haß hat Lust an allem, was den Gegner zerstören kann. Zerstörung ist das Mittel, das dem Nationalismus allein angemessen erscheint. Der erste Teil seiner Aufgabe ist anarchischer Natur, und wer das erkannt hat, wird auf diesem ersten Teil des Weges alles begrüßen, was zerstören kann.«

Friedrich Georg Jüngers (1898–1977) Ausführungen in dem Buch *»Der Aufmarsch des Nationalismus«* (1926) können ergänzend hinzugezogen werden: »Das große, mächtige Deutschland der Zukunft ist sein Wille, der unwiderstehliche Hundertmillionenblock des Deutschtums im Herzen Europas ...« Dem Nationalismus »ist jede neue Schraube an einem Maschinengewehr, jede Vervollkommnung des Gaskrieges wesentlicher als der Völkerbund. Er will Sammlung aller Kräfte, nicht aber Zerstreuung und Auflösung zugunsten Fremder.«

Aus diesen Ideen spricht Nietzsches Verachtung der bürgerlichen Gesellschaft. Ernst Jünger und Gleichgesinnte wollen nicht länger mit einem »Gesellschaftsdampfer« durch die Zeit reisen, sie verlangen ein »Kriegsschiff«, auf dem sich jede Bewegung mit instinktiver Sicherheit vollziehe (Abb. 32).

Scheitern der Weimarer Republik und Hitlers Machtergreifung

Das Scheitern der Weimarer Republik ist keineswegs eine Folge des Aufstieges der Nationalsozialisten, so sehr sie auch daran beteiligt sind.

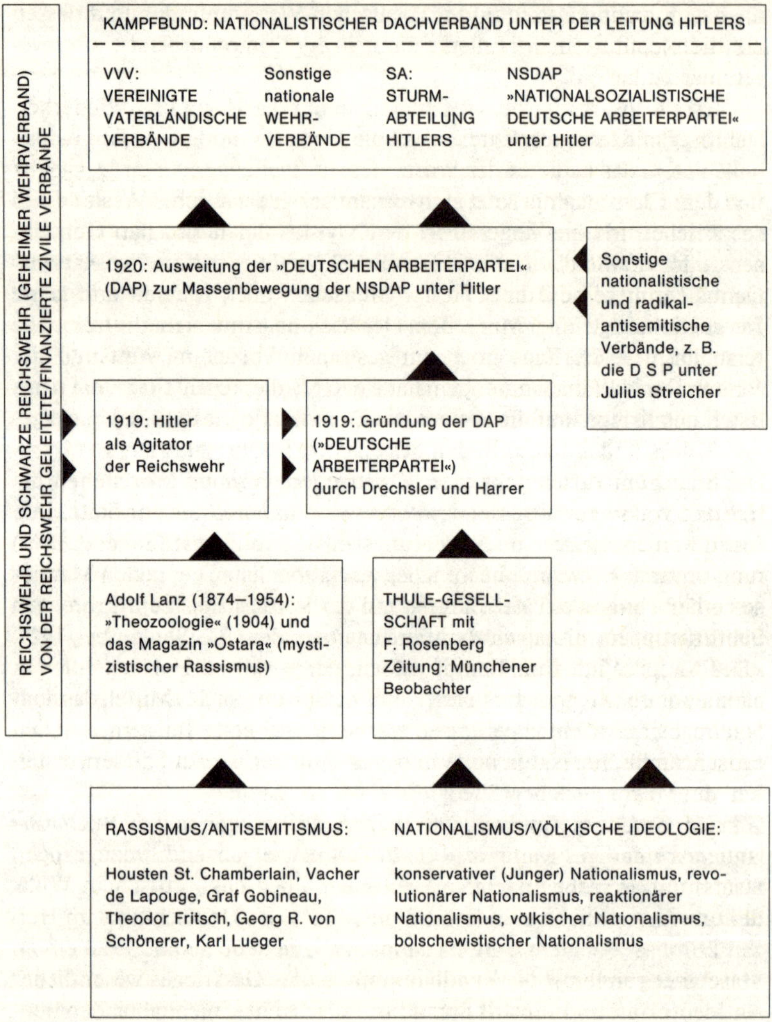

Abb. 32: *Antidemokratische Vereinigungen in der Weimarer Republik*

Es ist vielmehr umgekehrt: Erst das Versagen der demokratischen Kräfte hat, in Verbindung mit allgemeinen Krisen, ihren Feinden zum Sieg verholfen. Als diese 1933 an die Macht gelangen, übernehmen sie ein politisch morsches Gebilde, das schon längst aufgehört hat, eine funktionierende Demokratie zu sein. Um also zu verstehen, warum Hitlers Bewegung sich durchsetzen kann, ist es zunächst erforderlich, zusammenfassend auf die wichtigsten Ereignisse und Tatsachen hinzuweisen, die die Republik um ihr Ansehen gebracht und sie bis zur Agonie geschwacht haben ...

Die Kriegsniederlage bringt für das Volk große Belastungen durch Abtretung von Grenzgebieten, Reparationen und zeitweiser Besatzung mit sich. Dazu kommen die Kriegsfolgelasten durch die innere Verschuldung des Reiches und die Versorgung der Kriegsinvaliden und Hinterbliebenen gefallener Soldaten. Für dieses Erbe wird in der Öffentlichkeit aber nicht die frühere kaiserliche Herrschaft verantwortlich gemacht, sondern die gegenwärtige Regierung. Diese läßt es an Aufklärung fehlen und verschlimmert die Lage noch, indem sie durch den bewußt in Kauf genommenen Währungsverfall gerade den Minderbemittelten die Folgelasten des Krieges aufbürdet.

Der Status der Parteien als einer Zwischenorganisation zwischen Wählern und Volksvertretung läßt das Parteienparlament als eine revolutionäre Institution erscheinen, im Gegensatz etwa zu dem aus der Ständegliederung organisch erwachsenen englischen Parlament. Doch der Wahlmodus erlaubt es keiner Partei, angesichts vieler politischer Richtungen und Splittergruppen, die absolute Mehrheit zu erreichen. Die Folgen sind ständig wechselnde Koalitionen und vorzeitige Neuwahlen, durch die das parlamentarische System in den Augen der an keine demokratischen Spielregeln gewöhnten Wähler an Ansehen verliert. Dazu kommt die egozentrische Verhaltensweise mancher Politiker, denen Sonderinteressen ihrer Partei oder Wählergruppe wichtiger sind als das Wohl des Ganzen. Gerade dieses dient den Gegnern der parlamentarischen Demokratie als ständiges Kampfargument. Schließlich versagen während der Staats- und Wirtschaftskrise alle Parteien, auch das Zentrum und die SPD.

Von Anfang an leidet die Republik unter ungesetzlichen Tätigkeiten der Antidemokraten von rechts und links. Putschversuche, Aufstände, Morde und Straßenterror sind zeitweise an der Tagesordnung. Dabei mangelt es nicht an gesetzlicher Handhabe oder einer fähigen Polizei. Die Radikalen provozieren zwar blutige Straßenschlachten, aber sobald die »Tschakos« (Helme) der Schutzpolizei auftauchen, rennt alles sofort auseinander. Ideologisch gewollte Schlachten mit der Polizei, wie sie heute üblich sind, sind in der Weimarer Zeit nicht denkbar. Tatsächlich greift die Obrigkeit hart durch ... jedoch nur auf der linken Seite – auf dem rechten Auge ist die Justiz blind.

Der Weimarer Nationalversammlung gelingt zwar der Entwurf einer demokratischen Verfassung, die Exekutive versäumt aber, aus Opportunismus und Schwäche, den gesamten Staatsapparat im demokratischen Sinne zu reformieren. So verfährt unter einer kleinen Schicht demokratischer Politiker eine zwar loyale, aber antidemokratisch eingestellte Beamtenschaft weiterhin im Sinne des alten Obrigkeitsstaates. Solange ein in der Wolle gefärbter Demokrat wie Friedrich Ebert (1871–1925) das Präsidentenamt innehat, bleibt der Schaden begrenzt. Mit der Wahl eines Monarchisten wie Hindenburg fühlen sich die meisten Beamten jedoch wieder von der Pflicht entbunden, die Demokratie zu verteidigen. Mit einem solchen Reichspräsidenten glauben sie sich schon wieder auf dem Wege zum Potsdam der Preußenkönige.

Sucht man einen Zeitpunkt, von dem an das Unheil seinen Lauf nimmt, so scheint er in der Wahl (1925) des 77jährigen ehemaligen Feldmarschalls Paul von Hindenburg (1847–1934) zu liegen. Als Kandidat der antidemokratisch eingestellten »Deutschnationalen Volkspartei« (DNVP) und der »Deutschen Volkspartei« (DVP) erhält er 14,6 Millionen Stimmen. Diesem sogenannten »Reichsblock« steht auf der anderen Seite der »Volksblock« gegenüber, der als demokratische Mitte das »Zentrum« (Z), die »Bayerische Volkspartei« (BVP), die »Deutsche Demokratische Partei« (DDP) und die »Sozialdemokratische Partei Deutschlands« (SPD) umfaßt. Der Kandidat des Volksblockes, Wilhelm Marx (1863–1946), unterliegt bei dieser Wahl mit 13,7 Millionen Stimmen. Indirekt verantwortlich für diesen Sieg der rechten Antidemokraten ist die »Kommunistische Partei Deutschlands« (KPD), die sich strikt geweigert hat, sich dem Volksblock anzuschließen. Die 1,3 Millionen Stimmen, die ihr Kandidat Ernst Thälmann (1886–1944) erhält, hätten den Ausschlag geben können.

Konnte man 1925 noch von keiner nationalsozialistischen Gefahr sprechen, so sieht es nach der Reichstagswahl vom 14. September 1930 anders aus. Mit einem Stimmenanteil von 18,3 Prozent ist die NSDAP die zweitstärkste Partei nach der SPD geworden. Seither steigt die Zahl ihrer Anhänger stetig an. Bei der nächsten Reichspräsidentenwahl (1932) besteht die berechtigte Furcht, daß Hitler Wahlsieger wird. Im Reichstag besitzen die demokratischen Parteien zusammen noch 43 Prozent der Mandate. Zusammen mit den 13,1 Prozent der KPD ergäbe das eine eindeutige Mehrheit. Wiederum verweigert sich die KPD, auf Anweisung Moskaus. Dazu schert noch die BVP aus dem Mittelblock aus und will auf jeden Fall für Hindenburg stimmen. Daraufhin erst einigen sich die Mittelparteien auf Hindenburg, weil nur so Hitlers Wahl verhindert werden kann. Auf diese Weise erhält Hindenburg 53 Prozent der Stimmen vor Hitler mit 36,8 Prozent und Thälmann mit 10,2 Prozent.

1932 organisieren die kommunistische »Revolutionäre Gewerkschaftsorganisation« (RGO) und die »Nationalsozialistische Betriebszellenorganisation« (NSBO) in Berlin einen gemeinsamen, gegen die freien Gewerkschaften und die Regierung gezielten Verkehrsarbeiterstreik. Im Hinblick auf das gemeinsame Ziel, die Zerstörung der Republik, stimmen KPD und NSDAP - laut einer Dokumentation des »Wissenschaftlichen Dienstes des Deutschen Bundestages« - im sächsischen und im preußischen Landtag zwischen 1929 und 1932 zusammen 140mal gegen die demokratischen Parteien. Im Reichstag sind sich beide zwischen 1930 und 1932 (5. Wahlperiode) bei 94 namentlichen Abstimmungen (von 102) einig. Durch diese »negative« Mehrheit wird der Reichstag endgültig lahmgelegt.

Die passive, aber auch aktive Rolle, die den Kommunisten am Untergang der Weimarer Republik zukommt, sollte nicht unterschätzt werden. Zwar kann die KPD selten mehr als etwa 10 Prozent der Wähler mobilisieren, ihre negative Wirkung geht aber vor dem Hintergrund der terroristischen Herrschaft Stalins weit über ihre zahlenmäßige Bedeutung hinaus - und die KPD verhehlt nicht, daß sie die Weimarer Republik abschaffen und durch eine Diktatur des Proletariats in Verbindung mit der Sowjetunion errichten will. Die Aktivitäten der militanten Parteiarmee »Roter Frontkämpferbund« (RFK) wecken Erinnerungen an die blutigen Ereignisse in Rußland, die bis dahin schon Millionen Menschen das Leben gekostet haben. Es ist deshalb nicht verwunderlich, daß viele aufgeschreckte Bürger sich der extremen Rechten zuwenden, die eine Bolschewisierung zu verhindern verspricht. Auch wenn sich die Braunen und die Roten auf der Straße als Todfeinde gegenüberstehen, wird dadurch nicht die Tatsache aus der Welt geschafft, daß sich die Kommunisten im Endeffekt ebenso als Steigbügelhalter Hitlers erweisen wie (u. a.) bestimmte Finanzkreise, ostelbische Großgrundbesitzer oder revolutionäre Konservative. Als besonders folgenreich erweist es sich, daß die Kommunisten nicht die Nationalsozialisten zu ihren Hauptgegnern erklären, sondern die Sozialdemokraten, die sie als »Sozialfaschisten« bekämpfen. Aufgrund dieser Tatsachen vertritt das sowjetische Magazin *»Sputnik«* Ende 1988 zum Ärger der DDR-Machthaber die These, daß damit auch Stalins Politik Hitler zur Macht verholfen habe.

Von großer Bedeutung ist die Frage nach der Herkunft der Wähler bzw. nach den parteipolitischen, demographischen und soziostrukturellen Hintergründen. In der öffentlichen Meinung und in den meisten Schulbüchern wird die NSDAP als eine fast reine Mittelstandsbewegung dargestellt, bei der Arbeitern und Angehörigen von Oberschichten keine Bedeutung zukommt. Diese Sichtweise, nach der der Extremismus der existentiell bedrohten Mittelschichten Hitler die Wählermassen in die

Arme treibt, kommt der marxistischen Theorie von der maroden Kleinbürgerschicht und ihrem Weg in den Untergang weit entgegen. Tatsächlich kann die Mittelstandsthese eine gewisse Glaubwürdigkeit beanspruchen. Gerade die Mittelschichtparteien verlieren viele Anhänger an die NSDAP, während die Arbeiterparteien SPD und KPD ihren Stimmenanteil im wesentlichen behaupten können. Übersehen bzw. verdrängt wird aber dabei die Tatsache, daß zwei Mittelstandsparteien, das Zentrum und die Bayerische Volkspartei, ebenfalls ihren Wähleranteil behaupten können. Um die These dennoch aufrechterhalten zu können, hat man versucht, diesen Sachverhalt mit Milieutheorien wegzuinterpretieren. Aufgrund neuester Wählerforschung, von der besonders Michael Katers Analyse der NSDAP-Mitgliedschaft (1983) zu nennen ist, muß aber als gesichert angesehen werden, daß es sich bei der NSDAP nach 1925 um eine soziale Sammelbewegung für alle Schichten handelt, auch für die Arbeiter- und die Oberschicht. Allerdings steigt nach Kater das Interesse an der Parteizugehörigkeit mit wachsendem sozialen Status. Der amerikanische Soziologe Richard Hamilton stellt dazu fest, daß die NS-Partei in den großbürgerlichen Vierteln deutscher Großstädte, vor allem in Hamburg und Berlin, besonders große Wahlerfolge aufweisen kann. Das bedeutet eine Erschütterung der Mittelstandsthese im Hinblick auf die Oberschichten.

Die unter Leitung von Jürgen W. Falter durchgeführten Forschungen über die soziale Zusammensetzung der NSDAP-Wähler stellt die Mittelstandsthese auch »von unten« her in Frage. Er weist nach, daß die NSDAP in Kreisen mit vielen Arbeitern ähnliche Erfolge aufweist wie in solchen mit nur wenigen. Der Arbeiteranteil an der Gesamtpartei ist relativ hoch: Über ein Drittel der Neumitglieder zwischen 1930 und 1933 sind Arbeiter. Nach Falter kommen bei den Wahlen zum Reichstag nach 1928 rund 40 Prozent der NSDAP-Wähler aus Arbeiterhaushalten. Allerdings sind Arbeiter nur unterdurchschnittlich repräsentiert, während die Mittel- und Oberschicht überdurchschnittlich vertreten ist. Das liegt vor allem daran, daß die Stammwähler der SPD, der KPD, des Zentrums und der BVP ihren Parteien die Treue halten. Besonders die katholischen Wähler verhalten sich der NSDAP gegenüber sehr abweisend. Nur 15 Prozent gegenüber 39 Prozent aus nichtkatholischen Kreisen wählen die NSDAP.

Nach 1928 gelingt es Hitler, die Wähler des bis dahin völlig zersplitterten protestantischen Parteilagers für sich zu mobilisieren. Die Zugehörigkeit zu einer Konfession erweist sich damit als wichtiger als die zu einem Beruf oder einer bestimmten Schicht. Falter kommt vor dem Hintergrund aller Daten zu dem Schluß, daß die NSDAP vor 1933 angesichts des hohen Anteils aller Schichten als *Volkspartei* und darüber hinaus als erste moderne *Integrationspartei* der deutschen Geschichte bezeichnet werden muß: »Keine der großen Parteien am Ende der Weimarer Republik war demographisch, das heißt, was das Verhältnis von Männern und Frauen oder die Verteilung ihrer Wählerschaft über die verschiedenen Ortsgrößenklassen angeht, ausgeglichener besetzt als sie; keine Partei war in Gebieten unterschiedlicher Wirtschafts- und Berufsstruktur so gleichmäßig erfolgreich wie die NSDAP.« (Abb. 33)

In allen liberalen Demokratien kommt jenen Intellektuellen eine besondere Bedeutung zu, die als Dichter, Publizisten oder Herausgeber von Zeitungen besonders großen Einfluß auf die öffentliche Meinung nehmen. Über die Rolle der rechts angesiedelten, wie etwa die Ernst Jüngers, ist bereits das Wesentliche weiter oben gesagt worden: Sie stehen der Republik unfreundlich bis feindlich gegenüber. Wie aber verhalten sich die Linksintellektuellen, die die Entstehung der Weimarer Republik so euphemistisch begrüßt haben? Von ihnen, von wem auch sonst, sollten schließlich sozialdemokratische und liberale Politiker die geistig-moralische Unterstützung beziehen. Gegen die Verfassung haben diese Intellektuellen nichts einzuwenden, im Gegenteil, diese stellt für sie ein hohes Ideal dar. In ihrem Denken verbindet sich letzteres aber mit utopischen Vorstellungen von einer humanitären Gesellschaft. Vor diesem Wunschbild wirkt die reale Welt des politischen Alltages wie ein häßlicher Fleck auf einer weißen Wand. Entsprechend fallen Diagnose und Urteil aus. Zunehmend kritisieren und verurteilen sie alles, was ihren idealen Vorstellungen nicht entspricht. Ohne Rücksicht auf die eigene Partei gießen sie ätzende Säure des Sarkasmus und ungerechten Zynismus über die Weimarer Republik. Um ihre Unabhängigkeit zu demonstrieren, nehmen sie niemanden aus, auch Parteifreunde nicht. Sie verstehen die Realität der Republik schließlich nur noch als Degeneration und Abfall von hohen Idealen. Dabei trifft sich ihre Kritik teilweise mit der der rechten Seite. Umgekehrt unterstützen sie »ihren Staat« mit keinem ermunternden Wort - und das, obwohl die Weimarer Republik Künstlern und Intellektuellen Freiheiten und Förderung gewährt wie zu dieser Zeit kein anderer Staat. Nicht zuletzt deshalb beginnen viele Politiker der Mitte zu resignieren: Ohne Unterstützung sollen sie, unter sich uneins, den Feinden der liberalen Demokratie entgegentreten? Noch schlimmer ist die Wirkung beim einfachen Wähler: Wenn nicht nur die Rechts- oder Linksradikalen, sondern auch die gemäßigten Linksintellektuellen an der Republik kein gutes Haar mehr lassen, können negative Folgen nicht ausbleiben.

Der Untergang der Weimarer Republik bietet ein klassisches Beispiel für den Zusammenhang zwischen objektiven Gegebenheiten bzw. Notwendigkeiten und voluntaristischen Entscheidungen. Die Wirtschaftskrise allein kann für den Zusammenbruch sowenig verantwortlich gemacht werden wie viele andere Fakten, schließlich leiden auch die übrigen Länder unter den Folgen der Krise, ohne daß die Wähler deshalb die

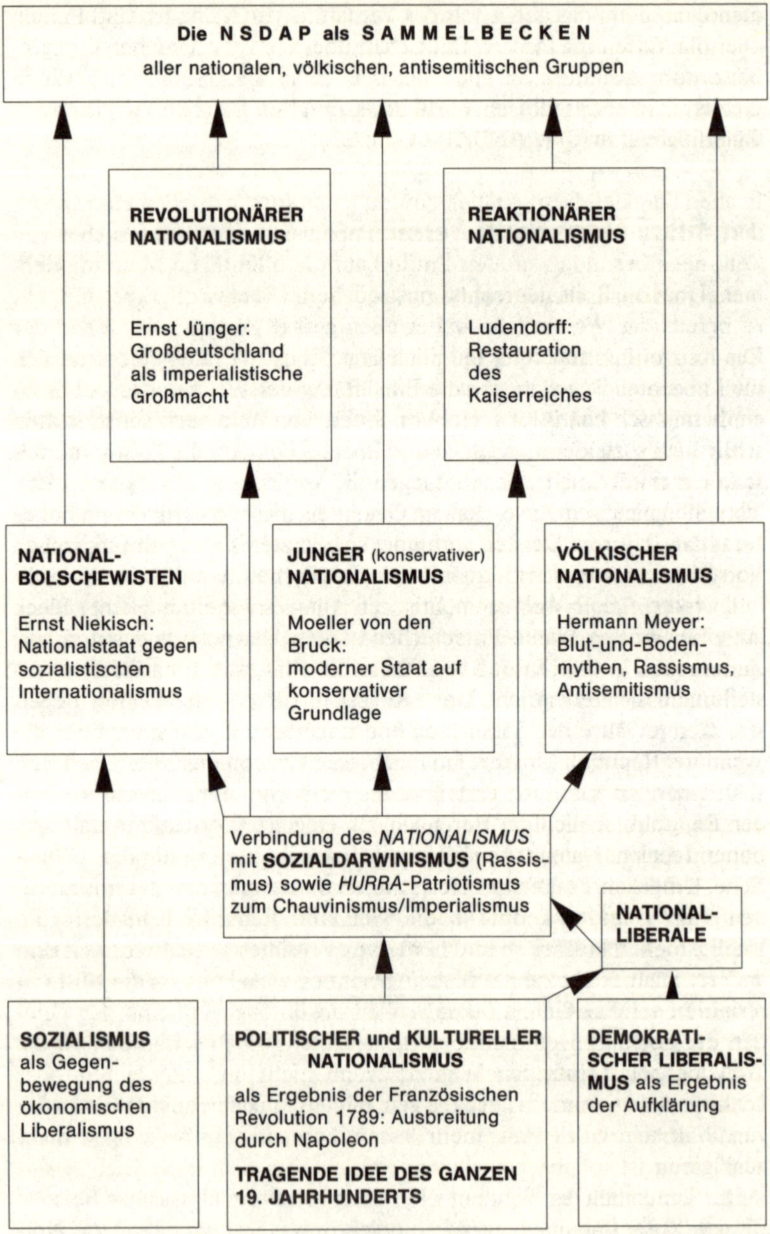

Abb. 33: *NSDAP als Sammelbewegung*

Demokratie in Frage stellen. Im Gegensatz zu jenen Ländern ist aber das Demokratieverständnis im Deutschen Reich stark unterentwickelt. Es hätte nun zumindest an den Linksintellektuellen gelegen, hier positiv einzugreifen. Statt dessen gefallen sie sich in negativer Kritik, ohne Rücksicht auf die Folgen für das Ganze.

Totalitäre Herrschaft: Vernichtung der Person

Von der orientalischen Despotie zur totalitären Diktatur

Die Neuzeit hat eine Vielzahl politischer Entwürfe hervorgebracht, niemals aber eine Theorie totalitärer Macht. Zwar gibt es Ansätze, beispielsweise den *»Leviathan«* von Hobbes, Sorels Gewaltverherrlichung in dem Buch *»Über die Gewalt«* und den *»Katechismus des Revolutionärs«* von Bakunin und Netschajew. Aber keiner dieser Autoren hat jemals solche Vorstellungen und Ziele entwickelt, die der grauenvollen Wirklichkeit totalitärer Herrschaftsausübung mit ihren Unterdrückungsmaßnahmen und Menschenvernichtungsaktionen entsprochen hätten.

Das totalitäre System kann auch nicht als Variante des neuzeitlichen Absolutismus angesehen werden. Dieser hatte sich noch damit zufriedengegeben, daß im Staat Ruhe herrschte - die Privatsphäre des einzelnen interessierte ihn nicht. Was das Volk von den Herrschenden dachte, war diesen völlig gleichgültig, auch wenn es viele »Landesväter« gab, die verantwortungsvoll für ihr Land und »ihre Landeskinder« sorgten. Ohne die einengende Definition des Bodinschen Souveränitätsbegriffes zu beachten, glaubten sich die Herrschenden einzig und allein von einer allgemein für wahr gehaltenen göttlichen Seinsordnung legitimiert. Öffentliche Kritik am Staat bzw. Herrscher war verboten und wurde streng geahndet. Dagegen konnte jeder in Privatbriefen schreiben, was er für richtig hielt. Das ging sogar so weit, daß Montesquieu sich des Tricks bedienen konnte, seine Kritik am Absolutismus in Form nachgedruckter Briefe zu veröffentlichen *(»Persische Briefe«).*

Stellt man die absolutistischen Herrschaftsformen, die letztlich von der Ethik der christlichen Kirche getragen, aber auch begrenzt wurden, den totalitären gegenüber, so erweist sich die völlig neue Qualität der letzteren. Wir haben es hier mit einem Phänomen zu tun, das in der Geschichte einzigartig ist, obgleich viele seiner Elemente historisch nachweisbar sind. So handelt es sich um eine Rückkehr zu archaischen Formen *orientalischer Despotie* bzw. zum *altägyptischen Staatskollektivismus,* bei denen das Individuum im Kollektiv fest eingebunden und der Willkür der Herrschenden ausgesetzt war. Wie damals gilt auch im totalitären Staat nur eine einzige Weltanschauung, gegen die niemand verstoßen darf, ohne für Leib und Leben fürchten zu müssen. Dazu verfügen die Despoten des 20. Jahrhunderts über völlig neue Möglichkeiten, ihren Herrschaftsanspruch durchzusetzen. Die moderne Technik gibt ihnen äußerst wirksame Mittel an die Hand, die mit raffinierten Methoden dazu benutzt werden, das Individuum in ein Kollektiv zu pressen, es der Würde zu berauben und noch bis in die Privatsphäre hinein zu kontrollieren.

Aus der Rückschau des 20. Jahrhunderts erweist sich der gewaltige revolutionäre Charakter der beiden letzten Jahrhunderte. Aus dieser Perspektive kann die Französische Revolution von 1789 vor dem Hintergrund der industriellen Revolution als der Beginn eines einzigen, in sich zusammenhängenden Vorganges gesehen werden, der alle politischen, sozialen und kulturellen Umwälzungen seit dem Sturm auf die Bastille bis heute umfaßt. Grundlage dieser Betrachtungsweise ist der *Doppelcharakter* der Französischen Revolution, bei der es sich, wie bereits dargelegt, um zwei verschiedene Revolutionen handelt: um eine *liberal-demokratische* im Jahre 1789 und, seit 1792, um eine *radikal-demokratische,* dem Wesen nach *diktatorische.* Zwar können grundlegende Gemeinsamkeiten und fließende Übergänge zwischen beiden festgestellt werden, prinzipiell aber schließen ihre Herrschaftsformen einander aus. Die liberal-demokratische Revolution zerbricht zunächst den starren Rahmen der absolutistischen Adelsherrschaft und der traditionellen sozialen Ordnung. Sie legt damit den Grundstein zu einer seither immer weitergehenden Demokratisierung und Politisierung aller Lebensbereiche (heutzutage sind nur noch geologisch-tektonische Vorgänge und das Wetter dem Zugriff der Politik entzogen). Diese allgemeine Politisierung und Demokratisierung führt notwendigerweise zur Entstehung von *Massenideologien und -bewegungen,* die sich durch Manipulation und Mißbrauch gegen ihren Ursprung richten können, gegen die Aufklärung und gegen die liberal-demokratische Herrschaftsform. Auf dem Höhepunkt einer solchen Entwicklung kommt es im Jahre 1792 zur »Zweiten Französischen Revolution«, zu der terroristischen Diktatur der Radikal-Demokraten unter Robespierre. Mit ihr beginnt die *blutige Tradition totalitärer Systeme,* die jegliche, auch die nur potentielle Opposition nicht nur mit Gefängnisstrafen, sondern durch physische Vernichtung bekämpfen. Seither stehen sich zwei prinzipiell verschiedene Herrschaftssysteme gegenüber, deren Auseinandersetzungen um Vorherrschaft bzw. um Überleben weltweit alles politische Geschehen weitgehend bestimmt.

Im Gegensatz zur ersten Revolution, die die Befreiung des Menschen zum Ziel hat, geht es der zweiten Revolution um Beseitigung von Liberalismus und Individualismus, wobei ihr alle Mittel und Methoden recht sind. Das bedeutet aber nicht, daß sie zur absolutistischen Monarchie zurückkehren will. Dafür ist sie zu sehr ein Kind der Revolution, aber, um im Bild zu bleiben, ein mißratener Zwilling. Die verwandtschaftlichen Ähnlichkeiten sind deshalb verständlich. Beide Systeme haben die Politisierung und Mobilisierung der Massen, eine gezielte ideologische Propaganda und die bewußte Steigerung des National- bzw. Staatsbewußtseins zur Voraussetzung. Beide stützen sich auf neu aufgestellte Volksarmeen mit allgemeiner Wehrpflicht und auf eine viele Lebensbereiche erfassende Militarisierung (Uniformen für Postboten, Beamte, kasernenartige Schulen etc.). Vor 1789 brauchte nur zu kämpfen, wer sich gegen Bezahlung dazu verpflichtete, von gelegentlichen Zwangsrekrutierungen einmal abgesehen. Jetzt aber gilt es als demokratisch, daß jeder seinen Kopf hinhalten muß, ob er will oder nicht. Die damit verbundene gewaltige Steigerung des militärischen Potentials führt, zusammen mit bedeutenden technischen Neuerungen und weltumfassenden missionarischen Ideologien, zur potentiellen Bedrohung des Weltfriedens überhaupt und ermöglicht moderne Weltkriege. Während liberal-demokratische Staaten durch die Gewaltenteilung mit ihren Kontrollinstitutionen die individuellen Rechte und die Würde der Person zu schützen wissen und damit auch die Voraussetzungen für einen Weltfrieden besitzen, wird in einer totalitären Diktatur der innere Friede grundsätzlich zerstört. Geschickt benutzt diese bestimmte Ideen der liberalen Revolution, um ihre Macht abzusichern. So tritt sie im Namen des Volkswillens auf und erklärt sich zum Vollstrecker angeblich historischer Notwendigkeiten, mit denen sie die Machtergreifung legitimiert.

Um das Ausland und die eigene Öffentlichkeit zu täuschen, greift die moderne Diktatur auf scheindemokratische Mittel zurück. Mit manipulierten Wahlen und Massenversammlungen, vor allem aber mit raffinierter Lügenpropaganda, versucht sie, den Eindruck zu erwecken, sie repräsentiere die wahre Demokratie. Bei Scheinabstimmungen, die von keiner Öffentlichkeit kontrolliert werden, werden Suggestivfragen gestellt, die nur ein »Ja« zulassen. Massenorganisationen erfassen alle Lebensbereiche, und mit Hilfe einer Ideologie, die für alle verbindlich ist und als Religionsersatz dient, können alle »Untertanen« auch geistig beherrscht werden. An die Stelle von Toleranz gegenüber dem Individuum mit seiner freien Meinung tritt letztlich die geistige bzw. physische Unterdrückung oder gar Vernichtung.

Um die Massen zu gewinnen, verwendet das totalitäre System auch den Mythos. Er eignet sich hervorragend zur Sakralisierung des Politischen. So beruft sich der italienische Faschismus auf die imperiale Größe Roms in der Antike, der Nationalsozialismus agitiert mit mittelalterlicher Sozialromantik und rassistischen Irrlehren, und der Kommunismus schließlich malt das herrliche Zukunftsbild einer Idealgesellschaft.

Zwischen liberalen Demokratien und extrem totalitären Diktaturen gibt es viele Übergangssysteme. Dazu gehören u.a. Militär- oder Parteidiktaturen und fundamentalistisch ausgerichtete Herrschaftssysteme, so etwa im islamischen Bereich. Sosehr diese sich auch voneinander unterscheiden und verschiedenen Machtgruppen dienen mögen, in einem Punkte sind sie sich alle einig: in der Ablehnung der Ergebnisse der

»Ersten Französischen Revolution«, das heißt der liberalen Demokratie mit ihren Bürger- und Menschenrechten - zumindest insoweit, als die Macht der herrschenden Klasse davon betroffen ist. In jedem Falle sind sie an einer mehr oder minder wirksamen, meist terroristischen (Geheim-)Polizeiüberwachung und an der »Liquidierung« ihrer Gegner zu erkennen. Auf der anderen Seite unterscheiden sich diese antiliberalen Systeme untereinander durch unterschiedliche Zielsetzungen. Letztere nehmen teilweise geradezu kontradiktorische (sich gegenseitig ausschließende) Ausmaße an, so daß sich diese Diktaturen gegenseitig als Feinde ansehen und bekämpfen. Daraus ergibt sich, weltweit gesehen, ein *ideologisches Dreiecksverhältnis:* Den liberalen Demokratien, die durch ihr System der Gewaltenteilung im wesentlichen für den Ausgleich der Kräfte im Inneren sorgt, stehen spätestens seit 1933 an den beiden anderen Endpunkten des politischen Dreiecks Systeme gegenüber, die die liberalen und demokratischen Ideen und Bestrebungen nicht nur im eigenen Land, sondern weltweit bekämpfen. Während der Nationalsozialismus »nur« die Eroberung und Unterdrückung Europas und Rußlands zum Ziel hat, geht es dem Kommunismus, aufgrund seines ideologischen Sendungsbewußtseins, nicht um die Eroberung eines bestimmten Landes, sondern um die Weltrevolution.

Mit dem Sieg der Alliierten über das nationalsozialistische Regime reduziert sich das Dreiecksverhältnis zunächst zu einem dualistischen. Der Kampf um das Überleben der liberalen Demokratie ist aber seither nicht leichter geworden, erst recht nicht, seitdem im Nahen Osten nationalistisch und fundamentalistisch ausgerichtete Kräfte das politische Bild prägen, die mit Hilfe des Terrorismus die politische Weltlage zu nutzen suchen. Untersucht man die Geschichte jener antiliberalen Kräfte, die die Ideen der demokratischen Revolution mit ihren Menschenrechten und Forderungen nach Freiheit und Gleichheit (vor dem Gesetz) ablehnen, kann man für ganz Europa seit 1792 folgende sechs ideologische Gegenströmungen feststellen: den

- *Nationalismus,* der zum Imperialismus tendiert;
- *konservativ-autoritären Etatismus* mit der Hegelschen Staatsvergottung;
- *revolutionären Sozialismus* (Kommunismus), der sich auf das Jakobinertum der zweiten Revolution von 1792 beruft;
- *national-sozialistischen Etatismus,* der sozialromantische und staatssozialistische Ideen zu verbinden sucht;
- *Anarchismus,* der zunächst »reinen Tisch« (Tabula rasa) anstrebt, die Vernichtung aller bestehenden Institutionen des Staates und der Gesellschaft, um erst dann die Freiheit zu schaffen;
- *völkischen Rassismus,* der von der Fremdenfeindlichkeit bis zum radikalen biologischen Antisemitismus reicht und auf Ausrottung zielt.

Mit Ausnahme des *revolutionären Sozialismus* und des *Anarchismus* handelt es sich um gesamteuropäische, ambivalente Ideologien. Sowohl der *nationalistische* bzw. *national-sozialistische Etatismus* als auch der *Nationalimperialismus* und der *völkische Rassismus* werden von reaktionären und revolutionären Kräften zugleich bestimmt. Das ist für die Beschreibung des späteren Nationalsozialismus, der seine Ideologie im wesentlichen aus diesen vier Grundströmungen zusammensetzt, von großer Bedeutung. Denn aus dieser Herkunft wird verständlich, daß faschistische bzw. nationalsozialistische Systeme keineswegs nur das höchste Stadium einer reaktionären Gegenbewegung sind, die die Französische Revolution ungeschehen machen wollen, sondern daß sie auch in deren Tradition stehen. Sie berufen sich allerdings vorwiegend auf die zweite, auf die Jakobiner-Revolution. Dafür gibt es viele Belege. Wie die Jakobiner kehren auch die Nationalsozialisten nicht mehr zum alten System zurück. Das Parlament bleibt zwar offiziell bestehen, aber mit Hilfe eines *Ermächtigungsgesetzes* wird die Entscheidungsgewalt in die Hände unkontrollierbarer Gremien ihrer Wahl gelegt. Institutionen, wie beispielsweise die der Polizei und Justiz, verlieren dadurch ihre eigentlichen Funktionen und werden zu Machtinstrumenten in Händen der Herrschenden. Die unmittelbare Folge ist Rechtlosigkeit und Terror, verbunden mit revolutionärer Umgestaltung der Gesellschaftsordnung und Umwandlung der liberal-demokratischen Herrschaftsform in eine Diktatur. Dabei beruft man sich ständig auf das Volk bzw. das »Volkswohl« und spricht von »Interessen der Volksgemeinschaft«, wenn es sich um Maßnahmen handelt, die der Machterhaltung oder -erweiterung dienen.

Merkmale totalitärer Herrschaft

Der Begriff Totalitarismus ist keine Erfindung des sogenannten »Kalten Krieges«. Er kommt bei wissenschaftlichen Diskussionen um die Herrschaftsformen des Kommunismus, Faschismus und Nationalsozialismus bereits vor 1939 zur Anwendung. Es stellte sich nämlich heraus, daß bei diesen radikalen Diktaturen, trotz aller ideologischer Gegensätze, in der Praxis der Herrschaftsausübung Gemeinsamkeiten festgestellt werden können. Gegen diesen Vergleich wehren sich Kommunisten und ihnen Nahestehende mit aller Heftigkeit. Sie verweisen auf das humanistische Endziel einer klassenlosen Friedensgesellschaft, derentwillen in der Gegenwart viele »Opfer« gebracht und manche Härte in Kauf genommen werden müßten. Außerdem wäre die Totalitarismus-Theorie eine Ausgeburt des »Kalten Krieges« und deshalb als unwissenschaftliche Propaganda abzulehnen. Diesen Argumenten schließen sich im Zuge der »Entspannung« (in der Waffenarsenale aufgebaut werden wie nie zuvor!) alle jene an, denen die Totalitarismus-Theorie nicht in das politische Konzept paßt. Ihre Ablehnung geht einher mit dem Versuch kommunistischer

Staaten bzw. Kreise, den Faschismus-Begriff mit dem kapitalistischen Gesellschaftssystem insgesamt zu identifizieren, was zu einer Zweiteilung der Welt in ein angeblich kapitalistisch-faschistisches »Kriegslager« und ein kommunistisch-antifaschistisches »Friedenslager« führt. Inmitten freiheitlich ausgerichteter westlicher Demokratien hat diese Propaganda bewirkt, daß mit den Begriffen »Kapitalismus« und »Sozialismus« Assoziationen verbunden werden, die der Rechtswissenschaftler und Verfassungsrichter Martin Kriele in seinem Buch *»Befreiung und politische Aufklärung«* (1980) zusammengestellt hat:

Sozialismus	–	Kapitalismus
progressiv	–	reaktionär
bedürfnisorientiert	–	profitorientiert
altruistisch	–	egoistisch
Gleichheit	–	Klassengesellschaft
Aufklärung	–	Ideologie
rational	–	irrational
Humanität	–	Entfremdung
Emanzipation	–	Herrschaft
Solidarische Staatengemeinschaft	–	Imperialismus, Neo-Kolonialismus
Überwindung aller Freund-Feind-Verhältnisse	–	Letzter Feind der Menschheit
Demgemäß:		
Freund	–	Feind.

Dazu schreibt Kriele weiter: »An die Stelle des Arguments tritt der Appell an die Irrationalität des Unbewußten. Auf diese Weise wird die politische Polarisierung von Freund und Feind erzeugt, die das gesamte Feld der politischen Auseinandersetzung beherrscht und keine Differenzierung mehr zuläßt. Die Zuordnung des Diskussionsgegners zum ›Kapitalismus‹ bedeutet, daß seine Argumente von vornherein abgewertet sind . . .«

Überhaupt gehört die Kampfstrategie der polemischen Sprachregelung, das heißt die Desinformation durch Wortdestruktion und Sinnverdrehung, zu den wichtigsten Mitteln des subversiven Kampfes gegen die liberale Demokratie. Diese Sprachregelung geht in ihrer heutigen Form im wesentlichen auf das Programm und die Praxis des Marxismus/Leninismus/Stalinismus zurück, wonach die nichtkommunistischen Länder durch subversive Mittel soweit destabilisiert werden sollen, daß sie schließlich der Weltrevolution zum Opfer fallen. Dieses Ziel soll vorwiegend durch den Verzicht auf einen rational argumentierenden Stil, durch die bewußte Unterdrückung der gegnerischen Argumente und durch die Erzeugung emotionaler Zustände erreicht werden. Mit Hilfe von Parolen, Slogans und Schlagworten wird versucht, ohne Rücksicht auf Präzision und Differenzierung, jeden rationalen Widerspruch seitens der Angesprochenen von vornherein abzuwehren. In der politischen Realität begegnet man solchen Schlagworten überall. Da ist die Rede von »verkrusteten Strukturen«, von »Frustration« und »Entfremdung«, von »Manipulation« oder »Konsumterror«. Weitere bekannte Beispiele sind »Berufsverbote« und »Isolationsfolter«. Wichtige tragende ideologische Begriffe wie »Freiheit«, »Gleichheit«, »Sozialismus« etc. werden zur Erklärung oder zum Vertuschen politischer Verbrechen mißbraucht. Sowohl in den Massenmedien, als auch in der Amts- und Rechtssprache totalitärer Staaten ist z. B. nicht die Rede von einer mit Minen gespickten Todesgrenze, sondern nur noch in euphemistischer Art von der »Friedensgrenze«, an der Bewacher mit befohlenen Todesschüssen ihren »Friedensdienst« leisten. Dieser zynischen Aufwertung steht die polemische Abwertung des Gegners oder seiner Institutionen gegenüber. Eine liberaldemokratische Gesellschaft wird so zur »kapitalistischen Ausbeutergesellschaft« erklärt. Zur Sprachregelung gehört auch die Relativierung ethischer Begriffe bzw. Moralvorstellungen. »Gut« gilt nur noch dann als »gut«, wenn es der eigenen Ideologie nützt. Gewalt gegen Sachen und Menschen gilt nicht mehr als Unrecht. Gefallene Freiheitskämpfer in bestimmten Staaten gelten als ermordet und werden als Helden gefeiert, Freiheitskämpfer ideologischer Gegner werden dagegen als Rebellen oder Verbrecher bezeichnet.

Ein weiteres Kennzeichen der Desinformationstechnik ist die hohe Emotionalität der Sprache, die durch Pathos, Superlative und einhämmernde Wiederholungen erreicht wird. Hitler und Goebbels waren in dieser Technik wahre Meister. Wie bei der Wirtschaftswerbung kommt es auf die Dauer bei vielen Normalbürgern, denen die Kenntnisse der Rhetorik fehlen, zu einer solchen Irritation, daß sie nicht mehr in der Lage sind, zwischen Wahrheit und Propaganda zu unterscheiden und letztere für die erstere nehmen. Eine politische Destabilisierung wie in der Weimarer Republik kann die Folge sein.

Mit Hilfe der Sprachregelung agitiert die gesamte kommunistische Linke in Ost und West auch gegen den Totalitarismus-Begriff westlicher Historiker. Diese Kampagne entbindet letztere aber in keiner Weise von der Pflicht, alle diktatorischen Regime einer gründlichen Merkmals-Analyse zu unterziehen, ohne Rücksicht darauf, ob das den Betroffenen und ihren Parteigängern gefällt und ob es in die jeweils gegenwärtige Meinungslandschaft paßt. Dabei müssen nicht nur die Unterschiede, sondern auch die Gemeinsamkeiten der Ideologie und der Herrschaftspraxis wahrheitsgemäß herausgestellt werden. Der mögliche polemische Mißbrauch der Ergebnisse durch Politiker hat die Wissenschaftler nicht zu interessieren.

In vorangegangenen Kapiteln dürften die in der Ideologie begründeten theoretischen Unterschiede zwischen Kommunismus und Nationalsozialismus so deutlich geworden sein, daß sie hier nicht wiederholt werden müssen. Vergleicht man aber Entstehung, Entwicklung und Charakter totalitärer Systeme in bezug auf Methoden und Praxis der Herrschaft, so ergibt sich eine ganze Reihe übereinstimmender typischer Merkmale (Abb. 34). Lenin, Mussolini und Hitler bringen den Staat durch lügenhafte Propaganda und Versprechungen, durch Täuschungsmanöver und Gewalt in ihre Hand. Beim Ausbau der Macht erweist sich bei allen drei Systemen, daß *Gewalt und Terror* integrierende Bestandteile totalitärer Bewegungen und Regime sind. Weil sie die Existenzberechtigung Andersdenkender und auch die Autonomieansprüche anderer Bereiche, etwa der Kultur, prinzipiell verneinen, können und wollen sie sich auf

HISTORISCHE SITUATION: Soziale Umwälzungen größten Ausmaßes durch politische und wirtschaftliche Revolutionen seit dem 18. Jahrhundert

K R I S E N B E F U N D

bei

LINKSEXTREMEN: »Entfremdung« durch Kapitalismus	RECHTSEXTREMEN: »Entwurzelung« durch fremde Rassen
Konsequenzen:	**Konsequenzen:**
Aufhebung der Entfremdung durch Klassenkampf:	Aufhebung der Entwurzelung durch Rassenkampf:
Vernichtung der bürgerlichen Klasse, Diktatur des Proletariats.	Vernichtung besonders der jüdischen Rasse, Herrschaft eines Führers.
Parteipolitisierte »Arbeiterklasse«, politisch genutzte Massenorganisationen.	Parteipolitisierte »Volksgenossen«, politisch genutzte Massenorganisationen.

Auf beiden Seiten gilt: antidemokratischer Kampf mit allen Mitteln der Agitation, Politik und Gewalt, durchgeführt mit Hilfe einer entschlossenen Kader-Partei-Elite bzw. Avantgarde.

Abb. 34: *Isomorphie der Entwicklung: Kommunismus und Nationalsozialismus*

freie Wahlen nicht einlassen. Um trotzdem an der Macht bleiben zu können, bedürfen sie der Propaganda und des Terrors. An erster Stelle steht die möglichst totale Vernichtung der Opposition. Blutige Vorbilder finden sich vor allem bei den Jakobinern. Totalitäre Machthaber begnügen sich aber nicht damit, nur die tatsächlichen Gegner zu »liquidieren«. Auf dem Höhepunkt ihrer terroristischen Macht bringen sie auch alle potentiellen Gegner ins Gefängnis oder in Vernichtungslager. Soziale Schichten (Adel, Kulaken) oder rassische Minderheiten (Zigeuner, Juden) werden in ihrer Gesamtheit, einschließlich der Frauen und Kinder, dezimiert oder ausgerottet. In der Sowjetunion werden allein in den Jahren 1937/38 sieben Millionen Bürger verhaftet, etwa 10000 täglich, und die Zahl der in Konzentrationslagern Ermordeten bzw. an Erschöpfung Gestorbenen geht, sowohl unter Hitler als auch unter Stalin, in die Millionen. Die Terrorakte kommunistischer und nationalsozialistischer Systeme sind sowohl in qualitativer als auch in quantitativer Hinsicht kaum noch zu überbieten. In totalitären Regimen degeneriert der fanatisierte Mensch zur blutgierigen, grausamen Bestie.

Der Streit um die Einordnung solcher Regime in die Rubrik »totalitäre Systeme« verweist auf das Grundproblem der Zuordnung zum Totalitarismus, auf die Frage nach den Kriterien, die eine Definition dieses Begriffes ermöglichen. Bereits vor dem Zweiten Weltkrieg werden Versuche unternommen, Vergleichskriterien zu entwickeln. Aber erst in den fünfziger Jahren gelingt es Carl J. Friedrich, aufgrund umfangreicher Studien verschiedener Diktaturen, einen Katalog (Abb. 35) einzigartiger Kriterien vorzulegen:

- eine offizielle allgemeinverbindliche Ideologie mit Endzeitcharakter,
- eine mächtige, das politische Leben durchdringende Einheitspartei,
- ein totales Nachrichten- und Propagandamonopol,
- eine terroristische Geheimpolizei,
- ein Waffenmonopol und
- eine zentral gelenkte Wirtschaft.

Diese Kennzeichen – es sind nur die wichtigsten – ermöglichen auf empirische Weise die Überprüfung einer jeden Diktatur, inwieweit sie totalitär war oder ist. Marxisten, aber auch Anhänger des Rousseauschen Demokratiemodells, weisen diesen Vergleich zurück, ohne allerdings die Tatsachen damit aus der Welt schaffen zu können. Sie treffen dabei die bewußte Vorentscheidung, ideologischen und sozio-ökonomischen Kriterien den Vorrang zu geben vor der Frage nach der politischen Ordnung und den Grundrechten. Damit entfällt die Unterscheidung zwischen einer Demokratie mit Gewaltenteilung und einer Diktatur. Rechte Diktaturen werden dem kapitalistischen Lager zugeschlagen und mit liberalen Demokratien in einen Topf geworfen. Die menschenrechtsfeindliche

Unter HITLER	KRITERIEN	Unter STALIN
X	OBLIGATORISCHE IDEOLOGIE	X
	Propagierung und Praxis des Klassenkampfes	X
X	Propagierung und Praxis des Rassenkampfes	
X	Staatliche Einheitspartei mit Monopolansprüchen	X
X	Privilegierte Funktionäre und Schichten	X
X	Nachrichten- bzw. Medienmonopol des Staates	X
X	Staatliches Kultur- und Erziehungsmonopol	X
X	Politische Staatsbürokratie mit Funktionären	X
X	Scheinwahlen bzw. Scheinparlamente	X
X	Privateigentum an Produktivmitteln	
X	Genossenschaftliches Eigentum an Produktivmitteln	FIKTIV
TEILS	Staatseigentum (de facto) an Produktivmitteln	X
TEILS	Staatliche Zentralverwaltungswirtschaft	X
	Staat als nahezu alleiniger Arbeitgeber	X
X	Staatlich gelenkte »Gewerkschaften«	X
X	Polizeiliche Kontrolle der gesamten Gesellschaft	X
X	Terroristische Geheimpolizei	X
X	Politische Gefangene, KZ-(Arbeits-)Lager	X
X	Liquidierung politischer Gegner und Unschuldiger	X
X	Aggressive Außenpolitik, Krieg als Mittel	X

Abb. 35: *Isomorphie totalitärer Herrschaftspraxis*

Praxis linker Diktaturen wird bagatellisiert oder als historisch notwendig verteidigt. Gerade die *Gewaltenteilung* muß aber als die erste Voraussetzung der Demokratie angesehen werden, denn nur sie kann, wenn überhaupt etwas, die Menschenrechte garantieren. Die Weimarer Verfassung mit ihren Grundrechten wird unter Hitler offiziell niemals aufgehoben, und die sowjetische Verfassung von 1936 enthält einen freiheitlichen Grundrechtskatalog, aber das hat die erwähnten Verhaftungen und Verbrechen nicht verhindert. Im totalitären Staat steht der Machthaber bzw. die oligarchische Parteigruppe immer über dem Recht. Dieses kann jederzeit irgendwelcher Ziele wegen mißachtet werden, weil die Macht nicht geteilt, sondern höchst konzentriert ist. Dagegen besteht der Fortschritt der Konzeptionen von Locke und Montesquieu ja gerade darin, das Legibus absolutus zu beseitigen, das Recht des Königs, über dem Gesetz zu stehen. Insofern ist Totalitarismus ein Anachronismus, ein Rückfall in eine Zeit, in der der Herrscher alle Gewalten in seiner Hand vereinigte.

Mit der Ausklammerung der Gewaltenteilung und des Freiheitsbegriffes wird jedoch der fundamentale Unterschied zwischen einer (im Sinne Karl Poppers) *offenen* und einer *geschlossenen Gesellschaft* verwischt. Es soll vergessen werden, daß rechte wie linke Diktaturbewegungen primär das Ziel verfolgen, die liberale Demokratie mit ihren Grund- und Menschenrechten und der Gewaltenteilung zu beseitigen. An deren Stelle sollen pseudodemokratische Formen, Manipulationen, Terror und Unterdrückung gesetzt werden. Die propagandistischen Erfolge der Antidemokraten sind unübersehbar. Tatsächlich ist es schon weitgehend aus dem öffentlichen Bewußtsein verdrängt, daß bereits die Weimarer Demokratie u.a. deshalb zugrunde ging, weil sie die Umklammerung durch zwei totalitäre Bewegungen nicht ernst genug nahm. Anscheinend wird auch kaum noch zur Kenntnis genommen, daß alle Staaten, in denen Folterungen und andere Menschenrechtsverletzungen an der Tagesordnung sind, von autoritären bzw. totalitären rechten oder linken Diktaturen beherrscht werden. Grund genug, um auf das Kriterium »Freiheit« bei der Merkmalsanalyse nicht zu verzichten.

Nichts zeigt die Gemeinsamkeiten zwischen Hitler und Stalin so brutal offen, wie der Hitler-Stalin-Pakt vom 23. August 1939, der praktisch die vierte Teilung Polens bedeutet und den Zweiten Weltkrieg einleitet. In dem berüchtigten geheimen Zusatzprotokoll heißt es nämlich:

»Aus Anlaß der Unterzeichnung des Nichtangriffsvertrags zwischen dem Deutschen Reich und der Union der Sozialistischen Sowjetrepubliken haben die unterzeichneten Bevollmächtigten der beiden Teile in streng vertraulicher Aussprache die Frage der Abgrenzung der beiderseitigen Interessensphären in Osteuropa erörtert. Diese Aussprache hat zu folgendem Ergebnis geführt:

- Für den Fall einer territorial-politischen Umgestaltung in den zu den baltischen Staaten (Finnland, Estland, Lettland, Litauen) gehörenden Gebieten bildet die nördliche Grenze Litauens zugleich die Grenze der Interessensphäre Deutschlands und der UdSSR. Hierbei wird das Interesse Litauens am Wilnaer Gebiet beiderseits anerkannt.
- Für den Fall einer territorial-politischen Umgestaltung der zum polnischen Staate gehörenden Gebiete werden die Interessensphären Deutsch-

lands und der UdSSR ungefähr durch die Linie der Flüsse Narew, Weichsel und San abgegrenzt.
- Hinsichtlich des Südostens Europas wird von sowjetischer Seite das Interesse an Bessarabien betont. Von deutscher Seite wird das völlige politische Desinteressement an diesen Gebieten erklärt.
- Dieses Protokoll wird von beiden Seiten streng geheim behandelt werden« (nach Hofer, *»Dokumente«*).

Nur wenige Tage später, am 1. September 1939, wird Polen von den Armeen Hitlers überfallen. Am 17. September rücken sowjetische Truppen in Ostpolen ein und besetzen das Land, gemäß des Hitler-Stalin-Paktes, bis zu der vereinbarten Demarkationslinie. Hunderttausende von Zivilisten und Soldaten werden von den Sowjets in den Osten verschleppt, von wo viele nicht mehr wiederkehren. Nach den Untersuchungen von Prof. Dr. Gotthold Rhode ist das Schicksal von mindestens 105 000 polnischen Soldaten bis heute ungeklärt. Allein von den etwa 14 000 Offizieren der drei Gefangenenlager Starobelsk, Ostaschkow und Kozelsk ist niemand mehr lebend zurückgekehrt. 4143 Insassen des letzteren Lagers wurden ermordet in einem Massengrab bei Katyn aufgefunden. Noch während des Zweiten Weltkrieges, in Gegenwart einer internationalen Rotkreuz-Kommission, wurden sie ausgegraben und größtenteils identifiziert. Das Buch *»Unmenschliche Erde«* von Jósef Czapski und der Dokumentenband *»Katyn – ungesühntes Verbrechen«* belegen das grausame Geschehen, dem die noch grausameren Menschenvernichtungesaktionen Hitlers und seiner Schergen folgen sollten.

Die gemeinsame imperialistische und verbrecherische Praxis wird hier in einer Weise deutlich, die kaum brutaler sein kann. Der Fall zeigt aber auch, daß Hitler den Zweiten Weltkrieg nur mit Hilfe Stalins beginnen konnte, wenn er sich den Rücken frei halten und Aussicht auf Erfolg haben wollte.

Gegen die Sichtweise von der Isomorphie der Praxis totalitärer Systeme könnte noch eingewendet werden, daß ein Praxisvergleich statischen Charakter besitze. Die unterschiedliche Entwicklung der untersuchten Systeme werde dadurch unterschlagen. So habe sich seit dem Ende der Stalinära vieles zum Besseren gewandelt, und die Politik Gorbatschows könne oder müsse als der Versuch gewertet werden, den Totalitarismus zu überwinden und eine menschenfreundlichere sozialistische Gesellschaftsverfassung einzuführen.

Tatsächlich ist die Merkmalsanalyse zunächst statisch. Das spricht aber nicht gegen sie, denn wenn im Jahre 1936 die Herrschaftspraxis Stalins und die Hitlers sich gleichen, dann ist das ein historisches Faktum, das empirisch feststellbar ist und nicht geleugnet werden darf. Andererseits hindert nichts daran, ein Regime mit sich selbst zu vergleichen. Wenn sich herausstellt, daß zum Beispiel gegenüber 1936 heute bestimmte Negativ-

Merkmale entfallen, mag man überprüfen, ob noch von einem totalitären System die Rede sein kann. Glücklicherweise kann man in bezug auf das faschistische Italien oder das nationalsozialistische Deutschland nur noch spekulieren, wie sie sich weiterentwickelt hätten, wären sie 1945 nicht besiegt worden. Für das von der Monarchie und auch vom Vatikan mitbestimmte Italien ist eine gemäßigtere Nachfolge Mussolinis theoretisch denkbar, für den Hitler-Himmler-Staat ist das kurzfristig eher unwahrscheinlich, auf die Dauer aber nicht unmöglich, da nichts in der Welt von ewiger Dauer ist. Ob und inwieweit seit Stalin in der Sowjetunion eine prinzipielle Systemänderung stattgefunden hat, darüber entscheiden nicht nur allgemeine Verbesserungen des wirtschaftlichen oder politischen Lebens, sondern die Gesamtheit der Kriterien. An zentraler Stelle stehen dabei die Fragen nach der Beachtung der Menschenrechte und der Handhabung terroristischer Methoden durch Geheimpolizei und Behörden. Es empfiehlt sich deshalb, an Hand der Matrix der Abb. 35 zu prüfen, ob und was sich seit Stalins Tod graduell verändert hat bzw. was geblieben ist.

»Liquidierung« des Individuums: Moderne »Hexenverfolgung«

Die Frage nach Sein und Wesen des Menschen gehört zu den ursprünglichsten philosophischen Themen *(Anthropologie)*. Je nach dem gerade vorherrschenden metaphysischen Weltbild ergeben sich drei wesentliche Standpunkte: der idealistische, der materialistische oder der existenzphilosophische. Das

- *idealistische Menschenbild* geht von der Annahme aus, daß der Mensch die konkrete Verwirklichung einer seit Ewigkeiten bestehenden Idee (Gottes) sei, wobei das ideale Vorbild nur annährungsweise erreicht werde. Die
- *materialistische Anschauung* erklärt den Menschen zu einer Funktion der physischen und ökonomischen Verhältnisse, während die
- *existenzphilosophische* das Individuum als eine nichtdeterminierte Möglichkeit ansieht, das sich in der konkreten Seinserfahrung nach selbstgewählten Maßstäben oder Lebensentwürfen verwirkliche.

In der Antike heben die Idealisten die Fähigkeit des Menschen zu geistigen Handlungen und Gemeinschaftsbildung heraus. Auch der Realist Aristoteles vertritt die Ansicht, daß das Vernunftvermögen des Menschen ihn vom Tier unterscheide. Als »Aninmal rationale« sei er ein zum Gemeinschaftsleben bestimmtes Wesen, also ein »Zoon politicon«. Im christlichen Idealismus des heiligen Augustinus wird der Mensch in einen kosmischen Rahmen gestellt, in dem platonischer Idealismus, stoische Weltbürgertumsauffassung, pythagoräischer Mystizismus und christlicher Gottesstaatsglaube eine einmalige Verbindung eingehen: Als Ebenbild Gottes könne der Mensch Freiheit vom Bösen erlangen, eine Freiheit, die zugleich Freisein für das Gute bzw. Gott bedeute.

Dieses hohe Menschenbild findet im klassischen Humanismus und im Idealismus des 18. und 19. Jahrhunderts seine Fortsetzung und Erhöhung. Mit der Zurückdrängung der christlichen Offenbarungsreligion gewinnt das Individuum aber immer mehr an Gewicht. Es kommt zu einer allmählichen Befreiung von solchen Traditionen, Normen, Institutionen und Konventionen, die nicht rational begründet werden können. Bei diesem als *Aufklärung* bezeichneten Prozeß herrscht die allgemeine Überzeugung von der Autonomie der menschlichen Vernunft. Man hält sie für die einzige und auch letzte Instanz bei der Entscheidung über Methoden, Wahrheit und Irrtum jeder Erkenntnis, aber auch bei Normen des moralischen, sozialen und politischen Handelns. Diese in sich irrationale Prämisse führt zu der noch weniger begründbaren Aussage, der Mensch sei vernünftig und deshalb gut. Alle Übel, selbst der Krieg, könnten durch Aufklärung beseitigt werden. Schließlich heißt es sogar, der Mensch sei gut und klug.

Ein derart strahlender Optimismus ist auch heute noch (u. a.) in politisch motivierten pädagogischen Entwürfen anzutreffen, in denen der Mensch grundsätzlich als gut und begabbar angesehen wird. Es käme nur auf die »richtige Erziehung« zum »richtigen Bewußtsein« an. Aber dieser Optimismus ist empirisch nicht begründbar, weder damals noch heute. Erst recht nicht mehr nach den grauenhaften Geschehnissen dieses Jahrhunderts. Mit dem Aufkommen totalitärer Bewegungen weichen Vernunft und politischer Rationalismus Schritt um Schritt vor irrationalen Heilsbotschaften zurück, die Befreiung und irdische Paradiese versprechen, aber Terror und Krieg bringen.

Niemand, außer Burckhardt oder Nietzsche, hätte es möglich gehalten, wozu der angeblich gute, vernünftige und kluge Mensch sich jetzt als fähig erweist. Die Machthaber greifen zu raffiniertesten Methoden der Propaganda und schrecken auch vor größten Grausamkeiten nicht zurück, wenn es darum geht, die Macht zu behaupten. Sie lassen erkennen, daß es keine Grenzen menschlicher Aggressivität, Destruktivität und Barbarei gibt, auch - oder erst recht nicht - in hochzivilisierten Gesellschaften. Aber selbst, wenn Aggressivität nicht im Erbgut verankert ist, bleibt die Tatsache, daß selbst zweitausend Jahre abendländischer Kultur und christlicher Erziehung im Sinne von »Du sollst nicht töten!« es nicht vermocht haben, dem Menschen eine innerartliche Tötungshemmung und die Achtung vor der Würde des Individuums anzuerziehen.

Andererseits zeigen sich die Unterdrückten lenkbar wie abgerichtete Hunde, die sich aus Furcht oder wegen der Belohnung absolut unterwerfen. Durch unerwartete Bestrafung oder Belohnung, die die Abhängigen total verunsichern, (Pawlowsche Experimente mit einem Hund demonstrieren das), wird der Unterwerfungstrieb systematisch gefördert. *Propaganda, Terror* und *Furcht* erweisen sich somit als *systemimmanent*. Von der letzteren schrieb bereits Hegel, daß sie »in der Sphäre der Despotie die regierende Kategorie überhaupt« sei. Die Wirkung der Propaganda ist nicht geringer einzuschätzen. Dabei zeigt sich auch bei Intellektuellen eine erstaunliche und nicht zu erwartende Naivität. Wie die Masse der Ungebildeten verlernen auch sie das Denken mit einer Schnelligkeit, die verblüffend ist. Alles wird geglaubt, was der »Führer« oder die Partei von sich geben, denn diese haben »immer recht«. Oftmals handelt es sich dabei um Fellow-Travellers, die glauben, innerhalb einer Diktatur ihre nationalistischen oder sozialistischen Utopien verwirklichen zu können. Selbst Bischöfe beider Konfessionen sehen in Hitler das große Heil. Bertolt Brecht, der gefeierte Dichter, preist ohne Zwang Stalin als »des Sowjetvolkes großen Ernteleiter«; Johannes R. Becher lobt und preist den toten Stalin in 24 Strophen; und zu denen, die das stalinistische System feiern und seine Grausamkeiten nicht sehen oder wahrhaben wollen, gehören des weiteren Lion Feuchtwanger, Ernst Bloch, George Bernhard Shaw, Heinrich Mann und viele andere bis hin zu Jean-Paul Sartre. Wer aber, im Gegensatz zu den Genannten, einer Diktatur ausgeliefert ist und dabei skeptisch bleibt und dem Regime mißtraut, muß sich verbergen, wenn er nicht in Lagern landen oder gar umgebracht werden will. Die gesellschaftspolitischen Groß-Experimente Hitlers, Stalins und Maos beweisen, daß ein totalitärer Zwangsapparat mit dem Individuum verfahren kann, wie er will.

Diese bedrückende Erkenntnis gilt leider nicht nur für die Ära der genannten Diktatoren. Noch in den siebziger Jahren können die kambodschanischen Roten Khmer unter Pol Pot in ihren Gefängnissen und Zwangslagern Millionen unschuldiger Menschen aus idiologischen Gründen in den Tod treiben, ohne daß es einen gewaltigen Aufschrei der gesamten freien Welt gibt. Die Ursache für dieses Kopf-in-den-Sand-Stecken in liberalen Demokratien muß einerseits als Erfolg jahrelanger antikapitalistischer und damit antiwestlicher Propaganda gewertet werden. »Nicht sein kann, was nicht sein darf«, so heißt der »messerscharfe« Schluß der Ideologen und ihrer Gläubigen. Wenn eine solche Wirkung bereits in einer offenen Gesellschaft möglich ist und dort totalitäre Ideologien sogar zum »Opium für Intellektuelle« werden können, wie es der französische Publizist Raymond Aaron formulierte, dann ist es verständlich, daß in Diktaturen der Propaganda nur schwer zu entrinnen ist.

Totalitäre Diktaturen stützen sich keineswegs nur auf ihre eigenen Institutionen. Die Hauptunterstützung erfahren sie durch die vielen (geistig) kleinen Leute, denen sie die einmalige Chance geben, Minderwertigkeitsbewußtsein durch aggressive Unterdrückung anderer Menschen kompensieren zu können. Als kleine »Hitler« oder »Stalin« denunzieren sie in ihrer Funktion als Haus- und Blockwart ihre Mitbewohner und kontrollieren in der Öffentlichkeit und am Arbeitsplatz die Beachtung der Parteilinie. Als Teilhaber am Rausch der Macht sind *sie* es, die »nur ihre Pflicht« tun, wenn sie Regimegegner (oder Juden) abholen und diese dem Tod ausliefern. Ohne diese Konformisten und Opportunisten ist ein totalitäres Regime überhaupt nicht denkbar. Erst durch sie wird ein Terrorsystem voll wirksam. Um Millionen Menschen ihrer Würde berauben und sie »durch Arbeit«, in der Gaskammer oder auf der Folterbank vernichten zu können, bedarf es Hunderttausender kleiner Helfer, die bei der Planung, Organisation, Aktenverwaltung und der Durchführung einer Maßnahme aktiv mitarbeiten. Dadurch aber verlieren sie ihrerseits alles Menschliche und werden auf Gedeih und Verderb an das Regime gekettet. Dabei ist zu beachten, daß es sich bei ihnen keineswegs immer um Zyniker oder Sadisten handeln muß; viele sind tatsächlich von der Wahrheit und Richtigkeit der herrschenden Ideologie so »ergriffen«, daß sie ihr verbrecherisches Handeln gerechtfertigt glauben.

Welche Gedankengänge hier möglich sind, zeigt schon die Begründung der Hexenverfolgungen in der Neuzeit. Die damaligen Richter und Folterknechte sind aufgrund einer teuflischen Logik davon überzeugt, dem Opfer zu helfen: Der qualvollste Foltertod ist, gemessen an der ewigen Pein, die der verstockte Sünder sonst in der Hölle zu erwarten hätte, geradezu barmherzig, und der grausamste Henker ist somit der barmherzigste. Solch eine Logik, die man durch die Aufklärung überwunden wähnte, ist auch modernen, als human und als »wissenschaftlich« bezeichneten Ideen nicht fremd. Seit 1789 werden im Namen der Gleichheit, der Freiheit, der Brüderlichkeit, der Humanität, des Fortschrittes und sogar des Friedens Kriege geführt, wird unterdrückt, werden Greultaten, Terrorakte und Massenmorde verübt. Das hängt unter anderem damit zusammen, daß auch humanistische Ideen ein großes *Verteufelungspotential* enthalten. Im Sinne der dualistischen (eschatologischen bzw. augustinisch-leninistischen) Politikauffassung bringt derjenige, der die Partei des Guten (des Menschen) ergreift, auch das Schattenbild des »Unmenschen« hervor, des Klassen- oder Rassenfeindes, des Umwelt- oder Friedensfeindes. Im Sinne der genannten Sprachregelung sprechen die Nationalsozialisten von »Volksschädlingen«, die Kommunisten von »Volksfeinden«. Deren Verketzerung, Verhaftung oder gar »Liquidierung« werden aus angeblich humanitären Gründen guten Gewissens ebenso gerechtfertigt wie in der frühen Neuzeit die Hinrichtung der »Hexen«: Die Vernichtung von »Feinden der Menschheit« gilt als höchst menschlich.

Gerade diejenigen, die in der Öffentlichkeit die höchsten humanitären Moralansprüche anmelden, fallen einer solchen Pseudologik am ehesten zum Opfer. Besonders moralisch Hochmotivierte scheitern dann in der Regel an systematischen Verstößen gegen die Moral: Recht ist, was dem (wie auch immer definierten) Kampf nützt. Verbissen klagen sie den

»Feind« des Mißbrauches der Gewalt an. Um aber in den Besitz staatlicher Macht zu gelangen, schrecken sie selbst vor keiner Gewalttat zurück. Eigene Macht und Gewalt sind immer gut! Auf diese Weise werden Attentate, Terroranschläge und -maßnahmen, ja sogar Kriege zu »guten Werken« im Dienste des Humanen. Schon Robespierre hat den Terror zur wahren Tugend erklärt, und das NS-Regime greift bedenkenlos auf humanitäre Rechtfertigungen zurück, indem es die Juden als »Ungeziefer« und »Ratten« bezeichnet, die man zum Wohle der Menschheit vernichten müßte. Diese Haltung erklärt, warum alle am Holocaust Beteiligten kein schlechtes Gewissen haben. Manche der heutigen selbsternannten Anwälte des angeblich Humanen sind nicht minder in der Gefahr, im Kampf gegen das »Böse« im Namen höchster Werte selbst zu Ungeheuern zu werden. Im Gegensatz zu den Richtern der Hexenprozesse wollen sie ihre Opfer aber nicht durch Verurteilung retten und der Barmherzigkeit Gottes zuführen, sondern ihnen geht es nur noch um die unbarmherzige Demütigung oder Vernichtung des »Bösen«. Solange jedenfalls, bis die »Guten« unter sich sind.

Damit also hängt es zusammen, wenn man einmal von Rachsucht, Besitz- und Machtgier absieht, daß seit der Jahrhundertwende in Armenien, Abessinien, China und in vielen anderen Ländern, besonders aber in den von Stalin oder Hitler beherrschten Gebieten, Millionen von Menschen auf grausamste Weise ermordet oder durch Zwangsarbeit zugrunde gerichtet werden. Zu diesen gehören auch die zwei bis drei Millionen russische Kriegsgefangene, die in deutschen Lagern umkommen. Ihrer wird heute meist ebensowenig gedacht wie der über eine Million deutscher Kriegsgefangenen, welche die Gefangenschaft in Rußland nicht überleben. Vergessen werden auch noch die etwa zwei Millionen Opfer der Massenverbrechen an Deutschen nach dem Kriege, die meist unschuldig für die Verbrechen Hitlers und seiner Funktionäre zu büßen haben. Schnell vergessen werden auch die vielen Millionen Menschen, die seit dem Zweiten Weltkrieg Opfer von Gewalt, Terror und Mordaktionen wurden. Über den moralischen Zustand der Welt gibt u. a. die Tatsache Auskunft, daß es nur wenige Länder gibt, in denen bekannt gewordene Verbrechen gegen die Menschlichkeit selbst nach Jahrzehnten noch verfolgt werden müssen. In vielen, auch liberal-demokratisch regierten Staaten, haben in der Vergangenheit Amnestiegesetze dafür gesorgt, daß Verbrechen gegen die Menschheit nicht geahndet werden können. Die Tschechoslowakei beispielsweise erläßt 1946 ein Gesetz, mit dem alle bis zum Oktober 1945 an Deutschen begangenen Verbrechen nicht nur als straffrei, sondern sogar als rechtmäßig erklärt werden. Nach dem Algerienkrieg, der über eine Million Opfer gekostet hat, schließt in Frankreich ein Amnestiegesetz auch Verbrechen gegen die Menschheit ein. Die Zahl derjenigen, die Opfer politischer bzw. kriegerischer Verbrechen werden, geht in aller Welt auch heute noch in die Millionen. Nach acht Jahren aufgezwungenen Krieges, bis zum Rückzug sowjetischer Truppen 1989, hat allein Afghanistan über eine Million Tote und weitere Millionen Flüchtlingsschicksale zu beklagen. In Iran läßt das Khomeini-Regime in wenigen Jahren etwa 100000 Menschen hinrichten und bis zum Waffenstillstand über eine Million junge Männer sogar an der Front verbluten, ohne daß ein Aufschrei des Entsetzens in der freien Welt festzustellen ist. Die täglichen Grausamkeiten in aller Welt sind bestenfalls noch eine Nachricht wert.

Von Einzelfällen abgesehen, wird in der Öffentlichkeit das Gesamtproblem nur selten diskutiert. Die Geschichtswissenschaft ist aber nicht nur den Opfern gegenüber verpflichtet, die ganze Wahrheit darzulegen. Verschweigen oder Unterdrücken hilft auf die Dauer nur diktatorischen Systemen und Machthabern. Nur beharrliches Offenlegen kann dazu beitragen, weitere Barbareien zu verhindern. Wie der sogenannte »Historikerstreit« gezeigt hat, geraten Wissenschaftler, die Massenverbrechen der Neuzeit vergleichend nachgehen und Zusammenhänge nachweisen, unter den moralischen Verdacht, die Untaten des Dritten Reiches gegen die anderer Systeme aufzurechenen und sie damit zu relativieren, und oft werden ihnen National-Apologetik oder gar faschistoides Denken vorgeworfen. Als ob jemals ein Verbrechen gegen ein anderes aufgerechnet, ein Mordopfer mit einem anderen »bilanziert« werden könnte! Die Verbrechen Hitlers und seiner Schergen sind und bleiben einzigartig: Millionen Menschen zu vergasen ist und bleibt der Gipfel der Bestialität. Der Charakter dieser Untat ändert sich auch dann nicht, wenn man sie mit denen Stalins und anderer kommunistischer Machthaber vergleicht, um etwa Gemeinsamkeiten zu untersuchen und um daraus Lehren ziehen zu können. Wobei sich die Frage stellt, ob Massenmorde Stalins, Maos und Pol Pots nicht ebenfalls »einzigartig« sind. Da niemand sie als etwas »Normales« hinstellen kann, kann die historische Wissenschaft nicht aus politischen Gründen auf einen Vergleich verzichten. Zumal man eine »Einzigartigkeit« auch nur durch Vergleiche feststellen kann, wobei ein Vergleich nicht unbedingt auch Gleichsetzung bedeuten muß. Zu dieser Erkenntnis kommen sogar sowjetische Wissenschaftler, die seit 1988 öffentlich mit Stalin abrechnen und dessen Verbrechen mit denen Hitlers vergleichen. Im übrigen ist uns kein ernst zu nehmender Historiker bekannt, der auch nur in Ansätzen versucht hätte, aufzurechnen, wenngleich es in polemischer, ja geradezu gehässiger Weise immer wieder einigen Historikern aus politischen Gründen unterstellt wird. Jeder Wissenschaftler weiß, daß Hitler nicht Stalin war, und es fällt auch keinem ein, diese als Individuen miteinander zu vergleichen. Denn Aufgabe der Wissenschaft ist es, nach Kategorien zu suchen, nach denen man allgemein vergleichen und urteilen kann. Zu letzteren zählen Quantitäten, Qualitäten und Relationen. Mit diesen allgemeingültigen Maßstäben kann man durchaus Systeme (!) miteinander vergleichen: Welche geistigen Motive stehen am Anfang? Mit welchen Methoden erringt ein System die Macht, und mit welchen behauptet sie diese? Wie werden Menschen entwürdigt und nach welchem System werden sie ermordet? Dabei zählt nicht der individuelle Mord, sondern die Frage, welche Rassen, Klassen oder sonstigen Typen systematisch liquidiert werden und warum. Das Schicksal des einzelnen ist Mordsystemen »gleichgültig«, es ist ein Fall des Allgemeinen - und genau dieses Allgemeine herauszuarbeiten ist Aufgabe der Wissenschaft. Viel wichtiger als der unfruchtbare Streit um die Einzigartigkeit ist es zu untersuchen, warum in kultivierten Staaten Menschen durch Ideologien zu grausamsten Verbrechen befähigt werden. Es ist dies zugleich eine anthropologische Fragestellung, die das Wesen des Menschen betrifft.

Ein anderer (politischer, nicht historischer!) Einwand im sogenannten »Historikerstreit« lautet, daß Verbrechen eines Kulturvolkes wie der Deutschen nicht mit denen minderentwickelter Völker zu vergleichen seien. Das mag zunächst einleuchten. Bei näherem Hinsehen erweist sich aber dieses Argument als ein rassistisches, denn es geht von der Annahme aus, daß es höhere und primitivere Völker gebe, wobei die Primitiven auch eine unterentwickelte Moral besäßen. Eine solche Auffassung aber kennt man aus nationalsozialistischen Schriften, in denen etwa die Russen und andere als »Untermenschen« bezeichnet werden.

Die Ausführungen zum Marxismus-Leninismus, Stalinismus und Nationalsozialismus haben bereits die gemeinschaftlichen Grundlagen verbrecherischer Systeme erkennen lassen: Gewaltanwendung und Terror im Dienste einer Ideologie bzw. menschenverachtenden Macht. Ohne Rücksicht auf persönliche Schuld treiben fanatische Funktionäre Angehörige einer bestimmten sozialen Schicht bzw. Klasse systematisch in den Tod, läßt Hitler aus rassistischen Gründen Millionen Juden bestialisch ermorden, verlangt Lenin, das russische Land von »den Hunden und Schweinen der sterbenden Bourgoisie« zu befreien, während der von Stalin später hingerichtete Sinowjew zynisch über die notwendige Liquidierung von zehn Millionen Menschen der Bourgoisie spricht, mit denen man nicht zusammen auf einem Planeten leben könne.

7. Schlußbetrachtung

Die Philosophen zerstörten in ihrem Kampfe gegen die Religion die heidnische, aber eine neue, christliche, stieg hervor. Auch diese ist bald abgefertigt, doch es kommt gewiß eine neue, und die Philosophen werden wieder neue Arbeit bekommen; jedoch wieder vergeblich: die Welt ist ein großer Viehstall, der nicht so leicht ... gereinigt werden kann, weil, während gefegt wird, die Ochsen drinbleiben und immer neuen Mist anhäufen.

Heinrich Heine

Dieser »Leitfaden durch die Geschichte« hat deutlich werden lassen, daß eine geistige Kontinuität waltet, die im Laufe der Zeit immer komplexere Formen annimmt. Diesen stehen ebenso komplexe politische, gesellschaftliche und wirtschaftliche Ereignisse in Wechselwirkung gegenüber. Zwischen - und zugleich in beiden - Bereichen steht der Mensch als aktiver und passiver Träger. Anders aber, als es die Aufklärer seit Jahrhunderten erwartet haben, erweist sich die Bilanz menschlichen Verhaltens als bedrückend eindeutig, was die Konsequenzen angeht. In Zukunft ist es nicht mehr möglich, voller Optimismus und guten Gewissens auf den guten, rational handelnden Menschen zu bauen. Es nützt auch nichts, jetzt den »neuen Menschen« zu fordern und auf dieses Ziel hinzuarbeiten bzw. hinzuerziehen. Das wäre nur die alte Erlösungsideologie im neuen Gewand, bei der schließlich der »alte Mensch« vom selbsternannten »neuen Menschen« gejagt würde. Vielmehr bedarf es kritischer Wachheit und rationaler Politik, vor allem aber der strikten Verteidigung der *Gewaltenteilung* als der *wichtigsten Voraussetzung* einer *freiheitlichen Demokratie*, in der Menschenwürde und -rechte geachtet werden. Nicht »die Internationale erkämpft das Menschenrecht«, wie die Propaganda einigenorts laut verkündet, nein, das Menschenrecht verdankt vielmehr seine Durchsetzung einzig und allein dem Verfassungsgedanken der gemäßigten liberalen Demokratie mit ihrer Gewaltenteilung! Besonders deutlich wird das an den Erfolgen der liberal-demokratischen Staaten bei den KSZE-Verhandlungen, durch die die Beachtung der Menschenrechte auch in den sozialistischen Staaten des »Ostblocks« durchgesetzt werden konnten. Allerdings nur formal, denn die gerichtliche Einklagbarkeit wird weitgehend noch verweigert.

Es versteht sich von selbst, daß die Verteidigung der liberalen Demokratie nur auf friedlichem Wege zu erfolgen hat, denn die Zeit der Kreuzzüge ist ein für allemal vorbei, zumal ein Krieg zwischen Großmächten im Zeitalter der Vernichtungswaffen keine Lösung irgendwelcher Probleme brächte, sondern nur eine Katastrophe für die ganze Welt. Selbst begrenzte Kriege wie jene in Vietnam und Afghanistan haben nichts anderes als unendliches Leid gebracht. Diese Erkenntnis schließt nicht aus, sich gegenüber allen autoritären oder totalitären Systemen bzw. Parteien kritisch zu verhalten und sie so genau wie möglich zu analysieren. Man muß ihr wahres Wesen kennen, um ihnen mit geistigen Mitteln angemessen entgegentreten zu können. Gegenüber weltanschaulichen Gegnern, die einen Staat oder gar die Welt erobern bzw. revolutionieren wollen, ist es nämlich völlig falsch, den Kopf in den Sand zu stecken und auf ein gutes Ende zu hoffen. Die Geschichte des 20. Jahrhunderts hat gezeigt, daß der gute Wille von Politikern und Pazifisten katastrophale Kriege und Menschenvernichtungsaktionen nicht verhindern konnte. Nicht zuletzt deshalb, weil man die Kräfte radikaler Ideologien unterschätzte oder nicht wahrnehmen wollte.

In dem vorliegenden Buch ist es bewußt vermieden worden, die Geschichte als eine unendliche Kette von Kriegsereignissen darzustellen. Das heißt nicht, daß diese eine zu vernachlässigende Größe darstellen. Im Gegenteil, die Welt von heute ist zu einem großen Teil das Ergebnis von Kriegen. So haben beispielsweise der Dreißigjährige und der Siebenjährige Krieg die Neuzeit entscheidend geprägt, und Ergebnis und Folgen zweier Weltkriege sind für jeden offensichtlich. Aber ebenso einsichtig ist die Tatsache, daß diese Kriege auch auf der Grundlage irrationaler Denkweisen geführt wurden. Neben reinem Machtstaatsdenken lieferten religiöser Fanatismus, kolonialer Imperialismus und solche aggressive Ideologien wie Nationalismus, Sozialismus/Kommunismus, Faschismus und Nationalsozialismus die entscheidenden Handlungsmotive. Ihre besondere Durchschlagskraft erhielten diese Ideologien durch ihre Verbindung mit rationalen Methoden im Bereich von Wirtschaft, Technik und Wissenschaft und durch einen positivistischen Fortschrittsoptimismus. Daß dabei eine Wechselwirkung besteht, ist offensichtlich. Auch autoritäre und sogar totalitäre Systeme können sich dieser nicht entziehen. So wie in kapitalistischen Staaten auch sozialistisches Gedankengut diskutiert und flexibel in die Praxis umgesetzt wird, so können sich umgekehrt die sozialistischen Länder dem westlichen Einfluß aufgrund weltweiter Verbreitung durch die Medien nicht mehr entziehen: Ein neues Denken hält Einzug in dogmatisch erstarrte bzw. unterdrückte Gesellschaften, und eine jüngere Generation verlangt dort immer mehr Liberalität und Demokratie, während umgekehrt in liberalen Staaten lautstarke extreme Minderheiten durch antidemokratische und antiliberale Phrasen und Gewalttaten bei Demonstrationen und Attentaten, bis hin zum Mord, die Demokratie bekämpfen.

Die Tendenz zu größerer Offenheit und Liberalität ist sowohl bei rechten Diktaturen als auch bei allen kommunistischen Staaten der Welt zu erkennen. Selbst Gorbatschow spricht von »Demokratie«, die so nötig sei wie die Luft zum Atmen. Dazu kommt der Einfluß der Weltwirtschaft, an der gemessen die sozialistischen Länder in weiten Bereichen im Rückstand sind. Was immer Gorbatschow auch unter »Demokratie« in einem diktatorischen Staat verstehen mag: Das Eingeständnis dieses Versagens und das Aufbegehren einer Freiheit fordernden Gesellschaft ist eine Bestätigung der Richtigkeit und Effizienz der liberal-demokratischen Staats- und Wirtschaftsauffassungen des kapitalistischen Westens.

Das alles bedeutet jedoch keineswegs, daß in den westlichen Demokratien alles zum Besten steht. Auch hier gibt es spezifische hausgemachte Probleme aller Art. So gefährden wirtschaftlich-technische Rücksichtslosigkeiten, Partei- bzw. Gruppeninteressen die Demokratie täglich aufs neue – und nicht zuletzt die Tendenz, zur Durchsetzung des Sozialgedankens alles und jeden bürokratisch so zu reglementieren, daß die Bürokratie eine unverhältnismäßige Macht erhält und das Leben in genau den engen Fesseln erstarrt, aus denen sich die sozialistischen Staaten mit ihrer Zentralverwaltungsbürokratie so mühsam zu befreien suchen. Eine funktionierende Gewaltenteilung ist auch vor diesem Hintergrund unerläßlich, denn der Ausgleich, also der Kompromiß, ist in einer pluralistischen Gesellschaft das Hauptprinzip, das den inneren Frieden garantiert. Eine zu keinem Kompromiß fähige Diktatur hingegen gefährdet den inneren und damit auch den äußeren Frieden, wie die Geschichte dieses Jahrhunderts bis heute bewiesen hat. Der größte Kompromiß der Staaten Westeuropas, die Europäische Gemeinschaft (EG), hat Kriege zwischen ihnen unmöglich werden lassen. Die Tatsache aber, daß neuerdings auch in sozialistischen Ländern der innere Frieden gesucht wird, läßt deshalb auch auf einen Frieden in den Außenbeziehungen hoffen. Dazu kommt noch das Wissen um ein altes »Gesetz« der Geschichte: Keine Großmacht und kein einziges Unterdrückungssystem hat sich auf die Dauer behaupten können. Denn: »Der Geist weht, wo er will!« - und nichts, nicht einmal ein totalitäres System, vermag ihn aufzuhalten. Allerdings hat dieser »Geist« einen nur in Jahrzehnten und Jahrhunderten zu messenden »Atem«.

Anhang

Literaturhinweise

Unter Verzicht auf eine vollständige Bibliographie wird eine kleine Auswahl von Werken empfohlen, die als Ergänzung zum Thema dieses Buches dienen können.

Bracher, Karl Dietrich: *Die deutsche Diktatur*, Köln 1976

Bracher, Karl Dietrich: *Schlüsselwörter in der Geschichte*, Düsseldorf 1978

Bracher, Karl Dietrich: *Zeit der Ideologien*, Stuttgart 1982

Conquest, Robert: *Ernte des Todes*, München 1928

Friedell, Egon: *Kulturgeschichte der Neuzeit*, München 1976

Hildebrand, Klaus: *Das Dritte Reich*, München 1979

Jäckel, Eberhard: *Hitlers Weltanschauung*, Stuttgart 1983

Kriele, Martin: *Befreiung und politische Aufklärung – Plädoyer für die Würde des Menschen*, Freiburg 1980

Popper, Karl R.: *Die offene Gesellschaft und ihre Feinde*, München ^{6}1980

Schwan, Alexander: *Theorie als Dienstmagd der Praxis*, Stuttgart 1983

Sinowjew, Alexander: *Die Macht des Unglaubens – Anmerkungen zur Sowjetideologie*, München 1986

Sontheimer, Kurt: *Antidemokratisches Denken in der Weimarer Republik*, München 1962

Topitsch, Ernst: *Erkenntnis und Illusion – Grundstrukturen unserer Weltauffassung*, Hamburg 1979

Personen- und Sachregister

Aaron, Raymond 299
Aberglauben 111
Abraham 93
Absolutismus 119f., 122, 285
–, monarchischer 72
Achsenzeit 38f.
Ächtungslisten 71
Action française 218
Ädilen, kurulische 66
Ägypten 29
Ahlwardt, Hermann 260
Aischylos 50
Akkulturation 32, 70
Albertus Magnus 97
Alexander der Große 32, 57
Alexander II. 201
Alexanderzug 31
Allgemeines Landrecht 25
Altnationalismus, restaurativer 276
Amenophis IV. 30
Amon 30
Amos 39
Amtsadel 69
Analogie-Handlungen 15
Anamnese 55
Anarchie, funktionale 86
Anarchismus 176–182, 217, 288f.
Anaximander 41
Anaximenes 41
Annexionskrieg 237
Antikapitalismus 262
Antiklerikalismus 262
Antikommunismus 244, 247
Antisemitismus 250, 256–263, 269, 288
Antislawismus 262
Appius, Claudius 73
Aprilthesen 225f.
Arbeiteropposition 231
Arbeiterrat s. Sowjet
Archipel GULAG 230
Archontat 47
Archonten 46
Areopag 46f.
Aristoteles 40, 44, 51–57, 60, 81, 96f., 120, 149, 297
–, Staatsmodell 54
Aristotelischer Realismus 55
Arndt, Ernst Moritz 159
Astrologie 93
Astronomie 22
Ataraxie 58f.
Aton s. *Echnaton*
Aufklärung 36, 123f., 127f., 208, 298, 300
Augustinus 40, 44, 79ff., 91f., 94, 96, 110, 115, 117
Augustus 65
Aurelian 72
Autarkie 58

Bacon, Francis 109, 175
Bacon, Roger 175
Badoglio, Pietro 251
Bakunin, Michael 178–181, 285
Bartók, Béla 271
Bebel, August 172
Becher, Johannes R. 299
Behaim, Martin 105
Benedikt von Nursia 82f.
Bentham, Jeremy 60, 172, 175f.
Bergengruen, Werner 271
Bergson, Henri 216, 246
Berkeley, George 109
Bernstein, Eduard 203
Bettelorden 85
Bibliomantik 93
Bismarck, Otto von 163, 254
Bloch, Ernst 299
Boccaccio, Giovanni 104
Bodin, Jean 119f., 285
Boeckel 261

Bolschewiken 201, 204f., 221, 226f., 229, 231f.
Bolschewismus 216
Bossuet, Jacques 122, 152, 266
Brecht, Bert 237, 299
Brüning, Heinrich 276
Bruno, Giordano 105
Buddha 37, 39
Burckhardt, Jakob 194, 209, 298
Bürgerliches Gesetzbuch 25
Bürgerschaftsversammlung 66
Bürgertum 90, 107, 171
Burke, Edmund 148f., 151
Bürokratie 219f.

Caesar, Julius 62, 145
Camus, Albert 230
Caracalla 74
Carpe diem 29
Cäsareopapismus 198
Cervantes, Miguel de 86
Charisma 220
Chauvinismus 137, 157, 159
Chomjakow, Aleksej 200
Christentum 38, 78, 84
Chruschtschow, Nikita 233
Churchill, Winston 230
Cicero 58
Clausewitz, Carl Philipp Gottfried von 239
Cluniazensische Reform 84
Cluny (Abtei) 84
Cochläus 112
Code civil 25, 140
Comte, Auguste 60, 146f., 175
Condorcet, Antoine 128
Confino 251
Conquest, Robert 229, 233
Corpus iuris civilis 25, 74
Coruncanis 73
Cromagnon-Menschen 14
Czapski, Jósef 296

Danat-Bank 274
Dante Alighieri 92
Danton, George Jacques 135
Darwin, Charles 258
Dekabristenaufstand 199
Demagogie 42
Demokratie, plebiszitäre 47
Demokratie, radikale 54
Demokratismus 127
Demokrit 42
Descartes, René 109ff., 143
Despotie, orientalische 24, 72, 78, 198, 232, 285
Determinismus, historischer 128, 194
Dezisionismus 268
Dialektik 144, 195
Diamat 195f., 203, 234f.
Dimitroff, Georgi Michailowitsch 254
Diokletian 72
Dolchstoßlegende 276
Dominat 72, 78
Dominikus 85
Dostojewski, Fjodor M. 200
Drakon 25
Dreieck, platonisches 55f., 97
Dserschinski, Felix Edmundowitsch 199

Ebert, Friedrich 280
Echnaton 31
Eck, Johannes 112
Eckart, Meister 94f., 97
Eingott-Lehre 39
Einigungsvertrag 120, 124, 126
Einstein, Albert 271
Elia 39
Elisa 39
Elitentheorie 217
Empedokles 41
Empiriker 104
Empirismus 109, 123, 141

Engels, Friedrich 182, 186f., 189, 195f., 203, 234f., 240f.
Epikur 58ff.
Epikuräismus 59, 74, 120
Erdenstaat 80
Ermächtigungsgesetze 135, 248, 289
Etatismus 288f.
Exekutive 126
Exorzismus 93
Expressionismus 271

Falter, Jürgen W. 282
Farinacci, Roberto 248f.
Faschismus 216, 218, 244–254, 287, 289
–, Entwicklungsphasen 248–252
Faschistischer Großrat 249, 252
Februarrevolution 221, 223, 226
Feder, Gottfried 269
Ferry, Jules 122
Feuchtwanger, Lion 299
Feudalismus 78, 188
Feudalstaat 87f.
Feuerbach, Ludwig 179, 185, 187, 230
Feuillants 134
Fichte, Johann Gottlieb 157ff., 161, 177ff., 255
Fin-de-siècle-Kulturkritik 208
Fort, Gertrud von le 271
Fraktionalismus 231
Franz von Assisi 85
Französische Revolution 130–140, 148, 150f., 156, 199, 221, 286, 288f.
–, Reformen 139f.
Freihandelslehre 171
Freimaurer 265
Fremdenrecht 74
Freud, Sigmund 215
Friedensvertrag von Paris 245
Friedrich der Große 254
Friedrich Wilhelm I. 152
Friedrich Wilhelm IV. 162
Friedrich, Carl J. 293
Fritsch, Theodor 261
Frontorganisationen 239
Frühkapitalismus 108, 174ff., 203
Frühscholastik 96
Frühsozialismus 151

Gagern, Heinrich von 162
Gassendi, Pierre 42
Gegenstandsschrift 22
Geldaristokratie 108
Gemara 63
Generallinie 231
Gentile, Giovanni 252
Gentz, Friedrich 161
Germino, Dante 249
Geschichtsauffassung, idealistische 10
Geschichtsauffassung, ökonomisch-materialistische 10
Geschlossene Hauswirtschaft 89
Gesellschaftsanalyse, dynamische 190f.
Gesellschaftsanalyse, statische 187
Gewaltenteilung 124ff., 138f., 169, 220, 294
Gewerkschaften 172, 174
Girondisten 134f.
Glasnost 243
Glazialzyklen 15
Glogau, Otto von 259f.
Gobineau, Joseph Arthur Graf von 256, 259
Godesberger Programm 266
Goebbels, Joseph 291
Goeteia 91
Goethe, Johann Wolfgang von 86, 144
Goldmann, Nahum 262
Gorbatschow, Michail 296, 303
Gorki, Maxim 229
Gottesgnadentum 122, 151f.

Gottesstaat 79f., 91
Gottheiten 16f.
Gottkaiser 72
Gottkönig 24
Gracchus, Sempronius 70
Gracchus, Tiberius 70
Grandi, Dino Graf 252
Gregor der Große 91f.
Gregor XV. 112
Grotius, Hugo 169
Gründerkrise 259
Gutenberg, Johannes 107

Haller, Carl Ludwig von 151
Hamilton, Richard 282
Hammer-Verlag 261
Hammurabi 25
Handelskompagnien 108
Hanse 99, 108
Häresie 104
Harrington, James 123, 169
Hauptparlament 164
Hearnshaw 230
Hedonismus 59
Heerkönig 32
Hegel, Georg Friedrich Wilhelm 80, 128, 143–146, 151, 157, 164, 190, 195, 200, 255, 288, 299
Hegelianismus 235
Hegemonie 157
Heilige Allianz 151
Heiliges Römisches Reich 80
Heinrich IV. 95
Heinrich VIII. 113
Henlein, Peter 107
Heraklit 10, 41, 55, 144
Herbert, Edward 136
Herder, Gottfried 161, 255
Herzen, Alexander 200ff.
Hesekiel 39
Hesiod 50
Hexenhammer 111
Hexenverfolgungen 300
Hexenwahn 111f.
Hieroglyphenschrift 23
Hindemith, Paul 271
Hindenburg, Paul von 280
Histomat 116, 176, 186–192, 203, 221, 234ff., 238
Historikerstreit 302f.
Hitler, Adolf 50, 205, 245, 254, 263, 268f., 274, 281f., 291–297, 299–303
Hitler-Stalin-Pakt 295
Hobbes, Thomas 60, 109, 120f., 123, 178, 285
–, Gesellschaftsvertrag 124
Hochscholastik 97
Höhlengleichnis 36
Höhlenmalerei 15f., 18f.
Homer 40, 50
Homo sapiens 14f.
Hosea 39
Humanismus 104f., 111f., 117f., 168, 185f., 268, 298
–, absoluter 212f.
Hume, David 109, 175

Idealismus, ontologischer 55
Idealismus, platonischer 44, 55
Ideenlehre 45
Imperialismus 157, 166f., 255, 288
Imperium Romanum s. Römisches Reich
Individuation 37f.
Industrialisierung 208, 256
Industrieproletariat 175
Institori, Hermann 111f.
Intelligenzija 200
Intervenisten 172
Interzessionsrecht 66
Investiturstreit 95
Ius civile s. Zwölftafelgesetz
Iwan I. Kalita 197
Iwan III. der Große 197
Iwan IV. der Schreckliche 197f.

Jahn, Friedrich Ludwig 159
Jakobiner 134ff., 149, 288f., 293
Janus 65
Jaspers, Karl 22, 37f.
Jeremia 39
Jesaia 39
Jesuiten 265
Joachim von Fiore 94
Jordan, Wilhelm 164f.
Judentum 60-64, 92f., 265
Judenverfolgung 259
Judikative 126
Juli-Debatte 164
Juli-Revolution 162
Jünger, Ernst 277, 283
Jünger, Friedrich Georg 277
Jungsteinzeit 20
Justinian der Große 74, 82

Kabbala 93
Kafka, Franz 271
Kalter Krieg 289
Kaminski, J. 228
Kandinski, Wassily 272
Kant, Immanuel 109, 119, 140-143, 146, 157f.
Kapitalismus 177, 192ff., 273, 290
Karl der Große 78, 95
Kategorienlehre 51
Kater, Michael 282
Kausalitätsgesetz 16
Kautsky, Karl 228
Keilschrift 23
Kepler, Johannes 111
Kerenskij, Alexandr Fjodorowitsch 225
Ketubim 62
KGB 233
Khomeini-Regime 302
Kinderarbeit 237
Klassenkampf 238, 253f.
Kleisthenes 47
Klerikalismus 249
Knotenschrift 22
Kodex Hammurabi 25
Komintern 254
Kommunismus 182, 185, 243, 287ff., 291f.
-, wissenschaftlicher s. Wissenschaftlicher Kommunismus
Konfutse 37, 39
Kongreß von Verona 252
Konservativismus 148-155
Konstantin der Große 72, 78
Konstantin XI. 197
Konstitutionalismus 125, 127
Konsuln 66
Kopernikus, Nikolaus 105
Korporativismus 253
Kreislauftheorie 214f.
Kreuzzüge 98ff.
Kriegskommunismus 229
Kriele, Martin 290
Krimkrieg 201
Kronrat 73
Kronstädter Aufstand 231
Kropotkin, Pjotr Alexejewitsch 178
KSZE-Verhandlungen 306
Kühn, Herbert 16, 37
Kunst, bildende 271
Kunst, romanische 89
Kyros II. 29

L'vov 222, 224
Lamprecht, Karl 10
Langbehn, Julius 259
Lanz, Adolf 263
Laotse 37f.
Lassalle, Ferdinand 172
Lateranvertrag 249
Latsis, Martyn 227
Lautschrift 23
Legislative 126, 134
Legitimitätsprinzip 152
Lehensstaat 88
Lehnsherrschaft 78, 85
Leidener Kodex 27

Lenin, Wladimir Iljitsch Uljanow 11, 115f., 166, 199, 203ff., 214, 221, 225–232, 234, 292, 303
Leo III. 95
Leonardo da Vinci 109
Leukipp 42
Liberalismus 150f., 152, 168–175, 182, 255, 258
–, Grundprinzipien 170
–, Phasen 171f.
–, Richtungen 169
Linzer Programm 263
List, Friedrich 172
Livius 68
Locke, John 60, 109, 123ff., 141, 169, 171, 175, 295
Logiklehre 51
Logos 36, 63, 210
Louis Philippe 162, 175
Ludwig XIV. 111, 120f., 130f., 138, 171
Lueger, Karl 263
Luther, Martin 84, 107, 111, 117–119, 254, 257

Machiavelli, Niccolo 50, 111, 115f., 119f., 126, 166, 234
Machtstaatsgedanke 266
Mageia 91
Magie 90f.
Magna charta libertatis 124
Maistre, Joseph de 150
Manchester-Schule 154
Manchesterliberalismus 175
Mann, Heinrich 299
Mao Tse-Tung 299, 302
Marius 70f.
Marr, Wilhelm 259ff.
Martow Juli Ossijowitsch Zederbaum) 203
Marx, Karl 10, 21, 60, 80, 123, 128, 144, 157, 165f., 179–182, 185–196, 203, 215, 230, 234–244, 246, 273
–, Geschichtsbild 191f.
–, Gesellschaftstheorie 192f.
–, Schema von Basis und Überbau 21, 188ff.
Marx, Wilhelm 280
Marxismus 11, 216, 243f.
–, Quellen 184
Marxismus-Leninismus 195, 204, 234f., 239–242, 290, 303
Märzrevolution 162
Materialismus 120, 185, 235
Materialismus, methodischer 185
Mathematik 22, 110
Matteotti, Giacomo 248
Maurras, Charles 218
Meinecke, Friedrich 10
Melanchthon, Philipp 117
Menschenrechte 133
Menschewiken 204f.
Merk 276
Merkantilsystem 171
Mesopotamien 29
Metallzeit 20
Metaphysik 140
Methexis 55
Metternich, Klemens Wenzel Graf 151, 158, 161
Meyer 265
Mill, John Stuart 60
Mirabeau 133f., 156
Mischna 63
Mithridatischer Krieg 71
Moeller van den Bruck, Arthur 276
Monarchie, konstitutionelle 133f.
Monotheismus 30, 61
Montaigne, Michel de 113
Monte Cassino (Kloster) 82ff.
Montesquieu, Charles de 125ff., 169, 171, 285, 295
Morallehre, kommunistische 236f.
Morus, Thomas 113f.
Moses 73

Moses ben Schem Tob 93
Müller, Adam 151, 153
Müller, Adam Heinrich 256
Mussolini, Benito 205, 214, 218, 244, 246-253, 292
Mystizismus 42, 92ff.
-, pythagoräischer 55
Mythen 25ff., 29, 32, 36, 63, 210, 287
Mythenkritik 36

Nabopolassar 29
Nachtwächterstaat 175f.
Napoleon Bonaparte 137f., 145, 255
Narodniki 202f.
Nation 156, 264, 276
National-Romantiker 158
Nationalismus 137, 150f., 158, 160f., 163f., 255f., 276f., 288
Nationalkonvent 135f.
Nationalsozialismus 216, 250, 254-269, 273f., 287-292, 303
-, Staatsutopie 267
-, Weltanschauung 265
Nationalstaat 160f., 256, 266
Nationalversammlung 138
Naturalismus, anthropologischer 185
Naturrecht 119, 121
Naturrechtsgedanke 58
Neandertaler 14f.
Nebi'im 62
Nekromantik 93
Neomarxismus 165
Netschajew, Sergej 178, 180f., 285
Neuplatonismus 40, 79
Nietzsche, Friedrich 209-213, 215f., 246, 253, 270, 277, 298
-, Lebensphilosophie 210
Nihilismus 179, 209
Nikolaus I. 199
Nikolaus II. 222
Nolde, Emil 272
Nominalismus 104
Nominalisten 97
NSDAP 267, 280-284

Ochlokratie 54, 135
Octavian 71f.
Oktoberrevolution 221, 226, 229, 234
Oligarchie 47, 54, 149
Ontologie 45
Ordo Dei 79
Ordo-Denken 96
OVRA 250f.

Pantheismus, mystischer 95
Pareto, Vilfredo 213-216, 246, 253
Parlamentarismus 268
Parteienparlament 279
Patriarchat 198
Patristik 40, 79, 96
Patrizier 66, 68f.
Paulskirche 164, 166
Peisistratos 46
Pentateuch 62
Perestroika 243
Perikles 47
Peter der Große 199f.
Petrarca, Francesco 104
Petrus Abaelard 97
Philosophie, griechische 40-60
Pinochet, Augusto 302
Platon 36, 40, 43ff., 47-56, 58, 91, 96, 115, 157, 186, 216, 266
-, Staatsmodell 48f.
Platonismus 40
Plebejer 64, 66, 68f.
Plebiszit s. Volksentscheid
Plechanow, Georgi 195, 203f., 227
Plotin 40, 79
Plutokratie 46
Pogrome 258f.
Pol Pot 299, 302
Politbüro 231f.
Polytheismus 24

Popper, Karl 295
Positivismus 146f., 175
Prätoren 66, 74
Prinzipat 71f.
Privilegienprinzip 138
Produktionsverhältnisse 188, 191
Produktivkräfte 187f., 191
Proletariat 239
Proskriptionen s. Ächtungslisten
Protagoras 43
Protestantismus 111, 113
Proudhon, Pierre Joseph 179
Prytanie 47
Pythagoras 42

Quästoren 66

Radikalismus 150, 172
Ranke, Leopold von 11
Rassismus 256, 258f.
Rationalismus 109ff., 141
Rationalisten 104
Reaktion 151
Realpolitik 166, 208
Rechtsfortschreibung 74
Rechtssammlungen 25
Reformation 117ff., 168
Reich, altägyptisches 27f.
Reich, römisches s. Römisches Reich
Reichenbach, Hans 165
Relativitätstheorie 271
Reparationen 276, 279
Restauration 145, 151
Restaurationsbestrebungen 150
Restaurationspolitik 70
Revisionismus 203
Revolution von 1848 164, 172
Revolution, industrielle 146, 152
Revolution, neolithische 20
Revolutionstribunal 135f.
Rhetorik 43
Rhode, Gotthold 296
Ricardo, David 171, 193
Rilke, Rainer Maria 271
Rittertum 85f., 90, 107
Robespierre, Maximilien de 132, 136, 301
Rodbertus, Johann Karl 153
Röhmputsch 269
Romantiker, Protest 143
Römisches Reich 64–75, 78, 86, 98
–, Magistrat 66, 69
–, Recht 73ff.
–, Republik 66–71
–, Senat 66
Romulus 64, 68
Rosenberg, Alfred 268
Rotation 123
Rousseau, Jean Jacques 126ff., 131, 177, 182, 186
Russische Revolution 199, 221, 270
–, Phasen 221–226

Sachsenspiegel 96
Säkularstaat 117
Sarolea 230
Sartre, Jean-Paul 299
Schelling, Friedrich Wilhelm Joseph von 200
Schiller, Friedrich von 86
Schisma 104
Schmidt, John Kaspar 177
Scholastik 79, 96, 198
Schönberg, Arnold 271
Schönerer, Georg Ritter von 262f.
Schopenhauer, Arthur 246, 253
Schriftentwicklung 22f.
Schrifttum, jüdisches 62ff.
Schuselka 165
Seisachtheia 46
Semstwo 201
Sephirot 93
Septembermorde 134
Seuse, Heinrich 95
Shaw, George Bernard 299

Siddur 64
Sieyes, Abbé 131, 156
Silbenschrift 23
Simon 93
Sinowjew, Alexander 242f., 303
Slavophile 200
Smith, Adam 171–175, 193
Sokrates 40, 43f., 210
Solon 25, 46
Sophisten 42f.
Sorel, Georges 216–219, 246, 253, 285
Souveränität 119f., 285
Sowjet 222–227, 232
Sozialdarwinismus 212, 257, 260f., 268
Sozialismus 150, 192f., 258, 290
–, Grundprinzipien 182f.
–, russischer 197–205
Sozialkonservativismus 153f.
Spengler, Oswald 10, 270
Sprachregelung 216, 290f., 300
Sprenger, Jakob 111
Staatskirchentum 118
Staatskollektivismus, altägyptischer 285
Staatsraison 50, 115
Staatssyndikat 229
Stadtwirtschaft 89
Stahl, Friedrich 152
Stalin, Josef 50, 231ff., 281, 293, 300ff.
Stände 64, 68f., 73
Stein, Lorenz von 153
Steinbömer, Gustav 276
Stirner, Max 177ff.
Stoa 57ff., 79
Stöcker, Adolf 153
Stoiker 57, 74, 110
Strasser, Gregor 269
Strawinski, Igor 271
Sulla 71
Sumerer 32
Suprematseid 114
Syndikalismus, revolutionärer 253f.

Tafelhäuser 23
Talmud 63f., 93
Tauler, Johannes 95
Tetzel, Johannes 117
Thales von Milet 40f.
Thälmann, Ernst 280
Theodizee 28, 145
Theokratie 73
Thocqueville, Charles 162
Thomas von Aquin 97, 118
Thompson 84
Thora 62f.
Thukydides 37
Timokratie 46, 66
Toleranzedikt 78
Totalitarismus 219, 289, 293–296, 299
Toynbee, Arnold 21
Traditionalismus 220
Transmissionen 239
Treitschke, Heinrich von 166
Troeltsch, Ernst 10
Trotzkij, Leo 224, 226ff.
Trubetzkoj 222
Trusts 273
TSCHEKA 199, 227, 232f.
Tschernyschewskij, Nikolaij G. 202, 204
Turati 249
Turgot 128
Tut-ench-Amun 31
Tyrannis, despotische 53f.

Ultrarealismus 81
Universalien 81f.
Universalienstreit 96, 145
Universalismus 81f.
Universalkirche 118
Universalreich 78
Universalstaat 64

Unterwerfungsvertrag 120f., 124, 126
Urban VII. 112
Utilitarismus 59, 120, 175f.
Utopien 114f., 240f.
Utopisten 215

Verfassunggebende Nationalversammlung 133f.
Verlagssystem 108
Vernunftkritik 127
Vetorecht 126
Vielgötterei 39, 41
Vierklassenrecht 46
Völkerbewegungen 31ff.
Völkerbund 158
Völkerrecht 74
Völkische 264f.
Volksentscheid 266
Volksgemeinschaft 266, 268
Volkstribunen 66, 69
Volksversammlung 47, 64, 69
Volkswahl, geheime 123
Vorparlament 162, 164

Wagner, Adolph 153
Wahlreform von 1928/29 249
Wartburgfest 161
Weber, Max 215, 218ff.
Weimarer Republik 265–269, 272, 276–283, 291, 295
Weltbild, mittelalterliches 105
Weltkrieg, erster 269f.
Weltkrieg, zweiter 295f.
Weltwirtschaftskrise 269, 273ff., 283
Werfel, Franz 271
Westler 200f.
Weströmisches Imperium 78, 82
Wiener Kongreß 150f., 159
Wilhelm von Occam 97
Wirtschaftsliberalismus 154f.
Wissenschaftlicher Kommunismus 242
Wittfogel, Karl 191, 196
Wohlfahrtsausschuß 135
Wormser Konkordat 95
Wortschrift 22
Wrangel, Friedrich Heinrich Ernst Graf von 163
Wundt, Max 264

Xenophanes 41
Xenophobie 256

Zarathustra 39, 92
Zehn Gebote 73
Zenon von Kition 57
Zensuswahl 134
Zentralismus, demokratischer 239
Zentralkomitee 231ff.
Zenturiatskomitien 66, 72
Zeugiten 47
Zibordi, Giovanni 246f.
Zoon politicon 52f.
Zünfte 108
Zwei-Schwerter-Theorie 96
Zweistromland 32
Zwölftafelgesetz 25, 69, 73f., 91